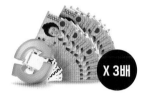

해커스 세무사 세법학 기출문제집

해커스 경영아카데미

머리말

/

문제수준의 비약적 발전

지난 몇 년간 세무사 시험 세법학 문제의 수준은 비약적인 발전을 이루었다. 대부분의 문제는 관련 법령과 판례에 기반을 두고 있지만, 매년 한두 문제는 출제 당시 학자들 사이에 치열하게 논쟁이 되고 있거나 다수의 논문들에서 다루어지는 주제와 내용을 담고 있다. 사실 이러한 문제는 수험생들끼리 누가 답을 맞힌 것인지를 맞춰보는 것이 무의미하다. 그렇다고 수많은 논문까지 다 챙겨 본다는 것도 애당초 불가능하다. 그렇다면 어차피 모두가 틀리는 것이기 때문에 포기할 것인가? 다함께 건너면 신호등도 무섭지 않다고 했으니 괜찮을지도 모른다. 그러나 이미 제시된 [물음] 안에 최소한의 힌트가 제시되어 있으니 조금은 위안으로 삼자. 우리는 그것을 '법리'(법의 근본 원리)라고 부른다. 기왕에 출제된 것이 다시 출제될 가능성이 높지 않음에도 불구하고 기출문제를 다시 봐야 하는 지에 대한 이유도 여기에 있다. 최근에 출제된 문제의 방향을 접하고 과연 출제자들은 어느 정도의 답안을 요구하고 있는지를 경험하지 못하면 공부방향도 제대로 잡기 어렵기 때문이다. 예를 들어, 최근의 문제들은 적어도 중요조문에 있어서는 [법]과 [시행령]의 차이를 구분하여 정확히 어디까지를 답안의 범위로 삼아야 하는지를 묻고 있다. 아직까지도 [법]과 [시행령]의 차이조차 구분하지 못하거나, 시험 준비를 하면서 [법]과 [시행령]을 구분하지 않고 무작정 다 외우면 된다고 생각한다면 출제위원들이 원하는 수준과는 동떨어진 공부를 하고 있는 것이다.

출제위원 채점평에 주목하라

채점평에서 가장 많이 등장하는 단어를 세 개 정도 뽑으라 하면, '암기', '물음', '단순'이다. 이를 조금 풀어 쓰면, 문제를 똑바로 읽지 않고, 제 멋대로 답안지에 '단순 암기'한 내용을 적어 내는 것은 무의미하다는 뜻이다. 지난 몇 년간 세법학 강의를 하다보니 출제위원들이 말하고자 하는 것이 무엇인지를 조금 알겠다. 동병상련. 특히 수험생이 오해하기 쉬운 내용, 논리적 사고가 뒷받침되지 않으면 문제조차 파악이 되지 않는 문제에 대한 채점평에는 '단순 암기한 내용을 적지 마라'라는 평이 어김없이 포함되어 있다. 앞으로는 출제위원 채점평을 내주지 않는다고 하니 아쉽지만 지난 몇 해동안의 것이라도 참고할 수 있음을 그나마 다행으로 여기자.

가장 좋은 모의고사

실전연습을 위해서 모의고사를 보는 것도 좋은 방법이지만 가장 좋은 실전연습은 기출문제를 풀어보는 것이다. 세무회계는 기출문제를 많이 풀어보지만 세법학은 그렇지 못한 것이 현실이다. 아마 적어도 동일한 문제는 출제되지 않을 것이라는 확고한 믿음 때문일 것이다. 그럼에도 불구하고 세법학이야 말로 연습이 필요하다는 점은 누구나 인정한다. 마땅한 연습방법이 무엇인지 잘 모를 뿐이다. 기출문제를 치열하게 읽으면서 사고하는 연습을 통해 출제자들이 어떻게 물음을 구성하는 지와 그에 따라 해답에 접근하는 방법을 제대로 이해할 수 있다. 사실 가장 좋은 세법학 해답지는 본인 스스로 적어 본 것이다. 그리고 다시 고치고, 또 고치는 것이다. 마지막에는 다시 물음에 집중해보는 것이다. 모든 인간에게는 자기치유능력이 있다고 하지 않았던가. 스스로를 믿지 못한다면 세법 전문가가 되기를 어쩌면 포기한 것이 아닌가? 어차피 주관식 논술시험에서는 정답은 없다. 출제위원과의 소통이 얼마나 원활하게 이루어졌는지에 따라 주관적인 점수가 매겨질 뿐이다.

물론 소통의 출발은 세법학 지식이다. 세법이라는 궤도에 오른 사람들은 적어도 세법이라는 세계에서 쟁점이 무엇인지에 대해서는 공유가 가능하다. 세법 전문가들이 공유하고 있는 쟁점을 각자의 방법으로 풀어내면 족한 것이다. 점수야 어차피 주관적인 것이니까. 기출문제야 말로 가장 좋은 모의고사라는 뜻은 전문가들이 어떻게 생각하지를 관찰하고 익힐 수 있는 말이다. 지난 9년 동안의 세법학 기출문제는 그러한 연습용으로 매우 훌륭하다.

답안 작성방법

좋은 답안은 좋은 글에서 출발한다. 좋은 글은 많은 연습을 통해서만 나온다. 물론 하루아침에 좋은 글을 쓰는 것은 쉽지 않다. 일찍이 조정래 선생이 그의 며느리에게 그가 쓴 소설을 필사를 시킨 적이 있다고 한다. 필사는 거장이 생각하는 가장 좋은 글쓰기 연습인 것이다. 소설을 필사하는 것은 묘사, 표현력, 작가의 생각, 글의 구성력 등을 향상시키기 위한 가장 좋은 방법이다. 이 방법이 세법학에도 통할 것인가? 나는 어느 정도는 통한다고 본다. 그러나 문제에 대한 별다른 고민 없이 그저 비슷한 주제를 골라내어, 교과서에 그 부분을 찾아내어 어떠한 수정도 없이 억지로 분량을 채운 답안은 큰 도움이 되지 못한다. 때로는 교과서의 내용을 그대로 베껴 쓰다 보면 분량조절에도 실패할 수밖에 없다는 것도 경험할 수 있다. 좋은 답안은 분량에 맞게 자신의 생각을 드러낸 글이다. 한편, 가장 좋은 글은 솔직한 글이다. 좋아 보이는 글을 쓰려고 하는 것은 독자를 감동시킬 수 없다. 세법학 답안도 마찬가지이다. 스스로 이해하지 못하고 쓴 답안은 출제자를 감동시킬 수 없다. 세법학 답안지는 제한된 시간에 서술되어야 하고, 출제자들이 그 답안을 보는 시간도 제한적이다. 따라서 천편일률적인 답안은 중간 값에서 올라갈 수 없다. 아무런 고민도 없이 일단 비슷한 주제의 법령을 무작정 외워 쓴 후, 판례를 단순히 암기하여 결론을 맞췄다고 좋아했지만, 점수는 제대로 나오지 않은 경험이 있다면 생각해봐야 한다. 결론 하나를 맞춘 것이 그렇게 중요한가? 세법학에서 결론을 맞출 확률은 대개 50:50인데. 오해하지 않았으면 좋겠다. 대단한 답안을 쓰라는 것이 아니다. 그저 세법의 기본원리를 담은 답안, 개념에 충실한 답안이면 된다. 굳이 암기한 내용이 아깝다고 해서 묻지도 않은 내용을 채워 넣을 필요도 없다. 세세한 내용은 필요 없다. 나는 출제자와 소통했는가? 나는 제대로 이해한 바를 썼는가? 나는 솔직했는가?

마지막

이 책의 교정을 도와준 염다솔/최주희 세무사에게 감사의 뜻을 전한다.

원재훈

목차

목차 해커스 세무사 세법학 기출문제집

해커스 세무사 세법학 기출문제집

회계사 · 세무사 · 경영지도사 단번에 합격!
해커스 경영아카데미 cpa.Hackers.com

세무사 9개년 기출문제 & 해답

문제 1

다음 각 독립적인 사례를 읽고 물음에 답하시오. (20점)

〈사례 1〉
2023년 6월 5일 제조업을 영위하는 사업자 甲은 사업을 乙에게 양도하였다. 사업자 甲은 그 사업에 관한 모든 권리(미수금에 관한 것은 제외)와 모든 의무(미지급금에 관한 것은 제외)를 乙에게 포괄적으로 양도하였다. 또한 양도일 이전 甲의 사업과 관련하여 확정되었으나 미납된 국세 및 강제징수비가 있다.

〈사례 2〉
가구판매업을 영위하는 사업자 A는 2022 사업연도(1. 1. ~ 12. 31.)에 발생한 사업소득을 종합소득세 법정신고기한인 2023년 5월 31일까지 과세표준신고서를 제출하지 아니하여 기한후과세표준신고서를 제출하려고 한다. 단, 사업자 A는 사업소득 외에 다른 소득은 없으며, 기한후과세표준신고서 제출은 부정행위를 원인으로 하는 것은 아니다.

[물음 1] 乙이 양수한 사업과 관련하여 국세기본법령상 제2차 납세의무를 지는 요건 중 사업양수인에 관한 요건을 모두 제시하시오. (4점)

[물음 2] 양도일 이전 甲의 사업과 관련하여 납세의무가 확정된 국세 및 강제징수비를 甲의 재산으로 충당하여도 부족할 때, 乙이 부담하여야 할 국세기본법령상 제2차 납세의무의 한도에 대하여 설명하시오. (4점)

[물음 3] 사업자 A는 기한후과세표준신고서를 언제까지 제출할 수 있는지 설명하시오. (2점)

[물음 4] 사업자 A가 기한후과세표준신고서를 적법하게 제출한 경우 관할 세무서장이 납세의무 확정과 관련하여 수행할 행정절차를 설명하시오. (2점)

[물음 5] 사업자 A가 기한후과세표준신고서를 적법하게 제출한 경우 이와 관련한 가산세 및 가산세 감면율에 관하여 설명하시오. (단, 사업자 A는 관할 세무서장이 과세표준과 세액을 결정할 것을 미리 알지 못하였음) (8점)

해답

【문제 1】국세기본법

[물음 1] 제2차 납세의무를 지는 사업양수인의 요건

제2차 납세의무를 지는 사업양수인이란 사업장별로 그 사업에 관한 모든 권리와 모든 의무를 포괄적으로 양수하는 자로서 다음 중 어느 하나에 해당되는 자를 말한다.

① 양도인과 특수관계인인 자
② 양도인의 조세회피를 목적으로 사업을 양수한 자

[물음 2] 사업양수인의 제2차 납세의무 한도

사업양수인의 제2차 납세의무는 '양수한 재산의 가액'을 한도로 한다. 이때 양수한 재산의 가액은 다음의 가액을 말한다.

① 사업양수인이 양도인에게 지급하였거나 지급하여야 할 금액
② 지급한 금액이 없거나 불분명한 경우에는 '상속세 및 증여세법 규정'을 준용한 순자산가액

③ 지급하였거나 지급할 금액과 시가의 차액이 3억원 이상이거나 시가의 30% 이상인 경우 위 ①과 ② 중 큰 금액

[물음 3] 기한후과세표준신고서 제출기한

관할 세무서장이 세법에 따라 국세의 과세표준과 세액을 '결정하여 통지하기 전'까지 기한후신고서를 제출할 수 있다.

[물음 4] 기한후신고 후 관할 세무서장의 행정절차

관할 세무서장은 신고일부터 '3개월 이내'에 해당 국세의 과세표준과 세액을 '결정'하여 신고인에게 '통지'하여야 한다. 다만, 부득이한 사유가 있는 경우에는 신고일부터 3개월 이내 결정 또는 경정할 수 없는 사유를 신고인에게 통지하여야 한다.

[물음 5] 기한후신고와 가산세

1. 가산세

법정신고기한이 지난 후에는 과세표준신고서를 제출하더라도 여전히 '무신고'에 해당한다. 따라서 납부세액의 20%에 상당하는 무신고가산세가 부과된다. 다만, 사업자 A가 소득세법상 복식부기의무자에 해당하는 경우에는 수입금액의 0.07%와 비교하여 큰 금액으로 한다.

2. 가산세 감면율

법정신고기한이 지난 후 신고를 한 경우에는 1개월 이내부터 3개월 및 6개월까지 각 단계별로 최대 50%부터 최소 20%에 상당하는 감면율을 적용한다.

① 1개월 이내 신고한 경우: 50%
② 3개월 이내 신고한 경우: 30%
③ 6개월 이내 신고한 경우: 20%

1. 사업양수인의 제2차 납세의무(「국세기본법」 제41조)

① 사업이 양도·양수된 경우에 양도일 이전에 양도인의 납세의무가 확정된 그 사업에 관한 국세 및 강제징수비를 양도인의 재산으로 충당하여도 부족할 때에는 대통령령으로 정하는 사업의 양수인은 그 부족한 금액에 대하여 양수한 재산의 가액을 한도로 제2차 납세의무를 진다.
② 제1항에 규정된 양수한 재산의 가액은 대통령령으로 정한다.

2. 사업의 양도·양수의 범위(「국세기본법 시행령」 제22조)

법 제41조 제1항에서 "대통령령으로 정하는 사업의 양수인"이란 사업장별로 그 사업에 관한 모든 권리(미수금에 관한 것은 제외한다)와 모든 의무(미지급금에 관한 것은 제외한다)를 포괄적으로 승계한 자로서 다음 각 호의 어느 하나에 해당하는 자를 말한다.
1. 양도인과 특수관계인인 자
2. 양도인의 조세회피를 목적으로 사업을 양수한 자

3. 사업양수인의 제2차 납세의무의 한도(「국세기본법 시행령」 제23조)

① 법 제41조 제1항에 따른 사업의 양도인에게 둘 이상의 사업장이 있는 경우에 하나의 사업장을 양수한 자의 제2차 납세의무는 양수한 사업장과 관계되는 국세 및 강제징수비(둘 이상의 사업장에 공통되는 국세 및 강제징수비가 있는 경우에는 양수한 사업장에 배분되는 금액을 포함한다)에 대해서만 진다.
② 법 제41조 제2항에서 "양수한 재산의 가액"이란 다음 각 호의 가액을 말한다.
  1. 사업의 양수인이 양도인에게 지급하였거나 지급하여야 할 금액이 있는 경우에는 그 금액
  2. 제1호에 따른 금액이 없거나 불분명한 경우에는 양수한 자산 및 부채를 「상속세 및 증여세법」 제60조부터 제66조까지의 규정을 준용하여 평가한 후 그 자산총액에서 부채총액을 뺀 가액
③ 제2항에도 불구하고 같은 항 제1호에 따른 금액과 시가의 차액이 3억원 이상이거나 시가의 100분의 30에 상당하는 금액 이상인 경우에는 같은 항 제1호의 금액과 제2호의 금액 중 큰 금액으로 한다.

4. 기한후신고(「국세기본법」제45조의3)

① 법정신고기한까지 과세표준신고서를 제출하지 아니한 자는 관할 세무서장이 세법에 따라 해당 국세의 과세표준과 세액(이 법 및 세법에 따른 가산세를 포함한다. 이하 이 조에서 같다)을 결정하여 통지하기 전까지 기한후과세표준신고서를 제출할 수 있다.

③ 제1항에 따라 기한후과세표준신고서를 제출하거나 제45조 제1항에 따라 기한후과세표준신고서를 제출한 자가 과세표준수정신고서를 제출한 경우 관할 세무서장은 세법에 따라 신고일부터 3개월 이내에 해당 국세의 과세표준과 세액을 결정 또는 경정하여 신고인에게 통지하여야 한다. 다만, 그 과세표준과 세액을 조사할 때 조사 등에 장기간이 걸리는 등 부득이한 사유로 신고일부터 3개월 이내에 결정 또는 경정할 수 없는 경우에는 그 사유를 신고인에게 통지하여야 한다.

5. 가산세 감면 등(「국세기본법」제48조)

② 정부는 다음 각 호의 어느 하나에 해당하는 경우에는 이 법 또는 세법에 따른 해당 가산세액에서 다음 각 호에서 정하는 금액을 감면한다.

2. 과세표준신고서를 법정신고기한까지 제출하지 아니한 자가 법정신고기한이 지난 후 제45조의3에 따라 기한후신고를 한 경우(제47조의2에 따른 가산세만 해당하며, 과세표준과 세액을 결정할 것을 미리 알고 기한후과세표준신고서를 제출한 경우는 제외한다)에는 다음 각 목의 구분에 따른 금액

가. 법정신고기한이 지난 후 1개월 이내에 기한후신고를 한 경우: 해당 가산세액의 100분의 50에 상당하는 금액

나. 법정신고기한이 지난 후 1개월 초과 3개월 이내에 기한후신고를 한 경우: 해당 가산세액의 100분의 30에 상당하는 금액

다. 법정신고기한이 지난 후 3개월 초과 6개월 이내에 기한후신고를 한 경우: 해당 가산세액의 100분의 20에 상당하는 금액

문제 2

다음 사례를 읽고 물음에 답하시오. (30점)

〈사례〉

1. 경상북도 소재 읍지역에서 작물재배업 등을 영위하는 거주자 甲(농민)은 2023 사업연도(1. 1. ~ 12. 31.)에 다음과 같은 소득이 발생하였다.

소득 종류	소득금액
ㄱ. 곡물(보리)재배업	15억원
ㄴ. 과실(사과)재배업*1)	1억 2천만원
ㄷ. 민박업*2)	5천만원
ㄹ. 전통주제조업*3)	2천만원

*1) 과실(사과)재배업의 2023년 수입금액은 12억원, 필요경비는 10억 8천만원, 소득금액은 1억 2천만원임

*2) 농가부업으로 경영하는 「농어촌정비법」에 따른 농어촌민박사업임

*3) 「주세법」 제2조 제8호에 따른 전통주임

2. 상기 거주자 甲은 창고(주거용 건물 아님)를 임대하고 매월 일정 금액의 임대료를 수취하는 부동산임대업을 함께 영위하고 있다.

3. 상기 거주자 甲은 전통주 주문이 집중되는 명절 전후에는 전통주 제조에 필요한 일용근로자를 일시적으로 고용하고 있다.

[물음 1] 소득세법령상 사업소득과 관련하여 다음 ①, ②에 대하여 답하시오. (18점)

① 특정 소득이 「소득세법」상 사업소득에 해당되기 위한 기본적인 요건을 「소득세법」 제19조 제1항 제21호에 근거하여 서술할 때, 다음 ( )에 들어갈 내용을 쓰시오.

( )를 목적으로 자기의 ( )과 책임하에 ( )으로 행하는 활동을 통하여 얻는 소득

② 〈사례〉에 제시된 ㄱ.~ㄹ.의 각 소득 종류별로 소득세법령상 사업소득으로 과세되어야 하는지 여부에 대하여 '전액 과세', '일부 과세', '전액 비과세', '과세 제외' 중 1개를 선택하여 제시하고, 그 선택의 이유를 설명하시오.

[물음 2] 거주자 甲은 창고(주거용 건물 아님) 임대에 따른 부동산임대업에서 발생하는 소득금액을 별도로 구분하지 않고 작물재배업 사업소득금액에 포함하여 회계처리하고 있다. 거주자 甲의 담당 세무사로 신규 선임된 당신이 이 같은 사실을 발견하고 거주자 甲에게 조언해야 할 사항은 무엇이며, 그렇게 조언해야 하는 근거를 제시하시오. (5점)

[물음 3] 소득세법령상 일용근로자의 근로소득과 관련하여 다음 ①, ②에 대하여 답하시오. (7점)

① 거주자 甲이 고용하는 일용근로자가 소득세법령상 일용근로자의 범위에 해당되기 위해 갖추어야 할 요건을 「소득세법 시행령」 제20조에 근거하여 제시하시오.

② 거주자 甲이 고용하는 일용근로자가 소득세법령상 일용근로자의 범위에 해당하는 경우, 동 일용근로자에게 지급하는 근로소득에 대한 소득세법령상 과세방법 및 세액 계산 절차를 설명하시오.

해답

【문제 2】소득세법

[물음 1] 사업소득의 구분

① 영리, 계산, 계속적 · 반복적

② 과세구분

ㄱ(곡물재배업): 과세 제외

작물재배업 중 곡물 및 기타 식량재배업은 법정사업에서 제외하여 사업소득의 범위에 포함하지 않는다. 따라서 수입금액이나 소득금액에 관계없이 과세 제외 항목으로 구분된다.

ㄴ(과실재배업): 일부 과세

곡물 및 기타 식량재배업 이외의 작물재배업에서 발생하는 소득으로서 해당 과세기간의 수입금액의 합계액이 10억원 이하인 것에 대해서는 비과세한다. 이는 '비과세의 범위'를 '해당 과세기간의 수입금액 합계액이 10억원 이하'인 것으로 정하고 있으므로 해당 과세기간의 수입금액 합계액이 10억원을 초과하는 경우에는 사업소득 중 그 초과분에 상당하는 금액만 과세한다.

ㄷ(민박업): 일부 과세

민박 · 음식물판매 및 그 밖에 이와 유사한 활동에서 발생한 소득을 합산한 소득금액의 합계액이 연 3천만원 이하인 소득에 대해서는 비과세한다. 이는 '비과세의 범위'를 '3천만원 이하의 소득'으로 정하고 있으므로 3천만원을 넘는 소득에 한하여 과세한다.

ㄹ(전통주제조업): 전액 과세

전통주를 제조함으로써 발생하는 소득으로서 연간 소득금액 합계액이 1,200만원 이하인 것은 비과세한다. 이는 비과세대상을 연간 소득금액 1,200만원 이하의 소득으로 한정하고 있으므로, 소득금액이 이를 초과하면 전액 과세한다.

[물음 2] 사업장별 구분기장

1. 조언할 내용

두 개 이상의 사업장이 있는 사업자는 사업장별로 거래 내용이 구분될 수 있도록 장부를 기록하여야 한다.

2. 근거

① 업종별 수입금액을 기준으로 기장의무 (복식부기의무자, 간편장부)를 판단하기 때문이다.

② 부동산임대업은 결손금이 있는 경우 다른 소득에서 결손금을 공제할 수 없다.

③ 감면소득과 비감면대상 소득을 구분하여 신고하여야 하기 때문이다.

[물음 3] 일용근로자

① 일용근로자 범위에 해당하기 위한 요건

일용근로자는 근로를 제공한 날 또는 시간에 따라 근로대가를 계산하거나 근로를 제공한 날 또는 시간의 근로성과에 따라 급여를 계산하여 받아야 한다. 또한 건설공사 또는 하역작업에 종사하는 자가 아닌 경우에는 근로계약에 따라 동일한 고용주에게 3월 이상 계속하여 고용되어 있지 아니하여야 한다.

② 과세방법 및 세액 계산 절차

㉠ 과세방법

일용근로자의 근로소득은 분리과세한다.

㉡ 세액 계산 절차

일급여액에서 15만원의 근로소득공제를 적용한 근로소득금액에 6%의 단일세율을 적용하여 산출세액을 계산하고 그 산출세액의 55%에 해당하는 금액을 근로소득세액공제로 공제한 후의 세액을 원천징수한다.

관련 법령

1. 사업소득(「소득세법」 제19조)

① 사업소득은 해당 과세기간에 발생한 다음 각 호의 소득으로 한다. 다만, 제21조 제1항 제8호의 2에 따른 기타소득으로 원천징수하거나 과세표준확정신고를 한 경우에는 그러하지 아니하다.
   1. 농업(작물재배업 중 곡물 및 기타 식량작물 재배업은 제외한다. 이하 같다)·임업 및 어업에서 발생하는 소득
   20. 제160조 제3항에 따른 복식부기의무자가 차량 및 운반구 등 대통령령으로 정하는 사업용 유형자산을 양도함으로써 발생하는 소득. 다만, 제94조 제1항 제1호에 따른 양도소득에 해당하는 경우는 제외한다.
   21. 제1호부터 제20호까지의 규정에 따른 소득과 유사한 소득으로서 영리를 목적으로 자기의 계산과 책임하에 계속적·반복적으로 행하는 활동을 통하여 얻는 소득

2. 비과세소득(「소득세법」 제12조)

다음 각 호의 소득에 대해서는 소득세를 과세하지 아니한다.
   1. 사업소득 중 다음 각 목의 어느 하나에 해당하는 소득
      가. 논·밭을 작물 생산에 이용하게 함으로써 발생하는 소득
      나. 1개의 주택을 소유하는 자의 주택임대소득(제99조에 따른 기준시가가 12억원을 초과하는 주택 및 국외에 소재하는 주택의 임대소득은 제외한다) 또는 해당 과세기간에 대통령령으로 정하는 총수입금액의 합계액이 2천만원 이하인 자의 주택임대소득(2018년 12월 31일 이전에 끝나는 과세기간까지 발생하는 소득으로 한정한다). 이 경우 주택 수의 계산 및 주택임대소득의 산정 등 필요한 사항은 대통령령으로 정한다.
      다. 대통령령으로 정하는 농어가부업소득
      라. 대통령령으로 정하는 전통주의 제조에서 발생하는 소득
      마. 조림기간 5년 이상인 임지(林地)의 임목(林木)의 벌채 또는 양도로 발생하는 소득으로서 연 600만원 이하의 금액. 이 경우 조림기간 및 세액의 계산 등 필요한 사항은 대통령령으로 정한다.
      바. 대통령령으로 정하는 작물재배업에서 발생하는 소득
      사. 대통령령으로 정하는 어로어업에서 발생하는 소득

3. 농어가부업소득의 범위(「소득세법 시행령」 제9조)

① 법 제12조 제2호 다목에서 "대통령령으로 정하는 농어가부업소득"이란 농·어민이 부업으로 경영하는 축산·고공품(藁工品)제조·민박·음식물판매·특산물제조·전통차제조·양어 및 그 밖에 이와 유사한 활동에서 발생한 소득 중 다음 각 호의 소득을 말한다.
   1. 별표 1의 농가부업규모의 축산에서 발생하는 소득
   2. 제1호 외의 소득으로서 소득금액의 합계액이 연 3천만원 이하인 소득

4. 전통주의 제조에서 발생하는 소득의 범위(「소득세법 시행령」 제9조의2)

> 법 제12조 제2호 라목에서 "대통령령으로 정하는 전통주의 제조에서 발생하는 소득"이란 다음 각 호의 어느 하나에 해당하는 주류를 「수도권정비계획법」 제2조 제1호에 따른 수도권(이하 "수도권"이라 한다) 밖의 읍·면지역에서 제조함으로써 발생하는 소득으로서 소득금액의 합계액이 연 1천 200만원 이하인 것을 말한다.
> 1. 「주세법」 제2조 제8호에 따른 전통주
> 2. 관광진흥을 위하여 국토교통부장관이 추천하여 기획재정부령이 정하는 절차를 거친 주류
> 3. 종전의 「제주도개발특별법」에 의하여 제주도지사가 국세청장과 협의하여 제조허가를 한 주류

5. 비과세되는 작물재배업의 범위(「소득세법 시행령」 제9조의4)

> ① 법 제12조 제2호 바목에서 "대통령령으로 정하는 작물재배업에서 발생하는 소득"이란 작물재배업에서 발생하는 소득으로서 해당 과세기간의 수입금액의 합계액이 10억원 이하인 것을 말한다.
> ② 제1항을 적용할 때 작물재배업에서 발생하는 소득의 계산에 필요한 사항은 기획재정부령으로 정한다.

6. 장부의 비치·기록(「소득세법」 제160조)

> ④ 제1항이나 제2항의 경우에 사업소득에 부동산임대업에서 발생한 소득이 포함되어 있는 사업자는 그 소득별로 구분하여 회계처리하여야 한다. 이 경우에 소득별로 구분할 수 없는 공통수입금액과 그 공통수입금액에 대응하는 공통경비는 각 총수입금액에 비례하여 그 금액을 나누어 장부에 기록한다.
> ⑤ 둘 이상의 사업장을 가진 사업자가 이 법 또는 「조세특례제한법」에 따라 사업장별로 감면을 달리 적용받는 경우에는 사업장별 거래 내용이 구분될 수 있도록 장부에 기록하여야 한다.

7. 일용근로자의 범위 및 주택임대소득의 산정 등(「소득세법 시행령」 제20조)

> ① 법 제14조 제3항 제2호에서 "대통령령으로 정하는 일용근로자"란 근로를 제공한 날 또는 시간에 따라 근로대가를 계산하거나 근로를 제공한 날 또는 시간의 근로성과에 따라 급여를 계산하여 받는 사람으로서 다음 각 호에 규정된 사람을 말한다.
> 1. 건설공사에 종사하는 자로서 다음 각 목의 자를 제외한 자
>   가. 동일한 고용주에게 계속하여 1년 이상 고용된 자
>   나. 다음의 업무에 종사하기 위하여 통상 동일한 고용주에게 계속하여 고용되는 자
>   (1) 작업준비를 하고 노무에 종사하는 자를 직접 지휘·감독하는 업무
>   (2) 작업현장에서 필요한 기술적인 업무, 사무·타자·취사·경비 등의 업무
>   (3) 건설기계의 운전 또는 정비업무
> 2. 하역작업에 종사하는 자(항만 근로자를 포함한다)로서 다음 각 목의 자를 제외한 자
>   가. 통상 근로를 제공한 날에 근로대가를 받지 아니하고 정기적으로 근로대가를 받는 자
>   나. 다음의 업무에 종사하기 위하여 통상 동일한 고용주에게 계속하여 고용되는 자
>   (1) 작업준비를 하고 노무에 종사하는 자를 직접 지휘·감독하는 업무
>   (2) 주된 기계의 운전 또는 정비업무
> 3. 제1호 또는 제2호 외의 업무에 종사하는 자로서 근로계약에 따라 동일한 고용주에게 3월 이상 계속하여 고용되어 있지 아니한 자

문제 3

다음 사례를 읽고 물음에 답하시오. (30점)

〈사례〉

2023년 5월 1일 (주)A는 (주)B를 흡수합병하였다. 피합병법인인 (주)B는 합병에 따른 양도손익 등에 대한 세무조정, 합병법인인 (주)A는 합병매수차손익에 따른 세무조정이 각각 발생할 수 있다. 또한 합병법인 (주)A 및 피합병법인 (주)B의 주주는 의제배당, 불공정합병에 따른 부당행위계산부인 및 증여세 등 과세 문제가 발생할 수 있다.

[물음 1] 합병 시 법인세법령상 적격합병 요건을 갖추고 있다면 합병과 관련한 조세의 과세이연을 규정하고 있다. 법인세법령상 적격합병 요건(법령상 부득이한 사유 제외)을 모두 제시하시오. (12점)

[물음 2] 합병 시 법인세법령상 적격합병의 요건을 갖추지 못한 경우에도 적격합병으로 보는 부득이한 사유에 해당하는 경우 중 5가지를 제시하시오. (5점)

[물음 3] 적격합병 이후 과세이연의 중단사유가 발생하면 과세이연 항목의 익금산입으로 법인세를 징수하는 사후관리를 하고 있다. 법인세법령상 적격합병 과세이연 중단 사유(법령상 부득이한 사유 제외)를 모두 제시하시오. (9점)

[물음 4] 합병법인 및 피합병법인의 주주는 불공정합병에 대한 부당행위계산부인이 발생할 수 있는데 법인세법령상 부당행위계산부인 요건을 모두 제시하시오. (4점)

해답

【문제 3】법인세법
[물음 1] 적격합병 요건
1. 합병법인과 피합병법인의 과세이연을 위한 적격합병 요건
(1) 사업목적 합병
합병등기일 현재 1년 이상 사업을 계속하던 내국법인 간의 합병일 것. 다만, 다른 법인과 합병하는 것을 유일한 목적으로 하는 기업인수목적회사의 합병은 제외한다.

(2) 지분의 연속성
① 피합병법인의 주주등이 합병으로 인하여 받은 합병대가의 총합계액 중 합병법인의 주식등의 가액이 100분의 80 이상이거나 합병법인의 모회사의 주식등의 가액이 100분의 80 이상인 경우로서, 피합병법인의 일정 지배주주 등에 대해서는 일정한 가액(합병교부주식 가액 × 지배주주의 지분율) 이상이 주식으로 배정되어야 한다.
② 피합병법인의 일정 지배주주 등이 합병등기일이 속하는 사업연도의 종료일까지 그 주식 등을 보유하여야 한다.

(3) 사업의 계속성
합병법인이 합병등기일이 속하는 사업연도의 종료일까지 피합병법인으로부터 승계받은 사업을 계속하여야 한다.

(4) 고용승계
합병등기일 1개월 전 당시 피합병법인에 종사하는 대통령령으로 정하는 근로자 중 합병법인이 승계한 근로자의 비율이 100분의 80 이상이고, 합병등기일이 속하는 사업연도의 종료일까지 그 비율을 유지하여야 한다.

2. 피합병법인 주주의 의제배당 과세이연을 위한 적격합병 요건
합병법인의 양도손익 과세이연 요건과 일치하나, (2) 지분의 연속성에서 지배주주의 주식처분 제한과 (3) 사업의 계속성, (4) 고용승계 요건은 일반 소액주주의 통제를 벗어난 것이므로 과세이연 요건이 아니다.

[물음 2] 부득이한 사유
(1) 지분의 연속성에 대한 부득이한 사유
① 피합병법인의 지배주주 등이 합병으로 교부받은 전체 주식의 50% 미만을 처분하는 경우
② 지배주주 등이 사망 또는 파산하여 주식을 처분하는 경우

(2) 사업의 계속성에 대한 부득이한 사유
① 합병법인이 파산함에 따라 승계받은 자산을 처분하는 경우
② 합병법인의 기업개선계획의 이행을 위한 약정에 따라 승계받은 자산을 처분하는 경우

(3) 고용요건에 대한 부득이한 사유
① 합병법인이 회생계획 이행 중인 경우
② 합병등기일 1개월 전 당시 피합병법인에 종사하는 내국인 근로자가 5명 미만인 경우

[물음 3] 사후관리
(1) 사업의 폐지
합병등기일이 속하는 사업연도의 다음 사업연도 개시일부터 2년 이내 피합병법인으로부터 승계받은 사업을 폐지하는 경우
이때 피합병법인으로부터 승계한 자산가액의 2분의 1 이상을 처분하거나 사업에 사용하지 아니하는 경우에는 피합병법인으로부터 승계받은 사업을 폐지한 것으로 본다.

(2) 지배주주 주식의 처분
합병등기일이 속하는 사업연도의 다음 사업연도 개시일부터 2년 이내 피합병법인의 지배주주 등이 합병법인으로부터 받은 주식을 처분하는 경우

(3) 고용유지
합병등기일이 속하는 사업연도의 다음 사업연도 개시일부터 3년 이내 근로자 수가 합병등기일 1개월 전 당시 피합병법인과 합병법인에 각각 종사하는 근로자 수의 합의 80% 미만으로 하락하는 경우

[물음 4] 불공정합병 과세요건
① 합병법인과 피합병법인이 특수관계인일 것
② 주식을 시가보다 높거나 낮게 평가하여 불공정한 비율로 합병할 것
③ 이익을 분여한 법인과 이익을 분여받은 주주 사이에 특수관계가 있을 것
④ 합병 후 1주당 평가액과 과대평가된 법인의 주식의 가액 차이가 시가의 30% 또는 3억원 이상일 것

관련 법령

1. 합병 시 피합병법인에 대한 과세(「법인세법」 제44조)

② 제1항을 적용할 때 다음 각 호의 요건을 모두 갖춘 합병(이하 **"적격합병"**이라 한다)의 경우에는 제1항 제1호의 가액을 피합병법인의 합병등기일 현재의 순자산 장부가액으로 보아 양도손익이 없는 것으로 할 수 있다. 다만, **대통령령으로 정하는 부득이한 사유가 있는 경우에는 제2호·제3호 또는 제4호의 요건을 갖추지 못한 경우에도** 적격합병으로 보아 대통령령으로 정하는 바에 따라 양도손익이 없는 것으로 할 수 있다.

1. 합병등기일 현재 1년 이상 사업을 계속하던 내국법인 간의 합병일 것. 다만, 다른 법인과 합병하는 것을 유일한 목적으로 하는 법인으로서 대통령령으로 정하는 법인의 경우는 본문의 요건을 갖춘 것으로 본다.

2. 피합병법인의 주주등이 합병으로 인하여 받은 합병대가의 총합계액 중 합병법인의 주식등의 가액이 100분의 80 이상이거나 합병법인의 모회사(합병등기일 현재 합병법인의 발행주식총수 또는 출자총액을 소유하고 있는 내국법인을 말한다)의 주식등의 가액이 100분의 80 이상인 경우로서 그 주식등이 대통령령으로 정하는 바에 따라 배정되고, 대통령령으로 정하는 피합병법인의 주주등이 합병등기일이 속하는 사업연도의 종료일까지 그 주식등을 보유할 것

3. 합병법인이 합병등기일이 속하는 사업연도의 종료일까지 피합병법인으로부터 승계받은 사업을 계속할 것. 다만, 피합병법인이 다른 법인과 합병하는 것을 유일한 목적으로 하는 법인으로서 대통령령으로 정하는 법인인 경우에는 본문의 요건을 갖춘 것으로 본다.

4. 합병등기일 1개월 전 당시 피합병법인에 종사하는 대통령령으로 정하는 근로자 중 합병법인이 승계한 근로자의 비율이 100분의 80 이상이고, 합병등기일이 속하는 사업연도의 종료일까지 그 비율을 유지할 것

2. 적격합병의 요건 등(「법인세법 시행령」 제80조의2)

① 법 제44조 제2항 각 호 외의 부분 단서에서 "대통령령으로 정하는 부득이한 사유가 있는 경우"란 다음 각 호의 어느 하나에 해당하는 경우를 말한다. (2010. 6. 8. 신설)

1. 법 제44조 제2항 제2호에 대한 부득이한 사유가 있는 것으로 보는 경우: 다음 각 목의 어느 하나에 해당하는 경우
   가. 제5항에 따른 주주등(이하 이 조에서 "해당 주주등"이라 한다)이 합병으로 교부받은 전체 주식등의 2분의 1 미만을 처분한 경우. 이 경우 해당 주주등이 합병으로 교부받은 주식등을 서로 간에 처분하는 것은 해당 주주등이 그 주식등을 처분한 것으로 보지 않고, 해당 주주등이 합병법인 주식등을 처분하는 경우에는 합병법인이 선택한 주식등을 처분하는 것으로 본다.
   나. 해당 주주등이 사망하거나 파산하여 주식등을 처분한 경우
   다. 해당 주주등이 적격합병, 적격분할, 적격물적분할 또는 적격현물출자에 따라 주식등을 처분한 경우
   라. 해당 주주등이 「조세특례제한법」 제38조·제38조의2 또는 제121조의30에 따라 주식등을 현물출자 또는 교환·이전하고 과세를 이연받으면서 주식등을 처분한 경우
   마. 해당 주주등이 「채무자 회생 및 파산에 관한 법률」에 따른 회생절차에 따라 법원의 허가를 받아 주식등을 처분하는 경우
   바. 해당 주주등이 「조세특례제한법 시행령」 제34조 제6항 제1호에 따른 기업개선계획의 이행을 위한 약정 또는 같은 항 제2호에 따른 기업개선계획의 이행을 위한 특별약정에 따라 주식등을 처분하는 경우
   사. 해당 주주등이 법령상 의무를 이행하기 위하여 주식등을 처분하는 경우
2. 법 제44조 제2항 제3호에 대한 부득이한 사유가 있는 것으로 보는 경우: 다음 각 목의 어느 하나에 해당하는 경우
   가. 합병법인이 파산함에 따라 승계받은 자산을 처분한 경우
   나. 합병법인이 적격합병, 적격분할, 적격물적분할 또는 적격현물출자에 따라 사업을 폐지한 경우
   다. 합병법인이 「조세특례제한법 시행령」 제34조 제6항 제1호에 따른 기업개선계획의 이행을 위한 약정 또는 같은 항 제2호에 따른 기업개선계획의 이행을 위한 특별약정에 따라 승계받은 자산을 처분한 경우
   라. 합병법인이 「채무자 회생 및 파산에 관한 법률」에 따른 회생절차에 따라 법원의 허가를 받아 승계받은 자산을 처분한 경우
3. 법 제44조 제2항 제4호에 대한 부득이한 사유가 있는 것으로 보는 경우: 다음 각 목의 어느 하나에 해당하는 경우
   가. 합병법인이 「채무자 회생 및 파산에 관한 법률」 제193조에 따른 회생계획을 이행 중인 경우
   나. 합병법인이 파산함에 따라 근로자의 비율을 유지하지 못한 경우
   다. 합병법인이 적격합병, 적격분할, 적격물적분할 또는 적격현물출자에 따라 근로자의 비율을 유지하지 못한 경우
   라. 합병등기일 1개월 전 당시 피합병법인에 종사하는 「근로기준법」에 따라 근로계약을 체결한 내국인 근로자가 5명 미만인 경우

3. 적격합병 시 합병법인에 대한 과세특례(「법인세법」 제44조의3)

> ③ 적격합병(제44조 제3항에 따라 적격합병으로 보는 경우는 제외한다)을 한 합병법인은 3년 이내의 범위에서 대통령령으로 정하는 기간에 다음 각 호의 어느 하나에 해당하는 사유가 발생하는 경우에는 그 사유가 발생한 날이 속하는 사업연도의 소득금액을 계산할 때 양도받은 자산의 장부가액과 제44조의2 제1항에 따른 시가와의 차액(시가가 장부가액보다 큰 경우만 해당한다. 이하 제4항에서 같다), 승계받은 결손금 중 공제한 금액 등을 대통령령으로 정하는 바에 따라 익금에 산입하고, 제2항에 따라 피합병법인으로부터 승계받아 공제한 감면·세액공제액 등을 대통령령으로 정하는 바에 따라 해당 사업연도의 법인세에 더하여 납부한 후 해당 사업연도부터 감면 또는 세액공제를 적용하지 아니한다. 다만, 대통령령으로 정하는 부득이한 사유가 있는 경우에는 그러하지 아니하다.
> 1. 합병법인이 피합병법인으로부터 승계받은 사업을 폐지하는 경우
> 2. 대통령령으로 정하는 피합병법인의 주주등이 합병법인으로부터 받은 주식등을 처분하는 경우
> 3. 각 사업연도 종료일 현재 합병법인에 종사하는 대통령령으로 정하는 근로자(이하 이 호에서 "근로자"라 한다) 수가 합병등기일 1개월 전 당시 피합병법인과 합병법인에 각각 종사하는 근로자 수의 합의 100분의 80 미만으로 하락하는 경우

4. 적격합병 과세특례에 대한 사후관리(「법인세법 시행령」 제80조의4)

> ③ 법 제44조의3 제3항 각 호 외의 부분 본문에서 "대통령령으로 정하는 기간"이란 합병등기일이 속하는 사업연도의 다음 사업연도의 개시일부터 2년(같은 항 제3호의 경우에는 3년)을 말한다.
> ⑧ 합병법인이 제3항에 따른 기간 중 피합병법인으로부터 승계한 자산가액의 2분의 1 이상을 처분하거나 사업에 사용하지 아니하는 경우에는 **피합병법인으로부터 승계받은 사업을 폐지한 것으로 본다**. 다만, 피합병법인이 보유하던 합병법인의 주식을 승계받아 자기주식을 소각하는 경우에는 해당 합병법인의 주식을 제외하고 피합병법인으로부터 승계받은 자산을 기준으로 사업을 계속하는지 여부를 판정하되, 승계받은 자산이 합병법인의 주식만 있는 경우에는 사업을 계속하는 것으로 본다.

5. 부당행위계산의 유형 등(「법인세법 시행령」 제88조)

> ① 법 제52조 제1항에서 "조세의 부담을 부당하게 감소시킨 것으로 인정되는 경우"란 다음 각 호의 어느 하나에 해당하는 경우를 말한다.
> 8. 다음 각 목의 어느 하나에 해당하는 자본거래로 인하여 주주등(소액주주등은 제외한다. 이하 이 조에서 같다)인 법인이 특수관계인인 다른 주주등에게 이익을 분여한 경우
>   가. 특수관계인인 법인 간의 합병(분할합병을 포함한다)에 있어서 주식등을 시가보다 높거나 낮게 평가하여 불공정한 비율로 합병한 경우. 다만, 「자본시장과 금융투자업에 관한 법률」 제165조의4에 따라 합병(분할합병을 포함한다)하는 경우는 제외한다.
> ② 제1항의 규정은 그 행위 당시를 기준으로 하여 당해 법인과 특수관계인 간의 거래(특수관계인 외의 자를 통하여 이루어진 거래를 포함한다)에 대하여 이를 적용한다. 다만, 제1항 제8호 가목의 규정을 적용함에 있어서 특수관계인인 법인의 판정은 합병등기일이 속하는 사업연도의 직전 사업연도의 개시일(그 개시일이 서로 다른 법인이 합병한 경우에는 먼저 개시한 날을 말한다)부터 합병등기일까지의 기간에 의한다.

6. 시가의 범위 등(「법인세법 시행령」 제89조)

⑥ 제88조 제1항 제8호 및 제8호의 2의 규정에 의하여 특수관계인에게 이익을 분여한 경우 제5항의 규정에 의하여 익금에 산입할 금액의 계산에 관하여는 그 유형에 따라 「상속세 및 증여세법」 제38조 · 제39조 · 제39조의2 · 제39조의3 · 제40조 · 제42조의2와 같은 법 시행령 제28조 제3항부터 제7항까지, 제29조 제2항, 제29조의2 제1항 · 제2항, 제29조의3 제1항, 제30조 제5항 및 제32조의2의 규정을 준용한다. 이 경우 "대주주" 및 "특수관계인"은 이 영에 의한 "특수관계인"으로 보고, "이익" 및 "대통령령으로 정하는 이익"은 "특수관계인에게 분여한 이익"으로 본다.

문제 4

다음 사례를 읽고 물음에 답하시오. (20점)

〈사례〉

중소기업을 오랫동안 운영하던 거주자 甲의 사망으로 2023년 중 상속이 개시되었다. 甲의 직계비속으로서 상속인인 거주자 乙은 피상속인이 영위하던 사업을 승계하여 기업 경영을 계속하고자 하지만, 상속세 부담에 대한 걱정으로 담당 세무사인 당신에게 자문을 의뢰하였다. 이에 「상속세 및 증여세법」상 가업상속공제의 적용을 통해 상속세 부담을 경감할 수 있는 규정이 있음을 乙에게 알려주고, 동 상속이 가업상속공제 적용 대상이 될 수 있는지 검토하고자 한다.

[물음 1] 상속세 과세대상이 되는 상속의 정의 및 상속에 포함되는 것에 대하여 「상속세 및 증여세법」 제2조의 규정을 근거로 설명하시오. (6점)

[물음 2] 「상속세 및 증여세법」상 가업상속공제와 관련하여 다음 ①, ②에 대하여 답하시오. (14점)

① 「상속세 및 증여세법」상 가업상속공제를 적용할 수 있는 '가업'에 해당되기 위한 요건을 「상속세 및 증여세법」 제18조의2 제1항의 규정을 근거로 설명하시오.

② 가업상속공제의 사후관리에 대한 다음 설명에서 밑줄 친 '일정한 요건'에 해당하는 사례 3가지를 제시하시오.

상속세 및 증여세법령상 가업상속공제를 받은 상속인이 상속개시일로부터 5년 이내에 정당한 사유 없이 <u>일정한 요건</u>에 해당하면 가업상속공제를 받은 금액에 해당일까지의 기간을 고려하여 법령에 따라 계산한 금액을 상속개시 당시의 상속세 과세가액에 산입하여 상속세를 부과한다. 이 경우 법령으로 정하는 바에 따라 계산한 이자상당액을 그 부과하는 상속세에 가산한다.

해답

【문제 4】상속세 및 증여세법

[물음 1] 상속의 정의 및 상속에 포함되는 것

상속세 및 증여세법에서 '상속'은 민법에 따른 상속을 말한다. 다만, 다음의 것을 상속의 범위에 포함한다.

① 증여자의 사망으로 인하여 효력이 생길 증여(사인증여)

② 특별연고자에 대한 상속재산의 분여

③ 신탁법에 따른 유언대용신탁

④ 신탁법에 따른 수익자연속신탁

[물음 2] 가업상속공제

① 가업에 해당하기 위한 요건

㉠ 가업

가업이란 법령이 정하는 중소기업 또는 중견기업으로서 피상속인이 10년 이상 계속하여 경영한 기업을 말한다.

㉡ 중소기업

상속개시일의 직전 과세기간(사업연도) 말 현재 조세특례제한법상 중소기업으로서 법률이 정하는 특정 업종(제조업, 건설업 등)을 영위하여야 한다.

㉢ 중견기업

상속 개시 전 직전 3개 과세기간(사업연도)의 평균 매출액이 5천억원 미만으로서 법률이 정한 특정한 업종(제조업, 건설업)을 영위하여야 한다.

㉣ 10년 이상 계속하여 경영한 기업

피상속인이 해당 기업의 임면권 행사 등을 통해 실제로 기업운영에 참여한 것을 말한다.

② 사후관리에 따른 추징요건

㉠ 가업용 자산의 40% 이상을 처분한 경우

㉡ 해당 상속인이 가업에 종사하지 아니하게 된 경우(업종변경의 경우에는 가업에 종사하지 않은 것으로 본다)

㉢ 주식등을 상속받은 상속인의 지분이 감소한 경우. 다만, 상속인이 상속받은 주식등을 물납하여 지분이 감소한 경우는 제외하되, 이 경우에도 상속인은 최대주주나 최대출자자에 해당하여야 한다.

㉣ 5년 통산하여 평균 정규직 근로자 수와 평균 총급여액 모두 상속개시일 직전 2년 평균치의 90%에 미달하는 경우

| 관련
법령 | **1. 정의(「상속세 및 증여세법」 제2조)** |

이 법에서 사용하는 용어의 뜻은 다음과 같다.
1. "상속"이란 「민법」 제5편에 따른 상속을 말하며, 다음 각 목의 것을 포함한다.
   가. 유증(遺贈)
   나. 「민법」 제562조에 따른 증여자의 사망으로 인하여 효력이 생길 증여(상속개시일 전 10년 이내에 피상속인이 상속인에게 진 증여채무 및 상속개시일 전 5년 이내에 피상속인이 상속인이 아닌 자에게 진 증여채무의 이행 중에 증여자가 사망한 경우의 그 증여를 포함한다. 이하 "사인증여(死因贈與)"라 한다)
   다. 「민법」 제1057조의2에 따른 피상속인과 생계를 같이 하고 있던 자, 피상속인의 요양간호를 한 자 및 그 밖에 피상속인과 특별한 연고가 있던 자(이하 "특별연고자"라 한다)에 대한 상속재산의 분여(分與)
   라. 「신탁법」 제59조에 따른 유언대용신탁(이하 "유언대용신탁"이라 한다)
   마. 「신탁법」 제60조에 따른 수익자연속신탁(이하 "수익자연속신탁"이라 한다)

2. 가업상속공제(「상속세 및 증여세법」 제18조의2)

① 거주자의 사망으로 상속이 개시되는 경우로서 가업[대통령령으로 정하는 중소기업 또는 대통령령으로 정하는 중견기업(상속이 개시되는 소득세 과세기간 또는 법인세 사업연도의 직전 3개 소득세 과세기간 또는 법인세 사업연도의 매출액 평균금액이 5천억원 이상인 기업은 제외한다. 이하 이 조에서 같다)으로서 피상속인이 10년 이상 계속하여 경영한 기업을 말한다. 이하 같다]의 상속(이하 "가업상속"이라 한다)에 해당하는 경우에는 가업상속 재산가액에 상당하는 금액을 상속세 과세가액에서 공제한다. 이 경우 공제하는 금액은 다음 각 호의 구분에 따른 금액을 한도로 한다.
1. 피상속인이 10년 이상 20년 미만 계속하여 경영한 경우: 300억원
2. 피상속인이 20년 이상 30년 미만 계속하여 경영한 경우: 400억원
3. 피상속인이 30년 이상 계속하여 경영한 경우: 600억원

3. 가업상속(「상속세 및 증여세법 시행령」 제15조)

① 법 제18조의2 제1항 각 호 외의 부분 전단에서 "대통령령으로 정하는 중소기업"이란 상속개시일이 속하는 소득세 과세기간 또는 법인세 사업연도의 직전 소득세 과세기간 또는 법인세 사업연도 말 현재 다음 각 호의 요건을 모두 갖춘 기업(이하 이 조에서 "중소기업"이라 한다)을 말한다.
   1. 별표에 따른 업종을 주된 사업으로 영위할 것
   2. 「조세특례제한법 시행령」 제2조 제1항 제1호 및 제3호의 요건을 충족할 것
   3. 자산총액이 5천억원 미만일 것
② 법 제18조의2 제1항 각 호 외의 부분 전단에서 "대통령령으로 정하는 중견기업"이란 상속개시일이 속하는 소득세 과세기간 또는 법인세 사업연도의 직전 소득세 과세기간 또는 법인세 사업연도 말 현재 다음 각 호의 요건을 모두 갖춘 기업(이하 이 조에서 "중견기업"이라 한다)을 말한다.
   1. 별표에 따른 업종을 주된 사업으로 영위할 것
   2. 「조세특례제한법 시행령」 제9조 제4항 제1호 및 제3호의 요건을 충족할 것
   3. 상속개시일의 직전 3개 소득세 과세기간 또는 법인세 사업연도의 매출액(매출액은 기획재정부령으로 정하는 바에 따라 계산하며, 소득세 과세기간 또는 법인세 사업연도가 1년 미만인 소득세 과세기간 또는 법인세 사업연도의 매출액은 1년으로 환산한 매출액을 말한다)의 평균금액이 5천억원 미만인 기업일 것

4. 가업상속공제(「상속세 및 증여세법」 제18조의2)

⑤ 가업상속공제를 받은 상속인이 **상속개시일부터 5년 이내**에 대통령령으로 정하는 정당한 사유 없이 다음 각 호의 어느 하나에 해당하면 제1항에 따라 공제받은 금액에 해당일까지의 기간을 고려하여 대통령령으로 정하는 율을 곱하여 계산한 금액(제1호에 해당하는 경우에는 가업용 자산의 처분 비율을 추가로 곱한 금액을 말한다)을 상속개시 당시의 상속세 과세가액에 산입하여 상속세를 부과한다. 이 경우 대통령령으로 정하는 바에 따라 계산한 이자상당액을 그 부과하는 상속세에 가산한다.
   1. 가업용 자산의 100분의 40 이상을 처분한 경우
   2. 해당 상속인이 가업에 종사하지 아니하게 된 경우
   3. 주식등을 상속받은 상속인의 지분이 감소한 경우. 다만, 상속인이 상속받은 주식등을 제73조에 따라 물납(物納)하여 지분이 감소한 경우는 제외하되, 이 경우에도 상속인은 제22조 제2항에 따른 최대주주나 최대출자자에 해당하여야 한다.
   4. 다음 각 목에 모두 해당하는 경우
      가. 상속개시일부터 5년간 대통령령으로 정하는 정규직 근로자(이하 이 조에서 "정규직 근로자"라 한다) 수의 전체 평균이 상속개시일이 속하는 소득세 과세기간 또는 법인세 사업연도의 직전 2개 소득세 과세기간 또는 법인세 사업연도의 정규직 근로자 수의 평균의 100분의 90에 미달하는 경우
      나. 상속개시일부터 5년간 대통령령으로 정하는 총급여액(이하 이 목에서 "총급여액"이라 한다)의 전체 평균이 상속개시일이 속하는 소득세 과세기간 또는 법인세 사업연도의 직전 2개 소득세 과세기간 또는 법인세 사업연도의 총급여액의 평균의 100분의 90에 미달하는 경우

2023년(제60회) 세법학 / 2부

문제 1

부가가치세와 관련하여 다음 물음에 답하시오. (35점)

[물음 1] 위탁판매를 할 때의 위탁자의 부가가치세 납세의무 여부와 「신탁법」에 따른 신탁재산과 관련된 재화 또는 용역을 공급할 때의 위탁자의 부가가치세 납세의무 여부에 대하여 비교하여 설명하시오. (7점)

[물음 2] 일반과세자인 甲은 부가가치세 과세대상 재화를 공급하면서 甲을 포함한 여러 사업자가 적립하여 줄 수 있거나 여러 사업자를 대상으로 사용할 수 있는 마일리지로 대금의 전부 또는 일부를 결제받았다. 그 마일리지로 받은 금액이 甲의 부가가치세 과세표준에 포함되지 않기 위한 요건을 서술하시오. (7점)

[물음 3] 일반과세자인 乙은 세금계산서 발급의무가 있는 사업자로부터 부가가치세 과세대상인 재화를 공급받았으나 법령에 따른 세금계산서 발급시기에 세금계산서를 발급받지 못하였다. 매입세액공제를 받기 위하여 乙이 이행하여야 할 매입자발행세금계산서의 발행 절차를 서술하시오. (7점)

[물음 4] 부가가치세 과세사업과 면세사업을 겸영하는 (주)A는 국내사업장이 없는 외국법인으로부터 국내에서 부가가치세가 과세되는 권리를 공급받고 그 대가를 보유 중인 외화로 지급하였다. 공급받은 권리는 과세사업과 면세사업에 공통으로 사용되어 그 실지귀속을 구분할 수 없다. 이 거래와 관련하여 (주)A의 「부가가치세법」상 의무를 서술하고, 그 의무에 따라 납부할 세액이 있다면 그 계산방법에 대해 설명하시오. (7점)

[물음 5] 사업을 개시할 때부터 간이과세자였던 丙이 일반과세자로 변경되는 경우 그 변경 당시 매입한지 1년 이내인 기계장치(매입 시 부가가치세액은 일반과세자에게 적용되는 매입세액공제 대상임)에 대하여 매입세액을 공제받기 위한 절차를 서술하고, 공제할 매입세액을 계산하는 방법을 설명하시오. (7점)

해답

【문제 1】 부가가치세법

[물음 1] 위탁거래와 신탁의 비교

1. 원칙적인 납세의무자

(1) 위탁매매

위탁매매를 할 때 위탁자가 거래상대방에게 직접 공급한 것으로 보며, 납세의무자는 '위탁자'이다.

(2) 신탁거래

신탁법에 따른 신탁재산을 공급할 때 납세의무자는 '수탁자'이다.

2. 예외적인 납세의무자

(1) 위탁매매

해당 거래나 재화의 특성상 또는 보관·관리상 위탁자를 알 수 없는 경우에는 수탁자에게 공급하고, 다시 수탁자가 거래상대방에게 공급한 것으로 본다. 따라서 이 경우 위탁자와 수탁자가 모두 납세의무를 진다.

(2) 신탁거래

① 신탁재산과 관련된 재화 또는 용역을 위탁자 명의로 공급하는 경우, ② 위탁자가 신탁재산을 실질적으로 지배·통제하는 경우에는 '위탁자'가 납세의무자가 된다.

[물음 2] 공동적립 자기적립마일리지

다음의 요건을 모두 충족한 공동적립마일리지는 자기적립마일리지에 포함한다. 따라서 다음 요건을 모두 충족한 마일리지는 과세표준에 포함되지 않는다.

① 고객별·사업자별로 마일리지등의 적립 및 사용 실적을 구분하여 관리하는 등의 방법으로 당초 공급자와 이후 공급자가 같다는 사실이 확인될 것

② 사업자가 마일리지등으로 결제받은 부분에 대하여 재화 또는 용역을 공급받는 자 외의 자로부터 보전받지 아니할 것

[물음 3] 매입자발행세금계산서의 발행 절차

(1) 거래사실 확인 신청

신청인은 해당 재화 또는 용역의 공급시기가 속하는 과세기간의 종료일부터 6개월 이내에 관할 세무서장에게 거래사실의 확인을 신청하여야 한다.

(2) 신청인(매입자) 관할 세무서장의 보정요구, 거부결정 및 송부

신청인(매입자) 관할 세무서장은 보정요구할 것이 있으면 보정요구를 하고, 신청서를 공급자 관할 세무서장에게 송부한다.

(3) 공급자 관할 세무서장의 거래사실 확인 및 통지

신청서를 송부받은 공급자 관할 세무서장은 거래사실을 확인한 후 신청인의 관할 세무서장에게 확인내용을 통지한다.

(4) 매입자발행세금계산서의 교부

신청인의 관할 세무서장으로부터 통지를 받은 신청인은 확인한 거래일자를 작성일자로 하여 매입자발행세금계산서를 발행하여 교부하여야 한다.

[물음 4] 대리납부

1. 대리납부의무(거래징수의무)

국내사업장이 없는 외국법인으로부터 국내에서 부가가치세가 과세되는 용역 및 권리를 공급받고 그 대가를 지급하는 경우에는 용역 및 권리를 공급받은 자는 그 대가를 지급하는 때 부가가치세를 거래징수할 의무가 있다.

2. 대리납부세액

(1) 겸영사업자

실지귀속을 구분할 수 없는 경우에는 권리의 공급가액에 총공급가액 중 면세사업에 사용된 공급가액의 비율을 곱한 금액의 10%를 대리납부세액으로 한다.

(2) 외화환산

보유 중인 외화로 지급한 때에는 지급일 현재 기준환율에 따라 계산한 금액을 공급가액으로 한다.

[물음 5] 재고매입세액

1. 재고매입세액공제 절차

(1) 재고품 등의 신고

과세유형이 변경되는 날의 직전 과세기간에 대한 부가가치세 신고와 함께 재고품 등을 신고하여야 한다.

(2) 재고품 등의 승인

관할 세무서장은 재고금액을 조사·승인하고 확정신고기한 후 1월 이내 당해 사업자에게 공제될 매입세액을 통지하여야 한다. 이때 그 기한 이내에 통지하지 아니하면 해당 사업자가 신고한 재고금액을 승인한 것으로 본다.

2. 공제할 매입세액의 계산방법

다음의 산식에 따라 계산한다.

'취득가액 × $(1 - 10\% \times$ 경과된 과세기간 수$) \times 10/110 \times (1 - 0.5\% \times 110/10)$'

취득가액에 부가가치세액이 포함되어 있으므로 10/110을 곱하고, 간이과세자의 세금계산서 등 수취세액공제를 매입액의 0.5%를 적용하는 점을 반영한 것이다.

관련 법령

1. 납세의무자(「부가가치세법」 제3조)

① 다음 각 호의 어느 하나에 해당하는 자로서 개인, 법인(국가·지방자치단체와 지방자치단체조합을 포함한다), 법인격이 없는 사단·재단 또는 그 밖의 단체는 이 법에 따라 부가가치세를 납부할 의무가 있다.

1. 사업자
2. 재화를 수입하는 자

② 제1항에도 불구하고 대통령령으로 정하는 신탁재산(이하 "신탁재산"이라 한다)과 관련된 재화 또는 용역을 공급하는 때에는 「신탁법」 제2조에 따른 **수탁자**(이하 이 조, 제3조의2, 제8조, 제10조 제9항 제4호, 제29조 제4항, 제52조의2 및 제58조의2에서 "수탁자"라 한다)가 신탁재산별로 각각 별도의 납세의무자로서 부가가치세를 납부할 의무가 있다.

③ 제1항 및 제2항에도 불구하고 다음 각 호의 어느 하나에 해당하는 경우에는 「신탁법」 제2조에 따른 위탁자(이하 이 조, 제3조의2, 제10조 제8항, 같은 조 제9항 제4호, 제29조 제4항 및 제52조의2에서 "위탁자"라 한다)가 부가가치세를 납부할 의무가 있다.

1. 신탁재산과 관련된 재화 또는 용역을 위탁자 명의로 공급하는 경우
2. **위탁자가 신탁재산을 실질적으로 지배·통제하는 경우**로서 대통령령으로 정하는 경우
3. 그 밖에 신탁의 유형, 신탁설정의 내용, 수탁자의 임무 및 신탁사무 범위 등을 고려하여 대통령령으로 정하는 경우

2. 재화 공급의 특례(「부가가치세법」 제10조)

⑦ 위탁매매 또는 대리인에 의한 매매를 할 때에는 위탁자 또는 본인이 직접 재화를 공급하거나 공급받은 것으로 본다. 다만, 위탁자 또는 본인을 알 수 없는 경우로서 대통령령으로 정하는 경우에는 수탁자 또는 대리인에게 재화를 공급하거나 수탁자 또는 대리인으로부터 재화를 공급받은 것으로 본다.

3. 과세표준(「부가가치세법」 제29조)

③ 제1항의 공급가액은 다음 각 호의 가액을 말한다. 이 경우 대금, 요금, 수수료, 그 밖에 어떤 명목이든 상관없이 재화 또는 용역을 공급받는 자로부터 받는 금전적 가치 있는 모든 것을 포함하되, 부가가치세는 포함하지 아니한다.

...

6. 외상거래, 할부거래, 대통령령으로 정하는 마일리지 등으로 대금의 전부 또는 일부를 결제하는 거래 등 그 밖의 방법으로 재화 또는 용역을 공급하는 경우: 공급 형태 등을 고려하여 대통령령으로 정하는 가액

4. 외상거래 등 그 밖의 공급가액의 계산(「부가가치세법 시행령」 제61조)

① 법 제29조 제3항 제6호에서 "대통령령으로 정하는 마일리지 등"이란 재화 또는 용역의 구입실적에 따라 마일리지, 포인트 또는 그 밖에 이와 유사한 형태로 별도의 대가 없이 적립받은 후 다른 재화 또는 용역 구입 시 결제수단으로 사용할 수 있는 것과 재화 또는 용역의 구입실적에 따라 별도의 대가 없이 교부받으며 전산시스템 등을 통하여 그 밖의 상품권과 구분 관리되는 상품권(이하 이 조에서 "마일리지등"이라 한다)을 말한다.

9. 마일리지등으로 대금의 전부 또는 일부를 결제받은 경우(제10호에 해당하는 경우는 제외한다): 다음 각 목의 금액을 합한 금액

가. 마일리지등 외의 수단으로 결제받은 금액

나. 자기적립마일리지등[당초 재화 또는 용역을 공급하고 마일리지등을 적립(다른 사업자를 통하여 적립하여 준 경우를 포함한다)하여 준 사업자에게 사용한 마일리지등(여러 사업자가 적립하여 줄 수 있거나 여러 사업자를 대상으로 사용할 수 있는 마일리지등의 경우 다음의 요건을 모두 충족한 경우로 한정한다)을 말한다. 이하 이 항에서 같다] 외의 마일리지등으로 결제받은 부분에 대하여 재화 또는 용역을 공급받는 자 외의 자로부터 보전(補塡)받았거나 보전받을 금액

1) 고객별·사업자별로 마일리지등의 적립 및 사용 실적을 구분하여 관리하는 등의 방법으로 당초 공급자와 이후 공급자가 같다는 사실이 확인될 것

2) 사업자가 마일리지등으로 결제받은 부분에 대하여 재화 또는 용역을 공급받는 자 외의 자로부터 보전받지 아니할 것

5. 매입자발행세금계산서에 따른 매입세액공제 특례(「부가가치세법」제34조의2)

① 제32조에도 불구하고 납세의무자로 등록한 사업자로서 대통령령으로 정하는 사업자(이하 이 항에서 "사업자"라 한다)가 재화 또는 용역을 공급하고 제34조에 따른 세금계산서 발급시기에 세금계산서를 발급하지 아니한 경우(사업자의 부도·폐업, 공급 계약의 해제·변경 또는 그 밖에 대통령령으로 정하는 사유가 발생한 경우로서 사업자가 수정세금계산서 또는 수정전자세금계산서를 발급하지 아니한 경우를 포함한다) 그 재화 또는 용역을 공급받은 자는 대통령령으로 정하는 바에 따라 관할 세무서장의 확인을 받아 세금계산서를 발행할 수 있다.
② 제1항에 따른 세금계산서(이하 "매입자발행세금계산서"라 한다)에 기재된 부가가치세액은 대통령령으로 정하는 바에 따라 제37조, 제38조 및 제63조 제3항에 따른 공제를 받을 수 있는 매입세액으로 본다.
③ 제1항 및 제2항에서 정한 사항 외에 매입자발행세금계산서의 발급 대상 및 방법, 그 밖에 필요한 사항은 대통령령으로 정한다.

6. 매입자발행세금계산서의 발행대상 사업자 및 매입세액공제 절차 등(「부가가치세법 시행령」 제71조의2)

① 법 제34조의2 제1항에서 "대통령령으로 정하는 사업자"란 법 제32조에 따른 세금계산서 발급의무가 있는 사업자(제73조 제3항 및 제4항에 따라 세금계산서 발급의무가 있는 사업자를 포함한다)를 말한다.
② 법 제34조의2 제2항에 따른 매입자발행세금계산서를 발행하려는 자(이하 이 조에서 "신청인"이라 한다)는 해당 재화 또는 용역의 공급시기가 속하는 과세기간의 종료일부터 6개월 이내에 기획재정부령으로 정하는 거래사실확인신청서에 거래사실을 객관적으로 입증할 수 있는 서류를 첨부하여 신청인 관할 세무서장에게 거래사실의 확인을 신청하여야 한다.

(이하 생략)

7. 대리납부(「부가가치세법」제52조)

① 다음 각 호의 어느 하나에 해당하는 자(이하 이 조, 제53조 및 제53조의2에서 "국외사업자"라 한다)로부터 국내에서 용역 또는 권리(이하 이 조 및 제53조에서 "용역등"이라 한다)를 공급(국내에 반입하는 것으로서 제50조에 따라 관세와 함께 부가가치세를 신고·납부하여야 하는 재화의 수입에 해당하지 아니하는 경우를 포함한다. 이하 이 조 및 제53조에서 같다)받는 자(공급받은 그 용역등을 과세사업에 제공하는 경우는 제외하되, 제39조에 따라 매입세액이 공제되지 아니하는 용역등을 공급받는 경우는 포함한다)는 그 대가를 지급하는 때에 그 대가를 받은 자로부터 부가가치세를 징수하여야 한다.
1. 「소득세법」제120조 또는 「법인세법」제94조에 따른 국내사업장(이하 이 조에서 "국내사업장"이라 한다)이 없는 비거주자 또는 외국법인
2. 국내사업장이 있는 비거주자 또는 외국법인(비거주자 또는 외국법인의 국내사업장과 관련 없이 용역등을 공급하는 경우로서 대통령령으로 정하는 경우만 해당한다)

8. 대리납부(「부가가치세법 시행령」제95조)

② 법 제52조 제1항을 적용할 때 비거주자 또는 외국법인으로부터 공급받은 용역등이 과세사업과 면세사업등에 공통으로 사용되어 그 실지귀속을 구분할 수 없는 경우 그 면세사업등에 사용된 용역등의 과세표준은 다음 계산식에 따라 계산한 금액으로 한다. 다만, 과세기간 중 과세사업과 면세사업등의 공급가액이 없거나 그 어느 한 사업에 공급가액이 없으면 그 과세기간에 대한 안분계산은 제81조 제4항과 제82조를 준용한다.

$$과세표준 = 해당 용역 등의 총공급가액 \times \frac{대가의 \ 지급일이 \ 속하는 \ 과세기간의 \ 면세공급가액}{대가의 \ 지급일이 \ 속하는 \ 과세기간의 \ 총공급가액}$$

③ 법 제52조 제1항을 적용할 때 대가를 외화로 지급하는 경우에는 다음 각 호의 구분에 따른 금액을 그 대가로 한다.
　1. 원화로 외화를 매입하여 지급하는 경우: 지급일 현재의 대고객외국환매도율에 따라 계산한 금액
　2. 보유 중인 외화로 지급하는 경우: 지급일 현재의 「외국환거래법」에 따른 기준환율 또는 재정환율에 따라 계산한 금액

9. 일반과세자로 변경 시 재고품등에 대한 매입세액공제 특례(「부가가치세법 시행령」제86조)

① 법 제44조 제1항에 따라 간이과세자가 일반과세자로 변경되는 경우에는 그 변경되는 날 현재에 있는 다음 각 호의 재고품, 건설 중인 자산 및 감가상각자산(법 제38조부터 제43조까지의 규정에 따른 매입세액공제 대상인 것만 해당하며, 이하 이 조에서 "재고품등"이라 한다)에 대하여 일반과세 전환 시의 재고품등 신고서를 작성하여 그 변경되는 날의 직전 과세기간에 대한 신고와 함께 각 납세지 관할 세무서장에게 신고(국세정보통신망에 의한 신고를 포함한다)하여야 한다.

⑥ 제1항에 따른 신고를 받은 관할 세무서장은 재고매입세액으로서 공제할 수 있는 재고금액을 조사하여 승인하고 제1항에 따른 기한이 지난 후 1개월 이내에 해당 사업자에게 공제될 재고매입세액을 통지하여야 한다. 이 경우 그 기한 이내에 통지하지 아니하면 해당 사업자가 신고한 재고금액을 승인한 것으로 본다.

문제 2

개별소비세와 관련하여 다음 물음에 답하시오. (20점)

[물음 1] (주)A는 (주)B의 의뢰에 따라 개별소비세 과세대상인 고급시계를 제조하여 (주)B에 납품하고 있으며, 그 납품한 고급시계에 대한 개별소비세는 (주)A가 신고·납부하고 있다. (주)A가 (주)B에 납품하고 있는 개별소비세 과세대상인 고급시계에 대한 개별소비세 과세표준에 대해 설명하고, 위탁자가 실제로 판매하는 가격을 반영하여 과세표준을 산정하여야 하는 경우에 대해 설명하시오. (6점)

[물음 2] (주)C는 개별소비세 과세대상인 고급모피의류를 제조하여 직접 수출하거나 내국신용장에 의하여 수출업자에게 판매한다. (주)C가 제조장에서 제조한 고급모피의류를 국외로 반출하여 직접 수출하는 경우와 원내국신용장에 의하여 수출업자에게 판매하기 위하여 반출하는 경우 각각의 개별소비세 납세의무에 대해 설명하고, 각각의 경우 (주)C가 개별소비세를 납부하지 않을 수 있다면 이를 위한 개별소비세법령상 절차에 대해 서술하시오. (7점)

[물음 3] 액화석유가스충전사업자인 (주)D는 2023년 5월에 판매한 가정용부탄에 대한 개별소비세 환급신청서를 제출하였다. 한편 (주)D로부터 2023년 5월에 가정용부탄을 공급받은 액화석유가스판매업자가 그 중 일부를 취사난방용 등이 아닌 다른 용도로 전용하였다. (주)D가 2023년 5월에 판매한 가정용부탄 전량에 대해 개별소비세 환급신청을 하는 경우 환급세액으로 신청할 금액의 계산방법에 대해 설명하고, 용도 전용에 대한 제재에 대해 서술하시오. (7점)

해답

【문제 2】 개별소비세법

[물음 1] 수탁가공

1. 고급시계의 과세표준
고급시계를 제조·반출하는 경우의 개별소비세 과세표준은 기준가격(1개당 200만원)을 초과하는 부분의 가격으로 한다.

2. 수탁가공의 요건
다음 요건을 모두 갖춘 경우에 그 물품을 인도한 날에 위탁자가 실제로 판매하는 가격에 상당하는 금액을 과세표준으로 한다.
① 위탁자가 생산할 물품을 직접 기획(고안·디자인 및 견본제작 등을 말한다)할 것
② 해당 물품을 위탁자의 명의로 제조할 것
③ 해당 물품을 인수하여 위탁자의 책임하에 직접 판매할 것

[물음 2] 수출면세와 미납세반출

1. 국외로 반출하여 수출하는 경우
(1) 납세의무
개별소비세 과세대상 물품을 수출하는 경우에는 개별소비세가 '면세'된다.

(2) 절차
반출 전에 '면세반출승인'을 받고, 반출 후에는 '용도증명'이 요구된다. 단, 과세표준신고서에 용도증명서를 제출하는 것으로 면세반출승인에 갈음할 수 있다.

2. 원내국신용장에 의하여 수출할 물품을 반출하는 경우
(1) 납세의무
과세물품을 반출할 때 과세하는 것이 원칙이나 '미납세반출의 절차'를 거쳐 반출하는 경우에는 과세하지 아니한다.

(2) 절차
반출 전에 '반출승인'을 얻고, 반입 후에 '반입사실 증명'을 하여야 한다. 단, 과세표준신고서에 반입증명서를 제출하는 것으로 미납세반출승인에 갈음할 수 있다.

[물음 3] 가정용부탄에 관한 환급특례

1. 환급세액 계산방법
취사·난방용으로 사용되는 부탄가스에 대해서는 프로판가스와 같은 세율이 적용될 수 있도록 한다. 따라서 가정용부탄으로 판매한 수량에 부탄에 대한 세액과 프로판에 대한 세액의 차액을 곱한 금액을 환급세액으로 한다.

2. 용도 전용에 대한 제제
취사·난방용으로 사용할 것으로 신고하여 개별소비세액을 환급받은 자가 이를 다른 용도로 전용한 경우에는 환급세액의 40%(단순 착오의 경우는 10%)를 가산세로 추징한다.

관련 법령

1. 과세표준(「개별소비세법」 제8조)

① 개별소비세의 과세표준은 다음 각 호에 따른다. 다만, 제1조 제2항 제2호의 과세물품은 다음 제1호부터 제4호까지의 가격 중 기준가격을 초과하는 부분의 가격을 과세표준으로 한다.

2. 제3조 제2호의 납세의무자가 제조하여 반출하는 물품: 제조장에서 반출할 때의 가격 또는 수량. 다만, 제1조 제2항 제4호 가목의 물품인 휘발유 및 이와 유사한 대체유류의 경우에는 제조장에서 반출한 후 소비자에게 판매할 때까지 수송 및 저장 과정에서 증발 등으로 자연 감소되는 정도를 고려하여 대통령령으로 정하는 비율을 제조장에서 반출할 때의 수량에 곱하여 계산한 수량을 반출할 때의 수량에서 뺀 수량으로 한다.

2. 제조장에서 반출하는 물품의 가격 계산(「개별소비세법 시행령」 제8조)

10. 수탁가공(위탁자가 물품을 직접 제조하지 아니하고 수탁자에게 의뢰하여 제조하는 경우로서 다음 각 목의 요건을 모두 충족하는 것을 말한다)한 물품[법 제1조 제2항 제2호 가목 1) · 2)의 물품은 제외한다]에 대하여 수탁자가 해당 세액을 납부하는 경우: 그 물품을 인도한 날에 위탁자가 실제로 판매하는 가격에 상당하는 금액

가. 위탁자가 생산할 물품을 직접 기획(고안 · 디자인 및 견본제작 등을 말한다)할 것
나. 해당 물품을 위탁자의 명의로 제조할 것
다. 해당 물품을 인수하여 위탁자의 책임하에 직접 판매할 것

3. 수출 및 군납 면세(「개별소비세법」 제15조)

① 다음 각 호의 어느 하나에 해당하는 물품에 대해서는 대통령령으로 정하는 바에 따라 개별소비세를 면제한다.
1. 수출하는 것
2. 우리나라에 주둔하는 외국군대(이하 "주한외국군"이라 한다)에 납품하는 것

4. 미납세반출(「개별소비세법」 제14조)

① 다음 각 호의 어느 하나에 해당하는 물품에 대해서는 대통령령으로 정하는 바에 따라 개별소비세를 징수하지 아니한다.
1. 수출할 물품을 다른 장소에 반출하는 것

5. 가정용부탄에 대한 개별소비세 환급 특례(「개별소비세법」 제20조의2)

① 액화석유가스판매사업자 등 대통령령으로 정하는 사업자에게 취사난방용 등 대통령령으로 정하는 용도로 사용되는 제1조 제2항 제4호 바목의 물품(이하 이 조에서 "가정용부탄"이라 한다)을 판매하는 액화석유가스충전사업자와 가정용부탄을 제조하거나 수입하는 제3조의 납세의무자에 대해서는 다음 계산식에 따라 계산된 개별소비세액(이하 이 조에서 "환급세액"이라 한다)을 환급하거나, 납부 또는 징수할 세액에서 이를 공제할 수 있다.

$$\text{환급세액} = \text{가정용부탄으로 판매한 수량} \times (\text{제1조 제2항 제4호 바목의 세액} - \text{같은 호 마목의 세액})$$

④ 관할 세무서장 또는 세관장은 다음 각 호의 어느 하나의 경우에는 해당 호에서 정한 금액과 그 금액의 100분의 40(단순 착오에 의한 경우에는 100분의 10)에 상당하는 금액의 가산세를 합친 금액을 개별소비세로 징수한다.
  1. 제1항에 따라 세액을 환급 또는 공제받은 자가 허위세금계산서를 발급하는 등 대통령령으로 정하는 사유로 과다하게 환급 또는 공제받은 경우: 그 과다환급세액 또는 과다공제금액
  2. 제1항에 따라 해당 물품을 공급받은 사업자가 그 물품을 같은 항에 따른 용도 외로 사용하는 경우: 용도 외 사용량에 해당하는 환급세액

문제 3

「지방세법」상 취득세와 관련하여 다음 사례를 읽고 물음에 답하시오. (20점)

〈사례〉

(1) 甲은 2018. 12. 18. (주)A로부터 토지 2필지(이하 '이 사건 토지'라 한다)를 매수하고 매매대금을 모두 지급하였다. 한편, 3자 간 등기명의신탁 약정에 따라 2018. 12. 27. 甲의 직원인 乙 명의로 취득세(이하 '제1차 납부 취득세'라 한다)를 납부하고 같은 날 乙의 명의로 소유권이전등기를 하였다.

(2) 관할 지방자치단체장은 甲이 이 사건 토지의 실제 취득자라는 이유로 2022. 11. 8. 甲에게 취득세를 부과하였고, 甲은 2022. 11. 30. 그 취득세(이하 '제2차 납부 취득세'라 한다)를 납부하였다.

(3) 甲은 (주)A로부터 매수한 이 사건 토지의 소유권이전등기를 자신의 명의로 하기 위하여 2023. 1. 10. 매도인을 乙로 하는 소유권이전등기를 마쳤으며, 이와 관련하여 같은 날 관할 지방자치단체장에게 취득세(이하 '제3차 납부 취득세'라 한다)를 신고·납부하였다.

(4) 甲은 2023. 2. 1. 관할 지방자치단체장에게 '이 사건 토지의 취득에 따른 취득세를 이중으로 납부하였다'는 이유로 '제3차 납부 취득세'를 환급하여 달라는 내용의 경정청구를 하였는데, 관할 지방자치단체장은 2023. 3. 23. 위 경정청구를 거부하는 처분을 하였다.

[물음 1] 관할 지방자치단체장이 한 경정청구 거부처분의 적법 여부에 대하여 논하시오. (15점)

[물음 2] 위 〈사례〉와 달리 甲과 乙 사이에 체결한 계약명의신탁 약정에 따라 乙이 (주)A와 매매계약을 체결한 경우 甲이 취득세 납세의무를 부담하는지 여부에 대하여 논하시오. (5점)

해답

【문제 3】 지방세법

[물음 1] 경정청구 거부처분의 적법 여부

1. 취득세 납세의무

(1) 실질설(대법원 다수의견)

제3자 등기명의신탁에서 매도인으로부터 부동산매매계약의 체결 및 대금지급을 한 자는 '명의신탁자'인 甲이므로 부동산의 사실상 취득자는 명의신탁자 甲이다.

(2) 형식설(대법원 소수의견)

실질적으로 소유권을 취득하는지 여부에 관계없이 등기라는 형식요건만 갖추면 취득세 납세의무가 있다.

2. 취득시기

(1) 실질설

취득세는 부동산 등의 취득자에게 부과되고, 여기서 취득은 등기·등록 여부에 관계없이 '사실상 취득'한 때 이루어진다.

따라서 A법인으로 부동산을 취득한 甲의 토지 취득시기는 '사실상 잔금지급일'인 2018. 12. 18.이다.

(2) 형식설

등기한 때 새롭게 납세의무가 성립한다. 따라서 등기일인 2023. 1. 10.에 새롭게 취득세 납세의무가 성립한다.

3. 사안의 적용

(1) 실질설

잔금지급일에 성립한 취득세 납세의무와 별도로 그 등기일에 취득을 원인으로 한 '새로운' 취득세 납세의무가 '성립'하는 것은 아니다. 따라서 지방자치단체장의 경정거부처분은 적법하지 않다.

(2) 형식설

형식설에 따르면 새로운 납세의무가 성립하므로 지방자치단체장의 경정거부처분은 적법하다.

4. 결어

甲이 2023. 2. 1. 토지에 관한 소유권이전등기를 마친 경우라도 이는 잔금지급일에 '사실상 취득'을 한 부동산에 관하여 소유권 취득의 '형식'을 갖춘 것에 불과하다. 따라서 새롭게 납세의무가 성립하는 것으로 볼 수 없으므로 실질설이 타당하다.

[물음 2] 계약명의신탁

1. 취득세 납세의무자

계약명의자인 수탁자는 부동산 소유권을 확정적으로 취득한다. 따라서 수탁자 명의로 등기할 때 명의신탁자인 甲은 취득세 납세의무를 지지 않는다.

2. 명의신탁 환원 시

당초 명의수탁자가 취득한 부동산을 명의신탁자 앞으로 환원하더라도 이는 새로운 취득에 해당한다. 따라서 명의신탁자에게 환원하기 위해 소유권이전등기하는 때 甲에게 취득세 납세의무가 있다.

관련 법령

1. 납세의무자 등(「지방세법」 제7조)

> ① 취득세는 부동산, 차량, 기계장비, 항공기, 선박, 입목, 광업권, 어업권, 양식업권, 골프회원권, 승마회원권, 콘도미니엄 회원권, 종합체육시설 이용회원권 또는 요트회원권(이하 이 장에서 "부동산등"이라 한다)을 취득한 자에게 부과한다.

2. 취득의 시기(「지방세법」 제10조의7)

> 제10조의2부터 제10조의6까지의 규정을 적용하는 경우 취득물건의 취득유형별 취득시기 등에 관하여 필요한 사항은 대통령령으로 정한다.

3. 취득의 시기 등(「지방세법 시행령」 제20조)

> ② 유상승계취득의 경우에는 다음 각 호에서 정하는 날에 취득한 것으로 본다.
> 1. 사실상의 잔금지급일
> 2. 사실상의 잔금지급일을 확인할 수 없는 경우에는 그 계약상의 잔금지급일(계약상 잔금지급일이 명시되지 않은 경우에는 계약일부터 60일이 경과한 날을 말한다). 다만, 해당 취득물건을 등기·등록하지 않고 다음 각 목의 어느 하나에 해당하는 서류로 계약이 해제된 사실이 입증되는 경우에는 취득한 것으로 보지 않는다.

4. 경정 등의 청구(「지방세기본법」 제50조)

> ② 과세표준 신고서를 법정신고기한까지 제출한 자 또는 지방세의 과세표준 및 세액의 결정을 받은 자는 다음 각 호의 어느 하나에 해당하는 사유가 발생하였을 때에는 제1항에서 규정하는 기간에도 불구하고 그 사유가 발생한 것을 안 날부터 90일 이내에 결정 또는 경정을 청구할 수 있다.
> …
> 3. 제1호 및 제2호의 사유와 유사한 사유로서 대통령령으로 정하는 사유가 해당 지방세의 법정신고기한이 지난 후에 발생하였을 때

5. 후발적 사유(「지방세기본법 시행령」 제30조)

> 법 제50조 제2항 제3호에서 "대통령령으로 정하는 사유"란 다음 각 호의 어느 하나에 해당하는 경우를 말한다.
> 1. 최초의 신고·결정 또는 경정(更正)을 할 때 과세표준 및 세액의 계산근거가 된 거래 또는 행위 등의 효력과 관계되는 관청의 허가나 그 밖의 처분이 취소된 경우
> 2. 최초의 신고·결정 또는 경정을 할 때 과세표준 및 세액의 계산근거가 된 거래 또는 행위 등의 효력과 관계되는 계약이 해당 계약의 성립 후 발생한 부득이한 사유로 해제되거나 취소된 경우
> 3. 최초의 신고·결정 또는 경정을 할 때 장부 및 증명서류의 압수, 그 밖의 부득이한 사유로 과세표준 및 세액을 계산할 수 없었으나 그 후 해당 사유가 소멸한 경우
> 4. 제1호부터 제3호까지의 규정에 준하는 사유가 있는 경우

문제 4

「조세특례제한법」과 관련하여 다음 사례를 읽고 물음에 답하시오. (25점)

〈사례〉

(1) 거주자인 甲과 乙은 3년 전에 각자 (주)A와 (주)B를 자본금 1억원으로 하여 설립한 후 1인 주주이자 대표이사로서 운영하여 왔다. (주)A와 (주)B는 설립 이후 각 사업연도의 소득이나 배당과 관련하여 세무상의 상이점 없이 각각 2억원의 세후 이익을 실현하였고, 그 결과 자산은 현금 3억원으로만 구성되어 있으며 부채는 없다.

(2) 甲과 乙은 사업을 같이 하기로 합의하였는 바, 이를 위하여 각각 보유하는 (주)A와 (주)B의 발행주식 전부를 신설하는 (주)C에게 양도하고, (주)C가 발행하는 주식 50%씩을 취득하였다.

(3) 甲과 乙은 「조세특례제한법」 제38조 및 관련 법령에 따라 '주식의 포괄적 교환 등 과세특례신청서'를 제출하였다.

[물음 1] 주식의 포괄적 교환·이전에 따라 甲과 乙의 주식양도차익에 상당하는 금액에 대한 양도소득세 과세를 이연받는 경우 (주)A와 (주)B의 발행주식 양도일이 속하는 과세기간의 양도소득 계산방법에 대하여 설명하시오. (9점)

[물음 2] 甲 또는 乙이 취득한 (주)C의 발행주식 전부 또는 일부를 양도함으로써 양도소득세가 과세되는 경우 (주)C의 발행주식의 취득가액에 대하여 설명하시오. (8점)

[물음 3] 甲 또는 乙이 과세를 이연받은 양도소득세를 납부하여야 하는 사유에 대하여 설명하시오. (8점)

【문제 4】조세특례제한법

[물음 1] 양도소득 계산방법

1. 금전을 수령하지 않는 경우

포괄적 이전의 경우로서 완전자회사의 주주가 포괄적 이전의 대가로 금전을 수령하지 않는 경우 양도소득은 완전모회사 주식을 처분할 때까지 과세이연한다. 따라서 완전자회사의 주주가 주식을 양도할 때의 양도소득은 '0'이다.

2. 금전을 수령하는 경우

포괄적 이전의 경우로서 금전을 수령하는 경우 양도소득은 ① 실현된 이익과 ② 배분받은 금전 중 적은 금액으로 한다.

[물음 2] 과세이연 시 취득가액

1. 전부 양도하는 경우

과세이연되는 경우 취득가액은 자회사 주식 취득가액에 포괄적 이전 시 과세된 금액을 더하고 배분받은 금전을 차감한다.

2. 일부 양도하는 경우

포괄적 이전으로 취득한 주식을 일부 양도하는 경우에는 전부 양도하는 경우의 취득가액에 포괄적 이전으로 취득한 주식 중 처분한 주식의 비율을 곱하여 계산한다. 이 경우 주식의 포괄적 교환등 외의 다른 방법으로 취득한 완전모회사등 주식이 있으면 주식의 포괄적 교환등으로 취득한 주식을 먼저 양도한 것으로 본다.

[물음 3] 사후관리

주식의 포괄적 이전일이 속하는 사업연도의 다음 사업연도 개시일부터 2년 안에 다음 중 어느 하나의 사유가 발생하는 경우 과세이연받은 양도소득세를 납부하여야 한다.

① 완전자회사가 사업을 폐지하는 경우

② 완전모회사 또는 대통령령으로 정하는 완전자회사의 주주가 주식의 포괄적 교환등으로 취득한 주식을 처분하는 경우

관련 법령

1. 주식의 포괄적 교환·이전에 대한 과세특례(「조세특례제한법」제38조)

① 내국법인이 다음 각 호의 요건을 모두 갖추어 「상법」제360조의2에 따른 주식의 포괄적 교환 또는 같은 법 제360조의15에 따른 주식의 포괄적 이전(이하 이 조에서 "주식의 포괄적 교환등"이라 한다)에 따라 주식의 포괄적 교환등의 상대방 법인의 완전자회사로 되는 경우 그 주식의 포괄적 교환등으로 발생한 완전자회사 주주의 주식양도차익에 상당하는 금액에 대한 양도소득세 또는 법인세에 대해서는 대통령령으로 정하는 바에 따라 완전자회사의 주주가 완전모회사 또는 그 완전모회사의 주식을 처분할 때까지 과세를 이연받을 수 있다.

2. 주식의 포괄적 교환·이전에 대한 법인의 과세특례(「조세특례제한법」 제35조의2)

③ 완전자회사의 주주인 거주자, 비거주자 또는 「법인세법」 제91조 제1항에 해당하지 아니하는 외국법인(이하 이 조에서 "거주자등"이라 한다)이 보유주식을 법 제38조 제1항에 따라 완전모회사에 주식의 포괄적 교환등을 하고 과세를 이연받는 경우에는 제1호와 제2호의 금액 중 작은 금액을 양도소득 또는 금융투자소득으로 보아 양도소득세 또는 금융투자소득세를 과세한다.
1. 교환·이전대가에서 주식의 포괄적 교환등으로 양도한 완전자회사 주식의 취득가액을 뺀 금액
2. 교환·이전대가로 받은 완전모회사등 주식 외의 금전, 그 밖의 재산가액의 합계액

3. 정의(「조세특례제한법」 제2조)

① 이 법에서 사용하는 용어의 뜻은 다음과 같다.
7. "과세이연(課稅移延)"이란 공장의 이전 등을 위하여 개인이 해당 사업에 사용되는 사업용고정자산 등(이하 이 호에서 "종전사업용고정자산등"이라 한다)을 양도하고 그 양도가액(讓渡價額)으로 다른 사업용고정자산 등(이하 이 호에서 "신사업용고정자산등"이라 한다)을 대체취득한 경우 종전사업용고정자산등의 양도에 따른 양도차익(讓渡差益) 중 다음의 계산식에 따라 계산한 금액(신사업용고정자산등의 취득가액이 종전사업용고정자산등의 양도가액을 초과하는 경우에는 종전사업용고정자산등의 양도에 따른 양도차익을 한도로 한다. 이하 이 호에서 "과세이연금액"이라 한다)에 대해서는 양도소득세를 과세하지 아니하되, 신사업용고정자산등을 양도할 때 신사업용고정자산등의 취득가액에서 과세이연금액을 뺀 금액을 취득가액으로 보고 양도소득세를 과세하는 것을 말한다.

$$\text{종전사업용고정자산등의 양도에 따른 양도차익} \times \frac{\text{신사업용고정자산등의 취득가액}}{\text{종전사업용고정자산등의 양도가액}}$$

4. 주식의 포괄적 교환·이전에 대한 과세특례(「조세특례제한법」 제38조)

② 완전자회사의 주주가 제1항에 따라 과세를 이연받은 경우 완전모회사는 완전자회사 주식을 「법인세법」 제52조 제2항에 따른 시가로 취득하고, 이후 3년 이내의 범위에서 대통령령으로 정하는 기간에 다음 각 호의 어느 하나의 사유가 발생하는 경우 완전모회사는 해당 사유의 발생 사실을 발생일부터 1개월 이내에 완전자회사의 주주에게 알려야 하며, 완전자회사의 주주는 제1항에 따라 과세를 이연받은 양도소득세, 금융투자소득세 또는 법인세를 대통령령으로 정하는 바에 따라 납부하여야 한다.
1. 완전자회사가 사업을 폐지하는 경우
2. 완전모회사 또는 대통령령으로 정하는 완전자회사의 주주가 주식의 포괄적 교환등으로 취득한 주식을 처분하는 경우

2022년(제59회) 세법학 / 1부

문제 1

다음 사례를 읽고 물음에 답하시오. (20점)

〈사례〉
중소규모 납세자인 甲은 2019년 7월에 국내에서 음식점을 개업하였으나 '코로나바이러스감염증
-19'가 발생하여 사업에 심각한 경영난을 겪고 있고, 질병으로 6개월 이상 치료를 요하는 상태이
다. 甲은 소득세 신고기한이 임박하였으며, 상속세와 관련하여 관할 세무서장으로부터 세무조사
사전통지서를 수령하였다.

[물음 1] 〈사례〉와 관련하여 자문세무사가 甲에게 권유할 수 있는 「국세기본법」상 권리보호제
도에는 무엇이 있는지 설명하고, 만일 세무조사의 기간이 연장되는 경우 적용 가능한
「국세기본법」상 권리보호제도에 대하여 설명하시오. (6점)

[물음 2] 〈사례〉와 관련하여 甲이 소득세 신고기한 연장을 원하는 경우 「국세기본법」상 ① 기
한 연장의 신청기한 ② 과세관청의 승인 기한 및 이의 통지방법 ③ 과세관청의 승인
시 기한 연장의 기간에 대하여 설명하시오. (8점)

[물음 3] [물음 2]와 관련하여 과세관청이 甲의 정당한 소득세 신고기한 연장 신청을 부당하게
거부하는 처분을 할 경우, 甲의 권리보호를 위해 「국세기본법」에서 규정하고 있는 권
리구제 수단의 내용을 쓰시오. (6점)

해답

【문제 1】 국세기본법

[물음 1] 세무조사사전통지와 납세자권리보호

1. 세무조사사전통지와 납세자권리보호

(1) 세무조사 연기신청

상속세 세무조사 관련 세무조사 사전통지서를 수령한 납세자는 '천재지변' 또는 '사업상 심각한 어려움'이 있어 세무조사를 받기 어려운 때에는 세무조사를 연기해 줄 것을 관할 세무서장에게 신청할 수 있다.

(2) 전문가의 조력을 받을 권리

세무조사와 관련하여 변호사, 공인회계사, 세무사로부터 하여금 조사에 참여하게 하거나 의견을 진술하게 할 수 있다.

2. 세무조사 기간이 연장된 경우 권리보호

납세자는 세무조사 기간이 연장된 경우 세무조사를 일시중지 또는 중지할 것을 '납세자보호위원회'에 심의요청할 수 있다.

[물음 2] 기한 연장

① 기한 연장의 신청기한

천재지변으로 소득세 신고기한을 연장하고자 하는 경우 납세자는 신고기한 만료일 3일 전까지 신고기한 연장 신청을 하여야 한다. 다만, 기한 만료일 3일 전까지 신청할 수 없다고 인정하는 경우에는 기한의 만료일까지 신청할 수 있다.

② 승인 기한 및 통지방법

기한을 연장하였을 때 관할 세무서장은 지체 없이 문서로 통지하여야 한다. 다만, 납세자가 신고기한 만료일 3일 전까지 신청한 경우에는 신고기한 만료일까지 승인통지하여야 한다.

③ 기한 연장의 기간

기한 연장은 3개월 이내로 하되, 기한 연장의 사유가 소멸되지 않은 한 1개월의 범위 내에서 다시 연장하는 것을 원칙으로 한다. 그러나 사례와 같이 소득세 신고와 관련된 기한 연장은 '9개월'을 넘기지 않는 범위에서 관할 세무서장이 정할 수 있다.

[물음 3] 불복

1. 불복

세법에 따른 처분으로서 위법 또는 부당한 처분을 받거나 '필요한 처분'을 받지 못함으로 인하여 권리나 이익을 침해당한 자는 그 처분의 취소 또는 변경을 청구하거나 필요한 처분을 청구할 수 있다.

2. 필요한 처분

정당한 소득세 신고기한 연장 신청을 부당하게 거부하는 것은 국세기본법상 필요한 처분을 받지 못한 경우에 해당한다.

3. 행정심판전치주의

국세에 대한 행정소송을 청구하기 전에 반드시 행정심판을 거쳐야 한다.

소득세 신고기한 연장 거부처분을 받은 납세자는 이의신청을 제기할 수 있으며, 이의신청이 받아들여지지 않으면 심판청구 또는 심사청구를 선택적으로 제기할 수 있다. 다만, 이의신청은 필요적 절차는 아니다.

1. 세무조사 시 조력을 받을 권리(「국세기본법」 제81조의5)

> 납세자는 세무조사(「조세범 처벌절차법」에 따른 조세범칙조사를 포함한다)를 받는 경우에 변호사, 공인회계사, 세무사로 하여금 조사에 참여하게 하거나 의견을 진술하게 할 수 있다.

2. 세무조사의 통지와 연기신청 등(「국세기본법」 제81조의7)

> ② 사전통지를 받은 납세자가 천재지변이나 그 밖에 대통령령으로 정하는 사유로 조사를 받기 곤란한 경우에는 대통령령으로 정하는 바에 따라 관할 세무관서의 장에게 조사를 연기해 줄 것을 신청할 수 있다.

3. 납세자보호위원회(「국세기본법」 제81조의18)

> ② 제1항에 따라 세무서에 두는 납세자보호위원회(이하 "세무서 납세자보호위원회"라 한다) 및 지방국세청에 두는 납세자보호위원회(이하 "지방국세청 납세자보호위원회"라 한다)는 다음 각 호의 사항을 심의한다.
> …
> 3. 제81조의8 제3항에 따른 세무조사 기간 연장 및 세무조사 범위 확대에 대한 중소규모납세자의 세무조사 일시중지 및 중지 요청

4. 납세자보호위원회에 대한 납세자의 심의 요청 및 결과 통지 등(「국세기본법」 제81조의19)

> ① 납세자는 세무조사 기간이 끝나는 날까지 세무서장 또는 지방국세청장에게 제81조의18 제2항 제3호 또는 제4호에 해당하는 사항에 대한 심의를 요청할 수 있다.

5. 천재 등으로 인한 기한의 연장(「국세기본법」 제6조)

> 관할 세무서장은 천재지변이나 그 밖에 대통령령으로 정하는 사유로 이 법 또는 세법에서 규정하는 신고, 신청, 청구, 그 밖에 서류의 제출 또는 통지를 정하여진 기한까지 할 수 없다고 인정하는 경우나 납세자가 기한 연장을 신청한 경우에는 대통령령으로 정하는 바에 따라 그 기한을 연장할 수 있다.

6. 기한 연장의 신청(「국세기본법 시행령」 제3조)

> 법 제6조에 따라 기한의 연장을 받으려는 자는 기한 만료일 3일 전까지 다음 각 호의 사항을 적은 문서로 해당 행정기관의 장에게 신청하여야 한다. 이 경우 해당 행정기관의 장은 기한 연장을 신청하는 자가 기한 만료일 3일 전까지 신청할 수 없다고 인정하는 경우에는 기한의 만료일까지 신청하게 할 수 있다.

7. 기한 연장의 승인(「국세기본법 시행령」 제4조)

① 행정기관의 장은 법 제6조에 따라 기한을 연장하였을 때에는 제3조 각 호에 준하는 사항을 적은 문서로 지체 없이 관계인에게 통지하여야 하며, 제3조 전단에 따른 신청에 대해서는 기한 만료일 전에 그 승인 여부를 통지하여야 한다.
② 행정기관의 장은 다음 각 호의 어느 하나에 해당하는 경우에는 제1항에도 불구하고 관보 또는 일간신문에 공고하는 방법으로 통지를 갈음할 수 있다.
  1. 정전 등 사유가 전국적으로 일시에 발생하는 경우
  2. 기한 연장의 통지대상자가 불특정 다수인 경우
  3. 기한 연장의 사실을 그 대상자에게 개별적으로 통지할 시간적 여유가 없는 경우

8. 기한 연장의 기간(「국세기본법 시행령」 제2조의2)

① 제2조 각 호에 따른 기한 연장은 3개월 이내로 하되, 해당 기한 연장의 사유가 소멸되지 않는 경우 관할 세무서장은 1개월의 범위에서 그 기한을 다시 연장할 수 있다.
② 제1항에도 불구하고 신고와 관련된 기한 연장은 9개월을 넘지 않는 범위에서 관할 세무서장이 할 수 있다.

9. 불복(「국세기본법」 제55조)

① 이 법 또는 세법에 따른 처분으로서 위법 또는 부당한 처분을 받거나 필요한 처분을 받지 못함으로 인하여 권리나 이익을 침해당한 자는 이 장의 규정에 따라 그 처분의 취소 또는 변경을 청구하거나 필요한 처분을 청구할 수 있다. 다만, 다음 각 호의 처분에 대해서는 그러하지 아니하다.

10. 필요한 처분을 받지 못한 경우(「국세기본법」 통칙 55-0…3)

「국세기본법」 제55조 제1항에서 필요한 처분을 받지 못한 경우라 함은 처분청이 다음 각 호의 사항을 명시적 또는 묵시적으로 거부하는 것을 말한다.
1. 공제 · 감면신청에 대한 결정
2. 국세의 환급
3. 사업자등록신청에 대한 등록증 교부
4. 허가 · 승인
5. 압류해제
6. 경정청구에 대한 결정 또는 경정
7. 기타 전 각 호에 준하는 것

문제 2

소득세와 관련하여 다음 물음에 답하시오. (30점)

[물음 1] 금융소득(이자소득 및 배당소득) 과세와 관련하여 ①, ②, ③에 대하여 답하시오. (17점)

① 「소득세법」상 종합소득 과세표준 계산 시 종합과세되는 금융소득의 금액을 계산하는 과정을 설명하시오.

② 거주자의 금융소득이 종합과세 기준금액을 초과하는 경우, 「소득세법」상 종합소득 산출세액을 계산하고 결정하는 방법에 대하여 설명하시오.

③ 거주자의 배당소득 중 출자공동사업자의 소득분배금이 포함되어 있을 경우, 이에 대한 과세방법과 그 이유를 설명하시오.

[물음 2] 거주자의 배당소득 중 「소득세법」상 배당소득 총수입금액에 가산하는 금액(배당가산액)이 있을 경우, 이와 관련하여 ①, ②에 대하여 답하시오. (13점)

① 「소득세법」상 배당가산액 제도의 입법취지를 설명하고 그에 입각하여 현행 배당가산액 제도의 미비점에 대하여 설명하시오.

② 배당가산액 제도의 적용대상이 되는 배당소득의 요건에 대하여 설명하시오.

해답

【문제 2】 소득세법

[물음 1] 금융소득 과세

① 종합과세되는 금융소득의 금액 계산과정

㉠ 서론

금융소득이 종합소득 과세표준에 포함되는지 여부는 금융소득 등의 합계액이 '종합과세 기준금액(2,000만원)'을 초과하는지 여부와 '소득세가 원천징수'되었는지 여부에 따라 달라진다. 다만, 비실명금융소득 또는 법원공탁금 이자소득 등 분리과세대상 금융소득은 종합소득 과세표준에 포함하지 아니한다.

㉡ 종합과세 기준금액 이하인 경우

종합과세 기준금액 이하인 경우에는 수취 시 소득세가 원천징수되지 않은 금융소득만 종합소득 과세표준에 포함한다.

㉢ 종합과세 기준금액을 초과하는 경우

종합과세 기준금액을 초과하는 경우에는 수취 시 소득세 원천징수 여부에 관계없이 전액 종합소득 과세표준에 포함한다. 이때 배당소득에 대해서는 배당가산액을 가산한 금액을 과세표준으로 한다.

② 종합소득 산출세액

종합소득 과세표준에 포함된 금융소득이 종합과세 기준금액을 초과하는 경우 산출세액은 ㉠ 종합과세 기준금액까지는 14%의 세율로 과세하고 초과부분만 누진세율을 적용하여 산출한 세액과 ㉡ 금융소득 전부를 원천징수세율로 과세하면서 다른 종합소득의 과세표준에만 누진세율을 적용하여 산출한 세액 중 큰 금액으로 한다.

③ 출자공동사업자의 소득금액 과세방법

㉠ 소득구분 및 결손금 통산 제외

출자공동사업자의 소득분배금은 배당소득으로 과세한다. 익명조합과 조합원을 출자관계로 보는 상법과 조화를 이루고, 출자공동사업에서 발생한 결손금을 다른 소득과 통산하지 않기 위해서이다.

㉡ 원천징수

출자공동사업자의 소득분배금은 원천징수세율을 25%로 하여 원천징수한다. 과거 비영업대금이익으로 과세되었는데, 실무상 혼선을 방지하기 위해 계속하여 25%로 원천징수한다.

㉢ 수입시기 및 종합과세

출자공동사업자의 소득은 그 실질이 '사업소득'과 유사하므로 '무조건 종합과세'한다. 과세기간종료일(12월 31일)을 수입시기로 하고, 실제 분배받지 않더라도 과세한다. 종합과세 여부 판정 대상금액 계산 시 출자공동사업자의 소득은 제외한다.

㉣ 소득금액 계산

공동사업장에서 과세한 바 없으므로 이중과세 문제가 발생하지 않는다. 따라서 Gross-up(배당가산액)을 하지 않는다.

[물음 2] 배당세액공제

① 입법취지 및 미비점

㉠ 조세의 중립성

거주자가 개인사업 형태로 사업을 하는 경우와 법인을 설립하여 운영하는 경우 세부담의 차이가 발생함에 따라 '조세의 중립성'을 훼손할 수 있으므로 이를 조정할 필요가 있다.

㉡ 이중과세조정

동일한 소득을 두고 법인과 개인으로 측면을 달리하여 과세함에 따라 이중과세 문제가 발생하게 되므로 이를 조정할 필요가 있다.

㉢ 제도의 미비점

현행 배당가산액 제도는 법인세율을 10%로 가정하고 가산율을 제정하였다. 따라서 법인 단계에서 부담한 법인세를 완전히 제거하지 못한다. 그 결과 법인 단계에서 발생한 소득 중 일부는 여전히 이중과세된다.

② 적용대상이 되는 배당소득의 요건

㉠ 내국법인으로부터 받는 배당소득

㉡ 법인세가 과세된 소득을 재원으로 하는 배당소득

㉢ 종합소득 과세표준에 포함된 배당소득으로서 이자소득 등의 종합과세 기준금액을 초과한 것

1. 배당소득(「소득세법」 제17조)

① 배당소득은 해당 과세기간에 발생한 다음 각 호의 소득으로 한다.

　1. 내국법인으로부터 받는 이익이나 잉여금의 배당 또는 분배금

　…

　8. 제43조에 따른 공동사업에서 발생한 소득금액 중 같은 조 제1항에 따른 출자공동사업자의 손익분배비율에 해당하는 금액

2. 공동사업에 대한 소득금액 계산의 특례(「소득세법」 제43조)

① 사업소득이 발생하는 사업을 공동으로 경영하고 그 손익을 분배하는 공동사업[경영에 참여하지 아니하고 출자만 하는 대통령령으로 정하는 출자공동사업자(이하 "출자공동사업자"라 한다)가 있는 공동사업을 포함한다]의 경우에는 해당 사업을 경영하는 장소(이하 "공동사업장"이라 한다)를 1거주자로 보아 공동사업장별로 그 소득금액을 계산한다.

3. 과세표준의 계산(「소득세법」 제14조)

① 거주자의 종합소득 및 퇴직소득에 대한 과세표준은 각각 구분하여 계산한다.

③ 다음 각 호에 따른 소득의 금액은 종합소득 과세표준을 계산할 때 합산하지 아니한다.

　1. 「조세특례제한법」 또는 이 법 제12조에 따라 과세되지 아니하는 소득

　2. 대통령령으로 정하는 일용근로자(이하 "일용근로자"라 한다)의 근로소득

　3. 제129조 제2항(법원 공탁금 이자, 비실명이자)의 세율에 따라 원천징수하는 이자소득 및 배당소득과 직장공제회 초과반환금

　4. 법인으로 보는 단체 외의 단체 중 수익을 구성원에게 배분하지 아니하는 단체로서 단체명을 표기하여 금융거래를 하는 단체가 금융회사등으로부터 받는 이자소득 및 배당소득

　5. 「조세특례제한법」에 따라 분리과세되는 소득

　6. 제3호부터 제5호까지의 규정 외의 이자소득과 배당소득(제17조 제1항 제8호에 따른 배당소득은 제외한다)으로서 그 소득의 합계액이 2천만원(이자소득등의 종합과세 기준금액) 이하이면서 제127조에 따라 원천징수된 소득

다음 각 사례를 읽고 물음에 답하시오. (30점)

> 〈사례 1〉
> 내국법인인 A주식회사는 법인의 결산을 앞두고 대손금의 처리와 관련한 「법인세법 시행령」 제19
> 조의2 제3항의 내용을 결산에 어떻게 적용할 것인지를 고민하고 있다. 「법인세법 시행령」 제19조
> 의2 제3항에 따르면 대손금을 손금에 산입하는 사업연도가 '해당 사유가 발생한 날'과 '해당 사유
> 가 발생하여 손비로 계상한 날'로 구분하여 규정되어 있기 때문이다.
>
> 〈사례 2〉
> 법인의 세무팀에 근무하고 있는 김과장은 세무업무 지침서에 제시된 다음의 내용을 검토하고 있다.
> "법인의 과세소득은 결산서상 당기순이익에 가산조정(익금산입·손금불산입)과 차감조정(손금산
> 입·익금불산입)을 가감하여 구한다. 그리고 이러한 조정사항에 대하여는 그 소득의 귀속을 확인
> 하는 절차인 소득처분 규정을 두고 있다."

[물음 1] 〈사례 1〉에서 언급한 ① '해당 사유가 발생한 날'에 손금에 산입하는 경우와 ② '해당
사유가 발생하여 손비로 계상한 날'에 손금에 산입하는 경우를 각각 3가지씩 제시하시
오. (6점)

[물음 2] 신고조정과 결산조정의 의미를 제시하고 〈사례 1〉에서 대손금의 귀속시기를 달리 규
정하고 있는 이유를 신고조정과 결산조정 방식의 입장에서 설명하시오. (5점)

[물음 3] 세법상 준비금과 충당금에 대하여는 원칙적으로 결산조정을 통하여 손금에 산입하도
록 하고 있다. 그러나 특정한 경우에는 신고조정방식을 허용하는 특례규정을 두고 있
는데 이러한 특례규정을 둔 이유를 설명하고 이에 해당되는 경우 중 2가지를 제시하
시오. (4점)

[물음 4] 〈사례 2〉와 관련하여 소득처분의 유형은 크게 유보와 사외유출로 나뉘는데 그렇게 구
분하는 기준은 무엇인지 제시하고, 유보와 사외유출처분이 법인 또는 소득귀속자의
세금부담에 미치는 영향의 차이를 설명하시오. (5점)

[물음 5] 〈사례 2〉와 관련하여 기타사외유출로 소득처분하는 사유와 그 논리적 근거가 무엇인
지 설명하시오. (5점)

[물음 6] 〈사례 2〉와 관련하여 세무상 소득처분 중 해당 법인의 미래 법인세 부담에 영향을 미
치는 처분은 어떤 것이 있는지를 제시하고, 해당 처분이 미래 법인세 부담에 미치는
영향의 내용을 설명하시오. (5점)

해답

【문제 3】 법인세법

[물음 1] 대손금의 신고조정과 결산조정

① 해당 사유가 발생한 날에 손금산입(신고조정)

가. 상법에 따라 소멸시효가 완성된 외상매출금

나. 회생계획인가의 결정에 따라 회수불능으로 확정된 채권

다. 민사집행법에 따라 경매가 취소된 압류채권

② 해당 사유가 발생하여 손비로 계상한 날에 손금산입(결산조정)

가. 채무자의 파산으로 회수할 수 없는 채권

나. 부도발생일로부터 6개월 이상 지난 수표 또는 어음상의 채권

다. 중소기업의 외상매출금 또는 미수금으로서 회수기일이 2년 이상 지난 것

[물음 2] 신고조정과 결산조정

1. 신고조정과 결산조정의 의미

신고조정은 법인의 결산에 반영하였는지에 관계없이 익금 또는 손금에 산입하는 것을 말한다. 신고조정사항은 납세자의 선택에 따라 그 귀속시기를 정할 수 없는 것이 원칙이다.

결산조정은 법인의 결산에 손비 처리한 경우에 한하여 손금을 인정하는 것을 말한다. 따라서 손금의 귀속시기를 법인이 임의로 선택할 수 있다.

2. 대손금의 귀속시기

대손금과 관련하여 신고조정사항은 '법적청구권'이 소멸한 날에 손금에 산입하는 것을 말한다. 이는 법인의 회계처리에도 불구하고 손금의 귀속시기가 정해져 있다.

채권이 법적으로 소멸되지 않았으나 회수불능사실이 객관적으로 존재하므로, 해당 사유가 발생하여 법인이 손비로 계상하는 방식으로 순자산을 감소시킬 때 손비처리된다.

[물음 3] 준비금과 충당금의 결산조정과 신고조정

1. 준비금과 충당금의 결산조정

일시상각충당금, 압축기장충당금, 퇴직연금충당금, 고유목적사업준비금 등은 손금산입 시 결산조정이 원칙이지만, 예외적으로 신고조정이 허용되는 충당금 또는 준비금이다.

2. 신고조정 허용이유

이들 준비금 또는 충당금은 기업회계기준에 위배되는 것이기 때문에 예외적으로 신고조정을 허용하고 있다.

[물음 4] 유보와 사외유출

1. 유보와 사외유출의 구분기준

세무조정사항이 사외에 유출된 것이 분명하거나 추계과세하는 경우에는 사외유출로 소득처분하고, 사외에 유출되지 아니한 경우에는 유보로 처분한다.

2. 세금부담에 미치는 영향

(1) 유보

유보처분은 법인세 부담은 증가하게 되지만 법인의 원천징수의무는 없다. 아울러 소득 귀속자가 없으므로 소득세 부담도 없다.

(2) 사외유출

사외유출처분은 법인에게 법인세뿐만 아니라 원천징수의무를 부과한다. 다만, 기타사외유출처분의 경우는 원천징수의무가 없다. 배당소득, 근로소득, 기타소득 등으로 구분하여 소득의 귀속자에게 종합소득으로 과세한다.

[물음 5] 기타사외유출

1. 기타사외유출 사유

① 익금에 산입한 금액의 귀속이 법인의 각 사업연도 소득을 구성하는 경우 또는 개인의 사업소득을 구성하는 경우

② 법률로서 반드시 기타사외유출로 처분하는 경우

2. 논리적 근거

① 소득의 귀속자에게 법인세 또는 사업소득세가 과세되므로 소득처분을 하면 '이중과세'가 되기 때문이다.

② 귀속자에게 배당, 상여, 기타소득으로 과세하는 것이 적합하지 않은 때 기타사외유출로 처리한다.

[물음 6] 유보와 △유보

1. 미래 법인세 부담에 영향을 미치는 처분

기업회계상과 세법상의 자산·부채 차이는 영구적인 차이가 아닌 '일시적인 차이'에 불과하여 당기 이후 언젠가는 그 차이가 조정되므로 유보(△유보)로 소득처분된 사항은 당기 이후 반드시 반대의 세무조정과 소득처분이 발생하여 당초 유보처분 금액을 소멸시키게 된다.

2. 미래 법인세 부담에 미치는 영향의 내용

유보는 다음 사업연도 이후의 과세소득계산 및 청산소득계산을 위한 기초자료가 된다. 유보는 「자본금과 적립금 조정명세서(을)」에 관리하며, 차기 이후에 손금산입 또는 익금불산입되어 법인세 부담을 감소시키고, △유보는 차기 이후에 익금산입 또는 손금불산입되어 법인세 부담을 증가시킨다.

관련 법령

1. 대손금의 손금불산입(「법인세법 시행령」 제19조의2)

③ 법 제19조의2 제1항에서 "대통령령으로 정하는 사업연도"란 다음 각 호의 어느 하나의 날이 속하는 사업연도를 말한다.
1. 제1항 제1호부터 제5호까지, 제5호의2 및 제6호에 해당하는 경우에는 해당 사유가 발생한 날
2. 제1호 외의 경우에는 해당 사유가 발생하여 손비로 계상한 날

2. 대손금의 손금불산입(「법인세법 시행령」 제19조의2)

① 법 제19조의2 제1항에서 "채무자의 파산 등 대통령령으로 정하는 사유로 회수할 수 없는 채권"이란 다음 각 호의 어느 하나에 해당하는 것을 말한다.
1. 「상법」에 따른 소멸시효가 완성된 외상매출금 및 미수금
2. 「어음법」에 따른 소멸시효가 완성된 어음
3. 「수표법」에 따른 소멸시효가 완성된 수표
4. 「민법」에 따른 소멸시효가 완성된 대여금 및 선급금
5. 「채무자 회생 및 파산에 관한 법률」에 따른 회생계획인가의 결정 또는 법원의 면책결정에 따라 회수불능으로 확정된 채권
5의2. 「서민의 금융생활 지원에 관한 법률」에 따른 채무조정을 받아 같은 법 제75조의 신용회복지원협약에 따라 면책으로 확정된 채권
6. 「민사집행법」 제102조에 따라 채무자의 재산에 대한 경매가 취소된 압류채권

7. 물품의 수출 또는 외국에서의 용역제공으로 발생한 채권으로서 기획재정부령으로 정하는 사유에 해당하여 무역에 관한 법령에 따라 「무역보험법」 제37조에 따른 한국무역보험공사로부터 회수불능으로 확인된 채권

8. 채무자의 파산, 강제집행, 형의 집행, 사업의 폐지, 사망, 실종 또는 행방불명으로 회수할 수 없는 채권

9. 부도발생일부터 6개월 이상 지난 수표 또는 어음상의 채권 및 외상매출금[중소기업의 외상매출금으로서 부도발생일 이전의 것에 한정한다]. 다만, 해당 법인이 채무자의 재산에 대하여 저당권을 설정하고 있는 경우는 제외한다.

9의2. 중소기업의 외상매출금 및 미수금(이하 이 호에서 "외상매출금등"이라 한다)으로서 회수기일이 2년 이상 지난 외상매출금등. 다만, 특수관계인과의 거래로 인하여 발생한 외상매출금등은 제외한다.

10. 재판상 화해 등 확정판결과 같은 효력을 가지는 것으로서 기획재정부령으로 정하는 것에 따라 회수불능으로 확정된 채권

11. 회수기일이 6개월 이상 지난 채권 중 채권가액이 30만원 이하(채무자별 채권가액의 합계액을 기준으로 한다)인 채권

12. 제61조 제2항 각 호 외의 부분 단서에 따른 금융회사 등의 채권(같은 항 제13호에 따른 여신전문금융회사인 신기술사업금융업자의 경우에는 신기술사업자에 대한 것에 한정한다) 중 다음 각 목의 채권

    가. 금융감독원장이 기획재정부장관과 협의하여 정한 대손처리기준에 따라 금융회사 등이 금융감독원장으로부터 대손금으로 승인받은 것

    나. 금융감독원장이 가목의 기준에 해당한다고 인정하여 대손처리를 요구한 채권으로 금융회사 등이 대손금으로 계상한 것

13. 「벤처투자 촉진에 관한 법률」 제2조 제10호에 따른 중소기업창업투자회사의 창업자에 대한 채권으로서 중소벤처기업부장관이 기획재정부장관과 협의하여 정한 기준에 해당한다고 인정한 것

문제 4

다음 사례를 읽고 물음에 답하시오. (20점)

⟨사례⟩

2022년 중 거주자 甲이 사망하여 상속이 개시되었다. 甲의 자녀로서 상속인 중 한 사람인 乙은 법정기한 내에 상속포기신고를 하였다. 乙은 상속개시일 4년 전에 甲으로부터 20억원을 증여받은 바 있다.

[물음 1] 상속세를 과세하는 방식으로 유산과세방식과 취득과세방식이 거론된다. 두 방식 각각의 장점과 그 내용을 설명하시오. (8점)

[물음 2] ⟨사례⟩에서 乙에게 적용되는 「상속세 및 증여세법」의 과세규정을 제시하고 그렇게 규정된 취지를 설명하시오. (8점)

[물음 3] ⟨사례⟩에서 사전증여재산의 취득자가 甲의 상속인이 아니라 영리법인이라면 적용되는 과세 결과가 어떻게 되는지를 제시하고 그렇게 되는 이유를 설명하시오. (4점)

해답

【문제 4】 상속세 및 증여세법

[물음 1] 유산과세방식과 취득과세방식

1. 유산과세방식

유산과세방식은 피상속인이 남긴 유산총액을 과세물건으로 하여 과세하는 방식이다. 피상속인의 상속재산 전체에 대해 과세하므로 높은 누진세율이 적용되어 다음과 같은 장점이 있다.

피상속인이 남긴 재산만 과세하므로 세무행정이 편리하고 상속인들의 위장분산 등의 조세회피행위를 방지할 수 있다.

2. 취득과세방식

유산을 취득한 자의 재산가액을 과세물건으로 하여 과세하는 방식이다. 그 장점은 다음과 같다.

상속인 각자가 취득한 상속재산을 기준으로 과세하므로 응능부담원칙에 맞다. 또한 유산의 분할을 촉진하여 부의 집중을 완화하고자 하는 취지에 부합한다.

[물음 2] 사전증여

1. 사전증여 합산과세

(1) 규정

피상속인이 상속개시일 전 10년 이내 상속인에게 증여한 재산의 가액과 5년 이내에 상속인 이외의 자에게 증여한 재산의 가액은 상속재산에 가산한다.

이때 상속포기자도 상속인에 포함한다.

(2) 취지

사전증여재산을 상속재산에 합산하지 않으면 사전증여를 통해 누진과세를 회피할 수 있다. 따라서 부당한 상속세 회피행위를 방지하고 조세부담의 공평을 도모하기 위해 사전증여재산을 상속재산에 포함한다.

2. 증여세액공제

(1) 규정

사전증여재산을 가산하는 경우 증여세 산출세액 상당액을 상속세 산출세액에서 공제한다.

(2) 취지

증여세와 상속세가 이중과세되는 것을 방지하기 위한 것이다.

[물음 3] 영리법인에게 사전증여

1. 사전증여합산과세

영리법인에게 사전증여한 경우 법인세가 과세되므로 증여세는 과세되지 않으나 상속재산가액에는 포함한다.

2. 증여세액공제

증여세 과세 여부와 관계없이 증여세가 과세되었을 경우의 증여세 산출세액 상당액을 공제하여야 한다.

관련 법령	**1. 정의(「상속세 및 증여세법」 제2조)**

> 4. "상속인"이란 「민법」 제1000조, 제1001조, 제1003조 및 제1004조에 따른 상속인을 말하며, 같은 법 제1019조 제1항에 따라 상속을 포기한 사람 및 특별연고자를 포함한다.

2. 상속세 과세가액(「상속세 및 증여세법」 제13조)

> ① 상속세 과세가액은 상속재산의 가액에서 제14조에 따른 것을 뺀 후 다음 각 호의 재산가액을 가산한 금액으로 한다. 이 경우 제14조에 따른 금액이 상속재산의 가액을 초과하는 경우 그 초과액은 없는 것으로 본다.
> 1. 상속개시일 전 10년 이내에 피상속인이 상속인에게 증여한 재산가액
> 2. 상속개시일 전 5년 이내에 피상속인이 상속인이 아닌 자에게 증여한 재산가액

관련 행정 해석	**증여세 상당액의 의미(상증, 상속증여세과-544, 2013. 9. 3.)**

상속개시일 전 5년 이내에 피상속인이 상속인이 아닌 영리법인에 증여한 재산을 상속재산에 가산한 경우 증여 당시의 그 증여재산에 대한 증여세 산출세액 상당액을 상속세 산출세액에서 공제하는 것이다.

2022년(제59회) 세법학 / 2부

문제 1

부가가치세와 관련하여 다음 물음에 답하시오. (35점)

[물음 1] 사업자가 토지와 그 토지에 정착된 건물을 함께 공급하는 경우, 「부가가치세법」상 건물의 공급가액 계산에 대하여 설명하시오. (20점)

[물음 2] 다음 사례를 읽고 (1), (2)에 대하여 답하시오. (15점)

〈사례〉

거주자 甲은 주택신축판매업을 운영하는 개인사업자로서, 거주자 乙(업종: 부동산 임대업, 사업자등록일: 2017년 8월 1일) 소유의 건물(용도: 근린생활시설)이 있는 토지를 취득하기 위하여 다음과 같이 부동산매매계약을 체결하였다.

[다음]
① 계약일: 2022년 8월 20일, 잔금지급일: 2022년 9월 20일
② 매매대금: 7억 2천만원(건물가격 0원, 토지가격 7억 2천만원, 합계 7억 2천만원이며 부가가치세는 별도임)
③ 특약사항: 양도자 乙이 잔금지급일 전에 건물 철거 후 토지만 甲에게 양도하기로 함

한편, 해당 부동산에 대한 감정평가는 받은 바 없으며, 계약일 현재 기준시가는 각각 건물 4천만원, 토지 2억원이다.

---

(1) 위 〈사례〉와 관련하여 양도자 乙은 해당 부동산매매와 관련한 건물 공급에 대하여 「부가가치세법」상 공급가액을 계약서상 금액인 0원으로 해도 되는지 아니면 일정한 금액으로 신고하여야 하는지 의문이다. 양도자 乙이 「부가가치세법」상 건물 공급에 대하여 부가가치세 공급가액으로 신고하여야 하는 금액과 그 근거를 제시하여 서술하시오.

(2) 양수자 甲과 양도자 乙이 계약내용을 변경하여 건물을 철거하지 않은 채 양도하기로 합의하고 계약서를 다시 작성하였다. 양도자 乙은 건물에 대한 부가가치세 계산이 복잡하므로 '재화의 공급으로 보지 아니하는 사업양도'로 처리가 가능한지 여부를 세무사에게 문의하고 있다. 「부가가치세법」상 '재화의 공급으로 보지 아니하는 사업양도'에 대하여 설명하고, 양도자 乙이 재화의 공급 대상이 아닌 사업의 양도를 적용받을 수 있는지 여부를 근거와 함께 제시하여 서술하시오.

【문제 1】부가가치세법

[물음 1] 토지와 건물의 일괄공급

1. 의의

토지의 공급은 면세이며 건물의 공급은 과세이다. 따라서 토지와 건물을 함께 공급하는 경우 건물의 공급가액만 과세표준에 포함된다.

납세자의 의사를 존중하여 실지거래가액을 공급가액으로 인정하는 것이 타당하지만, 사업자가 임의로 건물의 공급가액을 낮게 책정하여 부가가치세 부담을 회피하는 것을 방지하고자 부가가치세법은 일괄공급에 관한 특칙을 두고 있다.

2. 건물의 공급가액

(1) 실지거래가액(원칙)

사업자가 토지와 건물을 일괄공급하는 경우 건물의 공급가액은 '실지거래가액'으로 한다.

(2) 안분계산(예외)

다음 중 어느 하나에 해당하는 경우에는 법정산식(감정가액, 기준시가, 장부가액, 취득가액의 비율의 순서)에 따라 안분계산한 금액을 공급가액으로 한다.

① 실지거래가액 중 토지의 가액과 건물의 가액의 구분이 불분명한 경우

② 사업자가 실지거래가액으로 구분한 토지와 건물의 가액이 법정산식에 따라 안분계산한 금액과 30% 이상의 차이가 있는 경우

(3) 특칙(실지거래가액 수용)

법정산식에 따라 계산한 금액과 30% 이상의 차이가 있는 경우라고 하더라도 다음의 경우에는 '실지거래가액'을 공급가액으로 한다.

① 다른 법령에서 정하는 바에 따라 토지와 건물의 가액을 구분한 경우

② 토지와 건물등을 함께 공급받은 후 건물등을 철거하고 토지만 사용하는 경우

이는 다른 법령과 부가가치세법이 조화를 이루지 못하는 점, 재산적 가치가 없는 건물에 대해서까지 공급가액을 기계적으로 적용하는 것은 부가가치세 해석과 맞지 않는 점을 반영한 것이다.

[물음 2] 포괄양수도 등

(1) 철거 예정인 건물의 양도

1. 공급대상

비록 매매계약일 현재 토지상에 건물이 설치되어 있으나, 공급시기(잔금청산일) 전에 양수인이 철거하였으므로 건물의 공급이 있다고 보기 어렵다.

2. 철거예정인 건물

토지와 건물등을 함께 공급받은 후 건물등을 철거하고 토지만 사용하는 경우에는 기준시가로 안분계산한 금액과 30% 이상의 차이가 있더라도 실지거래가액을 공급가액으로 인정한다.

3. 사안의 적용

공급시기에 건물이 존재하지 않았던 점, 양수인이 철거한 경우까지도 안분계산 배제대상인 점 등을 고려해 볼 때 건물의 공급가액은 '0'으로 보는 것이 타당하다.

(2) 포괄양수도

1. 사업의 포괄양도

사업장별로 그 사업에 관한 모든 권리와 의무를 포괄적으로 승계시키는 사업의 양도는 재화의 공급으로 보지 않는다. 그 요건은 다음과 같다.

① 사업장별로 사업의 승계가 이루어져야 한다.

② 사업에 관한 모든 권리와 의무가 포괄적으로 승계되어야 한다.

③ 사업의 동일성이 유지되어야 한다.

2. 사안의 적용

부동산 매도인은 부동산임대업을 영위하고 있으며, 매수인은 주택신축판매업을 영위하고 있다. 서로 다른 업종을 영위하고 있으며, 철거를 통해 기존에 체결한 임대차계약이 매수인에게 승계되었다고 보기도 어렵다. 그 결과 사업의 포괄양수도 요건 중 하나인 '사업의 동일성'이 유지된다고 볼 수 없다. 따라서 위 사안의 거래는 재화의 공급 대상이 아닌 사업의 양도를 적용받을 수 없다.

관련 법령	

1. 과세표준(「부가가치세법」 제29조)

⑨ 사업자가 토지와 그 토지에 정착된 건물 또는 구축물 등을 함께 공급하는 경우에는 건물 또는 구축물 등의 실지거래가액을 공급가액으로 한다. 다만, 다음 각 호의 어느 하나에 해당하는 경우에는 대통령령으로 정하는 바에 따라 안분계산한 금액을 공급가액으로 한다.
  1. 실지거래가액 중 토지의 가액과 건물 또는 구축물 등의 가액의 구분이 불분명한 경우
  2. 사업자가 실지거래가액으로 구분한 토지와 건물 또는 구축물 등의 가액이 대통령령으로 정하는 바에 따라 안분계산한 금액과 100분의 30 이상 차이가 있는 경우. 다만, 다른 법령에서 정하는 바에 따라 가액을 구분한 경우 등 대통령령으로 정하는 사유에 해당하는 경우는 제외한다.

2. 토지와 건물 등을 함께 공급하는 경우 건물 등의 공급가액 계산(「부가가치세법 시행령」 제64조)

① 법 제29조 제9항 각 호 외의 부분 단서 및 같은 항 제2호 본문에 따른 안분계산한 금액은 다음 각 호의 구분에 따라 계산한 금액으로 한다.
  1. 토지와 건물 또는 구축물 등(이하 이 조에서 "건물등"이라 한다)에 대한 「소득세법」 제99조에 따른 기준시가(이하 이 조에서 "기준시가"라 한다)가 모두 있는 경우: 공급계약일 현재의 기준시가에 따라 계산한 가액에 비례하여 안분(按分)계산한 금액. 다만, 감정평가가액[제28조에 따른 공급시기(중간지급조건부 또는 장기할부판매의 경우는 최초 공급시기)가 속하는 과세기간의 직전 과세기간 개시일부터 공급시기가 속하는 과세기간의 종료일까지 「감정평가 및 감정평가사에 관한 법률」에 따른 감정평가법인등이 평가한 감정평가가액을 말한다. 이하 이 조에서 같다]이 있는 경우에는 그 가액에 비례하여 안분계산한 금액으로 한다.
  2. 토지와 건물등 중 어느 하나 또는 모두의 기준시가가 없는 경우로서 감정평가가액이 있는 경우: 그 가액에 비례하여 안분계산한 금액. 다만, 감정평가가액이 없는 경우에는 장부가액(장부가액이 없는 경우에는 취득가액)에 비례하여 안분계산한 후 기준시가가 있는 자산에 대해서는 그 합계액을 다시 기준시가에 의하여 안분계산한 금액으로 한다. (2013. 6. 28. 개정)
  3. 제1호와 제2호를 적용할 수 없거나 적용하기 곤란한 경우: 국세청장이 정하는 바에 따라 안분하여 계산한 금액
② 법 제29조 제9항 제2호 단서에 따라 다음 각 호의 어느 하나에 해당하는 경우에는 건물등의 실지거래가액을 공급가액으로 한다.
  1. 다른 법령에서 정하는 바에 따라 토지와 건물등의 가액을 구분한 경우
  2. 토지와 건물등을 함께 공급받은 후 건물등을 철거하고 토지만 사용하는 경우

3. 재화 공급의 특례(「부가가치세법」 제10조)

⑨ 다음 각 호의 어느 하나에 해당하는 것은 재화의 공급으로 보지 아니한다.
  2. 사업을 양도하는 것으로서 대통령령으로 정하는 것. 다만, 제52조 제4항에 따라 그 사업을 양수받는 자가 대가를 지급하는 때에 그 대가를 받은 자로부터 부가가치세를 징수하여 납부한 경우는 제외한다.

4. 재화의 공급으로 보지 아니하는 사업 양도(「부가가치세법 시행령」 제23조)

법 제10조 제9항 제2호 본문에서 "대통령령으로 정하는 것"이란 사업장별(「상법」에 따라 분할하거나 분할합병하는 경우에는 같은 사업장 안에서 사업부문별로 구분하는 경우를 포함한다)로 그 사업에 관한 모든 권리와 의무를 포괄적으로 승계시키는 것(「법인세법」 제46조 제2항 또는 제47조 제1항의 요건을 갖춘 분할의 경우 및 양수자가 승계받은 사업 외에 새로운 사업의 종류를 추가하거나 사업의 종류를 변경한 경우를 포함한다)을 말한다. 이 경우 그 사업에 관한 권리와 의무 중 다음 각 호의 것을 포함하지 아니하고 승계시킨 경우에도 그 사업을 포괄적으로 승계시킨 것으로 본다.
1. 미수금에 관한 것
2. 미지급금에 관한 것
3. 해당 사업과 직접 관련이 없는 토지·건물 등에 관한 것으로서 기획재정부령으로 정하는 것

관련 판례

재화의 공급으로 보지 아니하는 사업의 양도라 함은 사업용 재산을 비롯한 물적·인적 시설 및 권리의무 등을 포괄적으로 양도하여 사업의 동일성을 유지하면서 경영주체만을 교체시키는 것을 뜻한다고 할 것이므로, 그 사업은 인적·물적 시설의 유기적 결합체로서 경영주체와 분리되어 사회적으로 독립성을 인정받을 수 있는 것이어야 한다.

부동산 임대사업의 목적물인 건물의 매매와 관련된 거래행위가, 매도인이 영위하던 부동산 임대사업에 관한 권리의무가 그 동일성을 유지하면서 매수인에게 포괄적으로 양도된 것이라기보다는 그 사업에 제공되던 건물만을 특정하여 양도의 대상으로 한 경우에는 재화의 공급으로 보지 아니하는 '사업의 양도'에 해당하지 않는다. (2004두8422)

문제 2

개별소비세와 관련하여 다음 물음에 답하시오. (20점)

[물음 1] 「개별소비세법」상 조건부 면세 제도의 의의에 대하여 설명하시오. (5점)

[물음 2] 다음 사례를 읽고 (1), (2)에 대하여 답하시오. (15점)

> 〈사례〉
> 甲은 개별소비세 과세대상인 승용차의 장기대여사업(이하 '렌터카업'이라 한다)을 운영
> 한다. 甲이 렌터카업에 사용하는 승용차를 구입할 때 개별소비세에 대한 조건부 면세승
> 인이 적용되었다.

(1) 甲은 렌터카업에 사용할 목적으로 조건부 면세 승인을 통하여 2022년 1월 2일에
A승용차를 구입한 후 乙법인에게 대여하였는데, 2022년 8월 15일자로 乙법인에
게 A승용차를 대여한 전체 기간의 합계가 6개월을 초과하였다. 이에 대하여 ①
개별소비세 과세 여부 및 과세요건과 ② 그에 따른 신고절차를 설명하시오.

(2) 甲은 2022년 2월 28일에 조건부 면세 승인을 받아 취득한 후 렌터카업에 사용한
승용차 20대를 2022년 중에 양도하고자 한다. 조건부 면세를 받은 해당 승용차
가 반입된 날로부터 5년 이내 양도된 경우에는 조건부 면세 사후관리 대상에 해당
되어 개별소비세 과세문제가 발생할 것을 우려한 甲은 이러한 개별소비세가 과세
되지 않으면서 양도할 수 있는 「개별소비세법」상 규정이 있는지를 세무사에게 묻
고 있다. '조건부 면세승용차의 재반출(양도) 시 면세절차'와 관련하여 ① 조건부
면세의 요건과 ② 조건부 면세를 받기 위한 신고절차를 서술하시오.

【문제 2】 개별소비세법
[물음 1] 조건부 면세 제도의 의의
① 조건부 면세란 국가시책으로 특정한 용도에 사용되는 과세물품을 제조장 또는 보세구역으로부터 반출함에 있어 일정한 사후관리 조건을 달아 개별소비세를 면제해 주는 제도를 말한다.
② 조건부 면세를 받고자 하는 경우에는 면세승인을 받아야 하며 무조건 면세와 달리 사후관리를 받아야 한다.

[물음 2] 조건부 면세 제도의 의의
(1) ① 과세 여부 및 과세요건
자동차대여사업에 사용할 것을 조건으로 개별소비세를 면제받은 후, 3년 이내 동일인 또는 동일법인에게 6개월을 초과하여 대여한 경우에는 개별소비세를 면제하지 않는다.
따라서 개별소비세를 면제받은 甲을 납세의무자로 하여 면세받은 개별소비세를 전액 과세한다.

② 신고절차
조건부 면세물품을 용도변경한 경우에는 납세의무자가 스스로 신고 · 납부하는 것을 원칙으로 한다.
甲은 6개월이 초과하는 날이 속하는 분기의 다음 달 25일(10월 25일)까지 반입지 관할 세무서장에게 제출하여야 한다.

(2) ① 조건부 면세의 요건
5년 이내 양도하더라도 조건부 면세 또는 무조건 면세의 사유로 재반출하는 경우에는 개별소비세가 과세되지 않는다.
다만, 조건부 면세물품을 같은 용도로 재반출하는 경우에도 면세반출 신고를 한 후 관할 세무서장에게 승인을 받아야 한다.

② 신고절차
승용자동차의 개별소비세를 면제받으려는 자는 과세표준신고서에 승용자동차 개별소비세 면세반출신고서와 자동차매매계약서 사본을 첨부하여 제출하여야 한다.

---

1. 조건부 면세(「개별소비세법」 제18조)

① 다음 각 호의 어느 하나에 해당하는 물품에 대해서는 대통령령으로 정하는 바에 따라 개별소비세를 면제한다. 다만, **제3호 가목의 물품에 대한 개별소비세**(장애인을 위한 특수장비 설치비용을 과세표준에서 제외하고 산출한 금액을 말한다)는 **500만원을 한도로 하여** 면제하고, 같은 호 바목의 물품에 대한 개별소비세는 300만원을 한도로 하여 면제한다.
   …
3. 승용자동차로서 다음 각 목의 어느 하나에 해당하는 것
   가. 대통령령으로 정하는 장애인이 구입하는 것(장애인 1명당 1대로 한정한다)
   나. 환자 수송을 전용으로 하는 것
   다. 「여객자동차 운수사업법」에 따른 여객자동차 운송사업에 사용하는 것
   라. 「여객자동차 운수사업법」 제2조 제4호에 따른 **자동차대여사업에 사용되는 것**. 다만, **구입일부터 3년 이내에 동일인 또는 동일 법인에 대여한 기간의 합이 6개월을 초과하는 것은 제외**한다.
   마. 「기초연구진흥 및 기술개발지원에 관한 법률」에 따라 인정받은 기업부설연구소 및 기업의 연구개발전담부서가 신제품 또는 신기술을 개발하기 위하여 시험 · 연구용으로 수입하여 사용하는 것
   바. 18세 미만의 자녀(가족관계등록부를 기준으로 하고, 양자 및 배우자의 자녀를 포함하되, 입양된 자녀는 친생부모의 자녀 수에는 포함하지 아니한다) 3명 이상을 양육하는 사람이 구입하는 것

② 제1항의 물품으로서 대통령령으로 정하는 바에 따라 반입지에 반입한 사실을 증명하지 아니한 것에 대해서는 관할 세무서장 또는 세관장이 그 판매자·반출자 또는 수입신고인으로부터 개별소비세를 징수한다.

③ 제1항의 물품으로서 반입지에 반입된 후에 면세를 받은 물품의 용도를 변경하는 등 대통령령으로 정하는 사유가 발생하는 경우에는 반입자는 사유가 발생한 날이 속하는 분기의 다음 달 25일까지(제1조 제2항 제4호 또는 같은 항 제6호에 해당하는 물품은 그 사유가 발생한 날이 속하는 달의 다음 달 말일까지) 제9조에 따른 신고서를 반입지 관할 세무서장 또는 세관장에게 제출하고 개별소비세를 납부하여야 한다.

④ 제1항 제3호 라목 단서에 해당되는 승용자동차의 경우 반입자는 동일인 또는 동일 법인에 대여한 기간의 합이 6개월을 초과하는 날이 속하는 분기의 다음 달 25일까지 제9조에 따른 신고서를 반입지 관할 세무서장에게 제출하고 면제받은 개별소비세 전액을 납부하여야 한다. 다만, 대통령령으로 정하는 요건에 해당하는 경우에는 같은 목 단서에 해당하는 동일인 또는 동일법인에게 최초로 대여한 날에 제3항의 용도변경이 된 것으로 보아 납부할 개별소비세액을 계산한다.

⑤ 제1항에 따라 개별소비세를 면제받아 반출한 물품에 관하여는 제14조 제3항 및 제5항을 준용한다.

⑥ 제1항에 따라 개별소비세를 면제받아 반입지에 반입한 물품을 같은 항 각 호 또는 제19조 각 호의 용도로 제공하기 위하여 재반출하면 제1항부터 제4항까지 및 제19조에 따라 개별소비세를 면제한다.

2. 조건부 면세물품의 반입자에 의한 용도변경 등(「개별소비세법 시행령」 제33조)

⑤ 법 제18조 제4항 단서에서 "대통령령으로 정하는 요건에 해당하는 경우"란 승용자동차의 구입일부터 3개월 이상의 기간 동안 법 제18조 제1항 제3호 라목 단서에 해당하는 동일인 또는 동일법인에 대여한 사실이 없는 경우를 말한다.

관련 판례

조건부 면세로 반출된 물품을 반입자가 재반출하면서 다시 조건부 면세를 받기 위하여는 「개별소비세법」에서 정한 면세승인절차 요건을 마찬가지로 이행하여야 하고, 이는 조건부 면세물품인 자동차대여사업용 차량을 사업양도에 따라 재반출하는 경우에도 같다. (대법원 2011두6356, 2011. 6. 30.)

관련 행정 해석

조건부 면세승용차 재반출(양도) 시 면세절차(「개별소비세법」 기본통칙 18-19…13)

① 조건부 면세로 반입한 승용차를 반입일(차량등록일)로부터 5년 이내에 같은 용도로 사용하려는 자에게 재반출(양도)할 때에는 당초 반입자가 법 제18조 제6항에 따라 처음 반출할 때와 동일한 절차에 따라 제반신고의무를 이행하여야만 개별소비세를 조건부로 다시 면세받을 수 있다.

문제 3

「지방세법」상 재산세와 관련하여 다음 물음에 답하시오. (20점)

[물음 1] 「지방세법」 제106조 '과세대상의 구분 등'에 따라 토지에 대한 재산세 과세대상을 구분하는 경우, 과세기준일 현재 납세의무자가 소유하고 있는 토지 중 국가의 보호·지원이 필요한 토지로서 국가 및 지방자치단체 지원을 위한 특정 목적 사업용 토지에 해당하여 재산세 분리과세대상으로 구분되는 토지가 있다. 이에 해당하는 사례 5개를 「지방세법 시행령」 제102조 '분리과세대상 토지의 범위'에 근거하여 제시하시오. (10점)

[물음 2] 다음 사례를 읽고 ①, ②에 대하여 답하시오. (10점)

> 〈사례〉
> 가방제조업을 영위하고 있는 A사가 재산세 과세기준일 현재 공장으로 사용 중인 건축물은 건축물대장에 등재되지 않은 불법건축물로서, 건축법 등 관계 법령에 따라 허가 등을 받아야 하는 건축물임에도 불구하고 건축물로서 허가를 받지 않고 사실상 공장용도로 사용하고 있다. 또한 A사는 동 불법건축물의 부속 토지를 소유하고 있다.

위 〈사례〉에서 A사가 공부상 등재되지 아니한 불법건축물을 사실상 공장용도로 사용하는 경우, 동 불법건축물의 부속 토지에 대하여 ① 재산세를 부과하는 기준과 ② 그러한 기준에 따라 재산세를 부과해야 하는 이유를 「지방세법」 제106조 '과세대상의 구분 등'에 근거하여 서술하시오.

【문제 3】지방세법

[물음 1] 국가 및 지방자치단체 지원을 위한 특정 목적 사업용 토지로서 분리과세대상 토지의 사례

① 국방용 공장 구내 토지

② 개발사업 관계법령에 따라 국가나 지방자치단체에 무상귀속되는 공공시설용 토지

③ 개발사업의 시행자가 국가나 지방자치단체에 기부채납하기로 한 기반시설용 토지

④ 한국농어촌공사의 공공기관 이전 관련 일시취득 토지

⑤ 수자원공사의 홍수조절용 토지

[물음 2] 현황과세

1. 원칙: 현황과세원칙

재산세의 과세대상 물건이 공부상 등재현황과 사실상의 현황이 다른 경우에는 사실상 현황에 따라 과세한다.

2. 예외: 공부상 등재현황에 따른 부과

관계 법령에 따라 허가 등을 받아야 함에도 불구하고 허가 등을 받지 않고 재산세 과세 대상 물건을 이용하는 경우로서 사실상 현황에 따라 재산세를 부과하면 오히려 재산세 부담이 낮아지는 경우에는 공부상 등재 현황에 따라 재산세를 부과한다.

3. 사안의 적용

① 재산세를 부과하는 기준

공장건축물의 부속토지는 사실상 현황에 따르면 '별도합산과세대상'에 해당한다.

그러나 A사 공장건물은 불법건축물에 해당하므로 공부상 현황에 따르면 그 부속토지는 '종합합산과세대상'에 해당한다. 공부상 현황에 따라 토지는 종합합산과세대상으로 본다.

② 종합합산과세대상으로 부과하는 이유

무허가건축물에 대해서는 공부상 현황에 따라 과세할 경우 재산세 부담이 증가하면, 사실상 과세원칙에도 불구하고 공부상 현황에 따라 과세한다. 이는 무허가로 불법건축한 자가 세부담이 오히려 줄어드는 것을 방지하기 위한 것이다.

관련 법령

1. 과세대상의 구분 등(「지방세법」 제106조)

3. 분리과세대상: 과세기준일 현재 납세의무자가 소유하고 있는 토지 중 국가의 보호·지원 또는 중과가 필요한 토지로서 다음 각 목의 어느 하나에 해당하는 토지

　가. 공장용지·전·답·과수원 및 목장용지로서 대통령령으로 정하는 토지

　나. 산림의 보호육성을 위하여 필요한 임야 및 종중 소유 임야로서 대통령령으로 정하는 임야

　다. 제13조 제5항에 따른 골프장용 토지와 같은 항에 따른 고급오락장용 토지로서 대통령령으로 정하는 토지

　라. 「산업집적활성화 및 공장설립에 관한 법률」 제2조 제1호에 따른 공장의 부속토지로서 개발제한구역의 지정이 있기 이전에 그 부지취득이 완료된 곳으로서 대통령령으로 정하는 토지

　마. 국가 및 지방자치단체 지원을 위한 특정 목적 사업용 토지로서 대통령령으로 정하는 토지

　바. 에너지·자원의 공급 및 방송·통신·교통 등의 기반시설용 토지로서 대통령령으로 정하는 토지

　사. 국토의 효율적 이용을 위한 개발사업용 토지로서 대통령령으로 정하는 토지

　아. 그 밖에 지역경제의 발전, 공익성의 정도 등을 고려하여 분리과세하여야 할 타당한 이유가 있는 토지로서 대통령령으로 정하는 토지

2. 분리과세대상 토지의 범위(「지방세법 시행령」 제102조)

⑤ 법 제106조 제1항 제3호 마목에서 "대통령령으로 정하는 토지"란 다음 각 호에서 정하는 토지(법 제106조 제1항 제3호 다목에 따른 토지는 제외한다)를 말한다.
1. 국가나 지방자치단체가 국방상의 목적 외에는 그 사용 및 처분 등을 제한하는 공장 구내의 토지
2. 「국토의 계획 및 이용에 관한 법률」, 「도시개발법」, 「도시 및 주거환경정비법」, 「주택법」 등 (이하 이 호에서 "개발사업 관계법령"이라 한다)에 따른 개발사업의 시행자가 개발사업의 실시계획승인을 받은 토지로서 개발사업에 제공하는 토지 중 다음 각 목의 어느 하나에 해당하는 토지
   가. 개발사업 관계법령에 따라 국가나 지방자치단체에 무상귀속되는 공공시설용 토지
   나. 개발사업의 시행자가 국가나 지방자치단체에 기부채납하기로 한 기반시설(「국토의 계획 및 이용에 관한 법률」 제2조 제6호의 기반시설을 말한다)용 토지
3. 「방위사업법」 제53조에 따라 허가받은 군용화약류시험장용 토지(허가받은 용도 외의 다른 용도로 사용하는 부분은 제외한다)와 그 허가가 취소된 날부터 1년이 지나지 아니한 토지
4. 「한국농어촌공사 및 농지관리기금법」에 따라 설립된 한국농어촌공사가 「혁신도시 조성 및 발전에 관한 특별법」 제43조 제3항에 따라 국토교통부장관이 매입하게 함에 따라 타인에게 매각할 목적으로 일시적으로 취득하여 소유하는 같은 법 제2조 제6호에 따른 종전부동산
5. 「한국수자원공사법」에 따라 설립된 한국수자원공사가 「한국수자원공사법」 및 「댐건설·관리 및 주변지역지원 등에 관한 법률」에 따라 환경부장관이 수립하거나 승인한 실시계획에 따라 취득한 토지로서 「댐건설 및 주변지역지원 등에 관한 법률」 제2조 제1호에 따른 특정 용도 중 발전·수도·공업 및 농업 용수의 공급 또는 홍수조절용으로 직접 사용하고 있는 토지

3. 정의(「국토의 계획 및 이용에 관한 법률」 제2조)

6. "기반시설"이란 다음 각 목의 시설로서 대통령령으로 정하는 시설을 말한다.
   가. 도로·철도·항만·공항·주차장 등 교통시설
   나. 광장·공원·녹지 등 공간시설
   다. 유통업무설비, 수도·전기·가스공급설비, 방송·통신시설, 공동구 등 유통·공급시설
   라. 학교·공공청사·문화시설 및 공공필요성이 인정되는 체육시설 등 공공·문화체육시설
   마. 하천·유수지(遊水池)·방화설비 등 방재시설
   바. 장사시설 등 보건위생시설
   사. 하수도, 폐기물처리 및 재활용시설, 빗물저장 및 이용시설 등 환경기초시설

4. 과세대상의 구분 등(「지방세법」 제106조)

③ 재산세의 과세대상 물건이 토지대장, 건축물대장 등 공부상 등재되지 아니하였거나 공부상 등재현황과 사실상의 현황이 다른 경우에는 사실상의 현황에 따라 재산세를 부과한다. 다만, 재산세의 과세대상 물건을 공부상 등재현황과 달리 이용함으로써 재산세 부담이 낮아지는 경우 등 대통령령으로 정하는 경우에는 공부상 등재현황에 따라 재산세를 부과한다.

5. 공부상 등재현황에 따른 부과(「지방세법 시행령」 제105조의2)

법 제106조 제3항 단서에서 "재산세의 과세대상 물건을 공부상 등재현황과 달리 이용함으로써 재산세 부담이 낮아지는 경우 등 대통령령으로 정하는 경우"란 다음 각 호의 경우를 말한다.
1. 관계 법령에 따라 허가 등을 받아야 함에도 불구하고 허가 등을 받지 않고 재산세의 과세대상 물건을 이용하는 경우로서 사실상 현황에 따라 재산세를 부과하면 오히려 재산세 부담이 낮아지는 경우
2. 재산세 과세기준일 현재의 사용이 일시적으로 공부상 등재현황과 달리 사용하는 것으로 인정되는 경우

문제 4

「조세특례제한법」상 최저한세액과 관련하여 다음 물음에 답하시오. (25점)

[물음 1] 「조세특례제한법」에 따라 최저한세액에 미달하는 세액에 대하여 감면 등을 배제해야
하는 규정이 필요한 이유를 설명하시오. (10점)

[물음 2] 다음 사례를 읽고 ①, ②에 대하여 답하시오. (15점)

〈사례〉
내국영리법인(제조업)으로서 중소기업에 해당하는 (주)A의 관할 세무서장은 (주)A가
당초 신고한 법인세 과세표준 및 세액에서 「조세특례제한법」 제132조 '최저한세액에
미달하는 세액에 대한 감면 등의 배제'와 관련한 사항의 적용이 누락되었음을 확인
하고 경정을 검토하고 있다.

(주)A가 당초 각 사업연도의 소득에 대한 법인세 과세표준 및 세액 신고 시 적용한 조
세감면 등은 다음 〈보기〉와 같다. (단, 최저한세와 관련된 제한 사항을 제외하고 다음
〈보기〉의 조세감면 등을 받을 수 있는 해당 요건은 모두 충족하였다고 가정함)

〈보기〉
(주)A가 당초 법인세 과세표준 및 세액 신고 시 적용한 조세감면 등의 내역:
 -「조세특례제한법」 제7조에 따른 중소기업에 대한 특별세액감면
 -「조세특례제한법」 제10조에 따른 연구·인력개발비에 대한 세액공제
 -「조세특례제한법」 제10조의2에 따른 연구개발 관련 출연금 등의 과세특례 규정에
   의한 익금불산입
 -「조세특례제한법」 제12조에 따른 기술이전 및 기술취득 등에 대한 과세특례 규정에
   의한 세액감면

관할 세무서장의 검토 결과, (주)A의 경우 「조세특례제한법」상 법인세 최저한세액에
미달하는 세액이 있으며, 그에 상당하는 부분에 대해서 감면 등을 배제해야 하는 것으
로 확인되었다. 따라서 (주)A의 관할 세무서장이 「조세특례제한법」상 관련 규정에 따
라 감면 등을 배제하여 세액을 계산하고 경정절차를 진행하는 경우, ① 위 〈보기〉 중
그 적용이 배제되어야 할 조세감면 등을 올바른 배제 순서에 따라 차례로 기술하고 ②
그렇게 배제 순서를 기술한 근거를 설명하시오. (단, 위 〈보기〉의 조세감면 등으로 인
해 감소되는 세액의 합계는 「조세특례제한법」에 따른 법인세 최저한세액에 미달하는
세액에 상당하는 것으로 가정함)

【문제 4】 조세특례제한법
[물음 1] 감면배제 규정이 필요한 이유
1. 최저한세 제도
조세특례제한법은 조세정책목적에 따라 소득공제, 세액감면, 세액공제 등의 조세특례 제도를 인정하고 있다. 이러한 조세특례를 모두 적용받을 경우 조세를 전혀 부담하지 않을 수도 있다. 이는 과세형평과 조세수입의 안정성을 해칠 수 있다. 이에 최소한의 조세는 부담하도록 하는 최저한세 제도를 두고 있다.

2. 감면 등을 배제하는 규정
최저한세 이상의 세액을 부담하기 위해서는 조세특례 중 소득공제, 세액감면, 세액공제 등을 적용하지 않아야 한다. 이때 납세자는 스스로 배제순서를 선택할 수 있으며, 과세관청이 경정하는 경우에는 조세특례 중 배제순서를 법률로 정하고 있다.

[물음 2] 조세감면 배제 적용배제 사례
1. 조세감면 배제 순서
① 조세특례제한법 제10조의2에 따른 연구개발 관련 출연금 등의 과세특례 규정
② 조세특례제한법 제7조에 따른 중소기업에 대한 특별세액감면
③ 조세특례제한법 제12조에 따른 기술이전 및 기술취득 등에 대한 과세특례규정에 의한 세액감면
④ 조세특례제한법 제10조에 따른 연구·인력개발비에 대한 세액공제

2. 감면배제 순서의 근거
(1) 최저한세 적용배제 대상
감면후세액이 최저한세액 이상이 되도록 최저한세 적용대상 조세감면 중 일부를 배제하여야 한다. 따라서 중소기업의 연구인력개발비 세액공제액은 최저한세 적용 후에도 공제되는 세액공제액이므로 가장 마지막에 배제한다.

(2) 출연금 과세특례규정
출연금 과세특례규정은 과세이연에 해당하며 이는 '간접감면'에 해당한다. 간접감면은 조세부담의 효과가 가장 적으므로 가장 먼저 배제하는 항목으로 규정하였다.

(3) 세액감면 상호 간 순서
최저한세 적용되는 세액감면 규정은 조문의 순서에 따라 적용배제된다. 따라서 법7조 규정이 법12조보다 먼저 배제된다.

1. 최저한세액에 미달하는 세액에 대한 감면 등의 배제(「조세특례제한법」제132조)

③ 이 법을 적용할 때 제1항 각 호 및 제2항 각 호에 열거된 감면 등과 그 밖의 감면 등이 동시에 적용되는 경우 그 적용순위는 제1항 각 호 및 제2항 각 호에 열거된 감면 등을 먼저 적용한다.

2. 최저한세액에 미달하는 세액에 대한 감면 등의 배제(「조세특례제한법 시행령」제126조)

⑤ 납세의무자가 신고(「국세기본법」에 의한 수정신고 및 경정 등의 청구를 포함한다)한 소득세액 또는 법인세액이 법 제132조에 따라 계산한 세액에 미달하여 소득세 또는 법인세를 경정하는 경우에는 다음 각 호의 순서(같은 호 안에서는 법 제132조 제1항 및 제2항 각 호에 열거된 조문순서를 따른다)에 따라 다음 각 호의 감면을 배제하여 세액을 계산한다.

1. (삭제, 2014. 2. 21.)
2. (삭제, 2020. 2. 11.)
2의2. 법 제132조 제1항 제2호 및 같은 조 제2항 제2호에 따른 손금산입 및 익금불산입
3. 법 제132조 제1항 제3호 및 동조 제2항 제3호의 규정에 의한 세액공제. 이 경우 동일 조문에 의한 감면세액 중 이월된 공제세액이 있는 경우에는 나중에 발생한 것부터 적용배제한다.
4. 법 제132조 제1항 제4호 및 동조 제2항 제4호의 규정에 의한 법인세 또는 소득세의 면제 및 감면
5. 법 제132조 제1항 제2호 및 동조 제2항 제2호의 규정에 의한 소득공제 및 비과세

문제 1

다음 사례를 읽고 물음에 답하시오. (20점)

> ⟨사례⟩
>
> 내국법인인 A주식회사(이하 'A회사'라 함)는 국방부의 군사정보보안시스템 구축사업 중 관련 하드웨어 및 소프트웨어 장비(이하 '쟁점장비'라 함)의 공급을 도급받은 후 2016년 7월 1일 B주식회사(이하 'B회사'라 함)와 쟁점장비를 2016년 7월 31일까지 공급받기로 하는 물품공급계약을 체결하였다. A회사는 2016년 8월 10일 B회사로부터 쟁점장비를 공급받았다는 내용의 세금계산서(이하 '이 사건 세금계산서'라 함)를 교부받아 기한 내에 부가가치세를 신고하였다.
>
> 과세관청은 2019년 2월경 A회사에 대한 2015년 및 2016년 법인제세 통합 세무조사를 실시하여 쟁점장비의 공급에 관하여 별다른 세금 탈루의 혐의가 없다고 보아 종결하였다. 이후 2020년 7월경 과세관청의 B회사에 대한 세무조사 과정에서 B회사의 대표이사는 구체적인 증빙자료를 제시하면서 '이 사건 세금계산서에 따른 쟁점장비의 공급은 B회사의 복수의 협력사들에게 직접 수행하였으며 A회사와 B회사 사이에 실제 거래는 없었다'는 취지의 진술을 하였다. 나아가 B회사는 쟁점장비의 공급이 가공거래임을 인정하는 취지의 수정신고까지 하였다. 이에 과세관청은 2021년 5월경 A회사에 대해서 다시 2016년 제2기 부가가치세를 대상으로 세무조사(이하 '이 사건 재조사'라 함)를 실시하였다. 한편 과세관청은 이 사건 재조사 과정에서 A회사와 B회사 사이에 2017년 4월경에도 쟁점장비의 공급과 유사한 방식의 거래가 있었음을 확인하고 이 사건 재조사의 범위에 2017년 제1기 부가가치세를 포함하기로 결정하였다(이하 '이 사건 범위 확대'라 함).

[물음 1] 국세기본법령상 중복세무조사 금지 원칙과 중복세무조사가 허용되는 경우를 설명하시오. (8점)

[물음 2] ⟨사례⟩에서 이 사건 재조사가 적법한지를 논하시오. (4점)

[물음 3] 국세기본법령상 세무조사 범위를 확대할 수 있는 사유를 설명하시오. (4점)

[물음 4] ⟨사례⟩에서 과세관청의 이 사건 범위 확대에 대하여 「국세기본법」상 A회사가 과세관청을 상대로 취할 수 있는 조치가 무엇인지 설명하시오(단, ⟨사례⟩에서 A회사는 「국세기본법」 제81조의18 제2항 제1호에 정한 '중소규모납세자'에 해당함). (4점)

해답

【문제 1】국세기본법

[물음 1] 중복세무조사 금지 원칙

1. 중복세무조사 금지 원칙

세무공무원은 일정한 법정 사유가 있는 경우를 제외하고는 '같은 세목 및 같은 과세기간'에 대하여 재조사를 할 수 없다. 법정 사유가 없음에도 불구하고 중복조사를 하는 것은 '세무조사권을 남용'하는 것에 해당하므로 중복세무조사를 통한 과세처분은 위법하다.

2. 중복조사가 허용되는 경우

어떠한 중복조사도 허용할 수 없다면 공평과세에 반하는 결과가 되므로 다음의 사유가 있는 경우에는 예외적으로 중복조사가 가능하다.

① 조세탈루의 혐의를 인정할 만한 명백한 자료가 있는 경우
② 거래상대방에 대한 조사가 필요한 경우
③ 2개 이상의 과세기간과 관련하여 잘못이 있는 경우

④ 불복절차에 따른 재결청의 재조사결정에 따른 재조사
⑤ 납세자가 세무공무원에게 직무와 관련하여 금품을 제공하거나 금품제공을 알선한 경우
⑥ 부분조사를 실시한 후 해당 조사에 포함되지 아니한 부분에 대하여 조사하는 경우
⑦ 각종 과세자료의 처리를 위한 조사인 경우

[물음 2] 재조사금지 원칙 위배 여부

1. 재조사의 경위

A주식회사에 대한 1차 세무조사 종결 후 이루어진 재조사의 사유는 B회사 대표이사의 진술과 수정신고에 의한 것이다.

2. 재조사의 적법 여부

B회사 대표이사의 진술 및 수정신고는 1차 세무조사 과정에서 확보한 자료에 해당하지 않으므로, 부가가치세 탈루를 인정할 만한 '명백한 자료'에 해당한다.

따라서 이 사건 재조사는 재조사금지에 대한 예외사유가 있는 경우에 해당하므로 적법하다.

[물음 3] 세무조사 범위 확대사유

세무공무원은 구체적인 세금탈루 혐의가 '여러 과세기간 또는 다른 세목'까지 관련되는 경우를 제외하고는 조사범위를 확대할 수 없다. 국세기본법령상 세무조사 범위를 확대할 수 있는 사유는 다음과 같다.

① 다른 과세기간 · 세목 또는 항목에 대한 구체적인 세금탈루 증거자료가 확인되어 다른 과세기간 · 세목 또는 항목에 대한 조사가 필요한 경우
② 명백한 세금탈루 혐의 또는 세법 적용의 착오 등이 있는 조사대상 과세기간의 특정항목이 다른 과세기간에도 있어 동일하거나 유사한 세금탈루 혐의 또는 세법 적용 착오 등이 있을 것으로 의심되어 다른 과세기간의 그 항목에 대한 조사가 필요한 경우

[물음 4] 납세자보호위원회

위법 · 부당한 세무조사의 근절 및 납세자권리보호를 위해 과세관청에 '납세자보호위원회'를 두고 있다.

납세자는 세무조사가 끝나는 날까지 세무조사범위 확대가 위법하다는 주장과 함께 세무조사 일시 중지에 관하여 '납세자보호위원회'에서 심의해 줄 것을 세무서장 또는 지방국세청장에게 요청할 수 있다.

[참고] 이 사건 범위 확대

2016년 제2기 부가가치세를 대상으로 세무조사를 실시하였다가 2017년 제1기(2017년 4월 거래) 과세기간에 대한 부가가치세를 조사하는 것은 조사범위 확대에 해당한다.

해커스 세무사 세법학 기출문제집

2021년

1. 세무조사권 남용 금지(「국세기본법」 제81조의4)

① 세무공무원은 적정하고 공평한 과세를 실현하기 위하여 필요한 최소한의 범위에서 세무조사(「조세범 처벌절차법」에 따른 조세범칙조사를 포함한다. 이하 이 조에서 같다)를 하여야 하며, 다른 목적 등을 위하여 조사권을 남용해서는 아니 된다.

② 세무공무원은 다음 각 호의 어느 하나에 해당하는 경우가 아니면 같은 세목 및 같은 과세기간에 대하여 재조사를 할 수 없다.

　　1. 조세탈루의 혐의를 인정할 만한 **명백한** 자료가 있는 경우

　　2. 거래상대방에 대한 조사가 필요한 경우 ➔ **거래상대방에게 세금을 부과하기 위하여 조사하는 것을 의미함**

　　3. 2개 이상의 과세기간과 관련하여 잘못이 있는 경우

　　4. 제65조 제1항 제3호 단서(제66조 제6항과 제81조에서 준용하는 경우를 포함한다) 또는 제81조의15 제5항 제2호 단서에 따른 재조사결정에 따라 조사를 하는 경우(결정서 주문에 기재된 범위의 조사에 한정한다)

　　5. 납세자가 세무공무원에게 직무와 관련하여 금품을 제공하거나 금품제공을 알선한 경우

　　6. 제81조의11 제3항에 따른 부분조사를 실시한 후 해당 조사에 포함되지 아니한 부분에 대하여 조사하는 경우

　　7. 그 밖에 제1호부터 제6호까지와 유사한 경우로서 대통령령으로 정하는 경우

2. 세무조사를 다시 할 수 있는 경우(「국세기본법 시행령」 제63조의2)

법 제81조의4 제2항 제7호에서 "대통령령으로 정하는 경우"란 다음 각 호의 어느 하나에 해당하는 경우를 말한다.

1. 부동산투기, 매점매석, 무자료거래 등 경제질서 교란 등을 통한 세금탈루 혐의가 있는 자에 대하여 일제조사를 하는 경우

2. **과세관청 외의 기관이 직무상 목적을 위해 작성하거나 취득해 과세관청에 제공한 자료의 처리를 위해 조사하는 경우**

3. 국세환급금의 결정을 위한 확인조사를 하는 경우

4. 「조세범 처벌절차법」 제2조 제1호에 따른 조세범칙행위의 혐의를 인정할 만한 명백한 자료가 있는 경우. 다만, 해당 자료에 대하여 「조세범 처벌절차법」 제5조 제1항 제1호에 따라 조세범칙조사심의위원회가 조세범칙조사의 실시에 관한 심의를 한 결과 조세범칙행위의 혐의가 없다고 의결한 경우에는 조세범칙행위의 혐의를 인정할 만한 명백한 자료로 인정하지 아니한다.

3. 세무조사 범위 확대의 제한(「국세기본법」 제81조의9)

① 세무공무원은 구체적인 세금탈루 혐의가 여러 과세기간 또는 다른 세목까지 관련되는 것으로 확인되는 경우 등 대통령령으로 정하는 경우를 제외하고는 조사진행 중 세무조사의 범위를 확대할 수 없다.

② 세무공무원은 제1항에 따라 세무조사의 범위를 확대하는 경우에는 그 사유와 범위를 납세자에게 문서로 통지하여야 한다.

4. 세무조사 범위의 확대(「국세기본법 시행령」 제63조의10)

법 제81조의9 제1항에서 "구체적인 세금탈루 혐의가 여러 과세기간 또는 다른 세목까지 관련되는 것으로 확인되는 경우 등 대통령령으로 정하는 경우"란 각 호의 어느 하나에 해당하는 경우를 말한다.

1. 다른 과세기간 · 세목 또는 항목에 대한 구체적인 세금탈루 증거자료가 확인되어 다른 과세기간 · 세목 또는 항목에 대한 조사가 필요한 경우
2. 명백한 세금탈루혐의 또는 세법 적용의 착오 등이 있는 조사대상 과세기간의 특정 항목이 다른 과세기간에도 있어 동일하거나 유사한 세금탈루 혐의 또는 세법 적용 착오 등이 있을 것으로 의심되어 다른 과세기간의 그 항목에 대한 조사가 필요한 경우

5. 납세자보호위원회(「국세기본법」 제81조의18)

① 납세자 권리보호에 관한 사항을 심의하기 위하여 세무서, 지방국세청 및 국세청에 납세자보호위원회(이하 "납세자보호위원회"라 한다)를 둔다.
② 제1항에 따라 세무서에 두는 납세자보호위원회(이하 "세무서 납세자보호위원회"라 한다) 및 지방국세청에 두는 납세자보호위원회(이하 "지방국세청 납세자보호위원회"라 한다)는 다음 각 호의 사항을 심의한다.
   1. 세무조사의 대상이 되는 과세기간 중 연간 수입금액 또는 양도가액이 가장 큰 과세기간의 연간 수입금액 또는 양도가액이 100억원 미만(부가가치세에 대한 세무조사의 경우 1과세기간 공급가액의 합계액이 50억원 미만)인 납세자(이하 이 조에서 "중소규모납세자"라 한다) 외의 납세자에 대한 세무조사(「조세범 처벌절차법」 제2조 제3호에 따른 "조세범칙조사"는 제외한다. 이하 이 조에서 같다) 기간의 연장. 다만, 제81조의8 제1항 제6호에 따라 조사대상자가 해명 등을 위하여 연장을 신청한 경우는 제외한다.
   2. 중소규모납세자 이외의 납세자에 대한 세무조사범위의 확대
   3. 제81조의8 제3항에 따른 세무조사 기간 연장 및 세무조사 범위 확대에 대한 중소규모납세자의 세무조사 일시중지 및 중지요청
   4. 위법 · 부당한 세무조사 및 세무조사 중 세무공무원의 위법 · 부당한 행위에 대한 납세자의 세무조사 일시중지 및 중지요청
   5. 제81조의10 제4항 단서에 따른 장부 등의 일시 보관 기간 연장
   6. 그 밖에 납세자의 권리보호를 위하여 납세자보호담당관이 심의가 필요하다고 인정하는 안건

6. 납세자보호위원회에 대한 납세자의 심의 요청 및 결과 통지 등(「국세기본법」 제81조의19)

① 납세자는 세무조사 기간이 끝나는 날까지 세무서장 또는 지방국세청장에게 제81조의18 제2항 제3호 또는 제4호에 해당하는 사항에 대한 심의를 요청할 수 있다.
② 세무서장 또는 지방국세청장은 제81조의18 제2항 제1호부터 제5호까지의 사항에 대하여 세무서 납세자보호위원회 또는 지방국세청 납세자보호위원회의 심의를 거쳐 결정을 하고, 납세자에게 그 결과를 통지하여야 한다. 이 경우 제81조의18 제2항 제3호 또는 제4호에 대한 결과는 제1항에 따른 요청을 받은 날부터 20일 이내에 통지하여야 한다.

관련 판례

'조세탈루의 혐의를 인정할 만한 **명백한 자료**가 있는 경우'는 조세의 탈루사실이 확인될 상당한 정도의 개연성이 객관성과 합리성이 뒷받침되는 자료에 의하여 인정되는 경우를 말한다. 이 사건 재조사가 이루어진 것은 최초 조사 종결 후 이 사건 쟁점부분이 가공거래라는 취지의 거래처의 수정신고와 그 대표이사의 진술 등 원고가 가공거래에 의하여 부가가치세 등을 탈루한 혐의를 인정할 만한 상당한 정도의 객관성과 합리성을 갖춘 명백한 자료가 드러났기 때문이므로, 이 사건 재조사는 중복조사금지 원칙에 위반되지 않는다. (2010두8263, 2012. 11. 15)

문제 2

다음 사례를 읽고 물음에 답하시오. (30점)

〈사례〉

거주자인 甲은 2010년에 서울시 종로구에서 'A가든'이라는 상호로 고급음식점을 개업하여 경영하고 있다. 甲은 2021년 5월 31일에 2020년 귀속 종합소득세를 신고·납부하였으나 甲이 제출한 서류에는 월별 수입금액만 기록되어 있을 뿐 이를 뒷받침할만한 일일 수입금액에 관한 장부나 증빙이 없다. 또한 2020년 5월 1일부터 같은 해 8월 31일까지의 수입금액에 관한 원시기록 장부상의 실제 수입금액은 15억원인데 반해 甲이 제출한 서류상의 수입금액은 6억원에 불과하였고 그 이외의 기간에 대한 실제 수입금액을 확인할 증빙이 없다. 한편 甲이 신고한 장부상의 원·부재료비 지출액은 원시기록 장부상의 실제 지출액의 50%에 불과하였다. 이에 과세관청은 2020년 5월 1일부터 같은 해 8월 31일까지의 甲의 원시기록 장부상의 실제 수입금액(15억원)과 해당 기간 동안의 실제 원·부재료비 지출액(6억원)을 기초로 비용관계비율(2.5)을 적용하여 해당 사업연도의 수입금액을 추계하여 산출하는 한편, 원시장부상의 실제 원·부재료 지출액 및 기타 증빙서류에 의하여 인정되는 실제 금액을 필요경비로 보아 2020년 귀속 종합소득세를 경정하는 처분을 하였다.

[물음 1] 「국세기본법」상 근거과세원칙과 「소득세법」상 추계과세와의 관계를 설명하시오. (4점)

[물음 2] 소득세법령상 추계결정·경정할 수 있는 사유를 설명하고, 〈사례〉가 적법한 추계사유에 해당하는지를 논하시오. (8점)

[물음 3] 소득세법령상 추계결정·경정 방법 중 하나인 기준경비율에 대하여 설명하시오. (8점)

[물음 4] 「소득세법 시행령」상 추계결정·경정 시 수입금액의 계산방법을 설명하고, 〈사례〉에서 과세관청이 수입금액을 추계로 경정하였음을 이유로 필요경비도 추계 방법으로 경정하여야 한다고 甲이 주장하는 경우 이 주장이 적법한지를 논하시오. (10점)

해답

【문제 2】소득세법

[물음 1] 근거과세원칙과 추계과세

1. 국세기본법상 근거과세원칙

국세기본법상 근거과세원칙에 따르면 납세자가 세법에 따라 비치·기장한 장부가 있으면 그에 관계되는 근거자료에 따라야 한다.

2. 개별세법상 특칙

국세기본법 규정에도 불구하고 개별세법상 특칙 규정이 있으면 그에 따른다. 따라서 국세기본상 근거과세원칙에도 불구하고 소득세법상 추계과세 규정에 따라 과세할 수 있다.

3. 소득세법상 추계과세

근거과세에 대비되는 개념으로 추계과세가 있다. 납세의무자에게 과세소득이 있음에도 불구하고 관련 증거자료가 없다는 이유로 과세할 수 없다면 이는 과세형평에 어긋난다. 이러한 경우를 대비하여 국세기본법상 근거과세원칙에도 불구하고 소득세법에서는 특정한 사유에 해당하는 경우 추계과세할 수 있다.

[물음 2] 추계결정·경정 사유

1. 추계결정·경정 사유

실지조사방법(실액방법)이 원칙적인 과세표준과 세액의 확정방법이므로 추계조사결정은 극히 예외적인 경우에 한하여 인정된다. 소득세법에서 인정되는 추계결정의 사유는 다음과 같다.

① 과세표준 계산함에 있어서 필요한 장부와 증빙서류가 없거나 중요한 부분이 미비 또는 허위인 경우

② 기장의 내용이 시설규모·종업원수·원자재·상품 또는 제품의 시가·각종 요금에 비추어 허위임이 명백한 경우

③ 기장의 내용이 원자재사용량·전력사용량 또는 기타 조업상황에 비추어 허위임이 명백한 경우

2. 사안의 적용(추계사유에 해당하는지 여부)

甲이 제출한 서류는 그 신빙성이 없으며, 수입금액에 대한 장부나 증빙도 구비되지 않았다. 이는 과세표준을 계산함에 있어서 필요한 장부와 증빙서류가 없거나 중요한 부분이 미비 또는 허위인 경우에 해당하므로 적법한 추계사유에 해당한다.

[물음 3] 기준경비율

1. 의의

필요경비 추계방법에는 크게 ① 기준경비율에 의한 방법, ② 단순경비율에 의한 방법, ③ 동업자권형에 의한 방법이 있다.

종전에는 표준소득률에 의한 방법으로 필요경비를 추계하였는데, 사업자들의 기장활성화에 도움이 되지 않아 기준경비율 제도를 도입하게 되었다.

2. 기준경비율 제도

기준경비율을 적용하여 소득금액을 계산하면, 수입금액에서 납세자가 입증하는 주요경비(매입비용, 임차료, 인건비)를 차감하고 여기에 수입금액에 기준경비율을 곱한 금액을 다시 차감하여 소득금액을 계산한다. 기준경비율 제도는 단순경비율과 달리 최소한 주요경비 정도는 '납세자가 입증'할 것을 요구하는 것이다.

결국 기준경비율 방식은 근거과세와 추계과세의 '절충방식'이다.

[물음 4] 수입금액의 계산방법 및 부분추계

1. 추계결정·경정 시 수입금액 계산방법

(1) 계산방법

이론적으로 수입금액 추계는 납세자의 내부자료(원재료 구입량, 운반비 내역 등)나 다른 사업자와의 비교를 통해서 이루어진다. 소득세법에서 정한 수입금액 추계방법은 다음과 같다.

① 동업자권형의 방법
② 국세청장이 정한 영업효율(인적 · 물적 시설의 수량 또는 가액과 매출액의 관계)을 적용하는 방법
③ 국세청장이 정한 업종별 생산수율을 적용하는 방법
④ 국세청장이 정한 원단위투입량 등에 의한 방법(인건비 · 임차료 · 재료비 중에서 일부 또는 전체의 비용과 매출액과의 관계, 상품회전율과 매출액과의 관계, 매매총이익률, 부가가치율)
⑤ 입회조사기준에 의하는 방법

(2) 수입금액 가산
한편, 추계방법으로 수입금액을 계산하더라도 해당 사업과 관련하여 국가 등으로부터 수령하는 보조금은 수입금액에 더한다.

2. 사안의 적용
수입금액을 추계한 경우 필요경비도 추계하여야 하는지에 대해 판례는 부정하고 있다. 수입금액이든, 필요경비든 실지조사에 의해 산정하는 것이 가능한 경우에는 실지조사에 의하는 것이 원칙이고, 납세자가 추계방식을 원한다고 하여도 마찬가지이다.
따라서 수입금액을 추계하였으므로 필요경비도 추계하여야 한다는 甲의 주장은 적법하지 않다.

관련 법령

1. 근거과세(「소득세법」 제16조)

① 납세의무자가 세법에 따라 장부를 갖추어 기록하고 있는 경우에는 해당 국세 과세표준의 조사와 결정은 그 장부와 이와 관계되는 증거자료에 의하여야 한다.
② 제1항에 따라 국세를 조사 · 결정할 때 장부의 기록 내용이 사실과 다르거나 장부의 기록에 누락된 것이 있을 때에는 그 부분에 대해서만 정부가 조사한 사실에 따라 결정할 수 있다.

2. 추계결정 · 경정 시의 수입금액의 계산(「소득세법 시행령」 제144조)

① 사업자의 수입금액을 장부 기타 증빙서류에 의하여 계산할 수 없는 경우 그 수입금액은 다음 각 호의 하나에 해당하는 방법에 의하여 계산한 금액으로 한다.
1. 기장이 정당하다고 인정되어 기장에 의하여 조사결정한 동일업황의 다른 사업자의 수입금액을 참작하여 계산하는 방법
2. 국세청장이 사업의 종류, 지역 등을 감안하여 사업과 관련된 인적 · 물적 시설(종업원 · 객실 · 사업장 · 차량 · 수도 · 전기 등)의 수량 또는 가액과 매출액의 관계를 정한 영업효율이 있는 때에는 이를 적용하여 계산하는 방법
3. 국세청장이 업종별로 투입원재료에 대하여 조사한 생산수율을 적용하여 계산한 생산량에 당해 과세기간 중에 매출한 수량의 시가를 적용하여 계산하는 방법

4. 국세청장이 사업의 종류별 · 지역별로 정한 다음 각 목의 어느 하나에 해당하는 기준에 따라 계산하는 방법

　가. 생산에 투입되는 원 · 부재료 중에서 일부 또는 전체의 수량과 생산량과의 관계를 정한 원단위투입량

　나. 인건비 · 임차료 · 재료비 · 수도광열비 기타 영업비용 중에서 일부 또는 전체의 비용과 매출액의 관계를 정한 비용관계비율

　다. 일정 기간 동안의 평균재고금액과 매출액 또는 매출원가와의 관계를 정한 상품회전율

　라. 일정 기간 동안의 매출액과 매출총이익의 비율을 정한 매매총이익률

　마. 일정 기간 동안의 매출액과 부가가치액의 비율을 정한 부가가치율

5. 추계결정 · 경정대상사업자에 대하여 제2호 내지 제4호의 비율을 산정할 수 있는 경우에는 이를 적용하여 계산하는 방법

6. 주로 최종소비자를 대상으로 거래하는 업종에 대하여는 국세청장이 정하는 입회조사기준에 의하여 계산하는 방법

④ 제1항부터 제3항까지의 규정에 따라 수입금액을 추계결정 또는 경정할 때 거주자가 비치한 장부와 그 밖의 증빙서류에 의하여 소득금액을 계산할 수 있는 때에는 해당 과세기간의 과세표준과 세액은 실지조사에 의하여 결정 또는 경정해야 한다.

관련 판례

수입금액 추계는 납세자의 내부자료(원재료 구입량, 운반비 내역 등)나 다른 사업자와의 비교를 통해 이루어진다. 수입금액에 대한 실지조사는 실제 수입을 포착하는 방법으로 객관적이라고 할 수 있는 한 방법상 제한은 없다. 한편, 추계로 수입금액을 계산하더라도 해당 사업과 관련하여 국가 · 지방자치단체로부터 수령하는 보조금, 신용카드매출전표 발행세액공제금액 등은 수입금액에 더한다. 「소득세법」 내지 「법인세법 시행령」에서 정한 수입금액 추계방법은 다음과 같다. 다수설은 이 중 가장 적당하다고 인정되는 방법을 선택하면 된다고 한다. 과세관청이 관계 규정이 정한 방법과 절차에 따라 추계하였다면 그 합리성과 타당성은 일단 증명되었다고 할 것이고 불합리하여 수입금액의 실액을 반영하기에 적절하지 않다는 점에 관하여는 납세자가 증명할 필요가 있다. (2008두7687)

소득세 과세표준의 결정은 실지조사결정에 의하는 것을 원칙으로 하고 실지조사결정이 불가능할 경우에만 예외적으로 추계조사결정의 방법에 의하도록 하고 있음에 비추어 실지조사방법에 의하여 결정된 소득세액이 추계조사방법에 의하여 결정된 소득세액보다 많은지 적은지에 따라 그 과세표준의 결정방법의 적법 여부가 좌우되는 것은 아니다. 따라서 납세자 스스로 추계의 방법에 의한 조사결정을 원하고 있다는 사유만으로 추계과세의 요건이 갖추어진 것으로 볼 수 없다. (95누6809)

원심은 그 채용증거에 의하여, 피고 동대구세무서장은 원고가 운영하는 서민식당의 포스시스템(Point Of Sales Management System)에 입력된 2003. 10. 19.부터 2004. 5. 19.까지의 실제 매출액 1,052,425,842원과 원고가 신고한 같은 기간의 원 · 부재료 매입액 153,716,600원을 기초로 이 사건 비용관계비율을 6.847(실제 매출액 ÷ 원 · 부재료비 매입액)로 산정한 다음, 포스시스템상 매출액의 입력자료가 없는 2001. 4. 20.부터 2003. 10. 18.까지의 기간에 대하여 실지조사로 확인한 원 · 부재료비에 이 사건 비용관계비율을 적용하여 수입금액을 추계한 후 이를 토대로 2001년 2기분부터 2003년 2기분까지의 부가가치세 부과처분을 한 사실, 한편 피고 포항세무서장은 위와 같이 추계한 수입금액과 원고가 신고한 수입금액과의 차액 1,482,033,919원

을 수입금액에 가산하고, 원고가 신고한 필요경비 중 증빙서류가 없는 148,201,710원을 필요경비에서 공제하는 등으로 2001년부터 2003년까지의 종합소득세 부과처분을 한 사실 등을 인정한 다음, 원고의 포스시스템에 입력된 매출액은 판매와 동시에 입력된 자료로서 원고에 대한 세무조사과정에서 확인된 다른 자료들과 비교해 볼 때 신빙성이 높은 것으로 볼 수 있고 달리 실제 매출액을 확인할 수 있는 자료가 제출되지 않은 점, 원·부재료는 돼지고기와 음료수, 주류로서 서민식당의 매출과 가장 직접적인 관련성이 있는 요소들인 데다가 특정업체들로부터 상당기간 동안 지속적으로 납품받아 왔으며 납품업체들은 규모가 크고 그 거래에 관하여 세금계산서 등을 발행하기 때문에 그 거래금액은 비교적 정확하다고 볼 수 있는 점, 이 사건 비용관계비율은 특별한 사정이 없는 한 재료비나 음식요금의 변동이 있더라도 상당한 기간 동안은 그대로 유지된다고 봄이 상당한 점 등을 고려하면, 이 사건 비용관계비율은 합리적으로 산정되었다고 할 수 있으므로 그에 따른 이 사건 부가가치세 및 종합소득세 부과처분은 적법하다고 판단하였다.

원심은 나아가, 서민식당에서의 돼지고기 수급량에 비추어 이 사건 비용관계비율의 달성이 현실적으로 불가능하고, 국세청이 발표한 한식점업의 부가가치율 및 매출총이익률(47.40% 내지 52.98%)에 비하여 이 사건 비용관계비율이 지나치게 높아 합리성과 타당성이 없다는 원고의 주장에 대해서는, 서민식당은 매입한 돼지고기를 양념하고 숙성시켜 고객에게 제공하므로 그 과정에서 무게가 상당히 증가될 수 있고, 양념의 양에 따라 돼지고기 1인분에 포함되는 돼지고기의 양이 달라질 수 있으며, 이 사건 비용관계비율은 서민식당의 모든 매입액에 대한 매출액의 비율이 아니라 돼지고기와 청량음료, 주류만의 매입액에 대한 매출액의 비율이므로 총매입액에 대한 매출액의 비율인 부가가치율이나 매출총이익률과는 비교될 수 없어 이 사건 비용관계비율이 합리성이나 타당성이 없다고 단정하기에 부족하고, 달리 피고들의 추계방법이 소득금액의 실액을 반영하기에 부적절하다고 인정할 증거가 없다는 이유로 이를 배척하였다.

앞서 본 규정과 법리 및 기록에 비추어 살펴보면, 원심의 이러한 사실인정과 판단은 정당한 것으로 수긍할 수 있고, 거기에 상고이유에서 주장하는 바와 같은 비용관계비율의 산정 등 추계방법에 관한 법리오해나 사실오인의 위법이 없다.

그리고 「소득세법 시행령」 제144조 제4항의 문언내용과 취지에 의하면, 수입금액을 추계방법에 의하여 결정하더라도 필요경비는 실지조사에 의하여 결정할 수 있다면 이 부분까지 추계방법에 의하여 결정할 수는 없다고 할 것이므로, 이 점을 다투는 상고이유의 주장 역시 이유 없다. (2008두7687, 2010. 10. 14.)

1. 추계방법

추계조사에 의한 결정 또는 경정은 이론상 다음의 세 가지 경우로 나뉜다.

① 수입금액은 신고금액대로 용인하거나 또는 실지조사에 의하고 소득금액만 추계조사에 의하는 경우

② 수입금액은 추계조사에 의하나 소득금액은 실지조사에 의하는 경우

③ 수입금액과 소득금액을 모두 추계조사에 의하는 경우

2. 부분추계

① 단일한 과세목적물인 총수익의 일부에 대하여는 실지조사로, 나머지 일부에 대하여는 추계조사로 그 과세표준을 계산할 수 없다.

② 그러나 총수입금액을 추계방법에 의하여 계산하였으나 소득금액은 장부와 증빙서류에 의하여 계산할 수 있는 경우에는 소득금액을 실지조사에 의하여 계산할 수 있으며, 총수입금액은 실지조사에 의하여 계산하였으나 소득금액을 계산하는 데 필요한 장부와 증빙서류가 없는 등 추계요건에 해당하면 소득금액은 추계방법에 의하여 계산할 수 있다.

③ 부분추계의 배제규정은 사업연도를 단위로 하여 판단하여야 하므로, 법인이 동일 사업연도 중 일정 기간은 비치된 장부와 증빙서류에 의하여 그 소득금액을 계산할 수 있으나, 나머지 일정 기간은 장부 및 증빙서류의 미비 또는 일부 불비로 그 소득금액을 계산할 수 없는 경우에는 전부 추계하여야 하며, 기간별로 부분실사·부분추계는 허용되지 않는다.

문제 3

다음 사례를 읽고 물음에 답하시오. (30점)

〈사례 1〉

A주식회사(이하 'A회사'라 함)는 부동산매매업을 영위하는 내국법인이다. A회사는 분양사업을 위하여 X건물의 건설자금을 조달하는 과정에서 발생한 대출실행수수료, 청약금 관리 대리사무 보수 및 금융자문·주선업무수수료 등(이하 "쟁점수수료"라 함)을 손금산입하였다. 그러나 과세관청은 쟁점수수료를 X건물의 취득가액에 포함되는 것으로 보아 익금산입하여 A회사에게 법인세를 부과·고지하였다.

〈사례 2〉

2019년 10월 1일 내국상장법인 B주식회사(이하 'B회사'라 함, 사업연도는 1월 1일부터 12월 31일까지임)와 내국법인 C주식회사(이하 'C회사'라 함) 간에 C회사가 보유한 Y상표권을 B회사가 국내에 한정하여 영구무상 사용할 수 있는 상표권 사용계약(이하 '쟁점상표사용권'이라 함)을 체결하였다. B회사의 쟁점상표사용권과 관련한 한국회계기준원의 회신내용에 따르면, '쟁점상표사용권은 라이선스 계약으로서 한국채택국제회계기준 제1038호 무형자산 기준서 문단 10의 식별가능성, 자원에 대한 통제, 미래 경제적 효익의 존재를 모두 충족하는 무형자산에 해당된다'고 회신받았으나, B회사는 쟁점상표사용권을 취득하면서 장부상 아무런 회계처리를 하지 않았다. 과세관청은 2020년 10월 중 B회사에 대한 세무조사 결과, B회사가 상표사용계약을 통해 C회사로부터 무형자산(쟁점상표사용권)을 무상으로 취득한 것으로 보아 쟁점상표사용권을 「상속세 및 증여세법」에 따라 평가하고, 자산수증이익으로 익금산입하여 2020년 12월 5일에 B회사에게 2019사업연도 법인세를 부과·고지하였다.

〈사례 3〉

내국법인 D주식회사(이하 'D회사'라 함)는 체육시설업, 스포츠용품 대여 및 판매업을 주업으로 영위하다 2011년 1월 15일 부동산매매업을 법인등기부에 사업목적으로 추가등록하였다. 이후 2015년 6월 22일 Z토지(이하 '쟁점토지'라 함)를 취득(쟁점토지 취득 시 재무상태표에 유형자산(토지계정)으로 계상)하여 2017년 8월 15일에 양도하고 손익계산서상 유형자산처분이익으로 계상하였다. D회사는 쟁점토지를 보유 당시 업무용부동산으로 보아 관련 이자비용, 재산세 등을 손금산입하여 법인세 과세표준을 신고하였다. 그러나 과세관청은 2019년 12월 중 D회사에 대한 세무조사 결과, 쟁점토지를 업무와 관련 없는 자산으로 보아 관련비용을 손금불산입하고, 2020년 2월 15일 D회사에게 법인세를 부과·고지하였다(단, 쟁점토지 양도일이 속하는 사업연도 이전에는 부동산매매업의 매출액이 없으며, 쟁점토지의 양도금액은 해당 사업연도 매출액의 5% 미만임).

[물음 1] 〈사례 1〉에서 과세관청의 법인세 부과처분이 적법한지에 대해 논하시오. (5점)

[물음 2] 〈사례 2〉에서 과세관청의 부과처분이 적법하다고 볼 경우 「법인세법」상 쟁점 상표사용권에 대한 2019 사업연도 감가상각비를 손금산입할 수 있는지에 대해 논하시오. (10점)

[물음 3] 〈사례 3〉에서 과세관청의 법인세 부과처분이 적법한지에 대해 논하시오. (5점)

[물음 4] 〈사례 3〉에서 법인세법령상 부동산매매업의 정의와 부동산매매업과 다른 사업을 겸영하는 경우에 주업을 판단하는 기준에 대해 설명하시오. (10점)

해답

【문제 3】 법인세법

[물음 1] 건설자금이자

1. 건설자금이자의 범위

건설자금이자는 그 명목 여하에 관계없이 사업용 유형·무형자산의 건설에 소요되는 차입금에 대한 지급이자 또는 이와 유사한 성질의 지출금을 말하는 것이므로, 쟁점수수료는 법인세법상 지급이자에 해당한다.

2. 부과처분의 적법성

A회사는 부동산매매업을 영위하고 있으므로 쟁점수수료(지급이자)는 사업용 재고자산에 대한 지급이자로 볼 수 있다.

법인세법상 건설자금이자는 유형·무형자산에 소요된 차입금 이자만을 의미하므로 A회사가 지출한 쟁점수수료는 당기 손금처리하여야 한다. 따라서 과세관청의 법인세 부과처분은 적법하지 않다.

3. 사안의 적용

(1) 국제회계기준 채택에 따른 신고조정

쟁점상표권에 대해 회사는 감가상각비를 별도로 계상하지 않았으나, 국제회계기준을 적용하고, 내용연수가 비한정인 무형자산을 취득하였으므로 신고조정으로 손금에 산입할 수 있다.

(2) 흡수설

과세관청이 증액경정을 하는 경우에 납세의무자는 그 증액된 범위 안에서는 증액사유 이외의 다른 과다신고 사유도 주장할 수 있다. 따라서 자산수증이익으로 익금산입한 범위 안에서 납세자는 감가상각비를 손금산입할 것을 주장할 수 있다.

[물음 2] 감가상각비 손금인정 여부

1. 쟁점

쟁점상표사용권을 무형자산으로 볼 경우 관련 감가상각비를 손금산입할 수 있는지 여부

2. 무형자산의 감가상각

(1) 원칙: 결산조정

일반적으로 감가상각비 손금산입은 결산조정사항이므로 장부상 감가상각비를 계상하지 아니한 경우에는 손금산입을 허용하지 아니하는 것이 원칙이다.

(2) 예외: 신고조정

국제회계기준을 적용하는 내국법인이 보유한 내용연수가 '비한정인 무형자산'에 대해서는 결산조정이 불가능하기 때문에 신고조정을 허용한다.

[물음 3] 업무무관자산

1. 업무무관부동산

유예기간 중에 당해 법인의 업무에 직접 사용하지 아니하고 양도하는 부동산은 업무무관부동산으로 본다. 다만, 부동산매매업에 사용한 토지는 제외한다.

2. 부동산매매업에서 사용하는 부동산

부동산매매업에서 말하는 토지는 법인이 판매를 위하여 보유한 토지로서 부동산매매업에 직접 공여되는 '재고자산'을 의미한다. D회사가 Z토지를 '유형자산'으로 기재한 점, D회사의 매출현황 등을 볼 때도, Z토지는 부동산매매업에서 사용된 토지로 보기 어렵다.

3. 사안의 적용

Z토지가 부동산매매업에서 사용된 토지라면 유예기간 내에 매도하였으므로 업무용 부동산으로 인정된다. 그러나 Z토지는 부동산매매업의 재고자산에 해당하지 아니하고, 유예기간 중에 매각하였으므로 업무무관 부동산에 해당한다. 따라서 과세관청의 법인세

부과처분은 적법하다.

[물음 4] 부동산매매업

1. 부동산매매업의 정의

법인세법상 사업의 구분(업종 구분)은 특별한 규정이 있는 경우를 제외하고는 통계청장이 고시하는 표준산업분류에 따른다.

법인세법령상 부동산매매업은 한국표준산업분류에 따른 부동산 개발 및 공급업 및 건물 건설업(자영건설업에 한한다)을 말한다.

2. 겸영하는 경우

법인세법상 둘 이상의 업종을 겸영하는 경우 매출액 기준으로 주된 업종을 판단하는 것이 일반적이다.

구체적으로 부동산매매업과 다른 사업을 겸영하는 경우에는 해당 사업연도와 그 직전 2사업연도의 부동산매매업 매출액의 합계액이 이들 3사업연도의 총수입금액의 합계액의 100분의 50을 초과하는 경우에 한하여 부동산매매업을 주업으로 하는 법인으로 본다.

3. 사례판단

사안에서 비록 D회사가 부동산매매업을 법인등기부에 업종 추가하였으나, Z토지를 양도한 사업연도 이전에 부동산매매업 매출액이 없는 점으로 볼 때, D회사는 부동산매매업을 영위하는 것으로 볼 수 없다.

관련 법령

1. 감가상각비의 손금불산입(「법인세법」 제23조)

① 내국법인이 각 사업연도의 결산을 확정할 때 토지를 제외한 건물, 기계 및 장치, 특허권 등 대통령령으로 정하는 유형자산 및 무형자산(이하 이 조에서 "감가상각자산"이라 한다)에 대한 감가상각비를 손비로 계상한 경우에는 대통령령으로 정하는 바에 따라 계산한 금액(이하 이 조에서 "상각범위액"이라 한다)의 범위에서 그 계상한 감가상각비를 해당 사업연도의 소득금액을 계산할 때 손금에 산입하고, 그 계상한 금액 중 상각범위액을 초과하는 금액은 손금에 산입하지 아니한다.

② 제1항에도 불구하고 한국채택국제회계기준을 적용하는 내국법인이 보유한 감가상각자산 중 유형자산과 대통령령으로 정하는 무형자산의 감가상각비는 개별 자산별로 다음 각 호의 구분에 따른 금액이 제1항에 따라 손금에 산입한 금액보다 큰 경우 그 차액의 범위에서 추가로 손금에 산입할 수 있다.

1. 2013년 12월 31일 이전 취득분: 한국채택국제회계기준을 적용하지 아니하고 종전의 방식에 따라 감가상각비를 손비로 계상한 경우 제1항에 따라 손금에 산입할 감가상각비 상당액(이하 이 조에서 "종전감가상각비"라 한다)

2. 2014년 1월 1일 이후 취득분: 기획재정부령으로 정하는 기준내용연수를 적용하여 계산한 감가상각비 상당액(이하 이 조에서 "기준감가상각비"라 한다)

2. 업무와 관련이 없는 부동산 등의 범위(「법인세법 시행규칙」 제26조)

① 영 제49조 제1항 제1호 가목 단서에서 "기획재정부령이 정하는 기간"이란 다음 각 호의 어느 하나에 해당하는 기간(이하 이 조에서 "유예기간"이라 한다)을 말한다.

    2. 부동산매매업[한국표준산업분류에 따른 부동산 개발 및 공급업(묘지분양업을 포함한다) 및 건물 건설업(자영건설업에 한한다)을 말한다. 이하 이 조에서 같다]을 주업으로 하는 법인이 취득한 매매용부동산

⑦ 영 제49조 제1항 제1호 나목 단서에서 "기획재정부령이 정하는 부동산매매업을 주업으로 영위하는 법인"이란 제1항 제2호의 법인을 말한다. 이 경우 부동산매매업과 다른 사업을 겸영하는 경우에는 해당 사업연도와 그 직전 2사업연도의 부동산매매업 매출액의 합계액(해당 법인이 토목건설업을 겸영하는 경우에는 토목건설업매출액을 합한 금액을 말한다)이 이들 3사업연도의 총수입금액의 합계액의 100분의 50을 초과하는 경우에 한하여 부동산매매업을 주업으로 하는 법인으로 본다.

관련 이론

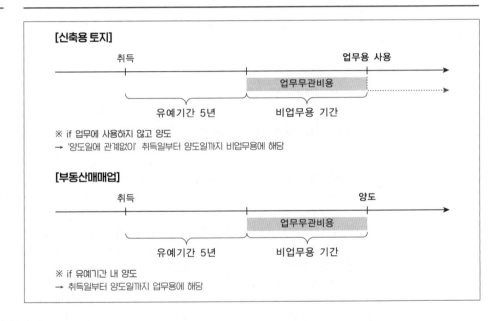

관련 규정

건설자금이자의 계산(「법인세법」 집행기준 28-52-1)

건설자금이자는 그 명목 여하에 관계없이 사업용 고정자산의 매입·제작 또는 건설에 소요되는 차입금에 대한 지급이자 또는 이와 유사한 성질의 지출금을 말하는 것으로, 금융기관으로부터 차입하는 때에 지급하는 지급보증료, 신용보증료는 "지급이자 또는 이와 유사한 성질의 지출금"으로 본다.

| 관련 행정 해석 | **1. 부동산매매업 법인이 재고자산인 토지의 매입 시 건설자금이자 계상할 수 없음(법인 46012-1669, 1997. 6. 20.)** |

【질의】 한국토지공사가 재고자산인 토지의 취득 및 조성에 사용된 차입금의 이자를 당해 토지의 취득원가에 산입하여야 하는지 여부

【회신】 차입금의 이자를 자본적지출로 하여 취득원가에 산입하도록 한 「법인세법 시행령」 제33조의 규정은 사업용 고정자산의 매입·제작·건설에 한하여 적용하는 것이므로 귀 질의사례와 같이 부동산매매업을 영위하는 법인의 재고자산인 토지의 매입 등에 사용된 차입금의 이자는 취득원가에 산입하지 아니하는 것임

2. 상표권의 신고조정(조심2018서1182, 2018. 8. 29.)

청구법인이 ○○○로부터 무형자산을 취득하였다고 가정하더라도, 쟁점상표사용권은 「법인세법」 제23조 제2항 및 같은 법 시행령 제24조 제2항에 따른 "국제회계기준상 내용연수가 비한정인 무형고정자산"에 해당하므로 처분청은 조사대상 사업연도에 대한 감가상각비를 신고조정으로 손금산입하는 것이 타당하다.

「법인세법」 제23조 제2항에서 규정하는 감가상각비 신고조정 특례에 따라 청구법인의 경정청구로 무형자산에 대한 감가상각비 신고조정이 가능하지만, 대법원(2013. 4. 18.선고, 2010두11733) 판결에 따르면, 증액경정처분이 있는 경우 납세의무자는 과세관청의 증액경정사유뿐만 아니라 당초 신고에 관한 과다신고 사유도 함께 주장하여 다툴 수 있으므로, 별도의 경정청구 없이 본 건 불복절차에서 감가상각비 신고조정 특례 적용을 주장할 수 있다.

3. 비업무용 부동산(부동산매매업 여부)(감심2017-322, 2020. 7. 23.)

구 「법인세법 시행령」 제49조 제1항 제1호 '나'목에 따르면 유예기간 중에 당해 법인의 업무에 직접 사용하지 아니하고 양도하는 부동산을 업무와 관련이 없는 자산으로 하되, 기획재정부령으로 정하는 부동산매매업을 주업으로 영위하는 법인의 경우를 제외한다고 되어 있다. 위 위임 규정에 따라 「법인세법 시행규칙」에서 정하는 부동산매매업을 주업으로 영위하는 법인이란 구 「법인세법 시행규칙」 제26조 제1항 제2호의 법인을 말하며 이 경우 부동산매매업과 다른 사업을 겸영하는 경우에는 해당 사업연도와 그 직전 2개 사업연도의 부동산매매업 매출액의 합계액이 이들 3개 사업연도의 총수입금액의 합계액의 100분의 50을 초과하는 경우에 한하여 부동산매매업을 주업으로 하는 법인으로 본다고 되어 있다.

구 「법인세법 시행규칙」 제26조 제1항 제2호에 따르면 부동산매매업[한국표준산업분류에 따른 부동산 개발 및 공급업(묘지분양업을 포함한다) 및 건물 건설업(자영건설업에 한한다)을 말한다. 이하 이 조에서 같다]을 주업으로 하는 법인이 취득한 매매용 부동산의 유예기간은 취득일부터 5년이라고 되어 있다.

부동산매매업이 주업인 법인인지 여부의 판단기준인 당해 법인의 업종에 공여되는 자산이란, 사업연도 말 현재 대차대조표에 기재된 자산 중 부동산매매업에 직접적으로 공여되는 자산을 말하며 이는 법인이 판매를 위하여 보유하고 있는 토지나 건물 등과 같은 재고자산의 성질을 가진 자산으로 제한된다.

위 관계 법령 등에 비추어 이 사건 토지가 업무무관 자산에 해당되는지 여부를 살펴보면, ① 청구인의 법인등기부상 사업목적에 부동산매매업이 포함되어 있으나, 실제 시행할 사업의 업종을 의무적으로 등록해야 하는 사업자등록증에는 주업종이 '서비스 창고업'으로 되어 있고 부동산매매업은 업종으로 등록되어 있지 않은 점, ② 이 사건 토지의 경우 청구인이 부동산 판매를 위하여 보유하고 있는 재고자산의 성질이 아니고, 청구인이 체결한 계약서에 따르면 이 사건 토지는 도시계획시설(유통업무설비)의 일부로써 유통업무설비로 활용하고자 취득한 것이며, 청구인이 자금 부족으로 잔금 등을 납부하지 못하게 되자 이 사건 토지를 창고업으로 활용하지 못한 채 양도한 사실로 보아 이 사건 토지 매매를 부동산매매업의 매출로 보기 어려운 점, ③ 청구인의 2015 사업연도와 그 직전 2개 사업연도의 매출액을 살펴보면, 이들 3개 사업연도에서 2015 사업연도의 전체 매출(금액 47,708,500,000원) 중 부동산매매업 매출로 보기 어려운 이 사건 토지 매매와 관련한 매출(금액 47,700,000,000원)이 99.9%를 차지하는 바, 청구인을 부동산매매업을 주업으로 영위하는 법인으로 볼 수 없고, 이 사건 토지는 유예기간(5년) 중에 법인의 업무에 직접 사용하지 아니하고 양도한 부동산에 해당하여 업무무관 자산에 해당한다 할 것이므로 이 사건 토지가 업무와 관련 있는 자산이라는 청구인의 주장은 받아들이기 어렵다.

다음 사례를 읽고 물음에 답하시오. (20점)

〈사례〉

2020년 10월 1일에 거주자 甲(57세)은 별도로 세대를 구성하는 직계비속인 자녀 乙(27세, 회사원)에게 시가가 불분명한 X단독주택(이하 '쟁점주택'라 함)을 금융채무와 임대보증금을 모두 부담하는 조건(모든 채무의 인수사실이 입증됨)으로 부담부증여를 하였다. 乙은 증여일 이전 10년 동안 그 누구에게서도 증여받은 적이 없다. 또한 거주자 甲은 쟁점주택 증여일 현재 쟁점주택 외에는 보유한 주택이 없으며 쟁점주택과 관련한 사항은 아래와 같다. (단, 쟁점주택은 조정대상지역 외의 지역에 소재하고, 주어진 자료 이외에는 고려하지 않음)

−증여일 현재 쟁점주택 관련 사항−

○ 증여 당시 「부동산 가격공시에 관한 법률」에 따른 개별주택가격: 4억원

○ 임대계약 현황: 임대보증금 3억원, 임대료 월 150만원(부가가치세 별도)

○ 근저당권이 설정된 금융채무: 2억원(평가기준일 현재 채무액을 말함)

[물음 1] 상속세 및 증여세법령상 저당권 등이 설정된 재산 평가의 특례에 대해 설명하시오. (6점)

[물음 2] 〈사례〉에 대하여 증여재산가액 및 증여세 과세가액의 계산과정을 각각 설명하시오. (10점)

[물음 3] 상속세 및 증여세법령상 상속세 및 증여세의 법정결정기한을 설명하시오. (4점)

【문제 4】 상속세 및 증여세법

[물음 1] 저당권 등이 설정된 재산 평가 특례

1. 의의

부동산을 담보로 제공하는 경우 그 피담보 채권액(임대보증금 포함)은 통상 그 부동산의 실제가액 범위 내에서 결정되는 것으로 볼 수 있다. 이에 피담보채권액 등이 다른 방법으로 산정한 가액보다 클 때에는 그 피담보채권액 등을 실제가액으로 봄이 일반적으로 거래의 실정에 부합한다.

2. 관련 규정

일반적인 상속재산은 상속개시 당시의 시가에 의하여 평가하는 것이 원칙이며, 시가를 산정하기 어려운 경우에는 보충적 평가방법에 의한다. 그러나 저당권 등 담보권이 설정된 재산의 경우에는 시가 또는 보충적 평가방법에 의하여 평가한 가액과 당해 재산이 담보하는 채권액 중 큰 금액으로 평가한다.

[물음 2] 부담부증여

1. 증여재산가액

(1) 보충적 평가가액

상속세 및 증여세법상 보충적 평가가액은 개별주택가격과 임대료 환산 규정에 따른 평가금액 중 큰 금액으로 한다.

① 개별주택가격: 4억원

② 임대료 환산 규정에 따른 시가

3억원 + 1,800만원 ÷ 12% = 4억 5천만원

보충적 평가가액은 ①과 ② 중 큰 금액이므로 4억 5천만 원이다.

(2) 저당권 등이 설정된 재산의 평가가액

① 보충적 평가가액: 4억 5천만원

② 2억원(금융채무) + 3억원(임대보증금) = 5억원

위 ②의 금액이 보충적 평가가액보다 크기 때문에 위 X 단독주택의 증여재산가액은 저당권 등이 설정된 재산의 평가가액인 5억원을 증여재산가액으로 한다.

2. 증여세 과세가액

부담부증여의 경우 증여세 과세가액은 증여재산가액에서 채무인수액을 뺀 금액으로 한다. 따라서 위 부담부증여는 5억원 전액을 양도가액으로 하고, 증여세 과세가액은 '0'원으로 한다.

[물음 3] 법정결정기한

상속세 및 증여세는 납세자의 신고에 의해 그 세액이 확정되지 않고, 과세관청의 부과결정에 따라 그 세액이 확정된다.

상속세의 법정결정기한은 상속세 과세표준 신고기한부터 9개월로 하고,

증여세의 법정결정기한은 증여세 과세표준 신고기한부터 6개월로 한다.

관련
법령

1. 평가의 원칙 등(「상속세 및 증여세법」 제60조)

① 이 법에 따라 상속세나 증여세가 부과되는 재산의 가액은 상속개시일 또는 증여일(이하 "평가기준일"이라 한다) 현재의 시가(時價)에 따른다.

② 제1항에 따른 시가는 불특정 다수인 사이에 자유롭게 거래가 이루어지는 경우에 통상적으로 성립된다고 인정되는 가액으로 하고 수용가격ㆍ공매가격 및 감정가격 등 대통령령으로 정하는 바에 따라 시가로 인정되는 것을 포함한다.

③ 제1항을 적용할 때 시가를 산정하기 어려운 경우에는 해당 재산의 종류, 규모, 거래 상황 등을 고려하여 제61조부터 제65조까지에 규정된 방법으로 평가한 가액을 시가로 본다.

2. 부동산 등의 평가(「상속세 및 증여세법」 제61조)

⑤ 사실상 임대차계약이 체결되거나 임차권이 등기된 재산의 경우에는 임대료 등을 기준으로 하여 대통령령으로 정하는 바에 따라 평가한 가액과 제1항부터 제4항까지의 규정에 따라 평가한 가액 중 큰 금액을 그 재산의 가액으로 한다.

3. 부동산의 평가(「상속세 및 증여세법 시행령」 제50조)

⑦ 법 제61조 제5항에서 "대통령령으로 정하는 바에 따라 평가한 가액"이란 다음 계산식에 따라 계산한 금액(이하 이 조에서 "임대료 등의 환산가액"이라 한다)을 말한다.

(1년간의 임대료 ÷ 기획재정부령으로 정하는 율) + 임대보증금

4. 임대가액의 계산(「상속세 및 증여세법 시행규칙」 제15조의2)

영 제50조 제7항에서 "기획재정부령으로 정하는 율"이란 100분의 12를 말한다.

5. 저당권 등이 설정된 재산 평가의 특례(「상속세 및 증여세법」 제66조)

다음 각 호의 어느 하나에 해당하는 재산은 제60조에도 불구하고 그 재산이 담보하는 채권액 등을 기준으로 대통령령으로 정하는 바에 따라 평가한 가액과 제60조에 따라 평가한 가액 중 큰 금액을 그 재산의 가액으로 한다.
1. 저당권, 「동산ㆍ채권 등의 담보에 관한 법률」에 따른 담보권 또는 질권이 설정된 재산
2. 양도담보재산
3. 전세권이 등기된 재산(임대보증금을 받고 임대한 재산을 포함한다)
4. 위탁자의 채무이행을 담보할 목적으로 대통령령으로 정하는 신탁계약을 체결한 재산

6. 증여세 과세가액(「상속세 및 증여세법」 제47조)

① 증여세 과세가액은 증여일 현재 이 법에 따른 증여재산가액을 합친 금액[제31조 제1항 제3호, 제40조 제1항 제2호ㆍ제3호, 제41조의3, 제41조의5, 제42조의3, 제45조 및 제45조의2부터 제45조의4까지의 규정에 따른 증여재산(이하 "합산배제증여재산"이라 한다)의 가액은 제외한다]에서 그 증여재산에 담보된 채무(그 증여재산에 관련된 채무 등 대통령령으로 정하는 채무를 포함한다)로서 수증자가 인수한 금액을 뺀 금액으로 한다.

7. 결정 · 경정(「상속세 및 증여세법」 제76조)

③ 세무서장 등은 제1항에 따른 신고를 받은 날부터 대통령령으로 정하는 기간(이하 "법정결정기한"이라 한다) 이내에 과세표준과 세액을 결정하여야 한다. 다만, 상속재산 또는 증여재산의 조사, 가액의 평가 등에 장기간이 걸리는 등 부득이한 사유가 있어 그 기간 이내에 결정할 수 없는 경우에는 그 사유를 상속인 · 수유자 또는 수증자에게 알려야 한다.

8. 결정 · 경정(「상속세 및 증여세법 시행령」 제78조)

① 법 제76조 제3항의 규정에 의한 법정결정기한은 다음 각 호의 1에 의한다.
   1. 상속세: 법 제67조의 규정에 의한 상속세 과세표준 신고기한부터 9개월
   2. 증여세: 법 제68조의 규정에 의한 증여세 과세표준 신고기한부터 6개월

2021년(제58회) 세법학 / 2부

문제 1

「부가가치세법」상 세금계산서 제도와 관련하여 다음 물음에 답하시오. (35점)

[물음 1] 「부가가치세법」상 과세사업과 면세사업을 겸영하는 일반과세자인 甲이 계약상 또는 법률상의 원인에 의하여 재화를 인도하거나 양도하는 경우, 「부가가치세법」상 세금계산서 발급대상인 경우와 발급대상이 아닌 경우를 구분하여 설명하시오. (10점)

[물음 2] 사업자가 부가가치세 과세대상 재화 또는 용역을 공급하는 경우와 재화를 수입하는 경우, 「부가가치세법」상 세금계산서를 발급하여야 하는 자에 대하여 원칙과 예외로 구분하여 설명하시오. (5점)

[물음 3] 일반과세자인 乙이 부가가치세 과세대상 재화를 공급하는 경우, 「부가가치세법」상 세금계산서 발급시기에 대하여 대가의 전부를 해당 재화의 공급시기 이전에 수령한 경우와 공급시기 이후에 수령한 경우로 구분하여 설명하시오. (10점)

[물음 4] 丙은 관할 세무서장으로부터 사업자등록증(일반과세자)을 발급받고, 세금계산서(공급가액 1억원, 세액 1천만원)를 사업자인 丁에게 발급한 후, 부가가치세를 신고·납부하였다. 그러나 관할 세무서장 丙이 실제로는 사업상 독립적으로 재화 또는 용역을 공급하는 자에 해당하지 않기 때문에 「부가가치세법」상 사업자가 아닌 것으로 판단하였고, 세금계산서(공급가액 1억원, 세액 1천만원)는 재화 또는 용역을 공급하지 아니하고 발행한 사실을 확인하였다. 이에 대하여 관할 세무서장이 丙에 대한 부가가치세 부과처분 시 그 근거로 적용할 「부가가치세법」상의 규정을 그 취지와 내용으로 구분하여 설명하시오. (10점)

【문제 1】 부가가치세법

[물음 1] 겸영사업자의 세금계산서 발급의무

1. 세금계산서 발급대상인 경우

부가가치세법상 사업자가 부가가치세 과세대상 재화를 공급하는 경우에는 세금계산서를 발급하여야 한다.

겸영사업자인 甲은 과세대상 재화를 공급하는 경우에는 세금계산서를 발급하여야 한다.

2. 세금계산서 발급대상이 아닌 경우

(1) 면세대상 재화

겸영사업자인 甲은 면세대상 재화를 공급하는 경우에는 세금계산서를 발급할 의무가 없다.

(2) 세금계산서 발급의무 면제

① 세금계산서를 발급하기 어렵거나 세금계산서의 발급이 불필요한 경우에는 세금계산서를 발급하지 아니할 수 있다.

주로 최종소비자를 대상으로 하는 업종이 이에 해당한다. 다만, 소매업의 경우에는 거래상대방이 사업자등록증을 제시하고 세금계산서 발급을 요구한 경우에는 세금계산서를 발급하여야 한다.

그 밖에도 영세율이 적용되는 수출재화, 국내에서 국내사업장이 없는 비거주자 등에게 공급하는 일정한 재화의 경우 세금계산서 발급의무가 면제된다.

② 목욕·이발·미용업, 여객운송업(전세버스운송사업 제외), 입장권발행사업등을 영위하는 경우로서 신용카드매출전표등을 발급한 경우에는 세금계산서를 발급하지 않는다.

[물음 2] 세금계산서 발급의무자

1. 원칙

재화나 용역을 공급하는 사업자가 세금계산서를 발급하고 부가가치세를 거래징수하는 것이 원칙이다.

2. 예외

재화의 수입의 경우 재화를 공급하는 자가 외국의 사업자이다. 그러나 현실적으로 국내사업장이 없는 외국의 사업자에게 납세의무를 부과하고 세금계산서 발급의무를 부과하는 것은 어렵다. 이에 따라 세관장에게 부가가치세 징수권한을 위임하고, 세관장이 수입세금계산서를 발급하도록 한다.

[물음 3] 세금계산서 발급시기

1. 대가의 전부를 공급시기 이전에 수령한 경우

(1) 세금계산서의 영수증 기능

사업자가 재화의 본래의 공급시기가 되기 전에 재화에 대한 대가의 일부 또는 전부를 받은 경우에는 그 받은 대가에 대하여 세금계산서를 발급할 수 있다.

(2) 세금계산서의 청구서 기능

다음의 경우에는 세금계산서를 발급하고 그 대가를 공급시기 전에만 수령하면 적법한 세금계산서로 인정한다.

① 재화의 공급시기가 되기 전에 세금계산서를 발급하고 그 세금계산서 발급일로부터 7일 이내에 대가를 받은 경우

② 세금계산서 발행일로부터 7일 이후에 대가를 받았더라도

㉠ 거래 당사자 간의 계약서 등에 대금 청구시기와 지급시기를 따로 적고, 그 사이의 기간이 30일 이내인 경우

㉡ 세금계산서 발급일이 속하는 과세기간에 재화의 공급시기가 도래하는 경우

2. 대가의 전부를 공급시기 이후에 수령한 경우

세금계산서는 공급시기에 발급하는 것이 원칙이므로 그 대가를 공급시기 이후에 받더라도 세금계산서 발급시기에는 영향이 없다.

[물음 4] 비사업자의 세금계산서 발급 1. 쟁점 부가가치세법상 사업자가 아닌 자가 가공세금계산서를 발급한 경우 과세처분 2. 취지 종전에는 비사업자가 가공세금계산서를 발급하더라도 사업자가 아니라는 이유로 가산세 부과대상에서 제외되는 비합리적인 측면이 있었다. 이에 세법을 개정하여 거짓의 세금계산서를 사고파는 사업자가 아닌 자료상에 대하여도 가산세를 부과할 수 있도록 하였다. 3. 부과처분의 내용 부가가치세법상 사업자가 아닌 丙이 재화 또는 용역의 공급 없이 가공세금계산서를 발급한 경우 (1) 부가가치세 본세 재화 또는 용역의 공급이 없는 경우 부가가치세 납세의무가 없으므로 환급한다.	(2) 세금계산서불성실 가산세 사업자가 아닌 자가 재화 또는 용역을 공급하지 아니하고 세금계산서를 발급한 경우에는 사업자로 보고 세금계산서에 적힌 공급가액의 3%를 그 세금계산서를 발급한 자에게 사업자등록증을 발급한 관할 세무서장이 가산세로 징수한다.

관련 법령

1. 세금계산서 등(「부가가치세법」 제32조)

① 사업자가 재화 또는 용역을 공급(부가가치세가 면제되는 재화 또는 용역의 공급은 제외한다)하는 경우에는 다음 각 호의 사항을 적은 계산서(이하 "세금계산서"라 한다)를 그 공급을 받는 자에게 발급하여야 한다.

2. 세금계산서 발급의무의 면제 등(「부가가치세법」 제33조)

① 제32조에도 불구하고 세금계산서(전자세금계산서를 포함한다. 이하 같다)를 발급하기 어렵거나 세금계산서의 발급이 불필요한 경우 등 대통령령으로 정하는 경우에는 세금계산서를 발급하지 아니할 수 있다.
② 제32조에도 불구하고 대통령령으로 정하는 사업자가 제46조 제1항에 따른 신용카드매출전표 등을 발급한 경우에는 세금계산서를 발급하지 아니한다.

3. 세금계산서 발급의무의 면제 등(「부가가치세법 시행령」 제71조)

① 법 제33조 제1항에서 "세금계산서를 발급하기 어렵거나 세금계산서의 발급이 불필요한 경우 등 대통령령으로 정하는 경우"란 다음 각 호의 어느 하나에 해당하는 재화 또는 용역을 공급하는 경우를 말한다.

1. 택시운송 사업자, 노점 또는 행상을 하는 사람, 그 밖에 기획재정부령으로 정하는 사업자가 공급하는 재화 또는 용역
2. 소매업 또는 미용, 욕탕 및 유사 서비스업을 경영하는 자가 공급하는 재화 또는 용역. 다만, 소매업의 경우에는 공급받는 자가 세금계산서 발급을 요구하지 아니하는 경우로 한정한다.
3. 법 제10조 제1항, 제2항 및 제4항부터 제6항까지의 규정에 따른 재화 ➔ **간주공급(계약상 또는 법률상 원인에 따른 공급에 해당하지 아니함)**
4. 법 제21조(제31조 제1항 제5호에 따른 원료, 같은 조 제2항 제1호에 따른 내국신용장 또는 구매확인서에 의하여 공급하는 재화와 같은 항 제2호부터 제4호까지의 규정에 따른 한국국제협력단, 한국국제보건의료재단 및 대한적십자사에 공급하는 재화는 제외한다), 제22조 및 제23조(공급받는 자가 국내에 사업장이 없는 비거주자 또는 외국법인인 경우와 법 제23조 제2항에 따른 외국항행용역으로서 항공기의 외국항행용역 및 「항공사업법」에 따른 상업서류 송달용역으로 한정한다)에 따른 재화 또는 용역 ➔ **직수출등**
5. 제33조 제2항 제1호, 제2호, 제5호(공급받는 자가 국내에 사업장이 없는 비거주자 또는 외국법인인 경우로 한정한다), 제6호 및 제7호에 따른 재화 또는 용역과 법 제24조 제1항 제1호에 따른 외교 공관 등에 공급하는 재화 또는 용역
6. 부동산 임대용역 중 제65조 제1항 및 제2항이 적용되는 부분
7. 「전자서명법」 제2조 제8호에 따른 전자서명인증사업자가 같은 조 제6호에 따른 인증서를 발급하는 용역. 다만, 공급받는 자가 사업자로서 세금계산서 발급을 요구하는 경우는 제외한다.
8. 법 제53조의2 제1항 또는 제2항에 따라 간편사업자등록을 한 사업자가 국내에 공급하는 전자적 용역
9. 그 밖에 국내사업장이 없는 비거주자 또는 외국법인에 공급하는 재화 또는 용역. 다만, 그 비거주자 또는 외국법인이 해당 외국의 개인사업자 또는 법인사업자임을 증명하는 서류를 제시하고 세금계산서 발급을 요구하는 경우는 제외한다.

② 법 제33조 제2항에서 "대통령령으로 정하는 사업자"란 제88조 제5항에 따른 사업자를 말한다.

4. 신용카드 등의 사용에 따른 세액공제 등(「부가가치세법 시행령」 제88조)

⑤ 법 제46조 제3항에서 "대통령령으로 정하는 사업자"란 다음 각 호에 해당하지 않는 사업을 경영하는 사업자로서 법 제36조 제1항 제2호(간이과세자 중 영수증발급 대상자)에 해당하지 않는 사업자를 말한다.

1. 목욕 · 이발 · 미용업
2. 여객운송업(「여객자동차 운수사업법 시행령」 제3조에 따른 전세버스운송사업은 제외한다)
3. 입장권을 발행하여 경영하는 사업
4. 제35조 제1호 단서의 용역을 공급하는 사업
5. 제35조 제5호 단서에 해당하지 아니하는 것으로서 수의사가 제공하는 동물의 진료용역
6. 제36조 제2항 제1호 및 제2호의 용역을 공급하는 사업

5. 영수증 등(「부가가치세법」 제36조)

① 제32조에도 불구하고 다음 각 호의 어느 하나에 해당하는 자가 재화 또는 용역을 공급(부가가치세가 면제되는 재화 또는 용역의 공급은 제외한다)하는 경우에는 제15조 및 제16조에 따른 재화 또는 용역의 공급시기에 대통령령으로 정하는 바에 따라 그 공급을 받은 자에게 세금계산서를 발급하는 대신 영수증을 발급하여야 한다.
  1. 주로 사업자가 아닌 자에게 재화 또는 용역을 공급하는 사업자로서 대통령령으로 정하는 사업자
  2. 간이과세자 중 다음 각 목의 어느 하나에 해당하는 자
    가. 직전 연도의 공급대가의 합계액(직전 과세기간에 신규로 사업을 시작한 개인사업자의 경우 제61조 제2항에 따라 환산한 금액)이 4천 800만원 미만인 자
    나. 신규로 사업을 시작하는 개인사업자로서 제61조 제4항에 따라 간이과세자로 하는 최초의 과세기간 중에 있는 자
③ 제1항 및 제2항에도 불구하고 재화 또는 용역을 공급받는 자가 사업자등록증을 제시하고 세금계산서의 발급을 요구하는 경우로서 대통령령으로 정하는 경우에는 세금계산서를 발급하여야 한다.

6. 영수증 등(「부가가치세법 시행령」 제73조)

⑥ 법 제36조 제1항 각 호에 따른 사업자가 제71조 제1항에 따른 재화 또는 용역을 공급하는 경우에는 영수증을 발급하지 아니한다. 다만, 제71조 제1항 제2호에 따른 자가 재화 또는 용역을 공급하는 경우에는 공급받는 자가 영수증 발급을 요구하지 아니하는 경우로 한정한다.

7. 세금계산서 발급시기(「부가가치세법」 제34조)

① 세금계산서는 사업자가 제15조 및 제16조에 따른 재화 또는 용역의 공급시기에 재화 또는 용역을 공급받는 자에게 발급하여야 한다.
② 제1항에도 불구하고 사업자는 제15조 또는 제16조에 따른 재화 또는 용역의 공급시기가 되기 전 제17조에 따른 때에 세금계산서를 발급할 수 있다.

8. 재화 및 용역의 공급시기의 특례(「부가가치세법」 제17조)

① 사업자가 제15조 또는 제16조에 따른 재화 또는 용역의 공급시기(이하 이 조에서 "재화 또는 용역의 공급시기"라 한다)가 되기 전에 재화 또는 용역에 대한 대가의 전부 또는 일부를 받고, 그 받은 대가에 대하여 제32조에 따른 세금계산서 또는 제36조에 따른 영수증을 발급하면 그 세금계산서 등을 발급하는 때를 각각 그 재화 또는 용역의 공급시기로 본다. ➲ 영수증 기능

② 사업자가 재화 또는 용역의 공급시기가 되기 전에 제32조에 따른 세금계산서를 발급하고 그 세금계산서 발급일부터 7일 이내에 대가를 받으면 해당 세금계산서를 발급한 때를 재화 또는 용역의 공급시기로 본다. ➲ 청구서 기능

③ 제2항에도 불구하고 다음 각 호의 어느 하나에 해당하는 경우에는 재화 또는 용역을 공급하는 사업자가 그 재화 또는 용역의 공급시기가 되기 전에 제32조에 따른 세금계산서를 발급하고 그 세금계산서 발급일부터 7일이 지난 후 대가를 받더라도 해당 세금계산서를 발급한 때를 재화 또는 용역의 공급시기로 본다.

  1. 거래 당사자 간의 계약서·약정서 등에 대금 청구시기(세금계산서 발급일을 말한다)와 지급시기를 따로 적고, 대금 청구시기와 지급시기 사이의 기간이 30일 이내인 경우

  2. 재화 또는 용역의 공급시기가 세금계산서 발급일이 속하는 과세기간 내(공급받는 자가 제59조 제2항에 따라 조기환급을 받은 경우에는 세금계산서 발급일부터 30일 이내)에 도래하는 경우

9. 가산세(「부가가치세법」 제60조)

④ 사업자가 아닌 자가 재화 또는 용역을 공급하지 아니하고 세금계산서를 발급하거나 재화 또는 용역을 공급받지 아니하고 세금계산서를 발급받으면 사업자로 보고 그 세금계산서에 적힌 공급가액의 3퍼센트를 그 세금계산서를 발급하거나 발급받은 자에게 사업자등록증을 발급한 세무서장이 가산세로 징수한다. 이 경우 제37조 제2항에 따른 납부세액은 0으로 본다.

문제 2

세무사업을 영위 중인 甲은 골프장업을 영위하려고 하는 乙과 유흥주점업을 영위하려고 하는 丙의 요청으로 개별소비세와 관련한 세무상담을 준비하고 있다. 다음 물음에 답하시오. (20점)

[물음 1] 乙이 영위하려고 하는 골프장업과 관련한 「개별소비세법」상 과세장소의 과세요건·과세표준·세율에 대하여 설명하시오. (7점)

[물음 2] 乙이 영위하려고 하는 골프장이 「개별소비세법」상 과세장소인 골프장에 해당하는 경우, 해당 골프장에서 열리는 골프대회(대한체육회 회원단체인 대한골프협회가 개최하는 대회임)에 참가하는 선수가 대회 기간 중 입장행위에 대해 개별소비세의 과세 여부를 설명하시오. (3점)

[물음 3] 丙이 영위하려고 하는 유흥주점업과 관련한 「개별소비세법」상 과세유흥장소의 과세요건에 대하여 설명하시오. (5점)

[물음 4] 丙이 영위하려고 하는 「개별소비세법」상 과세유흥장소의 과세표준과 세율에 대하여 설명하시오. (5점)

해답

【문제 2】 개별소비세법

[물음 1] 골프장

1. 골프장 과세장소의 과세요건

체육시설법상 회원제골프장을 개별소비세 과세대상인 과세장소로 하고, 체육시설법상 대중제골프장과 국방부장관이 지도·감독하는 골프장은 과세장소에서 제외한다.

2. 과세표준

과세장소인 골프장에 입장할 때의 인원을 과세표준으로 한다. (종량세)

다만, 강설, 폭우, 안개 등 천재지변 또는 그 밖의 불가항력적인 사유로 골프행위를 중단하는 경우 인원수는 당초 골프장에 입장할 때의 인원에 전체 홀 수 중에 실제 이용한 홀 수의 비율을 곱하여 계산한다.

3. 세율

1명 1회 입장에 대하여 1만 2천원으로 한다.

[물음 2] 입장행위 면세

골프대회에 참가하는 선수가 대회기간 중 개별소비세 과세장소에 입장하는 경우, 해당 입장행위에 대해서는 개별소비세를 '면제'한다.

[물음 3] 과세유흥장소의 과세요건

개별소비세가 과세되는 과세유흥장소는 유흥주점, 외국인전용 유흥음식점, 그 밖에 이와 유사한 장소이다.

그 밖의 유사한 장소는 식품위생법 시행령에 따른 유흥주점과 사실상 유사한 영업을 하는 장소(유흥종사자를 두지 않고, 별도의 춤추는 공간이 없는 장소는 제외한다)를 말한다.

한편, 식품위생법에 따라 허가를 받지 아니하고 과세유흥장소를 경영하는 경우에도 그 장소를 과세대상인 과세유흥장소로 본다.

[물음 4] 과세유흥장소의 과세요건

1. 과세표준

(1) 유흥음식요금

유흥음식행위를 할 때의 요금을 과세표준으로 한다. 다만, 금전등록기를 설치·사용하는 과세유흥장소는 현금 수입금액을 과세표준으로 할 수 있다.

유흥음식요금이란 음식료 등 명목이 무엇이든 상관없이 과세유흥장소의 경영자가 유흥음식행위를 하는 사람으로부터 받는 금액을 말하고, 개별소비세와 부가가치세를 포함하지 않는다.

(2) 봉사료 특례

신용카드매출전표 등에 봉사료 금액을 구분하여 기재하고, 봉사료가 해당 종업원에게 지급된 사실이 확인되는 경우에 그 봉사료는 유흥음식요금에 포함하지 아니하되, 과세유흥장소의 경영자가 그 봉사료를 자기의 수입금액에 계상하는 경우에는 이를 포함하는 것으로 한다.

2. 세율

유흥음식요금의 10%를 세율로 한다.

1. 과세대상과 세율(「개별소비세법」 제1조)

③ 입장행위(관련 설비 또는 용품의 이용을 포함한다. 이하 같다)에 대하여 개별소비세를 부과할 장소(이하 "과세장소"라 한다)와 그 세율은 다음과 같다.
4. 골프장: 1명 1회 입장에 대하여 1만 2천원

④ 유흥음식행위에 대하여 개별소비세를 부과하는 장소(이하 "과세유흥장소"라 한다)와 그 세율은 다음과 같다.
유흥주점, 외국인전용 유흥음식점, 그 밖에 이와 유사한 장소: 유흥음식요금의 100분의 10

⑪ 「식품위생법」, 「관광진흥법」, 그 밖의 법령에 따라 허가를 받지 아니하고 제4항 또는 제5항에 해당하는 과세유흥장소 또는 과세영업장소를 경영하는 경우에도 그 장소를 과세대상인 과세유흥장소 또는 과세영업장소로 본다.

2. 과세물품·과세장소 및 과세유흥장소의 세목 등(「개별소비세법 시행령」 제1조)

「개별소비세법」 제1조 제6항에 따른 과세물품의 세목은 별표 1과 같이 하고, 과세장소의 종류는 별표 2와 같이 하며, 과세유흥장소의 종류는 유흥주점·외국인전용 유흥음식점 및 그 밖에 이와 유사한 장소로 하고, 과세영업장소의 종류는 「관광진흥법」 제5조 제1항에 따라 허가를 받은 카지노(「폐광지역개발 지원에 관한 특별법」 제11조에 따라 허가를 받은 카지노를 포함한다)로 한다.

3. 과세장소(「개별소비세법 시행령」 별표 2)

3. 골프장. 다만, 다음 각 목의 어느 하나에 해당하는 골프장은 제외한다.
가. 「체육시설의 설치·이용에 관한 법률 시행령」 제5조 제3항 단서에 따라 국방부장관이 지도·감독하는 골프장
나. 「체육시설의 설치·이용에 관한 법률」 제10조의2 제2항에 따라 문화체육관광부장관이 지정한 대중형 골프장

4. 과세표준(「개별소비세법」 제8조)

① 개별소비세의 과세표준은 다음 각 호에 따른다. 다만, 제1조 제2항 제2호의 과세물품은 다음 제1호부터 제4호까지의 가격 중 기준가격을 초과하는 부분의 가격을 과세표준으로 한다.
5. 과세장소 입장행위: 입장할 때의 인원
6. 과세유흥장소에서의 유흥음식행위: 유흥음식행위를 할 때의 요금. 다만, 제23조의3에 따라 금전등록기를 설치·사용하는 과세유흥장소는 대통령령으로 정하는 바에 따라 현금 수입금액을 과세표준으로 할 수 있다.

5. 골프장 입장행위 시 과세표준이 되는 인원의 계산(「개별소비세법 시행령」 제11조의2)

강설, 폭우, 안개 등 천재지변 또는 그 밖의 불가항력적인 사유로 골프행위를 중단하는 경우 법 제8조 제1항 제5호에 따라 과세표준이 되는 입장할 때의 인원은 다음 계산식에 따라 계산한다.

$$당초\ 골프장에\ 입장할\ 때의\ 인원 \times \frac{실제\ 이용한\ 홀\ 수}{전체\ 홀\ 수}$$

6. 입장행위의 면세(「개별소비세법」제19조의2)

다음 각 호의 어느 하나에 해당하는 입장행위에 대해서는 대통령령으로 정하는 바에 따라 개별소비세를 면제한다.
1. 「국민체육진흥법」에 따른 대한체육회 및 그 회원인 단체 또는 대통령령으로 정하는 단체가 개최하는 경기대회에 참가하는 선수가 대회 기간 중 경기 시설을 이용하거나 입장하는 경우
2. 대통령령으로 정하는 골프선수가 골프장에 입장하는 경우

7. 용어의 정의(「개별소비세법 시행령」제2조)

① 「개별소비세법」또는 이 영에서 사용하는 용어의 뜻은 다음과 같다.
　8. "유흥음식요금"이란 음식료, 연주료, 그 밖에 명목이 무엇이든 상관없이 과세유흥장소의 경영자가 유흥음식행위를 하는 사람으로부터 받는 금액을 말한다. 다만, 그 받는 금액 중 종업원(자유직업소득자를 포함한다)의 봉사료가 포함되어 있는 경우에는 「부가가치세법」에 따른 세금계산서·영수증·신용카드매출전표 또는 직불카드영수증에 봉사료 금액을 구분하여 기재하고, 봉사료가 해당 종업원에게 지급된 사실이 확인되는 경우에는 그 봉사료는 유흥음식요금에 포함하지 아니하되, 과세유흥장소의 경영자가 그 봉사료를 자기의 수입금액에 계상(計上)하는 경우에는 이를 포함하는 것으로 한다.
③ 법 제1조 제4항에서 "그 밖에 이와 유사한 장소"란 「식품위생법 시행령」에 따른 유흥주점과 사실상 유사한 영업을 하는 장소(유흥종사자를 두지 않고, 별도의 춤추는 공간이 없는 장소는 제외한다)를 말한다.

문제 3

다음 사례를 읽고 물음에 답하시오. (20점)

〈사례〉

(1)「주택법」제 11조에 따른 주택조합 甲(이하 '甲조합'이라 함)은 재건축한 공동주택(이하 '이 사건 공동주택'이라 함)을 2015년 3월경 조합원용과 비조합원용(일반분양분)으로 구분하여 분양하였다. 2017년 3월 8일 甲조합은 이 사건 공동주택에 관하여 乙구청장으로부터 준공인가 전 사용허가를 받았다. 2017년 4월 2일 甲조합은 동·호수 추첨에 따른 집합건축물대장 작성절차를 경료하였다. 그 후 조합원들은 2017년 4월 22일부터 2018년 3월 13일까지 그 분양대금을 납부하면서 입주하였고, 2020년 12월 14일까지 소유권보존등기를 마쳤다.

(2) 乙구청장은 2017년 3월 사용승인일부터 조합원들이 소유권보존등기를 마친 2020년 12월까지의 기간 동안 甲조합이 이 사건 공동주택의 사실상 소유자라고 보아 재산세를 부과하는 처분(이하 '이 사건 처분'이라 함)을 하였다. 이에 甲조합은 조합규약 등에 의하여 조합원용 주택을 배정받은 조합원으로 하여금 소유권을 취득하도록 할 의무를 부담하므로 원칙적으로 이를 조합원의 의사에 반하여 처분하거나 사용·수익할 수 없으며, 조합원용 주택이 신축되어 건축물대장이 작성된 후에는 「부동산등기법」제65조 제1호에 의하여 건축물대장에 최초 소유자로 등록된 조합원이 소유권보존등기를 신청할 수 있음을 근거로 乙구청장의 이 사건 처분에 대해 위법하다고 주장하고 있다.

[물음 1] 지문 (1)에서 '이 사건 공동주택'의 「지방세법」상 취득세 납세의무자를 조합원용과 비조합원용으로 구분하여 설명하시오. (4점)

[물음 2] 〈사례〉에서 '이 사건 처분'에 대한 「지방세법」상 甲조합의 주장이 타당한지를 논하시오. (12점)

[물음 3] 지문 (2)에서 만일 甲조합이 재산세를 납부한 후 '이 사건 처분'의 하자가 중대하고 명백하여 당연무효가 되었다면, 「지방세기본법」상 乙구청장이 취해야 할 조치에 대하여 설명하시오. (4점)

해답

【문제 3】 지방세법

[물음 1] 취득세 납세의무자

1. 조합원용

주택조합은 도관에 불과하여 이 사건 주택은 처음부터 조합원이 취득한 것으로 본다. 따라서 이 사건 공동주택의 조합원용 주택의 취득세 납세의무자는 조합원이다.

2. 비조합원용

이 사건 공동주택 중 비조합원용은 주택조합이 원시취득한 후 비조합원에게 분양하는 것으로 본다. 따라서 주택조합이 취득세 납세의무자이다.

[물음 2] 취득세 납세의무자

1. 쟁점

과세기준일 현재 공동주택의 사실상 소유자가 누구인지 여부

2. 재산세 납세의무자

지방세법상 재산세 납세의무자는 과세기준일 현재 '사실상 소유자'이다.

3. 사실상 소유자

조합규약에 비추어볼 때 조합원용 주택을 주택조합이 사용·수익 또는 처분할 권리가 없으므로 사실상 소유자는 조합원들이다.

4. 이 사건 공동주택의 취득시기

이 사건 공동주택은 사용허가를 받은 때 원시취득한 것으로 볼 수 있다. 비록, 편의상 조합명의로 사용허가를 받았다고 하더라도 이때부터 위 건물의 소유권은 건축자금 제공자인 조합원들이 원시취득한 것으로 보아야 한다.

5. 사안의 적용

사용승인일부터 소유권보존등기일 사이의 모든 과세기준일 현재 재산세 납세의무자는 주택조합원이다. 따라서 재산세 납세의무자를 달리하여 이루어진 과세처분에 해당하므로 위법한 처분에 해당한다는 甲조합의 주장은 타당하다.

[물음 3] 당연무효

과세처분이 '당연무효'에 해당하는 경우에는 과세관청은 '부당이득'을 보유한 것으로 볼 수 있다.

설령 주택조합이 재산세 부과처분일로부터 90일 이내 불복을 제기한 경우에 해당하지 않더라도, 乙구청장은 부당이득에 해당하는 재산세를 즉시 환급하여야 한다.

1. 납세의무자 등(「지방세법」 제7조 제8항)

「주택법」에 따른 주택조합과 「도시 및 주거환경정비법」… 에 따른 재건축조합 및 소규모재건축조합(주택조합 등)이 해당 조합원용으로 취득하는 조합주택용 부동산(공동주택과 부대시설·복리시설 및 그 부속토지)은 그 조합원이 취득한 것으로 본다. 다만, 조합원에게 귀속되지 아니하는 부동산(비조합원용 부동산)은 제외한다.

2. 납세의무자(「지방세법」 제107조)

① 재산세 과세기준일 현재 재산을 사실상 소유하고 있는 자는 재산세를 납부할 의무가 있다. 다만, 다음 각 호의 어느 하나에 해당하는 경우에는 해당 각 호의 자를 납세의무자로 본다.

② 제1항에도 불구하고 재산세 과세기준일 현재 다음 각 호의 어느 하나에 해당하는 자는 재산세를 납부할 의무가 있다.

5. 「신탁법」 제2조에 따른 수탁자(이하 이 장에서 "수탁자"라 한다)의 명의로 등기 또는 등록된 신탁재산의 경우에는 제1항에도 불구하고 같은 조에 따른 위탁자(「주택법」 제2조 제11호 가목에 따른 지역주택조합 및 같은 호 나목에 따른 직장주택조합이 조합원이 납부한 금전으로 매수하여 소유하고 있는 신탁재산의 경우에는 해당 지역주택조합 및 직장주택조합을 말하며, 이하 이 장에서 "위탁자"라 한다). 이 경우 위탁자가 신탁재산을 소유한 것으로 본다.

[참고] 2013년 1월 1일 법 개정 시 종전에는 **직장·지역주택조합**의 재산세 납세의무자가 위탁자인 조합원으로 되어 있어 직장·지역주택조합의 경우 다수인 조합원과 가입·탈퇴의 자유 등으로 개별 조합원별 지분산정 및 재산세 과세에 비효율을 초래하는 바, 이를 개선하고자 직장·지역주택조합이 금전신탁 방식으로 주택건설사업을 추진하는 경우 재산세 납세의무자를 수탁자인 조합으로 변경하였다. 그러나 해당 문제는 **재건축조합**으로서 수탁자인 조합이 재산세 납세의무자가 되는 경우에 해당하지 아니한다.

③ 재산세 과세기준일 현재 소유권의 귀속이 분명하지 아니하여 사실상의 소유자를 확인할 수 없는 경우에는 그 사용자가 재산세를 납부할 의무가 있다.

주택조합은 조합원의 주택건설을 위한 일종의 도관에 불과함에도 불구하고 주택조합을 원시취득자로 보아 과세하고 조합원을 승계취득자로 보아 과세하게 되면 이중과세문제가 발생한다(93누18839). 이를 해결하기 위해 조합주택의 경우에는 조합원을 당초 취득자로 보아 주택조합에 별도의 취득세 납세의무를 발생시키지 않도록 하였다. 다만, 조합원에게 귀속되지 아니하는 부동산에 대해서는 원시취득자인 주택조합에 과세하고 이후 일반분양을 받는 승계취득자에게 다시 과세한다.

주택조합은 특별한 사정이 없는 한 조합원용 주택에 관한 재산세 납세의무자인 '사실상 소유자'에 해당하지 않는다. (2014두2980)

문제 4

다음 사례를 읽고 물음에 답하시오. (25점)

〈사례〉
○ 2021년 현재 甲(65세)의 가족관계는 배우자 乙(61세), 장남 丙(30세), 차남 丁(28세)이다. 이들은 모두 「소득세법」상 거주자이다.
(1) 甲은 2007년 8월경부터 중소기업(상속세 및 증여세법령상 가업상속공제요건을 갖춤)인 A주식회사(이하 'A회사'라 함)의 대표이사이며 발행주식총수의 100분의 40에 해당하는 주식을 소유한 최대주주로 10년 이상 계속하여 A회사를 경영해왔고, 丙에게 가업을 승계시키려고 하였다. 이에 甲은 2021년 5월 30일 乙이 10년 이상 보유하던 A회사 발행주식총수의 100분의 20에 해당하는 주식을 증여받고, 그 다음 날 자신이 보유하던 주식과 乙로부터 받은 주식을 丙에게 모두 증여하였다. 2021년 8월 20일 丙은 증여세 과세표준 신고와 함께 주식 등 특례신청서를 관할 세무서장에게 제출하였다.
(2) 丁은 평소 소프트웨어와 앱 개발에 관심을 가지고 사업을 준비하던 중 2021년 6월 15일 甲에게 중소기업(제조업) 창업을 위한 자금을 부탁하였다. 2021년 6월 20일 甲은 丁에게 창업자금으로 현금 10억원을 증여하였다. 2021년 8월 25일 丁은 증여세 과세표준 신고와 함께 창업자금 특례신청서 및 사용내역서를 관할 세무서장에게 제출하였다.

[물음 1] 지문 (1)에서 「조세특례제한법」상 '가업의 승계에 대한 증여세 과세특례'의 취지, 증여자, 수증자, 특례 내용을 설명하고, 丙이 과세특례를 적용받을 수 있는지에 대하여 판단하시오. (15점)

[물음 2] 지문 (2)에서 「조세특례제한법」상 '창업자금에 대한 증여세 과세특례'의 취지, 증여자, 수증자, 특례 내용을 설명하고, 丁이 과세특례를 적용받을 수 있는지에 대하여 판단하시오. (10점)

해답

【문제 4】조세특례제한법

[물음 1] 가업승계

1. 취지

중소기업 또는 중견기업의 경영자가 생전에 자녀에게 주식증여를 통해 가업을 사전에 상속함으로써 중소기업의 '영속성'을 유지하고 경제활력을 증진하고자 도입되었다.

2. 적용요건

(1) 증여자

증여자는 다음 요건을 모두 충족하여야 한다.

① 10년 이상 가업을 영위한 부모일 것

② 가업을 실질적으로 경영할 것

(2) 수증자

수증자는 다음 요건을 모두 충족하여야 한다.

① 18세 이상의 거주자일 것

② 증여세 과세표준 신고기한까지 가업에 종사하고 증여일부터 3년 이내 대표이사에 취임할 것

③ 창업자금에 대한 증여세 과세특례를 적용받은 자가 아닐 것

3. 과세특례 내용

(1) 저율과세

증여세 과세가액에서 5억원을 공제하고 증여세 과세표준 120억원까지는 10%, 120억원 초과분은 20%의 저율과세를 적용한다.

(2) 합산배제

다른 증여재산과 합산하여 과세하지 않는다.

4. 과세특례 적용 여부

비록 상속세 및 증여세법상 가업상속공제는 피상속인이 주식을 10년 이상 보유할 것을 요건으로 하지만, 조세특례제한법상 증여세 과세특례규정에서는 이러한 '별도'의 제한을 둔 바 없다.

따라서 丙은 증여세 과세표준 신고기한까지 가업에 종사하고 증여일부터 3년 이내 대표이사에 취임할 것을 조건으로 증여세 과세특례를 적용받을 수 있다.

[물음 2] 창업자금증여

1. 취지

젊은 세대로 부를 조기이전하여 저출산 및 고령화에 대응하고, 경제활력을 도모하고자 도입된 제도이다.

2. 적용요건

(1) 증여자

증여자는 60세 이상의 부모이어야 한다. 단, 증여 당시 아버지나 어머니가 사망한 경우에는 그 사망한 아버지나 어머니의 부모를 포함한다.

(2) 수증자

수증자는 다음 요건을 모두 충족하여야 한다.

① 18세 이상의 거주자일 것

② 증여받은 날부터 2년 이내 창업할 것

③ 증여받은 날부터 4년이 되는 날까지 창업자금을 모두 해당 목적에 사용할 것

④ 창업자금으로 창업중소기업감면 대상 업종을 영위할 것

3. 과세특례 내용

(1) 저율과세 및 증여재산공제

증여세 과세가액에서 5억원을 공제하고 10%의 증여세율을 적용한다. 단, 증여재산한도액은 50억원(10인 이상 신규고용 시 100억원)으로 한다.

(2) 합산배제

다른 증여재산과 합산하여 과세하지 않는다.

4. 과세특례 적용 여부

동일한 수증자가 가업승계에 대한 증여세 과세특례와 창업자금에 대한 증여세 과세특례를 중복하여 적용받을 수는 없으나, 증여자가 동일할 뿐 수증자가 다른 경우에는 적용가능하다.

따라서 丁은 창업자금에 대한 증여세 과세특례를 적용받을 수 있다.

**관련
판례**

구「조세특례제한법」제30조의6 제1항 본문은 '18세 이상인 거주자가「상속세 및 증여세법」제18조 제2항 제1호에 따른 가업을 10년 이상 계속하여 경영한 60세 이상의 부모로부터 해당 가업의 승계를 목적으로 주식을 증여받고 대통령령으로 정하는 바에 따라 가업을 승계한 경우에는 증여세 과세가액에서 5억원을 공제하고 세율을 100분의 10으로 하여 증여세를 부과한다.'고 규정하고 있다.

한편 구「상속세 및 증여세법」제18조 제2항 제1호는 '가업'을 '대통령령으로 정하는 중소기업 등으로서 피상속인이 10년 이상 계속하여 경영한 기업'으로 정의하고 있다. 또한 구「상속세 및 증여세법」제18조 제4항의 위임에 따른 구「상속세 및 증여세법 시행령」제15조 제3항 본문은 '구「상속세 및 증여세법」제18조 제2항 제1호에 따른 가업은 피상속인이 중소기업 등의 최대주주 또는 최대출자자인 경우로서 피상속인과 그의 특수관계인의 주식 등을 합하여 해당 기업의 발행주식총수 또는 출자총액의 100분의 50(한국거래소에 상장되어 있는 법인이면 100분의 30) 이상을 계속하여 보유하는 경우에 한정한다.'고 규정하고 있다. 위 시행령 조항의 '최대주주 등'은 주주 또는 출자자 1인과 그의 특수관계인의 보유주식 등을 합하여 그 보유주식 등의 합계가 가장 많은 경우의 해당 주주 등 1인과 그의 특수관계인 모두를 말한다.

원심은 그 채택 증거를 종합하여 원고의 아버지인 甲이 1993. 11. 16.부터 중소기업인 주식회사 A의 대표이사 등으로 재직하면서 10년 이상 계속하여 A 회사를 경영한 사실, 甲은 2012. 4. 30. 배우자인 乙이 10년 이상 보유하던 A회사의 주식 67,023주을 증여받고, 2012. 5. 1. 원고에게 자신이 이 사건 주식의 증여 전에 보유하던 A회사의 주식과 이 사건 주식을 함께 증여한 사실을 인정한 다음, '증여자가 증여하는 해당 주식을 10년 이상 보유할 것'은 가업의 승계에 대한 구「조세특례제한법」제30조의6 제1항의 증여세 과세특례를 적용하기 위한 요건이라고 할 수 없으므로, 이와 다른 전제의 이 사건 처분이 위법하다고 판단하였다. 앞서 본 규정과 관련 법리에 비추어 기록을 살펴보면, 원심의 위와 같은 판단은 정당하다. (2019두44095, 2020. 5. 28.)

문제 1

다음 사례를 읽고 물음에 답하시오. (20점)

〈사례〉

A주식회사(이하 'A회사'라 함)는 2010년 5월에 설립된 내국법인이며 비상장법인이다. A회사의 주주는 거주자 甲, 乙, 丙이다. 甲은 발행주식총수(의결권이 없는 주식은 제외한다. 이하 같다)의 40%, 甲의 배우자인 乙은 20%, 甲의 동생인 丙은 40%를 회사설립 이후 2020년 현재까지 각각 소유하고 있다. 甲과 乙은 丙의 부탁을 받아 명의만 대여해준 명의수탁 주주에 불과하다.

A회사는 2015년부터 사업이 악화되기 시작하여 2016 사업연도 이후 법인세 등을 체납하였고, 2018년도에는 이미 자본잠식상태에 이르렀다. 이에 과세관청은 2019년 11월 30일 A회사의 2016, 2017, 2018 사업연도의 체납액에 대해 甲을 제2차 납세의무자로 지정하여 납부통지를 하였다.

[물음 1] 「국세기본법」상 제2차 납세의무의 의의, 주된 납세의무와의 관계에 대해 설명하고, 과세관청이 A회사의 제2차 납세의무자로 甲을 지정하여 납부통지한 것이 적법한지를 설명하시오. (14점)

[물음 2] 〈사례〉와 달리 만일 甲과 乙이 A회사의 실질적 주주로서 주주총회에 참석하여 자신의 권리를 적극적으로 행사하였다면, 과세관청이 A회사의 제2차 납세의무자로 乙을 지정하여 납부통지할 수 있는지 여부와 그 책임범위를 설명하시오. (6점)

해답

【문제 1】 국세기본법

[물음 1] 제2차 납세의무

1. 제2차 납세의무의 의의

제2차 납세의무는 조세징수의 확보를 위하여 원래의 납세의무자의 재산에 대하여 체납처분을 하여도 징수하여야 할 조세에 부족이 있다고 인정되는 경우에, 그 본래의 납세의무자와 일정한 관계에 있는 제3자에 대하여 본래의 납세의무자로부터 징수할 수 없는 세액을 한도로 하여 '보충적'으로 납세의무를 부담케 하는 제도이다.

다만, 제2차 납세의무제도는 '조세징수'의 확보 측면에서는 실효성 있는 제도이나, 납세의무자 입장에서는 타인이 체납한 조세에 대하여 불시에 납부책임을 지게 되어 사법상 거래안전을 해칠 우려가 있는 제도이다.

2. 주된 납세의무와의 관계

세법상 제2차 납세의무는 ① 청산법인의 체납세액에 대한 청산인 등의 제2차 납세의무, ② 법인의 체납세액에 대한 출자자의 제2차 납세의무, ③ 출자자의 체납세액에 대한 법인의 제2차 납세의무, ④ 사업양도인의 체납세액에 대한 사업양수인의 제2차 납세의무 등이 있다.

3. 사안의 해결

(1) 과점주주의 제2차 납세의무

법인이 체납한 국세 및 강제징수비를 법인의 재산으로 충당하여도 부족한 경우 국세의 납세의무 성립일 현재 과점주주는 제2차 납세의무를 진다.

(2) 과점주주

형식적으로는 주주 1명과 그의 특수관계인의 소유주식 합계가 100분의 50을 초과하여야 한다. 다만, 실질적으로 그 법인의 경영에 대하여 지배적 영향력을 행사하여야 한다. 지배적 영향력을 행사하는 것은 임원에 대한 임면권 행사, 사업방침의 경정 등을 말한다.

(3) 납부통지의 적법성

사안에서 甲은 명의대여자에 불과할 뿐 법인의 경영에 대하여 지배적 영향력을 행사한다고 볼 수 없다. 따라서 실질과세원칙상 명의수탁자에 불과한 甲은 A회사의 제2차 납세의무를 지는 과점주주에 해당하지 않는다.

따라서 과세관청이 甲을 A회사의 제2차 납세의무자로 지정하여 납부통지한 것은 적법하지 않다.

[참고]

실질적 주주권을 행사하고 있는 자인 丙을 과점주주로 보고 제2차 납세의무자로 지정하는 것은 가능하다. 이때 그 지분도 실질과세원칙에 따라 100%로 보는 것이 타당하다.

[물음 2] 납부통지와 책임범위

1. 납부통지할 수 있는지 여부

乙과 그의 배우자 및 배우자 동생의 지분을 합하여 A회사의 지분 전부를 소유하고 있으므로 甲, 乙, 丙은 모두 과점주주에 해당한다. 따라서 과점주주인 乙을 제2차 납세의무자로 지정하여 납부통지할 수 있다.

2. 책임범위

제2차 납세의무자는 법인이 납부할 세액 중 법인의 재산으로 충당하여도 부족한 금액에 실질적으로 권리를 행사하는 지분 비율을 반영한 금액에 대하여 보충적 납세의무를 진다.

따라서 乙은 A회사의 법인세 체납에 지분율(20%)을 곱한 금액을 한도로 제2차 납세의무에 관한 납부책임을 진다.

관련 법령

1. 출자자의 제2차 납세의무(「국세기본법」 제39조)

법인(대통령령으로 정하는 증권시장에 주권이 상장된 법인은 제외)의 재산으로 그 법인에 부과되거나 그 법인이 납부할 국세 및 강제징수비에 충당하여도 부족한 경우에는 그 국세의 납세의무 성립일 현재 다음 각 호의 어느 하나에 해당하는 자는 그 부족한 금액에 대하여 제2차 납세의무를 진다. 다만, 제2호에 따른 과점주주의 경우에는 그 부족한 금액을 그 법인의 발행주식총수(의결권이 없는 주식은 제외) 또는 출자총액으로 나눈 금액에 해당 과점주주가 실질적으로 권리를 행사하는 주식 수(의결권이 없는 주식은 제외) 또는 출자액을 곱하여 산출한 금액을 한도로 한다.

1. 무한책임사원으로서 다음 각 목의 어느 하나에 해당하는 사원
   가. 합명회사의 사원
   나. 합자회사의 무한책임사원
2. 주주 또는 다음 각 목의 어느 하나에 해당하는 사원 1명과 그의 특수관계인 중 대통령령으로 정하는 자로서 그들의 소유주식 합계 또는 출자액 합계가 해당 법인의 발행주식총수 또는 출자총액의 100분의 50을 초과하면서 그 법인의 경영에 대하여 지배적인 영향력을 행사하는 자들(이하 "과점주주"라 한다)
   가. 합자회사의 유한책임사원
   나. 유한책임회사의 사원
   다. 유한회사의 사원

2. 개정세법의 취지

2021년 개정세법은 과점주주의 정의에 '지배적 영향력을 행사하는 자들'이라는 요건을 추가하였다. 이는 '주된 납세의무'를 지는 '법인의 경영에 지배적 영향력'을 행사하여야 한다는 의미이다. 이는 과점주주의 범위를 법인 경영에 지배적인 영향을 행사하는 경우로 축소함으로써 책임주의를 강화하려는 데 그 입법취지가 있다. 특히 특수관계자 지분을 합산하여 과점주주에 해당하지만 법인 경영에 영향력이 없는 자에 대해서도 제2차 납세의무를 부담하게 하는 것은 법인격 남용 방지목적을 넘어서 납세의무를 부여하는 측면이 있을 수 있기 때문이다.

관련 판례

① 과점주주에 관한 법률조항을 당해 법인의 발행주식총수의 100분의 50을 초과하는 주식에 관한 권리를 실질적으로 행사하는 과점주주 1인에 한해서 제2차 납세의무를 부담하는 것으로 해석한다면, 가족회사 등 소규모의 폐쇄적인 비상장법인에서 100분의 50을 초과하면서 주식을 실질적으로 소유하며 그 주주권을 행사하는 1인이 없으면 그 누구도 제2차 납세의무를 부담하지 않게 되어 제2차 납세의무제도를 둔 취지에 반한다. 과점주주에 관한 법률조항은 과점주주가 당해 법인의 발행주식총수의 100분의 50을 초과하는 주식에 대한 실질적인 권리를 행사하는지 여부라는 실질적인 요소를 요건으로 하여 제2차 납세의무를 부과하고 있고, 구 「국세기본법」 제39조 제1항 단서는 발행주식총수 중 100분의 50을 초과하는 주식에 관한 권리를 실질적으로 행사하는 과점주주들의 제2차 납세의무 책임의 한도를 과점주주가 실질적으로 권리를 행사하는 소유주식수의 비율에 따라 산출한 금액으로 제한하고 있어, 과점주주에 관한 법률조항으로 달성하려는 공익에 비하여 제2차 납세의무를 부담하는 과점주주가 입는 재산상 불이익이 지나치게 과도하다고 보이지 아니한다. (2008헌바49, 2010. 11. 1.)

② 제2차 납세의무는 본래 납세의무자가 아닌 자에게 보충적인 납세의무를 부과하는 것이기 때문에 제2차 납세의무의 요건은 엄격하게 해석되어야 한다. 이 사건 법률조항은 "과점주주 중에서 발행주식총수의 100분의 50을 초과하는 주식에 관한 권리를 실질적으로 행사하는 자"에게만 제2차 납세의무를 부과하고 있음에도 불구하고, 대법원은 "발행주식총수의 100분의 50을 초과하는 주식에 관한 권리를 실질적으로 행사하는 자"가 아닌 과점주주들에게도 제2차 납세의무를 인정하고 있다. 따라서 과점주주에 관한 법률조항을 대법원과 같이 해석하는 것은 문리적 해석의 한계를 벗어나서 제2차 납세의무자로 규정하지 아니한 자까지 제2차 납세의무자로 인정하는 것으로서 조세법률주의에 위반된다고 보지 않을 수 없다. 과점주주에 관한 법률조항에 의하여 "발행주식총수의 100분의 51 이상의 주식에 관한 권리를 실질적으로 행사하는 자"가 아닌 과점주주들에게도 제2차 납세의무를 인정하는 것은 헌법에 위반된다고 선언하여야 한다. (2008헌바49, 2010. 11. 1. 헌법재판소 소수의견)

문제 2

다음 각 사례를 읽고 물음에 답하시오. (30점)

〈사례 1〉

'우주사'라는 상호로 대금업을 영위하는 거주자 甲은 2018년 3월 4일부터 2018년 12월 15일까지 자금주들에게 A상호신용금고(이하 'A금고'라 함)를 소개하여 합계 60억원의 예금을 A금고에 유치하여 주었다. 甲은 위 기간 동안 A금고로부터 예금유치 관련 수수료(이하 '이 사건 수수료'라 함) 1억원을 지급받았다. 이때 A금고는 甲에게 지급한 이 사건 수수료에 대해 이자소득으로 원천징수하였다. 2019년 5월 20일 甲은 이 사건 수수료 1억원을 이자소득으로 종합소득세 신고납부하였다. 이에 과세관청은 이 사건 수수료가 사업소득에 해당한다고 보아 2020년 7월 11일 甲에게 2018년도 귀속 종합소득세 증액경정처분(이하 '이 사건 처분'이라 함)을 하였다.

〈사례 2〉

거주자 甲은 거주자 乙과 함께 부동산매매업을 공동으로 영위하기로 계약을 체결하고, 2015년 6월 지분의 1/2인 2억원을 출자하였다. 甲과 乙은 경매 등을 통한 부동산의 취득과 양도를 여러 차례 함께 영위하여 왔고, 약정된 손익분배비율에 따라 공동사업에서 발생한 소득금액을 분배하였다. 그런데 甲과 乙은 2017년 4월 30일 공동사업을 하지 않기로 하였다. 이때 乙은 甲의 출자금의 반환에 갈음하여 乙 소유의 과수원(이하 '이 사건 과수원'이라 함)을 2017년 9월까지 이전하기로 약정하였다. 하지만 甲과 乙 간의 분쟁으로 그에 관한 소유권이전등기가 지체되던 중 한국토지주택공사가 이 사건 과수원을 수용하면서 피공탁자를 乙로 하여 수용보상금을 공탁하였고, 甲은 乙을 상대로 공탁금출급청구권 양도를 구하는 소를 제기하여 승소판결을 받아 2018년 9월 23일 乙이 받은 수용보상금 3억원을 수령하였다. 이에 과세관청은 甲이 받은 수용보상금 3억원에서 출자금 2억원을 공제한 1억원을 동업관계 탈퇴에 따른 배당소득으로 보아 2020년 7월 30일 甲에게 2018년도 귀속 종합소득세 증액경정처분(이하 '이 사건 처분'이라 함)을 하였다.

[물음 1] 〈사례 1〉에서 「소득세법」상 이자소득과 사업소득의 판단기준에 대해 설명하고, 이 사건 처분이 적법한지를 설명하시오. (15점)

[물음 2] 〈사례 2〉에서 「소득세법」상 배당소득에 대해 설명하고, 이 사건 처분이 적법한지를 설명하시오. (15점)

해답

【문제 2】 소득세법

[물음 1] 이자소득과 사업소득

1. 이자소득과 사업소득의 판단기준

사업소득은 영리를 목적으로 자기의 계산과 책임하에 계속적·반복적으로 행하는 활동을 통하여 얻는 소득을 말한다.

금전대여 행위와 관련하여 사업소득인지 이자소득인지 여부는 그 거래행위의 규모나 횟수·태양 등 제반사정에 비추어 사업활동으로 볼 수 있을 정도의 '계속성과 반복성'이 있다고 볼 것인지 등의 사정을 고려하여 '사회통념'에 비추어 이를 가려야 한다.

2. 사안의 판단

(1) 이자소득

이자소득은 금전 사용의 대가로 지급된 것이어야 한다. 사안에서 甲이 예금유치 관련 수수료를 수령한 것은 금전사용의 대가와는 무관하다.

(2) 사업소득

甲이 유치한 예금의 액수와 지급받은 차금수수료의 액수 등 여러 사정을 종합하여 보면, 甲의 예금유치행위는 우발적이거나 일시적인 행위로 보기 어렵다. 따라서 甲의 소득은 사업소득에 해당한다.

비록 A금고가 이자소득으로 원천징수하였으나 이는 소득금액 구분에 영향을 미치지 않으므로, 소득금액 구분의 오류를 바로잡은 이 사건 처분은 적법하다.

[물음 2] 배당소득

1. 배당소득

상법상 배당은 잉여금처분에 의한 배당만을 의미하지만, 소득세법상 배당소득은 그 범위를 넓혀 '수익분배의 성격'이 있는 것을 말한다.

2. 조합탈퇴

공동사업을 통하여 얻는 일정한 소득금액은 각 공동사업자의 손익분배비율에 따라 분배되어 공동사업자들 각자에게 곧바로 귀속되고 개별 공동사업자가 직접 납세의무를 부담한다.

따라서 개별 공동사업자들이 조합체(공동사업장)로부터 '수익분배'를 받는다고 할 수 없으므로, 수입시기도 보상금을 분배받은 2018년이 아니라, 공동사업관계가 종료되는 때인 2017년이다.

3. 소득의 구분

조합원이 조합탈퇴 시 지분의 계산으로 일부 조합재산을 받는 경우에는 조합재산이 재고자산이면 사업소득으로, 조합재산이 양도소득세 과세대상이면 양도소득으로 과세한다.

4. 사안의 적용

甲과 乙은 부동산매매업을 공동으로 영위하였고, 甲이 조합체에서 탈퇴하면서 乙이 단독으로 보유하게 된 잔존 조합재산의 탈퇴 당시 양도가액에서 취득가액을 공제한 가액만이 甲의 2017년 귀속 '사업소득'에 해당할 수 있다.

따라서 이 사건 처분은 그 소득의 종류와 귀속시기를 달리하여 이루어진 처분에 해당하므로 적법하지 않다.

관련 법령

1. 이자소득(「소득세법」 제16조)

① 이자소득은 해당 과세기간에 발생한 다음 각 호의 소득으로 한다.
  1. 국가나 지방자치단체가 발행한 채권 또는 증권의 이자와 할인액
  2. 내국법인이 발행한 채권 또는 증권의 이자와 할인액
  2의2. 국내 또는 국외에서 받는 대통령령으로 정하는 파생결합사채로부터의 이익
  (중간 생략)
  12. 제1호, 제2호, 제2호의2 및 제3호부터 제11호까지의 소득과 유사한 소득으로서 금전 사용에 따른 대가로서의 성격이 있는 것

2. 배당소득(「소득세법」 제17조)

① 배당소득은 해당 과세기간에 발생한 다음 각 호의 소득으로 한다.
  1. 내국법인으로부터 받는 이익이나 잉여금의 배당 또는 분배금
  2. 법인으로 보는 단체로부터 받는 배당금 또는 분배금
  2의2. 「법인세법」 제5조 제2항에 따라 내국법인으로 보는 신탁재산(법인과세 신탁재산)으로부터 받는 배당금 또는 분배금
  (중간 생략)
  9. 제1호, 제2호, 제2호의2 및 제3호부터 제7호까지의 규정에 따른 소득과 유사한 소득으로서 수익분배의 성격이 있는 것

3. 사업소득(「소득세법」 제19조)

① 사업소득은 해당 과세기간에 발생한 다음 각 호의 소득으로 한다. 다만, 제21조 제1항 제8호의2에 따른 기타소득으로 원천징수하거나 과세표준확정신고를 한 경우에는 그러하지 아니하다.
  1. 농업(작물재배업 중 곡물 및 기타 식량작물 재배업은 제외한다. 이하 같다)·임업 및 어업에서 발생하는 소득
  2. 광업에서 발생하는 소득
  3. 제조업에서 발생하는 소득
  (중간 생략)
  20. 제160조 제3항에 따른 복식부기의무자가 차량 및 운반구 등 대통령령으로 정하는 사업용 유형자산을 양도함으로써 발생하는 소득. 다만, 제94조 제1항 제1호에 따른 양도소득에 해당하는 경우는 제외한다.
  21. 제1호부터 제20호까지의 규정에 따른 소득과 유사한 소득으로서 영리를 목적으로 자기의 계산과 책임하에 계속적·반복적으로 행하는 활동을 통하여 얻는 소득

1. 사업소득 관련 판례

금전대여로 인한 소득이 이자소득의 일종인 비영업대금의 이익인가, 사업소득인가의 여부는 금전대여행위가 「소득세법」상의 사업에 해당하는가의 여부에 달려 있고, 「소득세법」에서 말하는 사업에의 해당 여부는 당해 금전거래행위의 영리성, 계속성, 반복성의 유무, 거래기간의 장단, 대여액과 이자액의 다과 등 제반사정을 고려하여 사회통념에 비추어 결정하여야 할 것이다. 甲의 이 사건 예금유치행위는 우발적이거나 일시적인 행위가 아니라 「소득세법」 제19조 제1항 제11호의 '금융 및 보험업'에 해당하고, 甲이 받은 차금수수료도 예금에 대한 이자나 비영업대금의 이익이 아니라 「소득세법」에 의하여 종합소득세의 과세대상이 되는 사업소득에 해당한다. 甲이 금고로부터 차금수수료에 대한 이자소득세 등 원천징수세액을 징수하였다고 하여 달리 볼 것이 아니다. (2003두14505, 2005. 8. 19.)

2. 조합탈퇴 관련 판례

2인 조합에서 조합원 1인이 탈퇴하면 조합관계는 종료되지만 특별한 사정이 없는 한 조합이 해산되지 아니하고, 조합원의 합유에 속하였던 재산은 남은 조합원의 단독소유에 속하게 되어 기존의 공동사업은 청산절차를 거치지 않고 잔존 조합원이 계속 유지할 수 있다. 어느 조합원이 조합체에서 탈퇴하면서 지분의 계산으로 잔존 조합원의 개인 재산을 받는 경우에는 탈퇴한 조합원이 갖는 합유물에 대한 권리는 잔존 조합원에게 이전되고, 탈퇴한 조합원이 수령한 것은 그것과 대가관계에 있다. 그런데 공동사업을 목적으로 한 조합체가 조합재산인 부동산을 양도함으로써 얻는 소득은, 그것이 사업용 재고자산이라면 사업소득이 되며 사업용 고정자산으로서 양도소득세 과세대상이라면 양도소득이 된다. 따라서 탈퇴한 조합원이 조합재산 중 자신의 지분을 다른 조합원에게 양도함으로써 얻는 소득은 탈퇴 당시 조합재산의 구성내역에 따라 탈퇴한 조합원의 사업소득이나 양도소득 등에 해당한다고 할 것이다.

한편 「소득세법」 제17조 제1항 제12호는 '제1호 내지 제9호의 소득과 유사한 소득으로서 수익분배의 성격이 있는 것'을 배당소득으로 규정하고 있다. 그런데 조합체가 공동사업을 통하여 얻는 일정한 소득금액은 각 조합원의 지분 또는 손익분배비율에 따라 분배되어 조합원들 각자에게 곧바로 귀속되고 개별 조합원이 직접 납세의무를 부담하므로 개별 조합원들이 조합체로부터 수익분배를 받는다고 할 수 없으며, 어느 조합원이 탈퇴하면서 지분의 계산으로 일부 조합재산을 받는 경우에도 그로 인한 소득은 곧바로 탈퇴한 조합원에게 귀속할 뿐이다. 따라서 탈퇴한 조합원이 탈퇴 당시 지분의 계산으로 얻는 소득은 배당소득에 해당한다고 할 수 없다.

甲이 탈퇴하면서 乙은 조합재산으로 재고자산인 다른 부동산을 소유하고 있는 사실을 알 수 있으므로, 甲이 조합체에서 탈퇴하면서 乙이 단독으로 보유하게 된 잔존 조합재산의 탈퇴 당시 양도가액에서 취득가액을 공제한 가액만이 甲의 사업소득에 해당할 수 있을 뿐이고, 이를 배당소득으로 볼 수는 없다. (2013두21038, 2015. 12. 23.)

문제 3

다음 각 사례를 읽고 물음에 답하시오. (30점)

> **〈사례 1〉**
> 외국에 설립된 A단체(이하 'A'라 함)는 재무자문업을 하고 있는데, 2018년부터 국내에서 내국법인에게도 해당 용역을 제공하고 있다.
>
> **〈사례 2〉**
> 과세관청은 내국법인 B(이하 'B'라 함)의 법인세 과세표준을 결정함에 있어 사업수입금액과 이에 대응하는 경비의 계상 내용을 장부나 그 밖의 증명서류에 의하여 계산할 수 없다고 판단하고 이를 추계결정하고자 한다. (단, B는 「조세특례제한법」상 소기업이 아님)

[물음 1] 〈사례 1〉과 관련하여 「법인세법」상 외국법인의 의의에 대하여 설명하고, 같은 법은 A의 실질적 관리장소가 국내에 있는 경우 이를 내국법인으로 규정하고 있는 바 해당 실질적 관리장소의 의미를 설명하시오. (5점)

[물음 2] 〈사례 1〉에서 과세관청은 A가 국내사업장이 존재하며 이를 통해 사업을 수행하고 있다고 보고 과세소득을 산출하고자 한다. 「법인세법」상 국내사업장으로 인정할 수 있는 요건을 설명하고, 고정된 장소를 두고 있지 않는 경우에도 국내사업장이 있는 것으로 간주할 수 있는 요건을 설명하시오. (5점)

[물음 3] 〈사례 1〉에서 A는 국내사업장이 있다고 가정하자. A는 각 사업연도 소득금액 중 법인세 등 법령에서 정한 금액을 빼고 남은 금액을 본사가 있는 외국으로 송금하고자 한다. 해당 송금액에 과세할 수 있는 경우를 설명하고, 해당 규정의 입법취지를 설명하시오. (5점)

[물음 4] 〈사례 2〉에서 과세관청이 B의 법인세 과세표준을 계산함에 있어 장부에 근거하지 않고 추계결정할 수 있는 사유를 설명하시오. (3점)

[물음 5] 〈사례 2〉에서 B의 법인세 과세표준을 추계결정할 때, 사업수입금액을 장부나 그 밖의 증명서류에 의해 계산할 수 없을 경우 사업수입금액을 확정하는 방법과 해당 사업수입금액에 대응하는 경비를 확정하는 방법 및 이월결손금에 대한 처리 방법을 설명하시오. (12점)

【문제 3】 법인세법

[물음 1] 외국의 단체

1. 외국법인의 의의

<사례 1>에서 외국에 설립된 '단체'가 외국법인에 해당하기 위해서는 국외에 본점 또는 주사무소 또는 실질적 관리장소가 있는 것뿐만 아니라, '단체'를 법인으로 볼 수 있어야 한다.

법인세법 시행령상 외국의 단체를 법인으로 보기 위해서는 ① 설립된 국가의 법에 따라 법인격이 부여된 단체, ② 구성원이 유한책임사원으로만 구성된 단체, ③ 그 밖에 해당 외국단체와 동종 또는 유사한 국내의 단체가 상법 등 국내의 법률에 따른 법인인 경우의 그 외국단체에 해당하여야 한다.

2. 실질적 관리장소

실질적 관리장소는 법인의 사업 수행에 필요한 중요한 관리 및 상업적 결정이 실제로 이루어지는 장소를 말한다.

[물음 2] 국내사업장

1. 국내사업장 요건

외국법인이 국내에 사업의 전부 또는 일부를 수행하는 '고정된 장소'를 둔 경우에는 국내사업장이 있는 것으로 한다. 국내사업장에는 지점, 영업소, 고정된 판매장소, 공장, 6개월을 초과하는 건축장소, 고용인을 통하여 계속적 용역을 제공하는 경우의 장소 등을 포함한다.

2. 종속대리인

국내사업장에 해당하는 고정된 장소가 없더라도 기능적 측면에서 외국법인을 위하여 종속적인 관계로 사업을 영위하는 자가 있다면 국내에 사업장이 있는 것으로 의제한다.

[물음 3] 지점세

1. 과세요건

국제적으로 이루어진 일반 합의에 따라 외국법인의 지점에서의 송금에 대해 추가적으로 과세하는 것은 원칙적으로 금지된다. 따라서 국내법에 송금에 대한 과세규정을 두는 것만으로는 부족하고 국가 간 지점세 부과에 대한 합의가 있어야 한다. 이러한 합의는 조세조약을 통해 이루어진다.

2. 입법취지

외국법인 사업자의 법적 형태에 따라 국내에서 부담하는 세금이 달라지는 것은 '조세의 중립성' 차원에서 바람직하지 않다. 이에 외국법인의 자회사가 상법상 배당으로 지급하는 것과 지점에서 송금하는 것에 대해 동일하게 과세하여 조세의 중립성을 유지하고자 한다.

[물음 4] 추계사유

추계조사는 다음의 추계사유에 해당하면서 당해 사유로 인하여 실지조사가 불가능한 경우에 한하여 적용될 수 있다.

① 소득금액을 계산할 때 필요한 장부 또는 증명서류가 없거나 그 중요한 부분이 미비 또는 허위인 경우

② 기장의 내용이 시설규모, 종업원수, 원자재·상품·제품 또는 각종 요금의 시가 등에 비추어 허위임이 명백한 경우

③ 기장의 내용이 원자재사용량·전력사용량 기타 조업상황에 비추어 허위임이 명백한 경우

[물음 5] 추계액 산정

1. 사업수입금액을 확정하는 방법

이론적으로 수입금액 추계는 납세자의 내부자료(원재료 구입량, 운반비 내역 등)나 다른 사업자와의 비교를 통해서 이루어진다. 소득세법에서 정한 수입금액 추계방법은 다음과 같다.

① 동업자권형의 방법

② 국세청장이 정한 영업효율(인적·물적 시설의 수량 또는 가액과 매출액과의 관계)을 적용하는 방법

③ 국세청장이 정한 업종별 생산수율을 적용하는 방법

④ 국세청장이 정한 원단위투입량 등에 의한 방법(인건비·임차료·재료비 중에서 일부 또는 전체의 비용과 매출액과의 관계, 상품회전율과 매출액과의 관계, 매출총이익률, 부가가치율)

⑤ 입회조사기준에 의하는 방법

2. 대응 경비 확정 방법

수입금액이 확정되면 그에 대응하는 경비도 확정되어야 하고, 이는 소득금액을 추계하는 것이 된다.

소득금액 추계방법에는 ① 기준경비율에 의한 방법, ② 경비율이 결정되지 아니하였거나 천재·지변 기타 불가항력으로 장부 기타 증빙서류가 멸실된 경우에는 기장이 정확하다고 인정되는 동일업종의 다른 사업자의 소득금액을 참작하여 그 소득금액을 결정 또는 경정하는 방법(동업자권형), ③ 기타 국세청장이 합리적이라고 인정하는 방법을 쓴다.

특히, 기준경비율을 적용하더라도 최소한의 주요경비(원재료 매입비용, 임차료, 인건비)는 납세자가 스스로 입증하여야 한다.

3. 이월결손금에 대한 처리 방법

추계방법에 의하여 결정을 하는 경우 이월결손금공제를 허용하지 않는다. 다만, 천재지변이나 그 밖에 불가항력으로 장부나 그 밖의 증명서류가 멸실되어 추계결정하는 경우에는 이월결손금을 공제한다.

1. 정의(「법인세법」 제2조)

> 이 법에서 사용하는 용어의 뜻은 다음과 같다.
> 3. "외국법인"이란 본점 또는 주사무소가 외국에 있는 단체(사업의 실질적 관리장소가 국내에 있지 아니하는 경우만 해당한다)로서 대통령령으로 정하는 기준에 해당하는 법인을 말한다.

2. 정의(「법인세법 시행령」 제2조)

> ② 법 제2조 제3호에서 "대통령령으로 정하는 기준에 해당하는 법인"이란 다음 각 호의 어느 하나에 해당하는 단체를 말한다.
> 1. 설립된 국가의 법에 따라 법인격이 부여된 단체
> 2. 구성원이 유한책임사원으로만 구성된 단체
> 3. (삭제, 2019. 2. 12.) ➲ 삭제 전의 규정: 구성원과 독립하여 자산을 소유하거나 소송의 당사자가 되는 등 직접 권리·의무의 주체가 되는 단체
> 4. 그 밖에 해당 외국단체와 동종 또는 유사한 국내의 단체가 「상법」 등 국내의 법률에 따른 법인인 경우의 그 외국단체

3. 외국법인의 국내사업장(「법인세법」 제94조)

> ① 외국법인이 국내에 사업의 전부 또는 일부를 수행하는 고정된 장소를 가지고 있는 경우에는 국내사업장이 있는 것으로 한다.
> ② 제1항에 따른 국내사업장에는 다음 각 호의 어느 하나에 해당하는 장소를 포함하는 것으로 한다.
> 1. 지점, 사무소 또는 영업소
> 2. 상점, 그 밖의 고정된 판매장소
> 3. 작업장, 공장 또는 창고
> 4. 6개월을 초과하여 존속하는 건축 장소, 건설·조립·설치공사의 현장 또는 이와 관련되는 감독 활동을 수행하는 장소
> 5. 고용인을 통하여 용역을 제공하는 경우로서 다음 각 목의 어느 하나에 해당되는 장소
>   가. 용역의 제공이 계속되는 12개월 중 총 6개월을 초과하는 기간 동안 용역이 수행되는 장소
>   나. 용역의 제공이 계속되는 12개월 중 총 6개월을 초과하지 아니하는 경우로서 유사한 종류의 용역이 2년 이상 계속적·반복적으로 수행되는 장소
> 6. 광산·채석장 또는 해저천연자원이나 그 밖의 천연자원의 탐사 및 채취 장소(국제법에 따라 우리나라가 영해 밖에서 주권을 행사하는 지역으로서 우리나라의 연안에 인접한 해저지역의 해상과 하층토에 있는 것을 포함한다)
> ③ 외국법인이 제1항에 따른 고정된 장소를 가지고 있지 아니한 경우에도 다음 각 호의 어느 하나에 해당하는 자 또는 이에 준하는 자로서 대통령령으로 정하는 자를 두고 사업을 경영하는 경우에는 그 자의 사업장 소재지(사업장이 없는 경우에는 주소지로 하고, 주소지가 없는 경우에는 거소지로 한다)에 국내사업장을 둔 것으로 본다.
> 1. 국내에서 그 외국법인을 위하여 다음 각 목의 어느 하나에 해당하는 계약(이하 이 항에서 "외국법인 명의 계약 등"이라 한다)을 체결할 권한을 가지고 그 권한을 반복적으로 행사하는 자
>   가. 외국법인 명의의 계약

나. 외국법인이 소유하는 자산의 소유권 이전 또는 소유권이나 사용권을 갖는 자산의 사용
　　　　권 허락을 위한 계약
　　　다. 외국법인의 용역제공을 위한 계약
　2. 국내에서 그 외국법인을 위하여 외국법인 명의 계약 등을 체결할 권한을 가지고 있지 아니
　　하더라도 계약을 체결하는 과정에서 중요한 역할(외국법인이 계약의 중요사항을 변경하지
　　아니하고 계약을 체결하는 경우로 한정한다)을 반복적으로 수행하는 자

4. 외국법인의 국내사업장에 대한 과세특례(「법인세법」 제96조)

① **외국법인**(비영리외국법인은 제외한다)의 **국내사업장**은 우리나라와 그 외국법인의 본점 또는
　주사무소가 있는 해당 국가(이하 이 조에서 "**거주지국**"이라 한다)와 **체결한 조세조약에 따라**
　제2항에 따른 과세대상 소득금액(우리나라와 그 외국법인의 거주지국과 체결한 **조세조약에서**
　이윤의 송금액에 대하여 과세할 수 있도록 규정하고 있는 경우에는 대통령령으로 정하는 송금
　액으로 한다)에 제3항에 따른 세율을 적용하여 계산한 세액을 제95조에 따른 **법인세에 추가하**
　여 납부하여야 한다. 다만, 그 외국법인의 거주지국이 그 국가에 있는 우리나라의 법인의 국외
　사업장에 대하여 추가하여 과세하지 아니하는 경우에는 그러하지 아니하다.

다음 각 사례를 읽고 물음에 답하시오. (20점)

〈사례 1〉
「상속세 및 증여세법」상 거주자인 甲은 내국법인 A(이하 'A'라 함)의 지배주주이다. 그런데 甲의 특수관계인인 乙은 A에게 부동산을 시가보다 낮은 금액으로 양도하였다. 과세관청은 乙이 시가보다 낮은 대가로 양도한 사실에 기초하여 증여의제이익을 산출하고 관련 증여세를 부과하려고 한다.

〈사례 2〉
「상속세 및 증여세법」상 거주자인 丙은 내국법인 B(이하 'B'라 함)의 지배주주이다. 한편, 丙과 그의 특수관계인인 丁은 내국법인 C(이하 'C'라 함)의 지배주주이다. B는 자체적으로 수행하던 자동차 운송사업 업무를 C에게 임대하였다. 과세관청은 위 사업기회 제공 사실에 기초하여 증여의제이익을 산출하고 관련 증여세를 부과하려고 한다. (단, B는 「상속세 및 증여세법」에서 적용대상이 아닌 것으로 정하고 있는 중소기업과 그 밖의 법인은 아님)

[물음 1] 「상속세 및 증여세법」상 증여의제와 증여추정의 개념 및 구별실익을 설명하시오. (6점)

[물음 2] 〈사례 1〉에서 「상속세 및 증여세법」상 증여의제이익 계산방법과 시가 판정기준 및 해당 규정의 입법취지를 설명하시오. (7점)

[물음 3] 〈사례 2〉에서 「상속세 및 증여세법」상 증여의제이익 계산방법과 정산증여의제이익 계산방법 및 해당 규정의 입법취지를 설명하시오. (7점)

【문제 4】상속세 및 증여세법

[물음 1] 증여의제와 증여추정

1. 증여의제와 추정의 개념

(1) 증여의제

증여의제란 민법상의 증여계약에 의한 증여는 아니나 부의 무상 이전이라는 점에서 증여와 동일하게 보아 법에 규정된 요건을 충족하면 당연히 과세가 되는 것을 말한다.

(2) 증여추정

증여추정은 반대의 증거가 입증되지 않는 한 증여로 보겠다는 것이다. 증여의 경우 증여자와 수증자의 긴밀한 관계에서 비롯된 것이 많으므로 과세관청이 증여를 입증하기 곤란한 경우가 많다. 따라서 특정한 거래의 경우에는 일단 증여로 추정하여 그 입증책임을 납세자에게 돌리는 것을 말한다.

2. 구별실익

증여의제와 증여추정의 구별실익은 납세자의 입증책임 정도에 있다. 증여의제 규정을 배제하려면 납세자는 과세요건의 전제 사실 자체를 탄핵하여야 한다. 증여추정은 납세자에게 입증책임이 전환된 것이므로, 증여추정을 배제하려면 납세자는 증여가 없다는 사실을 증명하면 된다.

[물음 2] 특정 법인과의 거래를 통한 이익의 증여의제

1. 증여의제이익 계산방법

특정 법인에게 분여된 이익에서 법인세를 차감한 금액에 지배주주의 주식보유비율을 곱하여 증여의제이익을 계산한다.

2. 시가 판정기준

재산 또는 용역의 시가는 법인세법 시행령에 따른다.

3. 입법취지

특정 법인에게 이익을 분여하게 되면 법인세만 부과되고 그 지배주주의 주식가치 상승분에 대해서는 과세하지 못한다. 그리하여 특정 법인의 주주가 얻은 이익도 증여세 과세대상에 포함한다.

이는 소득세로 과세할 영역이지만, 과세공백으로 인해 생기는 '과세형평' 문제를 해소하고자 입법한 것이다.

[물음 3] 사업기회로 인한 증여의제

1. 증여의제이익 계산방법

수혜법인의 3년간 세후영업이익에 지배주주의 지분율을 곱한 금액을 증여의제이익으로 한다. 다만, 증여세 과세표준 신고 전에 지배주주가 배당받은 이익이 있으면 이를 증여의제이익에서 차감한다.

2. 정산증여의제이익 계산방법

수혜법인의 실제이익은 당초 증여의제이익 계산 당시의 가정과 다를 수 있다. 따라서 사업기회 제공일 이후 2년간 발생한 이익을 기준으로 다시 증여이익과 이에 대한 증여세를 정산하도록 한다.

3. 입법취지

완전포괄주의 과세에 의해서도 주식가치 상승에 대한 증여이익을 관련 법리상 과세하기 어려운 측면이 있다. 이에 과세공백 문제를 해소하고자 증여의제 규정으로 입법한 것이다.

1. **특수관계법인으로부터 제공받은 사업기회로 발생한 이익의 증여의제(「상속세 및 증여세법」 제45조의4)**

① 지배주주와 그 친족(지배주주 등)이 직접 또는 간접으로 보유하는 주식보유비율이 100분의 30 이상인 법인(수혜법인)이 지배주주와 대통령령으로 정하는 특수관계에 있는 법인(대통령령으로 정하는 중소기업과 그 밖에 대통령령으로 정하는 법인은 제외)으로부터 대통령령으로 정하는 방법으로 사업기회를 제공받는 경우에는 그 사업기회를 제공받은 날(사업기회 제공일)이 속하는 사업연도(개시사업연도)의 종료일에 그 수혜법인의 지배주주 등이 다음 계산식에 따라 계산한 금액(증여의제이익)을 증여받은 것으로 본다.

> [{(제공받은 사업기회로 인하여 발생한 개시사업연도의 수혜법인의 이익 × 지배주주 등의 주식보유비율) – 개시사업연도분의 법인세 납부세액 중 상당액}
> ÷ 개시사업연도의 월 수 × 12] × 3

② 제1항에 따른 증여세 과세표준의 신고기한은 개시사업연도의 「법인세법」 제60조 제1항에 따른 과세표준의 신고기한이 속하는 달의 말일부터 3개월이 되는 날로 한다.

2. **특정 법인과의 거래를 통한 이익의 증여의제(「상속세 및 증여세법」 제45조의5)**

① 지배주주와 그 친족(지배주주 등)이 직접 또는 간접으로 보유하는 주식보유비율이 100분의 30 이상인 법인(특정 법인)이 지배주주의 특수관계인과 다음 각 호에 따른 거래를 하는 경우에는 거래한 날을 증여일로 하여 그 특정 법인의 이익에 특정 법인의 지배주주등이 직접 또는 간접으로 보유하는 주식보유비율을 곱하여 계산한 금액을 그 특정 법인의 지배주주 등이 증여받은 것으로 본다.
1. 재산 또는 용역을 무상으로 제공받는 것
2. 재산 또는 용역을 통상적인 거래 관행에 비추어 볼 때 현저히 낮은 대가로 양도 · 제공받는 것
3. 재산 또는 용역을 통상적인 거래 관행에 비추어 볼 때 현저히 높은 대가로 양도 · 제공하는 것
4. 그 밖에 제1호부터 제3호까지의 거래와 유사한 거래로서 대통령령으로 정하는 것

문제 1

다음 사례를 읽고 물음에 답하시오. (35점)

〈사례〉

(1) 「부가가치세법」상 사업자인 甲은 성남시 분당구에 있는 6개 상가건물(이하 '이 사건 건물'이라 함)의 매수자금에 사용하기 위하여 A은행으로부터 42억원을 대출받았다.

(2) 甲은 위 대출금채무를 담보하기 위하여 2015년 6월 30일 수탁자인 B부동산신탁 주식회사(이하 'B신탁회사'라 함)와 이 사건 건물에 관하여 신탁원본의 우선수익자를 A은행으로, 수익권증서 금액을 58억원으로 정한 부동산담보신탁계약을 체결하면서, 신탁 부동산이 환가되는 경우 A은행의 채권을 우선적으로 변제하고 잔액은 甲에게 지급하기로 약정하였다. 甲과 B신탁회사는 이 사건 건물에 관하여 2015년 7월 1일 甲명의의 소유권이전등기를 마친 다음, 곧이어 신탁을 원인으로 하여 B신탁회사 명의의 소유권이전등기를 마쳤다.

(3) 그러나 甲이 위 대출금채무를 제때 변제하지 못하자 A은행의 요청에 따른 B신탁회사의 공개매각 절차에 따라 2019년 2월 23일 乙이 45억원에 이 사건 건물의 소유권을 취득하였다.

(4) 관할 세무서장은 위탁자인 甲이 乙에게 이 사건 건물을 공급함으로써 부가가치세의 납세의무자가 되었다고 보아 2020년 1월 16일 甲에게 2019년 제1기분 부가가치세를 부과하는 처분(이하 '이 사건 처분'이라 함)을 하였다.

[물음 1] 과세관청이 甲을 납세의무자로 하여 이 사건 처분을 한 이유에 대하여 신탁과세이론 측면에서 설명하시오. (10점)

[물음 2] 이 사건 처분의 적법 여부에 대하여 설명하시오. (10점)

[물음 3] 사안을 달리하여 甲이 채무 없이 이 사건 건물을 취득한 후 임대관리 및 처분위탁만을 목적으로 B신탁회사에 신탁하고 그 수익을 甲에게 지급함을 내용으로 하는 신탁계약을 체결하였고 해당 신탁계약에 따라 B신탁회사가 2019년 2월 23일 이 사건 건물을 처분한 경우의 부동산 임대 및 처분과 관련된 부가가치세 납세의무자에 대하여 설명하시오. (15점) [참고: 부동산 임대의 납세의무자에 관한 물음은 저자가 추가함]

해답

【문제 1】 부가가치세법
[물음 1] 신탁이론과 부가가치세 납세의무자
1. 신탁과세이론
(1) 신탁과세이론의 의미
신탁관계인 위탁자, 수탁자, 수익자 중 누구를 과세단위 내지 납세의무자로 볼 것인지의 문제에 대하여 '신탁도관설'과 '신탁실체설'이 대립하고 있다.

(2) 신탁도관설
신탁은 수익자에게 소득을 분배해주는 도관에 불과하다는 이론이다. 따라서 신탁재산의 수탁자는 재화 공급의 주체가 될 수 없고, 경제적인 실질측면에서 신탁재산의 위탁자가 재화를 공급하는 자이다.

(3) 신탁실체설
세법상 신탁재산 자체가 실체가 있다고 보는 이론이다. 따라서 신탁재산의 법률상 소유권자인 수탁자를 계약상 또는 법률상 원인에 따라 재화를 공급하는 자로 본다.

2. 부과처분의 근거
과세관청은 경제적 실질을 강조한 '신탁도관설'의 입장에서 신탁재산의 '위탁자'인 甲이 乙에게 재화를 공급한 것으로 본 것이다.

[물음 2] 부과처분의 적법 여부(개정 법률 적용 시)
1. 신탁 관련 납세의무
(1) 원칙
신탁재산과 관련된 재화를 공급하는 때에는 신탁재산별로 수탁자가 각각 별도의 부가가치세 납세의무자이다.

(2) 예외
신탁재산과 관련된 재화를 공급함에도 불구하고 다음 중 어느 하나에 해당하는 경우에는 위탁자가 부가가치세 납세의무자이다.
① 신탁재산과 관련된 재화 또는 용역을 위탁자 명의로 공급하는 경우
② 위탁자가 신탁재산을 실질적으로 지배·통제하는 경우로서 대통령령으로 정하는 경우

2. 사안의 적용
(1) 신탁의 성격
甲과 B신탁회사가 체결한 신탁계약은 위탁자가 부동산을 수탁자에게 신탁하고, 수탁자가 타 채권자에게 우선하는 수익증서를 발급한 후 이 증서를 담보로 금융기관이 대출하여 주는 '담보신탁'에 해당한다.

(2) 납세의무자
B신탁회사가 건물을 매각한 것은 ① 위탁자의 명의로 매각하거나, ② 위탁자가 신탁재산을 실질적으로 지배·통제하는 경우에 해당하지 아니한다. 따라서 B신탁회사 명의의 건물을 매각함에 따라 발생한 부가가치세의 납세의무자는 수탁자인 B신탁회사이다.

(3) 처분의 적법성
부가가치세 납세의무자가 수탁자임에도 불구하고 위탁자인 甲에게 부가가치세를 처분한 것은 납세의무자를 달리 한 처분이므로 적법하지 않다.

[물음 2] 부과처분의 적법 여부(개정 전 법률 적용 시)
1. 수탁자 명의의 재화를 공급하는 경우
(1) 원칙
신탁재산을 수탁자의 명의로 매매할 때에는 위탁자가 직접 재화를 공급하는 것으로 본다.

(2) 예외(담보신탁)
수탁자가 위탁자의 채무이행을 담보할 목적으로 신탁계약을 체결한 경우로서 그 채무이행을 위하여 신탁재산을 처분하는 경우에는 '수탁자'가 직접 재화를 공급하는 것으로 본다.

2. 사안의 적용
사안은 담보신탁에 해당하고, 수탁자인 A은행은 채무이행을 위하여 신탁재산을 처분하였으므로 부가가치세 납세의무자는 甲이 아닌 A은행(수탁자)이다.
따라서 과세관청의 부과처분은 납세의무자를 달리하는 처분으로서 적법하지 않다.

[물음 3] 관리형신탁 및 처분신탁의 납세의무자(개정 법률 적용 시)

1. 관리신탁

(1) 신탁의 성격

관리신탁은 신탁회사(수탁자)가 위탁자를 대신하여 부동산에 대한 관리를 수행하는 신탁으로서 임대차, 시설의 유지보수 등의 관리를 수행하는 신탁을 말한다.

(2) 납세의무자

신탁재산과 관련된 부동산임대용역을 공급할 때 신탁재산별로 수탁자가 각각 별도의 부가가치세 납세의무자가 되는 것이 원칙이다.

다만, 부동산 임대차계약을 위탁자의 명의로 체결한 경우에는 부동산임대에 관한 부가가치세 납세의무자는 위탁자인 甲이다.

2. 처분신탁

(1) 신탁의 성격

처분신탁은 신탁회사(수탁자)가 부동산소유자(위탁자)를 대신하여 처분하는 신탁을 말한다.

(2) 납세의무자

수탁자 명의로 계약이 이루어지는 처분신탁의 부가가치세 납세의무자는 수탁자이다. ① 위탁자의 명의로 매각하거나, ② 위탁자가 신탁재산을 실질적으로 지배·통제하는 경우에 해당하지 않기 때문이다.

[참고]

개정 법률 적용 시 문제 배점은 조정이 필요해 보인다.

[물음 3] 신탁재산의 납세의무자(개정 전 법률 적용 시)

1. 납세의무자

부가가치세법상 납세의무자는 재화 또는 용역을 공급하는 사업자이다.

2. 재화를 공급하는 자

재화를 공급하는 자는 부가가치세법상 별도의 규정이 없는 한 계약상 또는 법률상의 원인에 의하여 재화를 사용·소비할 수 있는 권한을 이전하는 자이다. 다만, 신탁재산을 수탁자의 명의로 매매하는 경우의 재화의 공급자에 대해서는 법률에 별도의 규정을 두고 있다.

3. 수익자를 납세의무자로 볼 수 있는지 여부

사안에서 甲은 신탁재산의 수익권을 가지고 있으므로 수익자를 납세의무자로 볼 수 있다고 주장할 수 있다. 법인세법이나 소득세법은 신탁재산의 수익자를 납세의무자로 하지만, 부가가치세법은 법률상 또는 계약상 원인에 따라 재화를 공급하는 자를 납세의무자로 하므로, 수익자를 거래징수의무자로 보는 것은 타당하지 않다.

4. 수탁자 명의로 매매하는 경우

계약상 또는 법률상 재화를 공급하는 자는 수탁자임에도 불구하고 부가가치세법은 별도의 규정을 두어 수탁자의 명의로 재화를 공급하는 경우에는 원칙적으로 위탁자가 공급하는 것으로 본다.

5. 보충적 납세의무자

신탁설정일 이후 법정기일이 도래하는 신탁재산 관련 부가가치세를 위탁자가 체납한 경우로서 위탁자의 다른 재산에 대하여 체납처분을 하여도 징수할 금액에 미치지 못하는 경우에는 '수탁자'를 납세의무자로 한다. 다만, 수탁자는 신탁재산을 한도로 부가가치세를 납부할 의무를 진다.

**관련
법령**

1. 납세의무자(「부가가치세법」제3조 ➔ 2022. 1. 1.부터 시행)

① 다음 각 호의 어느 하나에 해당하는 자로서 개인, 법인(국가·지방자치단체와 지방자치단체조합을 포함한다), 법인격이 없는 사단·재단 또는 그 밖의 단체는 이 법에 따라 부가가치세를 납부할 의무가 있다.
   1. 사업자
   2. 재화를 수입하는 자

② 제1항에도 불구하고 대통령령으로 정하는 신탁재산과 관련된 재화 또는 용역을 공급하는 때에는 「신탁법」 제2조에 따른 수탁자가 신탁재산별로 각각 별도의 납세의무자로서 부가가치세를 납부할 의무가 있다.

③ 제1항 및 제2항에도 불구하고 다음 각 호의 어느 하나에 해당하는 경우에는 「신탁법」 제2조에 따른 위탁자가 부가가치세를 납부할 의무가 있다.
   1. 신탁재산과 관련된 재화 또는 용역을 위탁자 명의로 공급하는 경우
   2. 위탁자가 신탁재산을 실질적으로 지배·통제하는 경우로서 대통령령으로 정하는 경우
   3. 그 밖에 신탁의 유형, 신탁설정의 내용, 수탁자의 임무 및 신탁사무 범위 등을 고려하여 대통령령으로 정하는 경우

2. 신탁 관련 제2차 납세의무 및 물적납세의무(「부가가치세법」 제3조의2 ➔ 2022. 1. 1.부터 시행)

① 제3조 제2항에 따라 수탁자가 납부하여야 하는 다음 각 호의 어느 하나에 해당하는 부가가치세 또는 강제징수비를 신탁재산으로 충당하여도 부족한 경우에는 그 신탁의 수익자(「신탁법」 제101조에 따라 신탁이 종료되어 신탁재산이 귀속되는 자를 포함)는 지급받은 수익과 귀속된 재산의 가액을 합한 금액을 한도로 하여 그 부족한 금액에 대하여 납부할 의무(이하 "제2차 납세의무"라 한다)를 진다.
   1. 신탁 설정일 이후에 「국세기본법」 제35조 제2항에 따른 법정기일이 도래하는 부가가치세로서 해당 신탁재산과 관련하여 발생한 것
   2. 제1호의 금액에 대한 강제징수 과정에서 발생한 강제징수비

② 제3조 제3항에 따라 부가가치세를 납부하여야 하는 위탁자가 제1항 각 호의 어느 하나에 해당하는 부가가치세 등을 체납한 경우로서 그 위탁자의 다른 재산에 대하여 강제징수를 하여도 징수할 금액에 미치지 못할 때에는 해당 신탁재산의 수탁자는 그 신탁재산으로써 이 법에 따라 위탁자의 부가가치세 등을 납부할 의무(이하 "물적납세의무"라 한다)가 있다.

구분	제2차 납세의무	물적납세의무
개념	조세를 체납한 자의 재산에 대하여 체납처분을 하여도 징수하여야 할 조세에 부족이 있다고 인정되는 경우 본래의 납세자를 대신하여 그 납세자와 인적, 물적으로 일정한 관계에 있는 제3자에 대하여 원래의 납세자로부터 징수할 수 없는 금액을 한도로 보충적으로 납세의무를 부담하게 하는 것이다.	본래의 납세자가 납부하여야 할 국세 등에 대하여 제3자가 특정한 재산으로 납부책임을 지는 제도이다. 신탁법률관계에 따라 수탁자가 신탁재산의 소유권자이므로 수탁자에게는 물적납세의무를 부과한다.
본래의 납세의무자	수탁자	위탁자
보충적 납세의무자	수익자 또는 신탁재산이 귀속되는 자	수탁자

3. 신탁 관련 납세의무(「부가가치세법 시행령」 제5조의2 ⊃ 2022. 1. 1.부터 시행

① 법 제3조 제2항에서 "대통령령으로 정하는 신탁재산"이란 「신탁법」 또는 다른 법률에 따른 신탁재산(해당 신탁재산의 관리, 처분 또는 운용 등을 통하여 발생한 소득 및 재산을 포함)을 말한다.

② 법 제3조 제3항 제2호에서 "대통령령으로 정하는 경우"란 다음 각 호의 어느 하나에 해당하는 경우를 말한다. ⊃ 위탁자가 납세의무자

   1. 수탁자가 위탁자로부터 「자본시장과 금융투자업에 관한 법률」 제103조 제1항 제5호 또는 제6호의 재산을 수탁받아 같은 조 제4항에 따라 부동산개발사업을 목적으로 하는 신탁계약을 체결한 경우로서 그 신탁계약에 따른 부동산개발사업비의 조달의무를 수탁자가 부담하지 않는 경우. 다만, 수탁자가 「도시 및 주거환경정비법」 제27조 제1항 또는 「빈집 및 소규모주택 정비에 관한 특례법」 제19조 제1항에 따른 재개발사업·재건축사업 또는 가로주택정비사업·소규모재건축사업의 사업시행인 경우는 제외한다.

   2. 수탁자가 「도시 및 주거환경정비법」 제28조 제1항 또는 「빈집 및 소규모주택 정비에 관한 특례법」 제56조 제1항에 따른 재개발사업·재건축사업 또는 가로주택정비사업·소규모재건축사업의 사업대행자인 경우

   3. 수탁자가 위탁자의 지시로 위탁자와 특수관계 있는 자에게 신탁재산과 관련된 재화 또는 용역을 공급하는 경우

   4. 「자본시장과 금융투자업에 관한 법률」에 따른 투자신탁의 경우

③ 법 제10조 제8항에 따라 위탁자의 지위 이전을 신탁재산의 공급으로 보는 경우에는 법 제3조 제1항에 따라 기존 위탁자가 해당 공급에 대한 부가가치세의 납세의무자가 된다.

**관련
이론**

신탁유형별 부가가치세 납세의무자

구분	납세의무자	개념
차입형 토지신탁	수탁자 (수탁자가 자금조달)	토지소유자(위탁자)가 토지를 신탁회사(수탁자)에 신탁하고, 신탁회사는 신탁계약에서 정한 바에 따라 건설자금의 조달, 건축물의 건설, 임대·분양, 등을 수행하고 그 관리·운영의 성과를 신탁수익으로 토지소유자(수익자)에게 교부하고 신탁회사는 수수료를 수취한다. 자금조달의 주체에 따라 차입형과 관리형으로 나뉜다.
관리형 토지신탁	위탁자 (위탁자가 자금조달)	
담보신탁	① 처분: 수탁자 ② 임대: 명의자에 따라 결정	위탁자가 특정 부동산을 신탁회사에 신탁하면, 신탁회사가 타 채권자에 우선하는 수익권증서를 발급·교부한 뒤 이 증서를 담보로 금융기관이 대출하여 주도록 하는 신탁방식이다.
처분신탁	수탁자	대형·고가의 부동산, 권리관계가 복잡하여 처분하기에 어려움이 있는 부동산 등을 대상으로 신탁회사가 부동산소유자를 대신하여 실수요자를 찾아 효율적으로 처분(매각)하여 주는 신탁상품이다.
부동산 관리신탁	① 위탁자 명의 임대: 위탁자 ② 수탁자 명의 임대: 수탁자	신탁회사가 위탁자를 대신하여 부동산에 대한 관리를 수행하는 신탁으로, 토지 및 건물의 임대차, 시설의 유지보수, 소유권의 세무, 법률문제 등 제반사항에 대한 종합적인 관리를 수행하는 갑종관리신탁과 단순 소유권 보존만을 관리하는 을종관리신탁으로 대별된다.
분양 관리신탁	위탁자	'건축물의 분양에 관한 법률'에 의거하여 분양사업자가 일정 규모 이상의 건축물을 준공 전에 선분양하고자 할 경우, 신탁회사가 부동산의 소유권 보전 및 투명한 사업관리(분양대금 관리 등)를 통하여 수분양자를 보호하고, 아울러 분양사업자가 부담하는 채무 불이행 시 신탁부동산을 환가·처분하는 방법으로 수분양자를 보호하는 신탁상품이다.

문제 2

다음 사례를 읽고 물음에 답하시오. (20점)

〈사례〉

(1) A사는 2020년 1월부터 고급가방(특정 물품 운반·보관용 아님)을 직접 생산하되 일부 부족한 수량은 B사에게 생산을 위탁하여 판매하고 있다. B사가 A사에게 공급하는 가액은 개당 500만원이고 A사의 판매가격은 직접 생산분과 위탁 생산분 모두 1,200만원이다. 위 각 가액에는 포장비용 50만원이 포함되어 있고, 해당 포장은 개봉 이후 재활용할 수 없다. 가방표면에는 보석이 장식되어 있고 제조원가 중 보석의 구성비율은 30%이며 나머지는 모두 가방제조원가에 해당한다. B사는 수탁제조물품을 반출하면서 개별소비세를 신고·납부하지 않았고, 미납세반출 승인신청도 하지 않았다.

(2) 한편, A사는 직접 생산한 고급가방 10개를 국외 전시회에 출품하였다가 전시회 종료 후 제조장에 환입하였다. 출품 시에는 관련 승인을 받았으나, 환입 시에는 별도의 신고를 하거나 승인을 받지 아니하였다.

(3) 이후 2020년 10월 5일 A사는 합의하에 B사로부터 제조장을 사실상 이전하지 않고 제조업의 영업을 포괄승계 받았는 바, 당시 제조장에는 고급가방 50개가 반출되지 아니하고 있는 상태였다.

[물음 1] 지문 (1)과 관련하여 개별소비세의 과세물품, 과세표준, 세율, 납세의무자에 대하여 설명하시오. (10점)

[물음 2] 지문 (2)와 관련하여 A사가 직접 생산한 고급가방을 국외 전시회에 출품하기 위하여 반출하는 경우 및 제조장에 환입하는 경우의 과세문제에 대하여 설명하시오. (6점)

[물음 3] 지문 (3)과 관련하여 반출되지 않고 B사의 제조장에 남아 있는 고급가방에 대한 개별소비세 과세 여부에 대하여 설명하시오. (4점)

해답

【문제 2】개별소비세법
[물음 1] 고급가방의 과세요건
1. 과세물품의 구분
(1) 과세물품의 판정기준
① 원칙
과세물품의 판정은 그 명칭이 무엇이든 상관없이 그 물품의 형태·용도·성질이나 그 밖의 중요한 특성에 따른다.

② 과세물품의 결합
동일한 과세물품이 과세품목 중 둘 이상에 해당하는 경우에는 그 과세물품의 특성에 맞는 물품으로 취급하되 그 특성이 명확하지 아니한 경우에는 주된 용도로 사용되는 물품으로 취급하고, 주된 용도가 명확하지 아니한 경우에는 높은 세율이 적용되는 물품으로 취급한다.

(2) 사안의 적용
사안에서 고급가방과 보석이 결합되어 있으나, 특성이나 주된 용도로 볼 때 가방으로 보는 것이 타당하다. 특히 보석은 다른 과세물품과의 원가구성비를 고려하여 판단한다. 따라서 과세물품은 '고급가방'에 해당한다.

2. 과세표준
제조장에서 반출할 때의 가격 중 기준가격을 초과하는 부분의 가격을 과세표준으로 한다. 수탁제조의 경우 과세표준은 '위탁자'가 실제로 판매하는 가격에 상당하는 금액으로 한다. 이때 가격에는 그 용기 대금과 포장 비용을 포함한다.
사안에서 과세표준은 기준가격(200만원)을 초과하는 1,000만원이다.

3. 세율
과세가격의 20%의 세율을 적용한다.

4. 납세의무자
수탁제조의 경우 미납세반출을 적용하지 않는 경우 납세의무자는 수탁자이다.
사안에서 납세의무자는 수탁제조자인 B이다.

[물음 2] 무조건 면세와 미납세반출
1. 반출하는 경우
외국에서 개최되는 박람회 등에 출품하기 위하여 해외로 반출하는 물품은 '무조건 면세'이다.
무조건 면세는 면세반출승인은 받아야 하지만, 반출승인 후에는 별다른 조건 없이 개별소비세가 면제된다.

2. 제조장에 환입하는 경우
국외 박람회에 출품한 물품을 보세구역에서 반출하는 것은 '미납세반출' 사유이다.
미납세반출에서 세무서장 또는 세관장의 승인은 '필요적 요건'에 해당한다.
따라서 미납세반출 사유가 있더라도 승인을 받지 않았으므로 보세구역에서 반출하는 때 과세된다.

[물음 3] 반출의제와 포괄승계
1. 원칙(반출의제)
과세물품의 제조를 사실상 폐지한 경우에 제조장에 남아 있는 과세물품은 반출된 것으로 본다.

2. 예외(포괄승계)
제조장을 이전하지 아니하고 그 영업을 포괄승계하는 경우에는 해당 제조업을 폐업한 것으로 보지 않는다.
따라서 B사의 제조장에 남아 있는 고급가방은 개별소비세 과세대상이 아니다.

1. 과세대상과 세율(「개별소비세법」 제1조)

⑧ 과세물품의 판정은 그 명칭이 무엇이든 상관없이 그 물품의 형태·용도·성질이나 그 밖의 중요한 특성에 의한다.

⑨ 동일한 과세물품이 과세물품 중 둘 이상에 해당하는 경우에는 그 과세물품의 특성에 맞는 물품으로 취급하되 그 특성이 명확하지 아니한 경우에는 주된 용도로 사용되는 물품으로 취급하고, 주된 용도가 명확하지 아니한 경우에는 높은 세율이 적용되는 물품으로 취급한다.

⑫ 제8항부터 제11항까지에서 규정한 사항 외에 과세물품, 과세장소, 과세유흥장소, 과세영업장소 및 유흥음식행위의 판정에 필요한 사항은 대통령령으로 정한다.

2. 과세물품과 과세장소의 판정(「개별소비세법 시행령」 제3조)

법 제1조 제12항에 따라 과세물품과 과세장소의 판정은 다음 각 호의 기준에 따른다.

1. 별표 1 제3호의 물품(보석 및 귀금속 제품)의 판정은 다음 각 목의 기준에 따른다.

   가. 물품에 사용된 원재료의 전부 또는 대부분이 보석·진주·별갑·산호·호박·상아 또는 귀금속으로 제조된 것으로 한다.

   나. 가목에 해당하는 물품의 판정은 물품 원가의 구성비율에 따라 판정함을 원칙으로 하되, 원가구성비율이 같은 경우에는 그 물품에 사용된 원재료의 구성비율이 높은 것에 따라 판정한다.

2. 과세물품이 불완전 또는 미완성 상태로 반출되는 경우에 해당 물품의 주된 부분을 갖추어 그 기능을 나타낼 수 있는 물품은 완제품으로 취급한다.

3. 하나의 물품이 과세물품과 비과세물품으로 결합되어 있는 경우에는 해당 물품의 특성 및 주된 용도에 따라 판정하고, 이에 따라 판정할 수 없는 경우에는 원가가 높은 것에 따라 판정한다.

「개별소비세법」 제1조 제12항에 따르면 「개별소비세법」 제8항부터 제11항까지에서 규정한 사항 외에 필요한 사항은 대통령령으로 정하고 있다. 따라서 시행령 규정을 적용하지 않고 「개별소비세법」 제1조 제9항에 따라서만 판단하여야 한다고 볼 여지도 있다. 법 제1조 제9항에 따르면 높은 세율이 적용되는 과세물품으로 취급하고, 기준금액이 낮은 물품이 세율이 높은 것이므로 제9항에 따라서도 고급가방으로 판정한다.

3. 판매 등으로 보는 경우(「개별소비세법」 제6조)

① 과세물품이 다음 각 호의 어느 하나에 해당하는 경우에는 판매장에서 판매하거나 **제조장에서 반출**하는 것으로 본다.

1. 판매장이나 제조장에서 사용되거나 소비되는 경우. 다만, 대통령령으로 정하는 사유에 해당하는 경우는 제외한다.

2. 판매장이나 제조장에 있다가 공매(公賣), 경매 또는 파산절차로 환가(換價)되는 경우

3. 과세물품의 판매 또는 제조를 사실상 폐지한 경우에 판매장이나 제조장에 남아 있는 경우. 다만, 대통령령으로 정하는 사유에 해당하여 관할 세무서장의 승인을 받은 경우는 제외한다.

4. 폐업으로 보지 아니하는 경우(「개별소비세법」 제22조)

판매장·제조장 또는 과세장소·과세유흥장소·과세영업장소를 사실상 이전하지 아니하고 판매업·제조업 또는 과세장소·과세유흥장소·과세영업장소의 영업을 포괄승계하는 경우에는 이 법을 적용할 때 해당 판매업·제조업 또는 영업을 폐업한 것으로 보지 아니한다.

문제 3

다음 사례를 읽고 물음에 답하시오. (20점)

〈사례〉

(1) 甲은 A건설회사로부터 부산시 소재 아파트를 분양받은 후 2016년 11월경 아파트 공급계약서 및 A건설회사로부터 제출받은 분양금 납부확인서를 첨부하여 취득세를 신고·납부하면서 소유권이전등기를 마쳤다.

(2) 甲이 A건설회사와 체결한 공급계약서에는 아래와 같은 특약(이하 '이 사건 특약'이라 함)이 포함되어 있다.

> 제2조 [잔금 납부 시 분양대금의 10% 2년간 납부 유예]
>
> (1) 매수인이 입주 시 납부하여야 할 잔금 중 분양대금의 10%를 입주지정만료일로부터 2년간 납부 유예한다. 다만, 납부 유예한 잔금을 제외한 분양대금을 완납하면 매수인에게 아파트의 소유권을 이전하여 주기로 한다.
>
> 제3조 [분양가격 미만으로 시세 하락 시 원금 보장제 적용]
>
> (1) A건설회사는 입주지정만료일로부터 2년이 경과하는 시점(기준시점)에 아파트에 대한 시세가액이 아파트의 분양가격 대비 하락 시 분양가의 최대 10% 범위 내에서 아래와 같은 방법으로 잔금 납부 유예분을 처리하기로 약정한다.
>
> ① 분양가격 대비 해당 시세가액의 10% 이상 하락 시 → 잔금 납부 유예분 지급면제
>
> ② 분양가격 대비 해당 시세가액이 분양가 미만 ~ 10% 미만 하락 시 → 잔금 납부 유예분 중 시세 하락분 (분양가격 - 시세가액) 지급면제

(3) 이 사건 특약에 따라 입주지정만료일부터 약 2년이 지난 시점인 2018년 6월 30일 기준으로 아파트 시가감정을 의뢰한 결과 시세가액이 분양가격보다 10% 이상 하락된 것으로 평가되어 2018년 9월 4일 甲에게 유예된 잔금지급채무가 면제되었다.

(4) 그 후 甲이 지급면제된 금액에 상응하는 취득세 환급을 구하는 경정청구를 2019년 7월경에 하였으나 乙구청장은 2019년 8월 7일 이를 거부하였다.

[물음 1] 「지방세법」상 甲이 분양받은 아파트의 취득세 과세표준 및 취득시기에 대하여 설명하시오. (10점)

[물음 2] 「지방세기본법」상 甲에게 유예된 잔금지급채무의 면제 사실이 경정청구를 할 수 있는 사유에 해당하는가를 설명하시오. (10점)

【문제 3】 지방세법
[물음 1] 취득세의 과세표준과 취득시기
1. 과세표준
(1) 취득 당시의 가액
취득세의 과세표준은 '취득 당시의 가액'으로 하며 취득 당시의 가액은 취득자가 신고한 가액으로 한다. 단, '판결문·법인장부로 취득가격이 증명되는 취득'에 대하여는 사실상의 취득가격을 과세표준으로 한다.

(2) 법인의 장부
甲은 A건설회사로부터 제출받은 '분양금 납부확인서'를 첨부하여 취득시기에 제출한 점이 인정되므로 '취득 당시'의 '사실상 취득가액'을 과세표준으로 하여야 한다.

2. 취득시기
(1) 유상승계취득
유상승계취득의 경우 '사실상 잔금지급일'이 원칙적인 취득시기이다. 경매는 유상승계취득에 해당한다.

(2) 취득 전 등기
그러나 취득일 전에 등기 또는 등록을 한 경우에는 그 등기일 또는 등록일에 취득한 것으로 본다. 따라서 잔금지급에 관한 상계(면제) 전에 등기·등록이 이루어진 이상 2016년 11월경 소유권이전등기한 때를 취득시기로 보아야 한다.

[물음 2] 경정청구
1. 쟁점
취득세 신고·납부 후 매매대금이 감액된 경우 후발적 경정청구가 가능한지 여부

2. 해제가 취득세 경정청구 사유가 되는지 여부
취득세는 부동산의 취득행위를 과세객체로 하는 행위세이므로, 그에 대한 조세채권은 그 취득행위라는 과세요건 사실이 존재함으로써 당연히 발생하고, 일단 적법하게 취득한 이상 그 이후에 계약이 합의해제되거나, 해제조건의 성취 또는 해제권의 행사 등에 의하여 소급적으로 실효되었다 하더라도 이는 이미 성립한 조세채권의 행사에 아무런 영향을 줄 수 없다.

3. 사안의 적용
(1) 일부 해제
취득 후 매매대금을 감액한 것은 계약의 일부 해제로 볼 수 있다.

(2) 후발적 경정청구의 제한
계약의 성립 후 발생한 부득이한 사유로 해제되거나 취소된 경우 후발적 경정청구가 가능하지만, 단지 매매대금을 감액한 것은 '취득세의 성격'상 이러한 후발적 사유에 해당한다고 볼 수 없다.
따라서 甲의 경정청구는 받아들여질 수 없다.

1. 과세표준의 기준(「지방세법」 제10조)

> 취득세의 과세표준은 취득 당시의 가액으로 한다. 다만, 연부로 취득하는 경우 취득세의 과세표준은 연부금액(매회 사실상 지급되는 금액을 말하며, 취득금액에 포함되는 계약보증금을 포함한다. 이하 이 장에서 같다)으로 한다.

2. 유상승계취득의 경우 과세표준(「지방세법」 제10조의3)

> ① 부동산등을 유상거래(매매 또는 교환 등 취득에 대한 대가를 지급하는 거래)로 승계취득하는 경우 취득 당시 가액은 취득시기 이전에 해당 물건을 취득하기 위하여 거래 상대방이나 제3자에게 지급하였거나 지급하여야 할 일체의 비용으로서 대통령령으로 정하는 사실상의 취득가격(이하 "사실상 취득가격"이라 한다)으로 한다.
> ② 지방자치단체의 장은 특수관계인 간의 거래로 그 취득에 대한 조세부담을 부당하게 감소시키는 행위 또는 계산을 한 것으로 인정되는 경우(이하 이 장에서 "부당행위계산"이라 한다)에는 제1항에도 불구하고 시가인정액을 취득 당시 가액으로 결정할 수 있다.
> ③ 부당행위계산의 유형은 대통령령으로 정한다.

3. 취득의 시기 등(「지방세법 시행령」 제20조)

> ① 부동산등을 유상거래(매매 또는 교환 등 취득에 대한 대가를 지급하는 거래를 말한다. 이하 이 장에서 같다)로 승계취득하는 경우 취득 당시 가액은 취득시기 이전에 해당 물건을 취득하기 위하여 다음 각 호의 자가 거래 상대방이나 제3자에게 지급하였거나 지급하여야 할 일체의 비용으로서 대통령령으로 정하는 사실상의 취득가격(이하 "사실상 취득가격"이라 한다)으로 한다.
> 　1. 납세의무자
> 　2. 「신탁법」에 따른 신탁의 방식으로 해당 물건을 취득하는 경우에는 같은 법에 따른 위탁자
> 　3. 그 밖에 해당 물건을 취득하기 위하여 비용을 지급하였거나 지급하여야 할 자로서 대통령령으로 정하는 자
> ② 유상승계취득의 경우에는 사실상의 잔금지급일(신고인이 제출한 자료로 사실상의 잔금지급일을 확인할 수 없는 경우에는 계약상의 잔금지급일을 말하고, 계약상 잔금지급일이 명시되지 않은 경우에는 계약일부터 60일이 경과한 날을 말한다)에 취득한 것으로 본다. 다만, 해당 취득물건을 등기·등록하지 않고 다음 각 호의 어느 하나에 해당하는 서류로 계약이 해제된 사실이 입증되는 경우에는 취득한 것으로 보지 않는다.
> 　가. 화해조서·인낙조서(해당 조서에서 취득일부터 60일 이내에 계약이 해제된 사실이 입증되는 경우만 해당한다)
> 　나. 공정증서(공증인이 인증한 사서증서를 포함하되, 취득일부터 60일 이내에 공증받은 것만 해당한다)
> 　다. 행정안전부령으로 정하는 계약해제신고서(취득일부터 60일 이내에 제출된 것만 해당한다)
> 　라. 부동산 거래신고 관련 법령에 따른 부동산거래계약 해제등 신고서(취득일부터 60일 이내에 등록관청에 제출한 경우만 해당한다)
> ⑭ 제1항, 제2항 및 제5항에 따른 취득일 전에 등기 또는 등록을 한 경우에는 그 등기일 또는 등록일에 취득한 것으로 본다.

4. 경정 등의 청구(「지방세법」 제50조)

> ② 과세표준 신고서를 법정신고기한까지 제출한 자 또는 지방세의 과세표준 및 세액의 결정을 받은 자는 다음 각 호의 어느 하나에 해당하는 사유가 발생하였을 때에는 제1항에서 규정하는 기간에도 불구하고 그 사유가 발생한 것을 안 날부터 90일 이내에 결정 또는 경정을 청구할 수 있다.
> 1. 최초의 신고·결정 또는 경정에서 과세표준 및 세액의 계산 근거가 된 거래 또는 행위 등이 그에 관한 소송의 판결(판결과 동일한 효력을 가지는 화해나 그 밖의 행위를 포함한다)에 의하여 다른 것으로 확정되었을 때
> 2. 조세조약에 따른 상호합의가 최초의 신고·결정 또는 경정의 내용과 다르게 이루어졌을 때
> 3. 제1호 및 제2호의 사유와 유사한 사유로서 대통령령으로 정하는 사유가 해당 지방세의 법정 신고기한이 지난 후에 발생하였을 때

5. 후발적 사유(「지방세기본법 시행령」 제30조)

> 법 제50조 제2항 제3호에서 "대통령령으로 정하는 사유"란 다음 각 호의 어느 하나에 해당하는 경우를 말한다.
> 1. 최초의 신고·결정 또는 경정을 할 때 과세표준 및 세액의 계산근거가 된 거래 또는 행위 등의 효력과 관계되는 관청의 허가나 그 밖의 처분이 취소된 경우
> 2. 최초의 신고·결정 또는 경정을 할 때 과세표준 및 세액의 계산근거가 된 거래 또는 행위 등의 효력과 관계되는 계약이 해당 계약의 성립 후 발생한 부득이한 사유로 해제되거나 취소된 경우
> 3. 최초의 신고·결정 또는 경정을 할 때 장부 및 증명서류의 압수, 그 밖의 부득이한 사유로 과세표준 및 세액을 계산할 수 없었으나 그 후 해당 사유가 소멸한 경우
> 4. 제1호부터 제3호까지의 규정에 준하는 사유가 있는 경우

관련 판례

취득세는 본래 재화의 이전이라는 사실 자체를 포착하여 거기에 담세력을 인정하고 부과하는 유통세의 일종으로 취득자가 재화를 사용·수익·처분함으로써 얻을 수 있는 이익을 포착하여 부과하는 것이 아니다. 이처럼 부동산 취득세는 부동산의 취득행위를 과세객체로 하는 행위세이므로, 그에 대한 조세채권은 그 취득행위라는 과세요건 사실이 존재함으로써 당연히 발생하고, 일단 적법하게 취득한 이상 그 이후에 계약이 합의해제되거나, 해제조건의 성취 또는 해제권의 행사 등에 의하여 소급적으로 실효되었다 하더라도 이는 이미 성립한 조세채권의 행사에 아무런 영향을 줄 수 없다.

이러한 취득세의 성격과 본질 등에 비추어 보면, 매매계약에 따른 소유권이전등기가 마쳐진 이후 매매계약에서 정한 조건이 사후에 성취되어 대금감액이 이루어졌다 하더라도, 당초의 취득가액을 기준으로 한 적법한 취득행위가 존재하는 이상 위와 같은 사유는 특별한 사정이 없는 한 취득행위 당시의 과세표준을 기준으로 성립한 조세채권의 행사에 아무런 영향을 줄 수 없고, 따라서 위와 같은 사유만을 이유로 「지방세기본법」 제50조 제1항 제1호에 따른 통상의 경정청구나 같은 조 제2항 제3호, 구 「지방세기본법 시행령」 제30조 제2호 등에 따른 후발적 경정청구를 할 수도 없다. (2015두57345, 2018. 9. 13.)

다음 사례를 읽고 물음에 답하시오. (25점)

<사례>
(1) 甲은 A시 소재 토지 및 그 지상건물(이하 '이 사건 부동산'이라 함)에서 B공업사라는 상호의 자동차부품 제조업을 영위하다가 2012년 12월 24일 이 사건 부동산을 현물출자하여 2013년 3월 7일 주식회사 C를 설립하였다.

(2) 甲은 2013년 1월 31일 「조세특례제한법」상 법인전환에 대한 양도소득세 이월과세 특례 규정을 근거로 양도소득세 이월과세 적용신청을 하였다.

(3) 甲은 2013년 1월 3일 현물출자로 인수할 주식회사 C의 주식 20만주 가운데 19만 8천주(이하 '쟁점 주식'이라 함)를 처와 자녀 등에게 증여하는 계약을 수증자들과 체결하고, 2013년 4월 30일 증여세를 신고·납부하였다.

(4) 주식회사 C는 설립등기 전인 2012년 12월 29일 사업자등록을 마치고, 2013년 사업연도 법인세 신고서에 수증자들이 쟁점 주식을 증여받은 내역을 반영한 주식변동상황명세서를 첨부하였다.

(5) 乙세무서장은 2017년 3월 8일 甲에게 이월과세 특례를 적용받은 양도소득세를 납부할 의무가 있다는 이유로 2013년 귀속 양도소득세 7억원을 결정·고지하였다.

[물음 1] 지문 (2)에서 甲이 양도소득세 이월과세 적용신청을 하기 위한 요건 및 그 과세특례의 취지에 대하여 설명하시오. (10점)

[물음 2] 「조세특례제한법」이 2013년 1월 1일 개정되어 법인전환에 대한 양도소득세 이월과세 특례를 적용받은 거주자가 법인설립일로부터 5년 이내에 법인전환으로 취득한 주식의 100분의 50 이상을 처분하는 경우 이월과세액을 양도소득세로 납부하여야 한다는 규정(이하 '사후관리 규정'이라 함)이 신설되었고, 동 법률 부칙 제11조는 이 조항을 2013년 1월 1일 이후 취득한 주식을 처분하는 분부터 적용한다고 규정하고 있다. 사후관리 규정의 의의 및 적용요건에 대하여 설명하고, 위 사례에서 乙세무서장의 甲에 대한 2013년 귀속 양도소득세 과세처분을 정당화할 수 있는 근거를 설명하시오. (15점)

【문제 4】 조세특례제한법
[물음 1] 양도소득세 이월과세 적용신청 요건
1. 甲의 신청요건
법인전환하면서 부동산을 현물출자한 甲이 양도소득세 이월과세 적용신청을 위해 필요한 요건은 다음과 같다.

(1) 적용 대상자
이월과세 대상자는 소득세법에서 규정하고 있는 거주자이며, 또한 전환되는 법인은 소비성서비스업을 영위하는 법인을 제외한 모든 법인이다.

(2) 신설법인
거주자가 사업장별로 당해 사업에 사용한 사업용 고정자산을 '새로이 설립'되는 법인에 현물출자하여 법인으로 전환한 경우에 한하여 적용한다.

(3) 자본금 요건
신설법인의 자본금은 순자산가액 이상이 되어야 한다. 이는 신설법인의 순자산 일부가 사업양수도의 대가로 지급되는 것을 방지하여 법인의 동일성을 유지하기 위함이다.

(4) 신청서 제출
전환법인과 함께 이월과세신청서를 제출하여야 한다. 신청서 제출은 과세특례 적용을 받기 위한 '필요적 요건'에 해당한다.

2. 과세특례의 취지
'현물출자' 또는 자산의 양도를 통해 얻은 양도차익은 양도소득세의 과세대상이 됨이 원칙이다.
그런데 일반적으로 개인기업에 비하여 법인기업이 기업의 영속성과 발전성이 강하고, 법인전환을 통하여 기업의 대외신용도를 높일 수 있으며, 자본조달의 원활화·다양화가 가능함과 동시에 회계가 투명하여 세수증대를 기대할 수 있다.

따라서 세법은 개인기업의 법인기업으로의 전환 내지 구조조정을 촉진하고, 현물출자가 널리 이용되는 '구조조정' 방법의 하나라는 점을 고려하여 양도소득을 과세이연하는 과세특례제도를 마련하고 있다.

[물음 2] 사후관리 규정
1. 사후관리 규정의 의의와 적용요건
(1) 사후관리 규정의 의의
법인전환에 대한 이월과세 규정이 부동산 등에 대한 양도소득세 회피수단으로 악용되는 것을 방지하기 위해 사후관리 규정을 두고 있다.

(2) 적용요건
이월과세 적용을 받은 거주자가 다음과 같이 경제적 실질에 변화가 생긴 경우에는 이월과세액을 납부하도록 한다.
① 신설법인이 거주자로부터 승계받은 사업을 폐지하는 경우
② 거주자가 법인전환으로 취득한 주식의 50% 이상을 처분하는 경우

2. 사례에서 과세관청 부과처분의 근거
(1) 주식의 취득시기
부동산의 양도시기를 주식의 취득시기로 볼 수 있으므로, 부동산의 양도시기인 설립등기일을 주식의 취득일로 볼 수 있다.

(2) 주식의 처분시기
현물출자일 전에 주식의 증여계약을 하였으나, 그 실제 증여는 현물출자일에 취득과 동시에 이뤄진 것으로 볼 수 있다.

(3) 소급과세금지 판단
사후관리 규정 및 그 부칙에 따르면 2013년 1월 1일 이후 취득한 주식을 처분하는 분부터 사후관리 규정을 적용한다. 한편 판례에 따르면 법률 '개정 전에 취득'하여 '개정 후에 처분'한 주식에 대해 사후관리 규정을 적용하는 것은 소급과세에 해당하지 않는다. 주식의 '처분일'을 기준으로 하여 소급과세 여부를 판단하기 때문이다.

3. 결어

甲은 신법 시행 이후 주식을 취득하여 처분한 것으로 볼 수 있다. 과세관청의 부과처분은 신법 시행일 이후 '주식의 처분'이라는 새로운 사실관계에 대하여 적용하는 것이다. 따라서 소급과세금지원칙을 위배한 처분이 아니므로 타당하다.

1. 헌법재판소(2016헌바275, 2017. 7. 27.)

양도소득세 이월과세 배제에 관한 이 사건 법률조항은 법인설립일부터 5년 이내에 주식 등을 처분하는 사유가 발생하면 이월과세액을 처분일이 속하는 과세연도의 과세표준 신고를 한 때 양도소득세로 납부하도록 규정하고 있는데, 이 사건 부칙조항은 이 사건 법률조항이 시행일인 2013. 1. 1. 이후 주식 등을 처분하는 분부터 적용되도록 규정하고 있다. 즉, 이 사건 법률조항은 이월과세를 적용받은 거주자가 법인설립일부터 5년 내에 주식 등을 처분하는 경우에 비로소 적용되는 것이므로 소급입법 여부의 판단은 법인의 설립일이 아니라 '주식 등의 처분일'을 기준으로 하여야 하고, 그렇게 볼 경우 이 사건 법률조항은 이미 확정된 사실관계에 적용되는 것이 아니라 시행일 이후 '주식 등의 처분'이라는 새로운 사실관계에 대하여 적용되는 것이다. 따라서 법 시행 전 이미 처분한 주식 등에 대하여 이 사건 법률조항을 적용하는 것은 진정소급입법으로서 허용되지 않지만, 이 사건 부칙조항은 이미 종료된 과거의 사실관계 또는 법률관계에 대하여 새로운 법률을 소급적으로 적용함으로써 과거를 법적으로 새로이 평가하는 것이 아니므로 진정소급입법에 해당된다고 볼 수 없다. 결국 이 사건 부칙조항에 의해 소급과세금지원칙이 문제될 여지는 없다.

2. 대법원(2018두55012, 2018. 12. 13.)

법인전환에 따른 양도소득세 이월과세를 적용받은 개인사업자가 법인전환으로 취득한 주식을 100분의 50 이상 처분하는 경우, 주식회사 발기설립 시 현물출자에 대한 양도시기는 주주의 지위를 취득하는 설립등기 시이므로, 甲은 설립등기이전 주식을 증여하여 양도소득세 이월과세 요건을 충족하지 못한 결과가 되어 이를 추징한 과세관청의 처분은 정당하다.

3. 판례 해설

출제된 문제는 대법원 판례에서 사실 관계를 하나 변경하였다. 실제 판례는 법률 개정 전에 주식 증여 계약을 하였는데, 문제는 법률 개정 후 증여 계약을 한 것으로 사실 관계를 일부 변경하였다. 물음의 취지 역시 헌법재판소 판례에 쟁점(소급과세금지원칙)을 좀 더 부각시켜 출제한 것으로 보인다.

문제 1

다음 사례를 읽고 물음에 답하시오. (20점)

〈사례〉

A주식회사의 대표이사 甲은 2011년 10월경 A주식회사의 재정팀장으로 근무하던 乙에게 甲소유의 B주식회사(비상장법인) 주식을 매도하라고 지시하면서, 매도할 수 있는 주식의 대략적인 수량만 정하여 준 채 매도가격, 매도상대방, 매도시점 등에 관한 일체의 권한을 위임하였다. 이에 따라 乙은 2011년 11월경 甲소유의 B주식회사 주식 50만주를 C주식회사에 대금 100억원에 매도하는 계약을 체결하였다.

그런데 乙은 위 주식 50만주의 매도과정에서 C주식회사의 과장 丙에게 형식상의 중간거래인을 세워줄 것을 부탁한 다음, 위 주식 50만주를 丙이 내세운 D주식회사에 대금 80억원에 매도하였다가 D주식회사가 다시 C주식회사에 대금 100억원에 매도하는 것처럼 2단계의 계약서를 작성하였다. 특별한 재산이 없고 신용불량자인 乙은 2011년 12월 15일에 C주식회사로부터 대금 100억원을 지급받은 후 80억원과의 차액 20억원을 자신이 취하여 개인 빚을 갚는데 모두 소진하였는바, 그 무렵 다른 채권자들과의 민사재판 결과에 따르면 乙은 특별한 지불능력이 없는 것으로 나타난다.

乙은 甲으로부터 위 주식거래에 대한 양도소득세 및 증권거래세 신고를 지시받고는 2012년 2월경 甲과 D주식회사 사이의 매매계약서를 기초로 위 주식의 양도가액을 80억원으로 하는 양도소득세 및 증권거래세 신고를 하였다.

관할 세무서장은 甲이 위 주식을 C주식회사에 대금 100억원에 매도하였음에도 실제 계약내용과 달리 D주식회사에 대금 80억원에 양도한 것처럼 양도소득세 및 증권거래세 신고를 한 것은 신고내용의 탈루에 해당한다고 보아 2018년 5월 4일 甲에게 그 차액 20억원에 관하여 2011년 귀속 양도소득세 및 증권거래세를 증액경정하는 처분을 하였다(단, 甲, 乙, 丙은 모두 거주자이고, A, B, C, D는 모두 내국법인으로 전제하며, 가산세는 논외로 함).

[물음 1] 위 처분 중 증권거래세와 관련하여 甲이 위 증권거래세 증액경정처분은 국세의 부과제척기간이 도과된 후 이루어진 것으로서 무효라고 주장하는 것이 타당한지 여부를 설명하시오. (단, 이 사례에서 증권거래세의 부과제척기간의 기산일은 2012년 3월 1일이라고 전제한다) (12점)

[물음 2] 위 처분 중 양도소득세와 관련하여 위 사례에서 乙이 취한 양도대금 차액 20억원이 甲 자신에게 귀속되지 않았다고 하면서 위 양도소득세 증액경정처분이 위법하다고 하는 甲의 주장이 타당한지 여부에 대하여 설명하시오. (8점)

해답

【문제 1】 국세기본법

[물음 1] 특례제척기간

1. 쟁점

① 사기 그 밖의 부정한 행위에 해당하여 '특례제척기간'이 적용되는지 여부

② 사기 그 밖의 부정한 행위에 '대리인의 부정행위'가 포함되는지 여부

2. 제척기간

국세의 부과제척기간은 원칙적으로 5년이나, '납세자가 사기 그 밖의 부정한 행위로써 국세를 포탈하거나 환급·공제받는 경우'에는 당해 국세를 부과할 수 있는 날부터 10년으로 부과제척기간을 연장한다.

3. 사기 그 밖의 부정한 행위

① 조세포탈의 의도를 가지고, ② 그 수단으로서 조세의 부과징수를 불능 또는 현저하게 곤란하게 하는 위계 기타 부정한 적극적인 행위가 있으며, ③ 그 행위와 조세 부과를 어렵게 한 것 사이에 인과관계가 있는 경우에는 사기 그 밖의 부정한 행위에 해당한

다. 그 유형에는 '이중장부의 작성', '거짓 문서의 작성' 등이 있다.

4. 대리인의 부정행위

납세자 본인의 부정행위뿐만 아니라, 납세의무자가 스스로 관련 업무의 처리를 위탁함으로써 그 행위영역 확장의 이익을 얻게 되는 납세의무자의 대리인이나 이행보조자 등의 부정한 행위도 다른 특별한 사정이 없는 한 포함된다.

5. 사안의 적용

대리인 乙이 거짓계약서를 작성하는 등의 가장행위를 한 것은 조세포탈과 인과관계가 있는 적극적 행위로서 사기 그 밖의 부정행위에 해당한다. 또한 대리인 乙의 부정행위는 甲의 부정행위에 포함된다. 따라서 증권거래세 포탈행위는 사기 그 밖의 부정한 행위로 10년의 부과제척기간이 적용되므로 과세처분이 무효라는 甲의 주장은 타당하지 않다.

[물음 2] 실질과세원칙과 후발적 사유

1. 쟁점

대리인의 횡령으로 양도대금을 회수하지 못한 경우에도 본인의 양도소득세 납세의무가 있는지 여부

2. 가장행위와 법률행위의 귀속

양도인과 최종 양수인 사이에 D주식회사를 끼워 넣는 중간 거래가 개입되었으나, 이는 '가장행위'에 불과하다. 따라서 실질과세의 원칙상 양도거래로 인한 효과는 모두 납세의무인인 양도인 甲에게 귀속된다.

3. 회수불능

사안에서 乙이 양도대금을 횡령한 때 甲은 대리인에 대한 '손해배상채권'이 있기는 하다. 그러나 대리인의 자산상황, 지급능력에 비추어 회수불능이 되어 장래 소득이 실현될 가능성이 전혀 없게 된 것이 객관적으로 명백한 때에는 본인(甲)에게 양도소득세를 부과할 수 없다.

권리가 '확정'된 이후라도 나중에 소득이 '실현'되지 않은 것으로 판명된 때 과세근거는 사라진다.

4. 사안의 적용

비록 법률행위의 주체는 甲이고 양도대금은 당초 100억원으로 확정되었으나, 증액경정처분 당시 이미 乙의 횡령으로 양도대금을 더 이상 회수할 수 없음이 명백하게 되었다. 따라서 양도대금 차액 20억원이 자신에게 귀속되지 않았다는 주장은 타당하지 않으나, 결과적으로 장래 회수할 수 없는 금액임은 분명해졌으므로 증액경정처분은 타당하지 않다.

1. 국세의 부과제척기간(「국세기본법」 제26조의2)

> ① 국세를 부과할 수 있는 기간(이하 "부과제척기간"이라 한다)은 국세를 부과할 수 있는 날부터 5년으로 한다. …
>
> ② 제1항에도 불구하고 다음 각 호의 어느 하나에 해당하는 경우에는 다음 각 호의 구분에 따른 기간을 부과제척기간으로 한다.
>
>   1. 납세자가 법정신고기한까지 과세표준신고서를 제출하지 아니한 경우: 해당 국세를 부과할 수 있는 날부터 7년 …
>
>   2. 납세자가 대통령령으로 정하는 사기나 그 밖의 부정한 행위(이하 "부정행위"라 한다)로 국세를 포탈하거나 환급·공제를 받은 경우: 그 국세를 부과할 수 있는 날부터 10년 …. 이 경우 부정행위로 포탈하거나 환급·공제받은 국세가 법인세이면 이와 관련하여 「법인세법」 제67조에 따라 처분된 금액에 대한 소득세 또는 법인세에 대해서도 또한 같다.
>
>   3. 납세자가 부정행위를 하여 다음 각 목에 따른 가산세 부과대상이 되는 경우: 해당 가산세를 부과할 수 있는 날부터 10년 …

2. 실질과세(「국세기본법」 제14조)

> ① 과세의 대상이 되는 소득, 수익, 재산, 행위 또는 거래의 귀속이 명의일 뿐이고 사실상 귀속되는 자가 따로 있을 때에는 사실상 귀속되는 자를 납세의무자로 하여 세법을 적용한다.
>
> ② 세법 중 과세표준의 계산에 관한 규정은 소득, 수익, 재산, 행위 또는 거래의 명칭이나 형식에 관계없이 그 실질 내용에 따라 적용한다.
>
> ③ 제3자를 통한 간접적인 방법이나 둘 이상의 행위 또는 거래를 거치는 방법으로 이 법 또는 세법의 혜택을 부당하게 받기 위한 것으로 인정되는 경우에는 그 경제적 실질 내용에 따라 당사자가 직접 거래를 한 것으로 보거나 연속된 하나의 행위 또는 거래를 한 것으로 보아 이 법 또는 세법을 적용한다.

1. 제척기간

「국세기본법」상 제척기간의 입법취지는 조세법률 관계의 신속한 확정을 위하여 원칙적으로 국세 부과권의 제척기간을 5년으로 하면서도 국세에 관한 과세요건사실의 발견을 곤란하게 하거나 허위의 사실을 작출하는 등의 부정한 행위가 있는 경우에 과세관청으로서는 탈루신고임을 발견하기가 쉽지 아니하여 부과권의 행사를 기대하기가 어려우므로 당해 국세에 대한 부과제척기간을 10년으로 연장하는 데에 있다. 그렇다면 여기서 말하는 '부정한 행위'에는 납세의무자 본인의 부정한 행위뿐만 아니라, 납세의무자가 스스로 관련 업무의 처리를 위탁함으로써 그 행위영역 확장의 이익을 얻게 되는 납세의무자의 대리인이나 이행보조자 등의 부정한 행위도 다른 특별한 사정이 없는 한 포함된다.

2. 실질과세원칙

실질과세의 원칙은 납세의무자가 소득이나 수익, 재산, 거래 등의 과세요건사실에 관하여 실질과 괴리되는 비합리적인 형식이나 외관을 취한 경우 그 형식이나 외관에 불구하고 그 뒤에 숨어 있는 실질에 따라 과세요건이 되는 소득이나 수익, 재산, 거래 등의 발생, 귀속과 내용 등을 파악하여 과세하여야 한다는 국세부과의 원칙을 말하는 것이다. 따라서 납세의무자인 양도인과 최종 양수인 사이에 중간 거래가 개입되었으나 그것이 가장행위에 의한 형식상의 양도거래에 불과하고 실제로는 양도인과 최종 양수인 사이에 하나의 양도거래가 있을 뿐이라면, 실질과세의 원칙상 그 양도거래로 인한 효과는 모두 납세의무자인 양도인에게 귀속된다.

3. 회수불능

본인이 대리인에게 자산의 양도와 그 대금의 수령권한을 부여하고 대리인이 상대방으로부터 양도대금을 지급받았다면 대금수령의 법률적 효과는 본인에게 귀속될 뿐만 아니라 특별한 사정이 없는 한 본인도 그 대금에 대한 지배·관리를 하면서 담세력도 보유하게 되므로 본인의 양도소득은 실현되었다고 볼 것이지만, 만약 대리인이 위임의 취지에 반하여 자산을 저가에 양도한 것처럼 본인을 속여 양도대금의 일부를 횡령하고, 나아가 본인의 대리인에 대한 횡령금액 상당의 손해배상채권이 대리인의 자산상황, 지급능력 등에 비추어 회수불능이 되어 장래 그 소득이 실현될 가능성이 전혀 없게 된 것이 객관적으로 명백한 때에는 그 소득을 과세소득으로 하여 본인에게 양도소득세를 부과할 수 없다. (2010두1385, 2015. 9. 10.)

관련 이론

1. 실질과세원칙

(1) 납세자들의 법률관계를 존중

세법은 대부분 민사법의 세계에서 정하여진 바를 근거로 과세 여부를 판단한다. 따라서 납세의무자가 경제활동을 함에 있어서는 동일한 경제적 목적을 달성하기 위하여 여러 가지 법률관계 중 하나를 선택할 수 있는 것이고, 과세관청으로서는 특별한 사정이 없는 한 당사자들이 선택한 법률관계를 존중하여 과세 여부를 결정하여야 한다. (2010두3961 등)

(2) 조세평등

조세평등을 추구하는 조세법의 세계에서는 납세자가 경제인의 합리적인 거래형식에 의하지 않고 우회행위, 다단계적 행위 그 밖의 비정상적인 거래형식을 취함으로써 통상적인 행위형식에 의한 것과 같은 경제적 목적을 달성하면서도 조세의 부담을 부당히 감소시키는 '조세회피행위'를 하는 경우에는 이를 과세대상으로 삼을 수 있다. 따라서 사법상 유효하지만 세법상으로 부인되는 '거래의 재구성'이라는 개념이 필요하다.

2. 대리인의 횡령과 실질과세

(1) 본인

사안에서 제1·2매매는 대리인의 통합된 계획 아래 행한 형식적인 거래이고 그 결과 제1·2매매의 효력이 모두 본인에게 귀속되는 것이다. 즉, 하나의 거래만 있고 그 대금의 일부를 대리인이 횡령한 것이다. 본인이 제2매매의 존재를 몰랐다고 하더라도 그 양도소득은 일단 본인에게 귀속되고, 본인은 내부관계상 대리인에 대하여 손해배상청구권만을 갖게 된다.

(2) 대리인

본인에게 과세소득이 없다고 볼 경우 양도대금을 횡령한 대리인에게는 다음과 같은 이유로 과세소득이 있다고 보기 어렵다. ① 대리인은 자산의 양도자가 아니므로 대리인에게는 과세소득이 있다고 보기 어렵다. ② 대리인의 횡령금은 「소득세법」상 근로소득에도 해당하지 않는다. 이는 법인의 자산을 횡령한 경우에는 사외유출로 볼 수 있는 것과 대비된다. ③ 대리인의 횡령금은 「소득세법」상 기타소득으로 열거되어 있지도 않다. 횡령금액을 사실상 지배·관리하고 있더라도 그것이 「소득세법」상 과세대상으로 열거되어 있어야 하기 때문이다.

3. 소득개념과 권리확정주의 관계

(1) 법률적 평가설

소득으로 인정되기 위해서는 그 이득을 법률상 유효하게 보유할 수 있어야 한다.

(2) 경제적 평가설

소득의 발생원인을 법률적으로 평가하여 위법·적법 또는 유효·무효인지를 따질 것 없이 경제적 측면으로 보아 그 이득을 지배·관리·향수하고 있으면 이를 담세력을 갖춘 소득으로 볼 수 있다.

(3) 위법소득

경제적 평가설에 따라 위법소득을 반환할 의무가 있더라도 과세할 수 있다. 위법소득에 대해 몰수나 추징이 이루어진 경우에는 그 위법소득에 내재되어 있던 경제적 이익의 상실가능성이 현실화되었기 때문에 후발적 경정청구를 통하여 납세의무의 부담에서 벗어날 수 있다.

(4) 회수불능과 소득의 실현

소득의 발생 후 그 소득이 실현 불가능한 것으로 확정되는 때, 대손금으로 처리하여 필요경비를 공제받을 수 있는 사업소득(법인소득)의 경우에는 일단 소득은 발생한 것이고 그 후 필요경비(손금)로 처리할 수 있을 뿐이다.

그러나 이자소득이나 양도소득 등은 대손금 제도를 두고 있지 않으므로 권리의무확정주의 개념에 충실하게 일단 권리가 확정된 것으로 보고 나중에 소득이 없는 것으로 확정된 때에 후발적 경정청구 등의 방법으로 조정할 수 있을 뿐이다. 그러한 예로서 매매대금의 사후감액(2011두1245), 배당결의 후에 회수불능된 미수배당금(2013두18810)에 대한 판례가 있다.

4. 명의신탁한 재산의 횡령

수탁자가 명의신탁자의 위임이나 승낙 없이 임의로 명의신탁재산을 양도하였다면 그 양도의 주체는 수탁자이지 명의신탁자가 아니므로 양도소득이 신탁자에게 환원되지 않는 한 명의신탁자가 양도소득을 사실상 지배·관리·처분할 수 있는 지위에도 있지 아니하여 명의수탁자가 양도소득세의 납세의무자가 된다.

출제위원 채점평

국세의 부과제척기간과 실질과세원칙의 적용을 묻는 사례형 문제다. 지문에서 주어진 사실관계나 가정을 정확히 이해하지 못한 채 작성한 답안이나 질문의 취지와 무관한 답안을 쓴 경우도 있었고, 일부 수험생의 경우 지문에서 이미 언급된 문구를 단순 반복하거나 아무런 의미 없는 이유를 대면서 결론에 대한 근거라고 기술하는 경우도 있었다. 무엇보다 "서론－본론－결론" 또는 "쟁점－근거법령－판단" 등 획일적인 답안 작성 틀을 만들고 이에 무조건 맞추어 쓰려고 하는 답안을 다수 볼 수 있었다. 그러나 사례들은 저마다 묻는 질문의 취지가 다르고 그에 따라 요구되는 내용을 논리적 순서에 따라 작성하는 것이 필요하기 때문에 무조건 획일적 틀로 답하는 것은 지양하는 것이 필요해 보인다.

문제 2

다음 각 사례를 읽고 물음에 답하시오. (30점)

〈사례 1〉
거주자 甲은 내국법인 A주식회사에서 1998년경부터 근무하였다. 그러던 중 2013년 3월경부터 2014년 6월경까지 A주식회사의 실질적인 최대주주인 거주자 乙에 대한 구속수사 및 형사재판이 진행되는 동안 甲은 장기간 근무에 따른 오랜 친분관계가 있어 제반사정을 잘 알고 있었던 관계로 乙 및 乙의 가족들과 변호인 사이의 연락 담당, 형사재판에 필요한 자료수집, 乙의 구치소 및 병원 생활 지원 등의 일을 도맡아 수행하였다. 甲은 乙이 법원의 집행유예 판결에 따라 석방된 이후인 2014년 7월 12일 乙로부터 A주식회사의 주식을 양수받기로 하였다가 乙이 이를 이행하지 않아 민사소송을 거쳐 2018년 1월 30일에 70억원을 지급받았다. 甲은 乙로부터 받은 위 금원을 「소득세법」상 일시적 인적용역에 대한 대가로 보아 2018년 귀속 종합소득세신고를 하였으나, 관할 세무서장은 이 금원이 사례금에 해당한다고 보아 관련 세법 규정을 적용하여 甲에게 2018년 귀속 종합소득세 경정부과처분을 하였다.

〈사례 2〉
거주자 丙과 거주자 丁은 2004년경 봉제완구 제조·판매에 관한 동업을 하기로 하고 홍콩과 국내에 각각 법인을 설립하여 영업을 하였다. 그런데 국제금융불안과 국내경기 부진으로 2016년 2월 27일 동업을 청산하기로 하면서 丙과 丁은 동업관계 청산에 있어서 서로 이해관계가 대립하는 당사자의 지위에서 각자의 지분에 상응하는 몫을 정하기 위하여 합의에 이르렀는 바, 이에 따라 丙이 丁으로부터 청산의 대가로 15억원을 지급받되, 丙은 홍콩 관련 고객들의 진행 제품에 대한 원본 패턴과 견본을, 丁은 나머지 고객들의 진행 제품에 대한 원본 패턴과 견본을 각각 소지하고 일방이 갖고 있는 원본 패턴에 대해 상대방은 복사본을 요구할 수 있으며, 위 15억원의 지급이 완료되는 때에 패턴의 공유의무를 종결하기로 하였다. 丙은 이 합의에 따라 丁으로부터 2016년 10월 15일 현금 15억원을 지급받았다. 관할 세무서장은 丙이 丁으로부터 받은 이 금원이 「소득세법」상 사례금에 해당한다고 보아 관련 세법 규정을 적용하여 丙에게 종합소득세 부과처분을 하였다.

[물음 1] 「소득세법」이 기타소득의 하나로 규정한 '사례금'의 의미와 이에 해당하는지 여부의 판단방법, 소득금액의 계산 및 그 과세방법에 대하여 설명하시오. (12점)

[물음 2] 〈사례 1〉과 〈사례 2〉에서 관할 세무서장의 각 판단 및 그에 따른 각 종합소득세 부과처분이 적법한지에 대하여 설명하시오. (18점)

해답

【문제 2】 소득세법

[물음 1] 사례금

1. 사례금의 의미

소득세법은 사례금을 기타소득의 하나로 정하고 있는데, 소득세법이나 관련 시행령에서는 사례금의 정의는 규정이 따로 없다. 판례에 따르면, '사례금'은 사무처리 또는 역무의 제공 등과 관련하여 사례의 뜻으로 지급되는 금품을 의미한다.

2. 사례금에 해당하는지 판단방법

사례금에 해당하는지는 당해 금품 수수의 동기·목적, 상대방과의 관계, 금액 등을 '종합적으로 고려'하여 판단하여야 한다.

3. 소득금액의 계산

기타소득의 금액은 해당 과세기간의 총수입금액에서 필요경비를 공제하여 산정하고, 그 필요경비는 특별한 규정이 없으면 해당 과세기간의 총수입금액에 대응하는 비용으로서 일반적으로 용인되는 통상적인 것의 합계액으로 계산한다.

다만, 인적용역 등 일정한 기타소득은 총수입금액의 일정 비율(100분의 60)을 곱한 금액(의제필요경비)과 실제 경비 중 큰 금액으로 한다. 사례금은 이에 해당하지 않으므로 실제 필요경비만을 공제한다.

4. 과세방법

(1) 원천징수

기타소득인 사례금을 지급하는 자는 '기타소득금액'의 20%를 원천징수하여 납부하여야 한다.

(2) 종합소득신고

사례금을 수령한 자는 사례금을 종합소득에 합산하여 신고하되, 사례금과 다른 기타소득금액의 연간 합계액이 300만원 이하이면서 원천징수된 것은, 종합소득에 합산하여 신고하지 않을 수 있다.

[물음 2] 사례금과 인적용역

<사례 1>

1. 쟁점

甲이 얻은 소득이 인적용역에 대한 대가인지 사례금인지 여부

2. 인적용역과 사례금의 구분기준

용역제공과 관련하여 얻은 소득이라도 '용역에 대한 대가의 성격을 벗어난 경우'에는 인적용역의 대가가 아닌 사례금으로 보아야 한다.

3. 사안의 적용

甲이 얻는 금원은 용역 보수 대가의 성격뿐만 아니라 사례금의 성격도 함께 가지고 있다. 甲이 제공한 용역의 객관적 가치에 비하여 거액인 점에 비추어 볼 때, 甲이 수령한 금원은 전체적으로 용역에 대한 대가의 범주를 벗어난 것으로 볼 수 있으므로 이는 기타소득 중 인적용역의 대가로 볼 수 없고 '사례금'으로 보아야 한다.

따라서 甲에 대한 관할 세무서장의 종합소득세 부과처분은 적법하다.

<사례 2>

1. 쟁점

丙이 청산대가로 분배받은 금액의 소득구분

2. 소득의 구분

청산의 대가로 丙이 수령한 금원은 다음과 같이 구분할 수 있다.

① 동업관계를 정리하면서 동업에 사용된 여러 재산의 분배에 대해 합의하였으므로, 이에는 丙의 지분에 상당하는 재산 및 권리의 양도가 포함되어 있다.

② 동업관계 정리에 대한 대가 내지 위로금이 포함되어 있다.

	3. 사안의 적용
	과세관청은 丙이 수령한 청산대가에 권리
	(산업재산권 등)의 양도대가도 포함되어 있
	으므로 그 소득을 사례금과 구분하여야 함
	에도 불구하고, 전부 사례금으로 간주하여
	부과처분하였다. 이에 필요경비의 적용 등
	에 잘못이 있으며 그 결과 소득금액을 과다
	하게 산정하여 증액경정처분하였다.
	따라서 丙에 대한 관할 세무서장의 종합소
	득세 부과처분은 위법하다.

관련 법령

기타소득(「소득세법」 제21조)

① 기타소득은 이자소득·배당소득·사업소득·근로소득·연금소득·퇴직소득·금융투자소득 및 양도소득 외의 소득으로서 다음 각 호에서 규정하는 것으로 한다.

7. 광업권·어업권·양식업권·산업재산권·산업정보, 산업상 비밀, 상표권·영업권(대통령령으로 정하는 점포 임차권을 포함한다), 토사석의 채취허가에 따른 권리, 지하수의 개발·이용권, 그 밖에 이와 유사한 자산이나 권리를 양도하거나 대여하고 그 대가로 받는 금품

15. 문예·학술·미술·음악 또는 사진에 속하는 창작품(「신문 등의 자유와 기능보장에 관한 법률」에 따른 정기간행물에 게재하는 삽화 및 만화와 우리나라의 창작품 또는 고전을 외국어로 번역하거나 국역하는 것을 포함한다)에 대한 원작자로서 받는 소득으로서 다음 각 목의 어느 하나에 해당하는 것

가. 원고료

나. 저작권사용료인 인세

다. 미술·음악 또는 사진에 속하는 창작품에 대하여 받는 대가

16. 재산권에 관한 알선 수수료

17. 사례금

19. 다음 각 목의 어느 하나에 해당하는 인적용역(**제15호부터 제17호까지의 규정을 적용받는 용역은 제외한다**)을 일시적으로 제공하고 받는 대가

가. 고용관계없이 다수인에게 강연을 하고 강연료 등 대가를 받는 용역

> 나. 라디오 · 텔레비전방송 등을 통하여 해설 · 계몽 또는 연기의 심사 등을 하고 보수 또는 이와 유사한 성질의 대가를 받는 용역
> 다. 변호사, 공인회계사, 세무사, 건축사, 측량사, 변리사, 그 밖에 전문적 지식 또는 특별한 기능을 가진 자가 그 지식 또는 기능을 활용하여 보수 또는 그 밖의 대가를 받고 제공하는 용역
> 라. 그 밖에 고용관계없이 수당 또는 이와 유사한 성질의 대가를 받고 제공하는 용역

「소득세법」 제21조 제1항 제19호에서 정한 인적용역제공의 대가에 해당하는 기타소득은 필요경비에 관한 증명이 없어도 해당 수입금액의 100분의 60에 상당한 금액을 필요경비로 인정해주는 반면, 제17호에서 정한 사례금에 해당하는 기타소득은 필요경비에 대한 증명이 없으면 필요경비가 인정되지 아니한다.

관련 판례

1. 옥바라지의 대가(사례 1)

「소득세법」 제21조(기타소득) 제19호 각 목의 기타소득은 어느 것이나 '인적용역의 제공에 대한 대가'에 해당하여야 하므로, 용역의 제공과 관련하여 얻은 소득이라도 용역에 대한 대가의 성격을 벗어난 경우에는 제19호의 소득으로 볼 수 없다. 제19호에서 제17호의 규정을 적용받는 용역제공의 대가는 제외한다고 규정한 것도 같은 의미로 이해될 수 있고, 필요경비의 계산에서 제19호의 소득은 최소한 100분의 60을 정률로 산입할 수 있도록 한 반면 제17호의 사례금에 대해서는 일반원칙에 따르도록 한 것도 마찬가지 취지라고 할 것이다. 그러므로 일시적 인적용역을 제공하고 지급받은 금품이, 제공한 역무나 사무처리의 내용, 당해 금품 수수의 동기와 실질적인 목적, 금액의 규모 및 상대방과의 관계 등을 종합적으로 고려해 보았을 때, 용역제공에 대한 보수 등 대가의 성격뿐 아니라 사례금의 성격까지 함께 가지고 있어 전체적으로 용역에 대한 대가의 범주를 벗어난 것으로 인정될 경우에는 제19호가 아니라 제17호(사례금)의 소득으로 분류하는 것이 타당하다.

2. 청산소득의 대가(사례 2)

「소득세법」에서 기타소득의 하나로 정한 '사례금'은 사무처리 또는 역무의 제공 등과 관련하여 사례의 뜻으로 지급되는 금품을 의미하고, 여기에 해당하는지는 당해 금품 수수의 동기 · 목적, 상대방과의 관계, 금액 등을 종합적으로 고려하여 판단하여야 하고, 그 금품이 외견상 사무처리 등에 대한 사례의 뜻으로 지급되는 것처럼 보일지라도 그 중 실질적으로 사례금으로 볼 수 없는 성질을 갖는 것이 포함되어 있다면 그 전부를 '사례금'으로 단정할 것은 아니다.

丙이 15억원을 받게 된 동기와 목적, 丁과의 관계, 금액 산정의 경위 등에 비추어 보면, 丙과 丁은 동업관계를 청산하면서 서로 이해관계가 대립하는 당사자의 지위에서 각자의 지분에 상응하는 몫을 정하기 위하여 위 합의에 이르렀으므로, 丁이 丙에게만 일방적으로 회사를 동업으로 운영하면서 제공한 사무 또는 역무 처리와 동업관계에서 탈퇴하는 것 등에 대한 위로와 감사에 따른 사례의 뜻으로 선뜻 거액을 지급한다는 것은 경험칙상 매우 이례적이라고 할 수 있고, 위 15억원 중 홍콩 법인의 청산에 따른 배당으로 받은 것을 제외한 금액은 그러한 동업 청산에 따라 홍콩 법인의 잔여재산을 분할 인수하고 정산하기 위한 대가이거나 디자인 또는 패턴을 양도 · 대여한 대가를 포함하고 있을 여지가 크다. 따라서 丙이 수령한 금액 전부가 사례금에 해당하는 것을 전제한 과세처분은 위법하다. (2013두3818, 2015. 1. 15.)

3. <사례 1, 판례>와 <사례 2, 판례>의 비교

사례금은 내포하는 의미 자체가 포괄적이므로 다른 열거된 기타소득과 중복되는 경우가 많다. 사례금은 다른 기타소득에 대한 특별항목으로 볼 수 있으며, 그에 따라 마지막에 적용하는 것이 타당하다.

사례금과 일시적 인적용역의 구분이 주로 쟁점이 되는데, 둘의 공통점은 모두 용역제공에 대한 반대급부의 성격이 있다는 점이다. 다만, 일시적 인적용역은 용역에 상응하는 대가(반대급부)를 수령한 경우로 제한한다. 그 용역의 반대급부를 넘어 수령한 경우에는 그 대가 전부를 사례금으로 본다.

<사례 1>의 판례는 인적용역과 사례금의 구분에 있어서, 그 대가를 전부 사례금으로 간주한 것이다. 인적용역과 사례금은 그 구분이 모호하여 그 대가 중 일부만을 사례금으로 평가할 수 없다. 그에 반해 <사례 2>의 판례는 다른 무형자산의 양도와 사례금의 구분에 있어서 그 대가 중 일부는 무형자산의 양도대가이고, 나머지는 사례금으로 구분이 가능한 것으로 보았다.

출제위원 채점평

「소득세법」상 소득구분에 관한 문제로, 판례를 사례화한 것으로서 수험생들이 어느 정도 공부를 하였으면 충분히 제대로 서술할 수 있는 문제라고 판단된다. 채점 결과 전반적으로 제대로 이해를 하고 있는 수험생들이 많지 않은 것을 느낄 수 있었다.

수험생들이 내용을 이해하고 정리한 것이 아니라, 단순히 암기하고 있기 때문이라고 판단된다.

문제 3

다음 사례를 읽고 물음에 답하시오. (30점)

〈사례〉

내국법인 A주식회사(이하 'A법인'이라 한다. 사업연도는 1월 1일부터 12월 31일까지이다)는 건강보조식품을 방문판매원들을 통하여 판매하는 회사이다. 방문판매원(이하 '판매원'이라 한다)은 A법인과 상품판매계약을 체결하고 판매수수료를 수령하며, A법인은 판매수수료를 지급하면서 사업소득으로 원천징수하고 있다. A법인은 판매원들로부터 판매한 상품의 계약금을 수령한 경우 이를 선수금으로 회계처리하였다가 판매원들에게 상품을 인도할 때 매출로 인식하고 있다. A법인은 판매원들로부터 계약금만을 수령하고 아직 상품의 인도가 이루어지지 않은 상태에서 판매원들에게 계약금을 기준으로 매월 판매수수료를 지급하고 이를 손비로 계상하였다.

위 사례에서 쟁점이 되는 A법인의 건강보조식품의 매입 및 판매에 관한 회계처리에 대한 예시는 다음과 같다.

〈가정〉

1) 건강보조식품의 개당 매입가는 60만원, 판매가는 100만원이다. (매입가와 판매가는 항상 변동이 없다)
2) 판매원들로부터 수령하는 건강보조식품 개당 계약금은 30만원, 잔금은 70만원, 판매원들에게 지급하는 판매수수료는 개당 20만원이다.
3) 2015년도에 해당 상품의 매입이 있었고, 2016년도에 판매계약과 동시에 계약금의 수령 및 판매수수료의 지급이 있었으며, 2017년도에 상품이 인도됨과 동시에 잔금을 수령하였다.
4) A법인의 아래와 같은 회계처리에 관한 동종업계의 관행은 존재하지 않는다.
5) 이 사안의 거래는 장기할부조건의 상품 판매가 아니다.
6) 사업소득 원천징수에 대한 회계처리는 고려하지 않는다.

〈회계처리〉

1) 2015년도 상품 매입 시 회계처리

차변	대변
상품 600,000원	현금 600,000원

2) 2016년도 상품 판매 계약금 수령 시 회계처리

차변	대변
현금 300,000원	선수금 300,000원
판매수수료 200,000원	현금 200,000원

3) 2017년도 상품 인도 시 회계처리

차변	대변
매출원가 600,000원	상품 600,000원
현금 700,000원	매출 1,000,000원
선수금 300,000원	

[물음 1] A법인은 위 회계처리에서 보는 바와 같이 상품의 판매가격 100만원을 판매 계약시점인 2016년도가 아니라 판매한 상품의 인도시점인 2017년도에 매출 계정을 사용하여 수익으로 인식하였다. 「법인세법」상 익금의 귀속시기에 관한 제 원칙을 설명하고, 위와 같은 회계처리에 대하여 2017 사업연도 법인세 과세표준 확정신고를 위한 세무조정이 필요한지 여부에 관하여 논하시오. (15점)

[물음 2] A법인은 위 회계처리에서 보는 바와 같이 판매수수료 20만원을 판매한 상품의 인도시점인 2017년도가 아니라 판매수수료 지급시점인 2016년도에 손비로 인식하였다. 「법인세법」상 손금의 귀속시기에 관한 제 원칙을 설명하고, 위와 같은 회계처리에 대하여 2016 사업연도 법인세 과세표준 확정신고를 위한 세무조정이 필요한지 여부에 관하여 논하시오. (15점)

【문제 3】 법인세법
[물음 1] 익금의 귀속시기

1. 세법상 손익귀속시기
기업회계에서는 발생주의를 전제로 하여 수익은 실현주의에 의하고 비용은 수익·비용대응의 원칙에 의하여 인식하나, 세법에서는 내국법인의 각 사업연도의 익금과 손금의 귀속사업연도를 권리·의무확정주의에 의하여 결정하는 것이 원칙이다.

2. 익금의 귀속시기
법인세법에 따르면 법인의 각 사업연도의 익금과 손금의 귀속사업연도는 그 익금과 손금이 확정된 날이 속하는 사업연도로 한다. 이를 권리·의무확정주의라고 하며, 익금은 권리확정주의에 따른다.
판례에 따르면 익금이 '확정'되었다고 하기 위해서는 소득의 원인이 되는 권리가 실현가능성에서 상당히 높은 정도로 성숙되어야 한다.

3. 법인세법 시행령
확정의 시기를 '확정'이라는 개념에만 두면 '획일적 기준'이 마련되지 않으므로 법인세법 시행령에서는 익금의 귀속시기를 예시하고 있다.
자산판매의 경우는 인도한 날을 익금의 귀속시기로 한다.

4. 사안에서 거래단계별 익금귀속 여부 판단
(1) 계약시점
권리의 확정은 소득의 근거가 되는 권리가 법률상 장애가 없게 된 때를 말한다. 따라서 단지 계약을 체결한 것만으로는 익금의 귀속시기가 도래하였다고 볼 수 없다.

(2) 대가의 일부 수령
판매시점에 판매대가의 일부를 먼저 수령하였다고 하더라도 그 수령한 일부만이라도 익금의 귀속시기로 할 수 없다. 대가 수령 여부에 따라 익금의 귀속시기를 판단한다면 납세자가 자의적으로 손익귀속시기를 조정할 수 있기 때문이다.

(3) 재화의 인도
재화를 인도한 때를 익금의 귀속시기로 보는 것이 타당하다. 법적 청구권이 발생하였다고 볼 수 있으며 납세자의 자의성을 배제할 수 있기 때문이다. 법인세법 시행령 규정과도 일치한다.

5. 세무조정이 필요한지 여부
A법인은 상품을 인도한 때 수익으로 인식하였으므로 법인의 수익인식시기와 익금귀속시기가 일치한다. 따라서 2017 사업연도에는 익금과 관련하여 별도의 세무조정은 필요 없다.

[물음 2] 손금의 귀속시기

1. 손금의 귀속시기
권리·의무확정주의를 손금 측면에서 보면 의무확정주의라고 할 수 있다. 손금에는 의무확정과 동시에 손금으로 인정되는 항목도 있으나, 의무가 확정되었다 하더라도 수익활동에 사용됨에 따라 점차로 손금화하는 항목(원재료나 유형자산)도 있기 때문에 의무확정주의 이외에 수익·비용대응의 원칙을 병행하여 손금의 귀속시기를 판단하여야 한다.

2. 수익·비용대응
(1) 직접대응
의무가 확정되더라도 관련 수익을 인식하는 때 비용(손금)을 인식하는 것을 직접대응이라고 한다. 즉, 수익에 직접 대응하는 채무는 의무 확정 당시에 자산으로 처리한 후 해당 자산을 처분하는 때에 손금산입한다.

(2) 간접대응(기간대응)
의무가 확정되는 때 곧바로 손금에 산입하는 것을 말한다.

3. 세무조정이 필요한지 여부
판매원들로부터 수령한 계약금은 상품이 인도된 부분에 대해서만 수익으로 인식하면서도 판매수수료는 매출액이 아닌 선수금을 기준으로 산정하여 비용으로 먼저 계상함으로써 수익과 비용이 대응되지 아니하였다. 따라서 지급한 수수료는 선급비용에 불과하므로 2016 사업연도에 비용으로 계상한 판매수수료는 손금불산입한 후 매출을 인식한 2017 사업연도에 손금으로 산입하여야 한다.

관련 법령

「법인세법」 제14조 제1항은 '내국법인의 각 사업연도의 소득은 그 사업연도에 속하는 익금의 총액에서 그 사업연도에 속하는 손금의 총액을 공제한 금액으로 한다.'라고 규정하고 있고, 제40조 제1항은 '내국법인의 각 사업연도의 익금과 손금의 귀속사업연도는 그 익금과 손금이 확정된 날이 속하는 사업연도로 한다.'라고 규정하고 있으며, 「법인세법 시행령」 제68조 제1항 제1호는 '법 제40조 제1항 및 제2항의 규정을 적용함에 있어 상품 등의 판매로 인한 익금 및 손금의 귀속사업연도는 그 상품 등을 인도한 날이 속하는 사업연도로 한다.'라고 규정하고 있다.

관련 판례

방문판매업자가 매출액의 일정 비율을 판매수수료를 지급하는 약정하에, 계약금만 수령하고 상품 인도가 이루어지지 않아 매출이 미실현된 상태에서 판매수수료를 지급하는 경우 이는 선급비용에 해당하는 것이다. (2008두12320, 2011. 1. 27.)

<table>
<tr><td>

**관련
이론**
</td><td>

1. 권리의 확정시기

(1) 법률적 확정

익금이 확정되었다고 하기 위해서는 소득의 원인이 되는 권리가 실현가능성에서 상당히 높은 정도로 성숙되어야 하고, 이런 정도에 이르지 아니하고 단지 성립한 것에 불과한 단계에서는 익금이 확정되었다고 할 수 없으며, 여기서 소득의 원인이 되는 권리가 실현가능성에서 상당히 높은 정도로 성숙되었는지는 일률적으로 말할 수 없고 **개개의 구체적인 권리의 성질과 내용 및 법률상·사실상의 여러 사정을 종합적으로 고려하여 결정할 일이다.** (2012두29172)

> ① 특정한 채권이 성립하고,
> ② 당해 채권에 근거하여 채무자에 대한 구체적 채무이행을 청구할 수 있는 사실이 발생하고,
> ③ 채권의 금액은 합리적으로 계산할 수 있어야 한다.

(2) 권리행사의 장애

권리행사에 장애가 없는 상태를 권리의 확정시기로 보는 것이 일반적이다. 다만, 이 경우 당사자들이 이미 발생한 권리의 행사를 유예하는 것은 권리행사에 장애가 있다고 할 수 없다.

(3) 권리주장의 원칙(Claim of Right Rule)

권리확정에 대한 중요한 예외로서 권리주장의 원칙이 있다. 이는 위법소득과세의 이론적 근거가 된다. 즉, 법률적 권리가 없더라도 소득의 보유자가 지배·관리할 개연성이 높은 경우에는 그 실현가능성을 인정한다.

2. 권리확정주의의 한계와 후발적 경정청구

후발적 경정청구제도의 취지, **권리확정주의의 의의와 기능 및 한계** 등에 비추어 보면, 소득의 원인이 되는 권리가 확정적으로 발생하여 과세요건이 충족됨으로써 일단 납세의무가 성립하였다 하더라도 그 후 일정한 후발적 사유의 발생으로 말미암아 소득이 실현되지 아니하는 것으로 확정됨으로써 당초 성립하였던 납세의무가 그 전제를 잃게 되었다면, 사업소득에서의 대손금과 같이 「소득세법」이나 관련 법령에서 특정한 후발적 사유의 발생으로 말미암아 실현되지 아니한 소득금액을 그 후발적 사유가 발생한 사업연도의 소득금액에 대한 차감사유로 별도로 규정하고 있다는 등의 특별한 사정이 없는 한 납세자는 「국세기본법」에서 규정한 후발적 경정청구를 하여 그 납세의무의 부담에서 벗어날 수 있다. (2013두18810)
</td></tr>
<tr><td>

**출제위원
채점평**
</td><td>

손익의 귀속시기에 대한 문제이다. 법인세는 과세기간에 따른 세금을 산출하므로, 손익이 어느 과세기간에 귀속이 될 것인지는 매우 중요한 문제이다. [물음 1]의 경우에는 익금의 귀속시기에 대한 기본내용을 묻는 문항이었다. 예상했던 대로 많은 수험생들이 고득점을 하였다. [물음 2]는 계약상 지급의무에 따른 의무확정주의와 직접대응비용에 대한 수익비용대응의 원칙에 대한 과세문제를 논하는 문제이다. [물음 2]의 경우 세법학 공부량에 비례하여 답안이 작성되었다. 공부량이 적은 수험생의 경우 출제의도 파악 및 무엇을 적시하여야 하는지 갈피조차 잡지 못하였으며, 근거 없이 결론만 섣불리 도출하는 답안도 있었다. 적당한 공부량을 가진 수험생은 관련 근거를 일정 부분 언급하여 일정 점수를 획득하였고, 일부 수험생의 경우 고득점을 취득하였다.

세법학의 경우 단순 결어의 점수비중은 높지 않다. 관련 근거를 충분하게 기재하고 그 기재한 근거를 토대로 판단을 하는 답안 작성을 하도록 연습이 필요해 보인다.
</td></tr>
</table>

문제 4

다음 사례를 읽고 물음에 답하시오. (20점)

〈사례〉

피상속인 甲이 2018년 2월 1일 유언 없이 사망하였고, 당시 그의 유일한 재산으로는 토지 한 필지가 있었다. 피상속인 甲의 공동상속인으로 그의 처인 거주자 乙, 그의 아들인 거주자 丙, 그의 딸인 거주자 丁이 있다. 丙은 당시 영위하던 사업의 부도로 인하여 채무초과 상태에 있었던 바, 상속을 받을 경우 그의 채권자들로부터 강제집행을 당할 우려가 있어 상속세 신고기한이 지나도록 상속인들은 상속세 과세표준 및 세액의 신고를 하지 못하였다. 이후 丙의 채권자 戊가 2018년 10월 15일 「민법」 제404조에 따른 채권자대위권을 행사하여 공동상속인들의 법정상속분대로 위 토지에 대하여 상속을 원인으로 한 소유권이전등기를 하였다. 그러자 공동상속인들은 乙이 단독으로 상속받는 것으로 상호 협의하여 丙의 채권자 戊가 미처 丙의 상속지분에 대하여 압류 또는 가압류를 하기 전인 2018년 10월 25일에 협의분할로 인한 상속을 원인으로 한 경정등기를 완료하였다.

[물음 1] 과세관청은 위와 같은 사실을 확인하고 공동상속인들의 상속세 산출세액으로 산출된 7천만원을 공동상속인들에게 부과하고자 한다. 공동상속인 乙, 丙, 丁이 지는 각자의 상속세 납세의무 여부 및 그 세액과 공동상속인들 간의 연대납부의무에 관하여 논하시오. (10점)

[물음 2] 위 사례와 같은 협의분할로 인한 상속으로 丙, 丁이 그들의 법정상속분을 乙에게 증여하였다고 보고 과세관청이 乙에게 증여세를 부과할 수 있는지에 관하여 논하시오. (10점)

〈관련 조문〉

「민법」

제404조 【채권자대위권】

① 채권자는 자기의 채권을 보전하기 위하여 채무자의 권리를 행사할 수 있다. (단서 생략)

② 생략

「부동산등기법」

제28조 【채권자대위권에 의한 등기신청】

① 채권자는 「민법」 제404조에 따라 채무자를 대위하여 등기를 신청할 수 있다.

② 생략

해답

【문제 4】 상속세 및 증여세법
[물음 1] 상속세 연대납세의무
1. 쟁점
상속재산을 분할하여 단독상속한 경우 상속세 납세의무와 연대납세의무의 범위

2. 상속세 납세의무
상속인 또는 수유자는 상속재산 중 각자가 받았거나 받을 재산을 기준으로 계산한 상속인별 납부의무비율에 따라 상속세를 납부할 의무가 있다.

3. 상속포기자의 상속세 납세의무
'상속포기자'인 丙과 丁은 상속세 및 증여세법상 상속인에는 포함되나, 사전증여재산이 없는 한, 협의분할의 최종 결과 실제로 받은 상속재산이 없으므로 상속세 납세의무가 없다.

4. 연대납세의무
상속세는 상속인 또는 수유자 각자가 받았거나 받을 재산을 '한도'로 연대하여 납부할 의무를 진다.
따라서 상속포기자인 丙과 丁은 연대납세의무자에는 해당하나 그 한도가 '0'이므로 실질적으로 연대납세의무가 없다.

5. 결어
실제로 받은 재산을 기준으로 상속세를 안분하여야 하므로 乙만 7천만원의 상속세를 납부하여야 하고, 상속포기자인 丙과 丁은 상속세로 납부할 세액이 없고 연대납세의무 역시 없다.

[물음 2] 증여세 부과대상
1. 쟁점
법정상속비율대로 등기된 재산을 무효 또는 취소 등 정당한 사유로 인하여 등기된 비율과 달리 상속재산을 분할한 경우 증여세를 부과할 수 있는지 여부

2. 상속분 확정 후 분할
상속개시 후 상속재산에 대하여 등기 등으로 각 상속인의 상속분이 확정된 후, 그 상속재산에 대하여 공동상속인이 협의하여 분할한 결과 특정 상속인이 당초 상속분을 초과하여 취득하게 되는 재산은 그 분할에 의하여 상속분이 감소한 상속인으로부터 증여받은 것으로 보아 증여세를 부과한다.

3. 정당한 사유
상속세 과세표준 신고기한 이내에 분할에 의하여 당초 상속분을 초과하여 취득한 경우와, 당초 상속재산의 분할에 대하여 무효 또는 취소 등 정당한 사유가 있는 경우에는 증여세를 부과하지 아니한다. 이때 채권자대위권의 행사에 의하여 공동상속인들의 법정상속분대로 등기 등이 된 상속재산을 상속인 사이의 협의분할에 의하여 재분할하는 경우는 정당한 사유가 있는 것으로 본다.

4. 사안의 적용
상속을 원인으로 한 경정등기까지 마쳐진 이상, 분할의 소급효로 인하여 채권자대위권 행사로 인한 등기는 상속분을 확정하는 분할로 보기 어렵다.
따라서 상속재산은 소급하여 乙에게 단독상속되며, 丙과 丁의 법정상속분이 확정된 후 다시 乙에게 증여하였다고 볼 수 없으므로, 과세관청은 乙에게 증여세를 부과할 수 없다.

1. 상속세 납부의무(「상속세 및 증여세법」 제3조의2)

① 상속인(특별연고자 중 영리법인은 제외) 또는 수유자(영리법인은 제외)는 상속재산(제13조에 따라 상속재산에 가산하는 증여재산 중 상속인이나 수유자가 받은 증여재산을 포함한다) 중 각자가 받았거나 받을 재산을 기준으로 대통령령으로 정하는 비율에 따라 계산한 금액을 상속 세로 납부할 의무가 있다.

② 특별연고자 또는 수유자가 영리법인인 경우로서 그 영리법인의 주주 또는 출자자 중 상속인과 그 직계비속이 있는 경우에는 대통령령으로 정하는 바에 따라 계산한 지분상당액을 그 상속인 및 직계비속이 납부할 의무가 있다.

③ 제1항에 따른 상속세는 상속인 또는 수유자 각자가 받았거나 받을 재산을 한도로 연대하여 납 부할 의무를 진다.

2. 상속세 납부의무(「상속세 및 증여세법 시행령」 제3조)

③ 법 제3조의2 제3항에서 "각자가 받았거나 받을 재산"이란 상속으로 인하여 얻은 자산(법 제13 조 제1항에 따라 가산한 증여재산을 포함한다)의 총액에서 부채총액과 그 상속으로 인하여 부 과되거나 납부할 상속세 및 법 제13조 제1항에 따라 가산한 증여재산에 대한 증여세를 공제한 가액을 말한다.

3. 증여세 과세대상(「상속세 및 증여세법」 제4조 제3항)

상속개시 후 상속재산에 대하여 등기·등록·명의개서 등(이하 "등기 등"이라 한다)으로 각 상속인 의 상속분이 확정된 후, 그 상속재산에 대하여 공동상속인이 협의하여 분할한 결과 특정 상속인이 당초 상속분을 초과하여 취득하게 되는 재산은 그 분할에 의하여 상속분이 감소한 상속인으로부터 증여받은 것으로 보아 증여세를 부과한다. 다만, 제67조에 따른 상속세 과세표준 신고기한까지 분 할에 의하여 당초 상속분을 초과하여 취득한 경우와 당초 상속재산의 분할에 대하여 무효 또는 취소 등 대통령령으로 정하는 정당한 사유가 있는 경우에는 증여세를 부과하지 아니한다.

4. 증여세 과세대상(「상속세 및 증여세법 시행령」 제3조의2)

법 제4조 제3항 단서에서 "무효 또는 취소 등 대통령령으로 정하는 정당한 사유"란 다음 각 호의 어느 하나에 해당하는 경우를 말한다.

1. 상속회복청구의 소에 의한 법원의 확정판결에 따라 상속인 및 상속재산에 변동이 있는 경우
2. 「민법」 제404조에 따른 채권자대위권의 행사에 의하여 공동상속인들의 법정상속분대로 등기 등이 된 상속재산을 상속인 사이의 협의분할에 의하여 재분할하는 경우
3. 법 제67조에 따른 상속세 과세표준 신고기한(이하 "상속세 과세표준 신고기한"이라 한다) 내에 상속세를 물납하기 위하여 「민법」 제1009조에 따른 법정상속분으로 등기·등록 및 명의개서 등을 하여 물납을 신청하였다가 제71조에 따른 물납허가를 받지 못하거나 물납재산의 변경명 령을 받아 당초의 물납재산을 상속인 사이의 협의분할에 의하여 재분할하는 경우

1. 분할의 소급화

상속재산의 분할은 상속이 개시된 때에 소급하여 그 효력이 있다. 따라서 공동상속인 상호 간에 상속재산에 관하여 협의분할이 이루어짐으로써 공동상속인 중 1인이 고유의 상속분을 초과하여 상속재산을 취득하는 것은 상속개시 당시에 피상속인으로부터 상속에 의하여 직접 취득한 것으로 보는 것이다. (87누692)

2. 사해행위취소와 상속세

채권자취소권의 행사로 사해행위가 취소되고 일탈재산이 원상회복되더라도, 채무자가 일탈재산에 대한 권리를 직접 취득하는 것이 아니고 사해행위취소의 효력이 소급하여 채무자의 책임재산으로 회복되는 것도 아니다. 따라서 재산을 증여받은 수증자가 사망하여 증여받은 재산을 상속재산으로 한 상속개시가 이루어졌다면, 이후 사해행위취소 판결에 의하여 그 증여계약이 취소되고 상속재산이 증여자의 책임재산으로 원상회복되었다고 하더라도, 수증자의 상속인은 「국세기본법」 제45조의2 제2항이 정한 후발적 경정청구를 통하여 상속재산에 대한 상속세 납세의무를 면할 수 없다. (2014두46485, 2020. 11. 26.) 이 판례는 출제 이후 생성된 판례이다. 사해행위취소가 되면 연대납세의무가 있다는 취지의 주장에 대한 답이 될 만한 판례라서 소개해 둔다.

1. 상속재산의 분할

상속재산의 분할은 ① 유언분할, ② 공동상속인 간의 협의분할, ③ 조정 또는 심판에 의한 분할 방법의 순서에 의한다.

2. 정당한 사유에 따른 분할

상속재산의 분할협의가 있게 되면 상속인 각자의 법정상속분에 관계없이 각 상속인의 고유재산이 되고, 법정상속분을 초과하여 취득한 상속재산에 대하여 공동상속인들 사이의 증여세 과세문제는 발생하지 않는다. (95누15087)

법정상속과 협의상속의 우선순위에 대한 문제이다. 특히 협의상속의 과정에서 상속인의 채권자가 「민법」에 의한 대위권행사를 하면서 법정상속분대로 등기를 한 연후에 상속인들의 협의상속이 이루어졌을 경우에 법률행위의 우선순위를 제대로 이해하는지를 요구하는 문제였다. 또한 협의상속이 이루어진 경우에 법정상속지분보다 증가된 상속분에 대하여 증여세를 부과할 수 있는지에 대한 이해를 묻는 문제였다. 이번 문제는 단순한 법조문 암기를 넘어서서 정확한 법적 논리를 이해하여야 정답을 적을 수 있도록 구성되어 있었다.

문제 1

부가가치세는 재화나 용역이 생산되거나 유통되는 모든 거래단계에서 생성되는 부가가치를 과세대상으로 하는 간접세를 말한다. 부가가치세에 관한 다음 물음에 답하시오. (35점)

[물음 1] 甲은 오피스텔 신축판매업을 영위하는 일반과세자로서 판매목적으로 신축한 오피스텔이 분양되지 않아 임대를 고민 중이다. 오피스텔 신축공사에 대한 매입세액의 공제 여부에 따라 임차인에게 사업용으로 임대하는 경우와 주거용으로 임대하는 경우의 과세문제에 대하여 설명하시오. (15점)

[물음 2] 일반과세자 乙이 건물을 신축하여 상가와 주택(국민주택규모 이하 주택과 국민주택규모 초과 주택 포함)을 분양하는 경우 건물 신축공사에 대한 매입세액의 공제 여부와 공제방법에 대하여 설명하시오. (단, 건물면적에 대한 실지귀속은 정해져 있다) (10점)

[물음 3] 면세사업을 영위하는 丙대학교가 면세사업에 사용하기 위하여 증축하는 건물 중 일부를 과세사업인 부동산임대업에 사용하는 경우 면세사업 등을 위한 감가상각자산의 과세사업 전환 시 매입세액공제 특례 규정이 적용된다. 이 제도의 ① 취지, ② 공제요건, ③ 과세전환에 대한 매입세액의 계산방법, ④ 일부과세전환에 대한 매입세액의 계산방법에 대하여 설명하시오. (10점)

【문제 1】 부가가치세법

[물음 1] 간주공급(면세전용)

1. 쟁점

과세사업자가 취득한 재화를 면세사업에 전용한 경우 재화의 공급으로 보기 위한 요건

2. 면세사업전용

과세사업자가 자기가 생산 취득한 재화를 면세사업에 전용한 경우 간주공급으로 보기 위한 요건은 다음과 같다.

① 자기의 과세사업과 관련하여 생산 또는 취득한 '재화'를 면세사업에 '전용'한 것이어야 한다.

② 자기의 과세사업과 관련하여 생산 또는 취득한 재화의 관련 '매입세액을 공제'받아야 한다.

③ 이를 면세사업에 일시적 또는 잠정적으로 사용한 것이 아니라, '전용'하여야 한다.

3. 오피스텔 신축판매업이 재화의 공급인지 여부

오피스텔 신축판매업은 부동산의 매매를 사업목적으로 하므로, '재화'를 공급하는 사업에 해당한다.

따라서 甲이 신축한 오피스텔은 자기가 생산 또는 취득한 '재화'에 해당한다.

4. 오피스텔 임대

오피스텔을 임차인의 사업용으로 임대하는 것은 과세사업에 사용하는 것이고, 주거용으로 임대하는 것은 면세사업에 사용하는 것이다.

5. 사안의 적용

(1) 매입세액을 공제받은 경우

매입세액공제받은 오피스텔(재화)을 '면세사업'에 사용한 경우에는 재화를 공급한 것으로 본다. 따라서 '주거용으로 임대'하는 경우에 한하여 면세전용으로 보아 과세한다. 단, 주거용으로 임대하는 것이 일시적인 것인 경우에는 전용된 것이 아니어서 과세하지 않는다.

(2) 매입세액을 공제받지 않은 경우

과세사업자가 자기가 생산 취득한 재화의 관련 매입세액을 공제받지 않은 경우에는 면세사업에 전용하였는지 여부에 관계없이 재화의 공급으로 보지 않으므로 과세하지 않는다.

[물음 2] 신축공사비의 매입세액공제

1. 쟁점

겸영사업자의 공통매입세액공제 방법

2. 사업의 구분

(1) 과세사업

상가와 국민주택규모 초과 주택(건물분)의 판매(공급)는 과세사업이다.

(2) 면세사업

국민주택규모 이하 주택의 공급은 면세사업이다.

3. 공통매입세액의 안분

겸영사업자의 공통매입세액은 '실지귀속'에 따라 구분하는 것을 원칙으로 한다. 공통매입세액 안분계산은 ① 겸영사업자에 해당하고, ② 과세사업과 면세사업에 공통으로 사용하되, ③ 실지귀속이 '불분명'하여야 하며, ④ 공제 가능한 매입세액이어야 적용한다.

4. 사안의 적용

(1) 매입세액공제 여부

건물 공사비 중 과세사업(상가와 국민주택규모 초과 주택)면적분의 매입세액은 공제된다. 면세사업(국민주택규모 이하)면적분의 매입세액은 공제하지 않는다.

(2) 공제방법

건물 '신축공사'에 대한 매입세액은 그 면적에 따라 실지귀속이 구분되므로 공통매입세액 안분대상이 아니다. 따라서 공급가액비율에 따른 안분은 하지 않고, 실지귀속에 따라 공제한다.

[참고]

공사비와 관련된 매입세액을 면적에 따라 안분계산하는 것이 실지귀속에 따른 구분계산이다. 다만, 공사비 이외 광고비 등(판매비와 관리비)은 공급가액비율에 따라 공통매입세액 안분계산한다.

[물음 3] 과세사업 전환

① 제도의 취지
면세사업 전용을 재화의 공급으로 의제하는 것에 대응한 제도로서 '과세형평'을 위한 것이다.

② 공제요건
㉠ 면세사업에 사용하기 위한 자산에 해당하여 매입세액이 불공제된 감가상각자산일 것
㉡ 해당 감가상각자산의 취득일이 속하는 과세기간 이후에 과세사업에 사용·소비하거나 과세사업과 면세사업 등에 공통으로 사용·소비할 것

③ 과세전환에 대한 매입세액 계산방법
취득 당시 공제받지 못한 매입세액에 경과된 과세기간을 반영한 매입세액으로 한다. 건축물은 1과세기간에 5%, 그 외 감가상각자산은 1과세기간에 25%씩 차감한다.

④ 일부과세전환에 대한 매입세액 계산방법
과세사업과 면세사업에 공통으로 사용·소비하는 경우에는 전부과세전환 시 매입세액에 전환일이 속하는 과세기간의 총공급가액에서 과세공급가액이 차지하는 비율만큼 공제한다.
다만, 해당 과세기간 중 과세사업과 면세사업 등의 공급가액이 없거나 그 어느 한 사업의 공급가액이 없는 경우에는 ① 매입가액비율, ② 예정공급가액비율, ③ 예정사용면적비율을 적용한다. 건축물의 경우에는 예정사용면적비율을 우선 적용한다.

관련 법령

1. 재화 공급의 특례(「부가가치세법」 제10조)

① 사업자가 자기의 과세사업과 관련하여 생산하거나 취득한 재화로서 다음 각 호의 어느 하나에 해당하는 재화(이하 이 조에서 "자기생산·취득재화"라 한다)를 자기의 면세사업을 위하여 직접 사용하거나 소비하는 것은 재화의 공급으로 본다.
   1. 제38조에 따른 매입세액, 그 밖에 이 법 및 다른 법률에 따른 매입세액이 공제된 재화
   2. 제9항 제2호에 따른 사업양도로 취득한 재화로서 사업양도자가 제38조에 따른 매입세액, 그 밖에 이 법 및 다른 법률에 따른 매입세액을 공제받은 재화
   3. … 수출에 해당하여 영(零) 퍼센트의 세율을 적용받는 재화

2. 공통매입세액의 안분(「부가가치세법」 제40조)

사업자가 과세사업과 면세사업 등을 겸영하는 경우에 과세사업과 면세사업 등에 관련된 매입세액의 계산은 실지귀속에 따라 하되, 실지귀속을 구분할 수 없는 매입세액(이하 "공통매입세액"이라 한다)은 총공급가액에 대한 면세공급가액의 비율 등 대통령령으로 정하는 기준(이하 "공통매입세액 안분기준"이라 한다)을 적용하여 대통령령으로 정하는 바에 따라 안분하여 계산한다.

3. 공통매입세액 안분계산(「부가가치세법 시행령」 제81조)

① 법 제40조에 따라 과세사업과 면세사업 등을 겸영하는 경우로서 실지귀속을 구분할 수 없는 매입세액(이하 "공통매입세액"이라 한다)이 있는 경우 면세사업 등에 관련된 매입세액은 인원 수 등에 따르는 등 기획재정부령으로 정하는 경우를 제외하고 다음 계산식에 따라 안분하여 계산한다. 다만, 예정신고를 할 때에는 예정신고기간에 있어서 총공급가액에 대한 면세공급가액(면세사업 등에 대한 공급가액과 사업자가 해당 면세사업 등과 관련하여 받았으나 법 제29조의 과세표준에 포함되지 아니하는 국고보조금과 공공보조금 및 이와 유사한 금액의 합계액)의 비율에 따라 안분하여 계산하고, 확정신고를 할 때에 정산한다.

$$\text{면세사업 등에 관련된 매입세액} = \text{공통매입세액} \times \frac{\text{면세공급가액}}{\text{총공급가액}}$$

② 제1항에도 불구하고 다음 각 호의 어느 하나에 해당하는 경우에는 해당 재화 또는 용역의 매입세액은 공제되는 매입세액으로 한다.
   1. 해당 과세기간의 총공급가액 중 면세공급가액이 5퍼센트 미만인 경우의 공통매입세액. 다만, 공통매입세액이 5백만원 이상인 경우는 제외한다.
   2. 해당 과세기간 중의 공통매입세액이 5만원 미만인 경우의 매입세액
   3. 제63조 제3항 제3호가 적용되는 재화(재화를 공급하는 날이 속하는 과세기간에 신규로 사업을 시작하여 직전 과세기간이 없는 경우)에 대한 매입세액
④ 제1항을 적용할 때 해당 과세기간 중 과세사업과 면세사업 등의 공급가액이 없거나 그 어느 한 사업의 공급가액이 없는 경우에 해당 과세기간에 대한 안분계산은 다음 각 호의 순서에 따른다. 다만, 건물 또는 구축물을 신축하거나 취득하여 과세사업과 면세사업 등에 제공할 예정면적을 구분할 수 있는 경우에는 제3호를 제1호 및 제2호에 우선하여 적용한다.
   1. 총매입가액(공통매입가액은 제외한다)에 대한 면세사업 등에 관련된 매입가액의 비율
   2. 총예정공급가액에 대한 면세사업 등에 관련된 예정공급가액의 비율
   3. 총예정사용면적에 대한 면세사업 등에 관련된 예정사용면적의 비율
⑤ 제4항 단서에 따라 토지를 제외한 건물 또는 구축물에 대하여 같은 항 제3호를 적용하여 공통매입세액 안분계산을 하였을 때에는 그 후 과세사업과 면세사업 등의 공급가액이 모두 있게 되어 제1항의 계산식에 따라 공통매입세액을 계산할 수 있는 경우에도 과세사업과 면세사업 등의 사용면적이 확정되기 전의 과세기간까지는 제4항 제3호를 적용하고, 과세사업과 면세사업 등의 사용면적이 확정되는 과세기간에 제82조 제2호에 따라 공통매입세액을 정산한다.

4. 면세사업 등을 위한 감가상각자산의 과세사업 전환 시 매입세액공제 특례(「부가가치세법」 제43조)

사업자는 제39조 제1항 제7호에 따라 매입세액이 공제되지 아니한 면세사업 등을 위한 감가상각자산을 과세사업에 사용하거나 소비하는 경우 대통령령으로 정하는 바에 따라 계산한 금액을 그 과세사업에 사용하거나 소비하는 날이 속하는 과세기간의 매입세액으로 공제할 수 있다.

국민주택 초과분 아파트에 대하여 관련 매입세액을 공제한 후 동 아파트가 미분양되어 해당 아파트를 2년간 임대한 경우에도 면세전용으로 의제하여 과세한 사건에서 법원은 해당 아파트를 일시적·잠정적으로 임대한 것으로 볼 수 없다는 이유로 간주공급으로 보아 과세하는 것이 타당하다고 하였다. (2017두34865, 2017. 5. 16.)

「부가가치세법」상 과세·면세거래의 매입세액공제 여부와 관련된 과세문제 및 「부가가치세법」제43조 면세사업 등을 위한 감가상각자산의 과세사업 전환 시 매입세액공제 특례에 대한 문제다. 전반적으로 수험생들은 주어진 물음에 잘 답하였다. 다만, 문제에서 주어진 질문의 요지가 무엇인지를 정확하게 파악하지 못하고 자신이 알고 있는 내용의 기술에만 치중하는 답안과 물음의 내용 중 일부를 답하지 않은 답안이 있었다. 또한 법조문과 관련된 물음에 있어서는 해당 조문을 정확하게 숙지하지 못한 답안이 있었다. 따라서 답안을 작성함에 있어서는 물음의 내용을 꼼꼼하게 분석하여 출제자의 의도를 파악하는 한편 세법학 과목의 특성상 평소 법령을 주의 깊게 살피려는 태도가 요구된다고 하겠다.

문제 2

다음 사례를 읽고 물음에 답하시오. (20점)

〈사례〉

2019년 1월 개인 甲은 재산세 과세대상인 별도합산과세대상 토지 A1과 A2를, 개인 乙은 재산세 과세대상인 종합합산과세대상 토지 B1과 B2를, 그리고 개인 丙은 재산세 과세대상인 종합합산과세대상 토지 C1과 C2를 「신탁법」에 따라 신탁회사 丁의 '신탁 I'에 신탁하였고, 모든 토지는 소유권이전등기와 신탁등기까지 완료되었다. 2019년 재산세 과세기준일 현재 그 신탁은 그대로 유지되고 있고, 이때 丁의 고유재산 중 토지로는 별도합산과세대상 토지 D1과 종합합산과세대상 토지 D2가 있다. 한편, 丁은 「지방세법」에 따라 신탁받은 토지를 위탁자별로 구분하여 관리하고 있다. (단, 「지방세법」 등 법령에 따라 재산세가 비과세 또는 면제되는 토지 및 재산세가 경감되는 토지의 경감비율에 해당하는 토지는 없다)

[물음 1] 위 사례의 재산세 과세대상인 신탁재산에 속하는 종합합산과세대상 토지 및 별도합산과세대상 토지의 합산방법과 그 취지를 설명하시오. (7점)

[물음 2] 「신탁법」에 따라 수탁자 명의로 등기된 신탁재산에 대한 재산세가 체납된 경우에는 신탁회사의 고유재산과 다른 위탁자의 신탁재산을 압류할 수 있는지에 대하여 설명하시오. (5점)

[물음 3] 구 「지방세법」(2014. 1. 1. 법률 제12153호)에 의하여 「신탁법」에 따라 수탁자 명의로 등기·등록된 신탁재산의 재산세 납세의무자가 위탁자에서 수탁자로 변경되었다. 이 변경으로 인한 논쟁사항을 설명하시오. (8점)

【문제 2】 지방세법

[물음 1] 신탁된 토지의 과세방법

1. 합산방법

신탁법에 따른 신탁재산에 속하는 종합합산과세대상 토지 및 별도합산과세대상 토지의 합산방법은 다음에 따른다.

① 신탁재산에 속하는 토지는 수탁자의 고유재산에 속하는 토지와 서로 합산하지 아니한다.

② 위탁자별로 구분되는 신탁재산에 속하는 토지의 경우 위탁자별로 각각 합산하여야 한다.

2. 취지

신탁재산의 납세의무자가 수탁자가 됨에 따라, 복수의 위탁자로부터 수탁받은 신탁재산의 전부가 수탁자의 과세대상으로 합산되어 수탁자가 높은 세율을 적용받게 되는 불이익을 차단하기 위한 것이다.

[물음 2] 압류 가능 여부

지방세징수법에도 불구하고 신탁법에 따라 수탁자 명의로 등기된 신탁재산에 대한 재산세가 체납된 경우에는, 재산세가 체납된 해당 재산에 대해서만 압류할 수 있다.

따라서 신탁재산의 재산세에 대한 압류는 체납세액과 관련된 신탁재산에 대해서만 할 수 있고 수탁자의 고유재산 또는 다른 위탁자의 신탁재산에 대해서는 할 수 없다.

이는 수탁자의 재산권이 필요 이상으로 침해되지 않도록 하기 위한 것이다.

[물음 3] 소급과세금지원칙

1. 쟁점

개정법 시행 이전에 체결된 신탁계약에 의한 신탁재산까지 수탁자를 재산세 납세의무자로 하는 것이 소급과세금지원칙에 위배되는지 여부

2. 소급과세금지원칙

조세를 납부할 의무가 성립한 재산에 대해서는 그 성립 후의 새로운 법률에 따라 소급하여 과세하지 않는다.

3. 재산세 납세의무 성립일

재산세는 재산의 보유사실에 대하여 부과하는 조세로서 매년 도래하는 과세기준일 현재의 현황에 따라 납세의무가 성립한다.

4. 논쟁의 결론

헌법재판소는 재산세 납세의무 성립일 이전에 변경된 법률에 따라 수탁자를 재산세 납세의무자로 보는 것은 소급입법에 따른 과세가 아니라고 하였다.

1. 납세의무자(구 「지방세법」 제107조)

> ① 재산세 과세기준일 현재 재산을 사실상 소유하고 있는 자는 재산세를 납부할 의무가 있다. 다만, 다음 각 호의 어느 하나에 해당하는 경우에는 해당 각 호의 자를 납세의무자로 본다.
> 1. 공유재산인 경우: 그 지분에 해당하는 부분(지분의 표시가 없는 경우에는 지분이 균등한 것으로 본다)에 대해서는 그 지분권자
> 2. 주택의 건물과 부속토지의 소유자가 다를 경우: 그 주택에 대한 산출세액을 제4조 제1항 및 제2항에 따른 건축물과 그 부속토지의 시가표준액 비율로 안분계산한 부분에 대해서는 그 소유자
> 3. 「신탁법」에 따라 수탁자 명의로 등기·등록된 신탁재산의 경우: 위탁자별로 구분된 재산에 대해서는 그 수탁자. 이 경우 위탁자별로 구분된 재산에 대한 납세의무자는 각각 다른 납세의무자로 본다.

2. 과세대상의 구분 등(구 「지방세법」 제106조 제3항) ➪ 현행 법률은 삭제됨

> ③ 「신탁법」에 따른 신탁재산에 속하는 종합합산과세대상 토지 및 별도합산과세대상 토지의 합산 방법은 다음 각 호에 따른다.
> 1. 신탁재산에 속하는 토지는 수탁자의 고유재산에 속하는 토지와 서로 합산하지 아니한다.
> 2. 위탁자별로 구분되는 신탁재산에 속하는 토지의 경우 위탁자별로 각각 합산하여야 한다.

3. 신탁재산에 대한 특례(구 「지방세법」 제119조의2)

> 「신탁법」에 따라 수탁자 명의로 등기된 신탁재산에 대한 재산세가 체납된 경우에는 「지방세징수법」 제33조에도 불구하고 재산세가 체납된 해당 재산에 대해서만 압류할 수 있다. 다만, 재산세가 체납된 재산이 속한 신탁에 다른 재산이 있는 경우에는 그 다른 재산에 대하여 압류할 수 있다.

재산세는 과세기준일인 매년 6월 1일 현재 「신탁법」에 따라 등기된 신탁재산의 명의인인 수탁자에게 부과된다. 과세관청은 이 사건 과세조항 및 이 사건 부칙조항에 따라 청구인 신탁회사들이 재산세 과세기준일인 2014. 6. 1. 현재 수탁자임을 원인으로 이 사건 부과처분을 하였는 바, 이는 종료된 사실관계나 진행 중인 사실관계에 대하여 신법을 적용한 것이 아니라 법률 시행 후의 사실관계에 대하여 적용한 것이므로 소급입법이라고 할 수 없다.

그리고 재산세는 재산의 보유사실에 대하여 부과하는 조세로서 매년 도래하는 과세기준일 현재의 현황에 따라 납세의무가 성립하는 조세이므로, 개정법 시행 전에 체결한 신탁계약에 의한 신탁재산이라 하여 달리 볼 것은 아니다.

결국 이 사건 부칙조항은 과세요건 완성 후에 새로운 입법으로 과세하거나 이미 성립한 납세의무를 가중한 것이 아니므로 소급입법금지원칙에 위반되지 아니하고(헌재 2012. 12. 27. 2011헌바 132 참조), 다만 개정법 시행 이전에 체결된 신탁계약에 관한 기존의 법적인 상태에 대한 신뢰를 헌법적으로 보호해주어야 할 것인지 여부가 문제될 뿐이다.

그런데 「신탁법」상 신탁계약에 따라 수탁자 앞으로 부동산 소유권이전등기가 마쳐지면 수탁자는 신탁재산에 대한 완전한 대내외적 소유권을 가진다는 법리에 비추어 보면, 신탁재산에 대한 재산세의 납세의무자를 위탁자로 규정한 개정 전의 규정이 오히려 예외적인 것이라고 이해함이 합리

적이며, 달리 위탁자가 납세의무자라는 규정이 변함없이 존속되리라고 기대하거나 신뢰할 만한 특별한 사정이 있다고 할 수도 없다. (2015헌바127, 2016. 2. 25.)

출제위원 채점평

「신탁법」에 따른 신탁재산에 대한 재산세 과세문제를 다루었다. 답안을 몇 번째로, 어떻게 제시할까 고민한 흔적이 역력했다. [물음 1]에 답안을 제시하지 못한 경우가 많아 아쉬움이 컸다. 반면에 출제자의 의도에 부합하는 답안을 작성한 경우도 많았다. 물음의 취지를 정확히 이해하고, 법조문과 사례를 논리적으로 꿰는 구상을 하고 답안을 쓴 경우에 좋은 점수를 받을 수 있었다. 평소에 법조문을 학습할 때 수험생이 아닌 출제자의 입장에서 적용가능한 사례를 개발하고 풀어보는 것은 시험 준비에 도움이 된다. 납세의무자의 변경과 같은 사안에 대하여는 그 제도가 왜 도입되었고, 어떤 문제점을 갖고 있는가를 찾는 것까지 다각도로 공부하는 습관이 필요하다고 사료된다.

세법 개정

출제 당시 법령과 2021년 개정된 법률의 차이는 다음과 같다. 특히 관련 강의를 수강하는 분들은 주의를 요한다. 재산세 합산하는 방식이 개정됨에 따라 현재 법령에 맞게끔 답지를 다시 제시하고, 개정세법의 내용도 함께 제시한다. 그럼에도 불구하고 당시 법령을 반영한 답안은 그대로 유지하였다. 출제 당시 법령을 기준으로 볼 때 출제자의 의도가 가장 잘 드러나기 때문이다. 세법학 시험은 그 결론도 중요하겠지만, 어떻게 물음(출제자의 의도가 반영된 물음)에 맞춰서 답안을 구성하는지가 가장 중요하기 때문이다.

해답 (신법)

【문제 2】 지방세법

[물음 1] 신탁된 토지의 과세방법

1. 합산방법

개정 지방세법에 따르면 신탁재산의 재산세 납세의무자는 위탁자이다. 그에 따라 수탁자의 고유재산과 위탁자의 신탁재산은 서로 구분하여 과세하며, 위탁자의 다른 재산과 신탁재산을 합하여 종합합산 또는 별도합산 한다.

2. 취지

납세의무자가 수탁자인 점을 악용한 신탁을 통한 조세회피행위를 규제하고자 개정 지방세법은 신탁 부동산의 재산세 납세의무자를 위탁자로 하였다. 다만, 수탁자의 고유재산과 신탁재산은 구분하여 과세한다.

[물음 2] 압류 가능 여부

1. 원칙

신탁 부동산의 재산세 납세의무자인 위탁자가 체납한 경우 수탁자의 명의로 등기된 신탁재산에 대해 압류하는 것은 원칙적으로 불가하다.

2. 물적납세의무

조세회피행위를 규제하고자 신탁 부동산의 납세의무자를 위탁자로 한 경우 재산세 체납징수에 어려움이 있을 수 있으며, 오히려 징수회피행위도 발생할 수 있다. 이에 따라 신탁 설정일 이후 발생한 재산세 체납액에 대해서는 수탁자에게 물적납세의무를 부과한다.

관련 법령 (신법)

1. 납세의무자(「지방세법」 제107조)

> ① 재산세 과세기준일 현재 재산을 사실상 소유하고 있는 자는 재산세를 납부할 의무가 있다. 다만, 다음 각 호의 어느 하나에 해당하는 경우에는 해당 각 호의 자를 납세의무자로 본다.
>   1. 공유재산인 경우: 그 지분에 해당하는 부분(지분의 표시가 없는 경우에는 지분이 균등한 것으로 본다)에 대해서는 그 지분권자
>   2. 주택의 건물과 부속토지의 소유자가 다를 경우: 그 주택에 대한 산출세액을 제4조 제1항 및 제2항에 따른 건축물과 그 부속토지의 시가표준액 비율로 안분계산한 부분에 대해서는 그 소유자
>   3. (삭제, 2020. 12. 29.)
> ② 제1항에도 불구하고 재산세 과세기준일 현재 다음 각 호의 어느 하나에 해당하는 자는 재산세를 납부할 의무가 있다.
>   1. 공부상의 소유자가 매매 등의 사유로 소유권이 변동되었는데도 신고하지 아니하여 사실상의 소유자를 알 수 없을 때에는 공부상 소유자
>   2. 상속이 개시된 재산으로서 상속등기가 이행되지 아니하고 사실상의 소유자를 신고하지 아니하였을 때에는 행정안전부령으로 정하는 주된 상속자
>   3. 공부상에 개인 등의 명의로 등재되어 있는 사실상의 종중재산으로서 종중소유임을 신고하지 아니하였을 때에는 공부상 소유자
>   4. 국가, 지방자치단체, 지방자치단체조합과 재산세 과세대상 재산을 연부(年賦)로 매매계약을 체결하고 그 재산의 사용권을 무상으로 받은 경우에는 그 매수계약자
>   5. 「신탁법」 제2조에 따른 수탁자의 명의로 등기 또는 등록된 신탁재산의 경우에는 제1항에도 불구하고 같은 조에 따른 위탁자(「주택법」 제2조 제11호 가목에 따른 지역주택조합 및 같은 호 나목에 따른 직장주택조합이 조합원이 납부한 금전으로 매수하여 소유하고 있는 신탁재산의 경우에는 해당 지역주택조합 및 직장주택조합). 이 경우 위탁자가 신탁재산을 소유한 것으로 본다. (2020. 12. 29. 신설)

2. 신탁재산 수탁자의 물적납세의무(「지방세법」 제119조의2)

> ① 신탁재산의 위탁자가 다음 각 호의 어느 하나에 해당하는 재산세 · 가산금 또는 체납처분비(재산세 등)를 체납한 경우로서 그 위탁자의 다른 재산에 대하여 체납처분을 하여도 징수할 금액에 미치지 못할 때에는 해당 신탁재산의 수탁자는 그 신탁재산으로써 위탁자의 재산세 등을 납부할 의무가 있다. (2020. 12. 29. 개정)
>   1. 신탁 설정일 이후에 「지방세기본법」 제71조 제1항에 따른 법정기일이 도래하는 재산세 또는 가산금(재산세에 대한 가산금으로 한정)으로서 해당 신탁재산과 관련하여 발생한 것. 다만, 제113조 제1항 제1호(종합합산과세대상) 및 제2호(별도합산대상)에 따라 신탁재산과 다른 토지를 합산하여 과세하는 경우에는 신탁재산과 관련하여 발생한 재산세 등을 제4조에 따른 신탁재산과 다른 토지의 시가표준액 비율로 안분계산한 부분 중 신탁재산 부분에 한정한다. (2020. 12. 29. 개정)
>   2. 제1호의 금액에 대한 체납처분 과정에서 발생한 체납처분비(2020. 12. 29. 개정)

문제 3

다음 사례를 읽고 물음에 답하시오. (20점)

〈사례〉
甲은 개별소비세 과세대상인 A에 대한 개별소비세를 면제받고자 면세승인 절차를 거쳐 관할 세무서장 또는 세관장으로부터 2019년 3월 5일 그 승인을 받았다.

[물음 1] 위 사례의 면세승인은 甲이 A를 수출 및 군납면세를 위해 받은 것이다. 甲이 A를 반출한 후 용도증명을 하지 아니한 경우 개별소비세의 추징에 대하여 설명하시오. (7점)

[물음 2] 위 사례의 면세승인은 甲이 A(자동차)를 외교관면세를 위해 받은 것이다. A(자동차)를 소유한 주한외교관 乙이 본국으로 인사발령이 나서 2019년 8월 5일 丙에게 이를 양도한 경우 개별소비세의 추징에 대하여 설명하시오. (8점)

[물음 3] 「개별소비세법」상 면세반출 승인신청에 대한 특례를 설명하시오. (5점)

해답

【문제 3】 개별소비세법
[물음 1] 수출 및 군납면세 후 용도미증명

1. 납세의무자
수출 및 군납물품으로서 정해진 용도로 제공한 사실을 증명하지 아니한 것에 대해서는 판매자·'반출자 또는 수입신고인'으로부터 개별소비세를 징수한다. 사안에서 개별소비세 납세의무자인 甲으로부터 징수한다.

2. 징수예외
과세물품이 반입 장소에 반입되기 전에 재해나 그 밖의 부득이한 사유로 '멸실'된 경우에는 개별소비세를 징수하지 아니한다.

3. 과세표준
수출 및 군납면세물품에 대하여 소정기한 내에 용도증명서를 제출하지 아니한 경우에는 '면세된 가격'을 과세표준으로 한다.

(2) 상호주의
징수예외 규정은 해당 국가에서 우리나라의 공관 또는 외교관에게 이와 동일하게 면제된 개별소비세를 징수하지 아니하거나 해당 국가에 우리나라의 개별소비세나 이와 유사한 성질의 조세가 없는 경우로 한정하여 적용한다.

3. 사안의 적용
주한외교관 乙의 국가도 동일하게 이임 등의 사유로 인한 경우 개별소비세를 징수하지 않는다면, 丙에게 개별소비세를 추징하지 않는다.

[물음 3] 면세반출 승인신청 특례
1. 사전 승인
면세반출을 하려는 자는 해당 물품을 반출하거나 수입신고하는 때 면세승인신청을 하여 관할 세무서장에게 승인을 받아야 한다.

[물음 2] 외교관면세받은 승용자동차의 양도
1. 납세의무자
외교관면세에 따라 개별소비세를 면제받은 물품을 면세승인을 받은 날부터 '3년 내'에 타인에게 양도한 경우에는 이를 '양수한 자'가, 면세승인을 받은 날부터 3년 내에 타인이 소지한 경우에는 이를 '소지한 자'가 반출 또는 수입신고를 한 것으로 보아 개별소비세를 징수한다.

2. 징수예외
(1) 부득이한 사유
개별소비세를 면제받은 물품 중 자동차에 대해서는 주한외교관 등이 이임하는 등 '부득이한 사유'가 있는 경우에는 추징사유가 있더라도 개별소비세를 징수하지 아니한다. 부득이한 사유에는 이임, 주한외교관 등의 직무가 종료되거나 직위를 상실한 경우, 주한외교관 등이 사망한 경우 등을 포함한다.

2. 특례
과세물품을 반출할 때마다 사전에 승인을 얻어야 하는 것은 납세자에게 불편을 초래할 수 있으므로, 개별소비세 과세표준신고서에 반입증명서 또는 용도증명서를 첨부하여 제출하면 사전 승인을 받지 아니하여도 면세한다.

1. 수출 및 군납면세(「개별소비세법」 제15조)

① 다음 각 호의 어느 하나에 해당하는 물품에 대해서는 대통령령으로 정하는 바에 따라 개별소비세를 면제한다.
1. 수출하는 것
2. 우리나라에 주둔하는 외국군대(이하 "주한외국군"이라 한다)에 납품하는 것

② 제1항의 물품으로서 정해진 용도로 제공한 사실을 대통령령으로 정하는 바에 따라 **증명하지 아니한** 것에 대해서는 판매자·반출자 또는 수입신고인으로부터 개별소비세를 징수한다. 다만, 해당 물품의 용도를 변경한 사실이 확인된 경우에는 대통령령으로 정하는 바에 따라 즉시 개별소비세를 징수한다.

③ 제1항 제1호에 따라 개별소비세를 면제받은 물품을 반입하는 자에 대해서는 대통령령으로 정하는 일정한 사유가 발생한 경우에 그 반입자로부터 개별소비세를 징수한다.

④ 제1항 제2호에 따라 개별소비세를 면제받은 물품을 대통령령으로 정하는 바에 따라 면제의 승인을 받은 날부터 5년 내에 타인에게 양도한 경우에는 이를 양수한 자가, 면제의 승인을 받은 날부터 5년 내에 타인이 소지한 경우에는 이를 소지한 자가 반출 또는 수입신고를 한 것으로 보아 개별소비세를 징수한다.

⑤ 제1항에 따라 개별소비세를 면제받아 반출한 물품에 관하여는 제14조 제3항을 준용한다.

2. 미납세반출(「개별소비세법」 제14조 제3항)

제1항의 물품이 반입 장소에 반입되기 전에 재해나 그 밖의 부득이한 사유로 멸실된 경우에는 대통령령으로 정하는 바에 따라 개별소비세를 징수하지 아니한다.

3. 외교관면세(「개별소비세법」 제16조)

② 제1항에 따라 개별소비세를 면제받은 물품을 대통령령으로 정하는 바에 따라 면세승인을 받은 날부터 3년 내에 타인에게 **양도한 경우**에는 이를 양수한 자가, 면세승인을 받은 날부터 3년 내에 타인이 소지한 경우에는 이를 소지한 자가 **반출 또는 수입신고를 한 것으로 보아 개별소비세를 징수**한다. 다만, 제1항에 따라 개별소비세를 면제받은 물품 중 자동차에 대해서는 주한 외교관 등이 이임(移任)하는 등 대통령령으로 정하는 부득이한 사유가 있는 경우에는 면세승인을 받은 날부터 3년 내에 타인에게 양도하거나 타인이 소지한 경우에도 개별소비세를 징수하지 아니한다.

⑤ 제1항과 제2항은 해당 국가에서 우리나라의 공관 또는 외교관 등에게 그 국가의 조세로서 우리나라의 개별소비세 또는 이와 유사한 성질의 조세를 면제하는 경우(제2항 단서는 해당 국가에서 우리나라의 공관 또는 외교관 등에게 동일하게 징수를 면제하는 경우로 한정한다)와 해당 국가에 우리나라의 개별소비세 또는 이와 유사한 성질의 조세가 없는 경우에만 적용한다.

4. 미납세 및 면세반출 승인신청에 대한 특례(「개별소비세법 시행령」 제19조의2)

법 제14조 제1항(미납세반출), 제15조 제1항(수출 및 군납면세), 제17조 제1항(외국인전용판매장 면세) 및 제18조 제1항(조건부 면세)에 따른 용도에 사용하기 위하여 판매장, 제조장 또는 하치장에서 판매 또는 반출(타인을 통하여 지체 없이 판매 또는 반출하는 경우를 포함한다)하는 물품에 대하여 면세를 받으려는 자는 제19조(미납세반출 승인신청) …에도 불구하고 해당 물품을 판매 또는 반출한 날이 속하는 분기의 다음 달 25일까지 해당 분기분(별표 1 제6호에 해당하는 과세물품은 판매 또는 반출한 날이 속하는 달의 다음 달 말일까지 해당 월분)의 과세표준신고서에 … 반입증명서 또는 용도증명서와 제30조 제2항에 따른 서류(법 제18조 제1항의 면세사유에 해당하는 물품만 해당한다)를 첨부하여 제출하여야 한다.

출제위원 채점평

이번 「개별소비세법」 문제에서는 군납면세, 외교관면세의 추징과 면세반출 승인신청 특례에 대한 문제이다. 많은 수험생들이 무난하게 답안을 작성하였으나 답안 작성 시 중요한 점을 간과하는 수험생도 있었다. 답안 작성 시 관련 용어를 정확히 쓰고 핵심 키워드와 관련 내용이 정확히 서술되어 있는지가 중요하다. 찍어낸 듯한 기계식 단순암기를 하여 작성하기 보다는 관련 개념을 정확히 숙지하고 작성하는 노력이 필요해 보인다.

문제 4

「조세특례제한법」상 공익사업용 토지에 대한 조세지원제도와 영농사업용 토지에 대한 조세지원 제도에 관한 다음 물음에 답하시오. (25점)

[물음 1] 공익사업용 토지 등에 대한 양도소득세의 감면 규정의 취지·감면요건·감면내용·사 후관리와 대토보상에 대한 양도소득세 과세특례 규정의 취지·감면요건·감면내용· 사후관리에 대하여 비교·설명하시오. (20점)

[물음 2] 자경농지에 대한 양도소득세 감면 규정의 경작기간과 농지대토에 대한 양도소득세 감 면 규정의 경작기간에 대하여 비교·설명하시오. (5점)

해답

【문제 4】 조세특례제한법

[물음 1] 공익사업용 토지 및 대토보상

1. 규정의 취지

(1) 공익사업용 토지 양도소득세 감면
공공수용의 경우 시가 보상에 미치지 못하는 현실을 감안하고, 공공사업지의 확보를 원활하게 할 목적으로 양도소득세를 감면한다.

(2) 대토보상 양도소득세 과세특례
토지보상금 등에 따른 과잉유동성과 양도인의 대체용지 확보곤란을 해결하기 위한 세제 지원제도이다. 이는 현금보상(채권보상)에 대한 특례성격을 가진다.

2. 감면요건

(1) 공통점
① 사업인정고시일로부터 소급하여 2년 이전에 취득한 토지를 양도하여야 한다.
② 관련 사업시행자에게 양도하여야 한다.

(2) 차이점
① 공익사업용 토지 양도는 비거주자도 적용대상이지만, 대토보상은 양도인이 거주자인 경우에 한하여 적용할 수 있다.
② 공익사업용 토지 양도는 현금 또는 채권으로 보상금을 수령하지만, 대토보상은 공익사업의 시행으로 조성한 토지로 보상받아야 한다.

3. 감면내용

(1) 공통점
양도소득세를 감면받는 경우 그 감면한도액은 연간 1억원, 5년간 합계 2억원으로 한다. 감면한도액은 관련 양도소득세를 모두 합한 금액으로 한다.

(2) 차이점
① 공익사업용 토지 등 양도소득세 감면은 양도소득세의 10%를 감면하는 것을 원칙으로 하되, 채권으로 보상받는 경우에는 그 만기에 따라 15%에서 40%까지 양도소득세를 감면한다.

② 대토보상 양도소득세 과세특례는 대토보상 상당액을 대토받은 토지를 양도할 때까지 과세이연하거나 양도소득세의 40%를 감면받을 수 있다.

4. 사후관리

(1) 공익사업용 토지 양도소득세 감면
공익사업의 시행자가 사업시행인가 등을 받은 날부터 3년 이내에 그 공익사업에 착수하지 아니하는 경우 등 '사업자에게 귀책사유'가 있거나, 채권보상을 받은 자가 '만기보유특약을 위반'한 경우에는 감면세액 및 이자상당액을 납부하여야 한다.

(2) 대토보상 양도소득세 과세특례
거주자가 전매금지를 위반함에 따라 대토보상이 현금보상으로 전환되거나 이전등기 완료 후 3년 이내 대토를 양도한 경우에는 감면받거나 과세이연된 세액 및 이자상당액을 납부하여야 한다.

[물음 2] 경작기간

1. 자경농지에 대한 양도소득세 감면
해당 농지를 '8년 이상' 직접 경작하여야 한다. 다만, 경영이양 직접지불보조금의 대상이 되는 토지를 농업법인 등에 양도하는 경우에는 '3년 이상' 경작하면 된다.

2. 농지대토
대토 전 양도하는 농지를 4년 이상 경작하여야 하고, 종전농지와 신규 대토농지의 경작기간을 합하여 8년 이상이어야 한다.

올해 「조세특례제한법」의 문제는 공익사업용 토지에 대한 조세지원제도와 영농사업용 토지에 대한 조세지원제도가 출제되었다.

[물음 1]은 시사적 이슈가 있는 내용이라서 상당수 수험생들이 답안을 잘 작성하였다. 하지만 대토보상에 대한 내용을 [물음 2]의 농지대토에 대한 내용과 혼동하여 작성한 답안들도 있어서 아쉬운 마음이 들었다.

[물음 2]는 자경농지와 농지대토에 대한 경작기간에 대해 비교·설명하라는 문제인데 배점에 비해 너무 많은 시간과 답안 분량을 할애한 수험생들이 많았다.

출제자의 의도와 묻는 물음에 적합한 답안을 작성하는 것이 무엇보다 중요하다고 생각한다. 모든 수험생 여러분의 합격을 기원하며 훌륭한 전문가로 성장하길 바란다.

문제 1

다음 사례를 읽고 물음에 답하시오. (20점)

〈사례〉

변호사 甲은 2005년부터 2017년까지 다수의 법인파산사건에 대한 파산관재 업무를 수행하고 지급받은 보수를 기타소득으로 신고하였다. 2014년 2월 과세관청은 해당 소득이 기타소득임을 증명할 수 있는 자료를 제출할 것을 요청하였으나 甲은 아무런 조치를 취하지 않았다. 2018년 5월 과세관청은 이를 기타소득이 아닌 사업소득으로 보아 부과제척기간 내의 과세연도 귀속 종합소득세 부과처분을 하면서 가산세도 함께 부과하였다.

한편, 과세관청은 2002년 질의회신 등을 통하여 변호사이면서 파산관재인으로 일시적 용역을 제공하고 지급받는 대가는 기타소득에 해당하는 것으로 견해를 표명하였으나, 파산관재 업무를 계속적 · 반복적으로 수행한 경우에 그 보수가 사업소득에 해당하는지에 대해서는 구체적으로 견해를 밝힌 바 없다. 또한, 세법 해석상으로도 파산관재인의 보수가 사업소득으로 과세될 수 있는지에 대하여 견해의 대립이 있다.

[물음 1] 「국세기본법」상 가산세의 의의와 법적 성격에 대하여 설명하시오. (7점)

[물음 2] 「국세기본법」상 가산세의 감면사유에 대하여 설명하시오. (8점)

[물음 3] 위 사례에서 과세관청의 가산세 부과처분이 적법한지 논하시오. (5점)

해답

【문제 1】 국세기본법

[물음 1] 가산세의 의의와 법적 성격

1. 가산세의 의의

가산세란 세법에서 규정하는 의무의 성실한 이행을 확보하기 위하여 국세기본법 및 세법에 따라 산출한 세액에 가산하여 징수하는 금액을 말한다.

가산세는 법의 부과요건에 해당하면 본세와 별도로 부과한다.

2. 법적 성격

가산세는 납세의무자에게 부여된 협력의무 위반에 대한 책임을 묻는 '행정적 제재'(행정질서벌)를 조세의 형태로 구성한 것으로 형식에 있어서만 조세일 뿐이고 실질은 본세의 징수를 확보하기 위한 수단이다.

따라서 가산세의 부담은 세법상의 의무위반의 내용과 정도에 따라 달리 결정되어야 합리적이다.

② 법정신고기한까지 과세표준신고서를 제출하지 않은 자가 일정 기간 내에 기한후신고하는 경우에 무신고가산세

③ 과세전적부심사 결정·통지기간에 그 결과통지를 하지 않는 경우

④ 세법에 따른 제출, 신고, 가입, 등록, 개설의 기한이 지난 후 1월 이내에 해당 세법에 따른 제출 등의 의무를 이행하는 경우

[물음 3] 가산세 부과처분의 적법 여부

1. 정당한 사유

납세의무자에게 법령위반의 책임을 돌리기 어려운 정당한 사유가 있는 경우 가산세를 부과하지 아니한다.

[물음 2] 가산세의 감면사유

1. 감면사유

국세기본법은 '정당한 사유'를 기본요건으로 하는 가산세 '면제'에 관한 규정과 개별적인 '감면' 규정을 두고 있다.

2. 면제사유

① 천재지변 등 기한 연장 사유가 있는 경우와 ② 납세자가 의무를 이행하지 아니한 데에 정당한 사유가 있는 경우에는 가산세를 부과하지 아니한다.

3. 가산세 일부 감면사유

다음과 같은 경우에는 가산세의 일부를 감면한다. 다만, ①과 ②의 경우에는 과세관청이 세무조사에 착수하거나 과세자료 해명통지를 받고 한 경우에는 감면하지 않는다.

① 과세표준신고서를 제출한 자가 법정신고기한이 지난 후 일정 기한 내에 수정신고하는 경우에 과소신고가산세

2. 법률의 부지와 세법상 견해대립

단순한 법률의 부지는 비록 무과실이더라도 정당한 사유로 보지 않는다. 그러나 단순한 법률의 부지나 오해의 범위를 넘어 세법 해석상 견해가 대립하는 등 납세의무자가 그 의무를 알지 못한 것에 대해 책임을 귀속시킬 수 없는 합리적인 이유가 있는 경우에는 정당한 사유가 있는 것으로 본다.

3. 사안의 적용

파산관재인의 보수가 사업소득으로 과세될 수 있는지에 대해 견해대립이 있었던 점에 비추어 볼 때, 변호사 甲이 기타소득으로 소득을 구분하여 신고한 것은 정당한 사유로 볼 수 있다. 따라서 과세관청의 가산세 부과처분은 적법하지 않다.

1. 가산세 부과(「국세기본법」 제47조)

① 정부는 세법에서 규정한 의무를 위반한 자에게 이 법 또는 세법에서 정하는 바에 따라 가산세를 부과할 수 있다.
② 가산세는 해당 의무가 규정된 세법의 해당 국세의 세목(稅目)으로 한다. 다만, 해당 국세를 감면하는 경우에는 가산세는 그 감면대상에 포함시키지 아니하는 것으로 한다.

2. 가산세 감면 등(「국세기본법」 제48조)

① 정부는 이 법 또는 세법에 따라 가산세를 부과하는 경우 그 부과의 원인이 되는 사유가 다음 각 호의 어느 하나에 해당하는 경우에는 해당 가산세를 부과하지 아니한다.
  1. 제6조 제1항에 따른 기한 연장 사유에 해당하는 경우
  2. 납세자가 의무를 이행하지 아니한 데에 정당한 사유가 있는 경우
  3. 그 밖에 제1호 및 제2호와 유사한 경우로서 대통령령으로 정하는 경우
② 정부는 다음 각 호의 어느 하나에 해당하는 경우에는 이 법 또는 세법에 따른 해당 가산세액에서 다음 각 호에서 정하는 금액을 감면한다.
  1. 과세표준신고서를 법정신고기한까지 제출한 자가 법정신고기한이 지난 후 … 수정신고한 경우(… 과소신고 · 초과환급신고가산세만 해당하며, 과세표준과 세액을 경정할 것을 미리 알고 과세표준수정신고서를 제출한 경우는 제외한다)에는 다음 각 목의 구분에 따른 금액
  2. 과세표준신고서를 법정신고기한까지 제출하지 아니한 자가 법정신고기한이 지난 후 … 기한후신고를 한 경우(… 무신고가산세만 해당하며, 과세표준과 세액을 결정할 것을 미리 알고 기한후과세표준신고서를 제출한 경우는 제외한다)에는 다음 각 목의 구분에 따른 금액
  3. 다음 각 목의 어느 하나에 해당하는 경우에는 해당 가산세액의 100분의 50에 상당하는 금액
    가. … 과세전적부심사 결정 · 통지기간에 그 결과를 통지하지 아니한 경우(결정 · 통지가 지연됨으로써 해당 기간에 부과되는 납부지연가산세만 해당한다)
    나. 세법에 따른 제출, 신고, 가입, 등록, 개설의 기한이 지난 후 1개월 이내에 해당 세법에 따른 제출 등의 의무를 이행하는 경우(제출 등의 의무위반에 대하여 세법에 따라 부과되는 가산세만 해당한다)

1. 정당한 사유가 있다고 본 판결

① 과세관청의 질의회신이나 세무지도 또는 공적인 견해 표명에 의하여 납세의무자가 자신에게 어떤 의무가 없다고 믿은 경우(95누10181 등)
② 납세의무자가 과세표준확정신고를 하는 데 있어 필요한 장부와 증빙서류가 수사기관이나 과세관청에 압수 또는 영치된 경우(85누229)
③ 주택건설촉진법의 개정으로 복권발행용역이 정부의 대행용역으로 바뀐 이후에 주택은행이 위 복권발행용역을 여전히 법 개정 이전과 마찬가지로 부가가치세 면세용역에 해당한다고 믿은 경우(2003두13632)
④ 상속세신고 당시 납세의무자들에게 유언집행자들의 상속재산에 대한 관리처분권을 배제시키고 망인의 유언취지에 반하여 장학기금으로 출연하라는 재산을 상속세 과세가액에 포함시켜 신고 · 납부할 것을 기대하기에 무리가 있는 경우(2004두930)
⑤ 상속재산을 기한 내에 제대로 신고하였으나 평가방법이 잘못되어 과소신고한 경우(2015두59259)

2. 정당한 사유가 없다고 본 판결

① 납세의무자가 세법을 숙지하지 못하여 세법에 위반된 신고를 하고 과세관청도 이를 그대로 받아들이면서 시정지시 등을 하지 않은 경우(91누5341)

② 납세의무자가 단순히 세무공무원의 잘못된 설명을 듣고 이에 따라 의무를 해태한 경우(96누15404)

③ 사업자가 일반사업자에서 간이과세자로 변경되었는데 종전에 일반과세자로서 공제받은 매입세액을 납부세액에 가산하여 신고·납부하여야 하는 의무를 이행하지 않았고 세무서장으로부터 과세유형전환사실에 대한 통지를 받지 못한 경우(90누6149)

④ 납세의무자가 대법원과 다른 견해에 선 국세심판소의 결정취지를 그대로 믿어 법에 규정된 신고·납부의무 등을 해태한 경우(99두3515)

⑤ 총괄납부신청을 한 법인이 전산상의 착오로 A사업장의 소득으로 신고·납부하여야 할 소득을 같은 주소지 내에 소재한 B사업장의 소득으로 신고·납부한 경우(2010두16622)

3. 파산관재인의 보수 사건

(1) 신의성실원칙 위배 여부

과세관청은 파산관재인(변호사)이 신고납부한 세액을 수령하였을 뿐 이 사건 보수가 기타소득이라고 공식적으로 확인하여 준 사실이 없으므로, 파산관재인의 보수가 어느 경우에나 기타소득으로 과세된다는 공적 견해의 표명이나 일반적으로 성립된 관행이 존재하였다고 볼 수 없으므로 이 사건 처분이 신의성실의 원칙과 소급과세금지의 원칙에 위배된다는 납세자의 주장은 이유 없다.

(2) 가산세

가산세는 과세권의 행사와 조세채권의 실현을 용이하게 하기 위하여 납세의무자가 법에 규정된 신고, 납세 등 각종 의무를 위반한 경우에 법이 정하는 바에 따라 부과하는 행정적 제재로서, 정당한 사유가 있는 때에는 이를 부과하지 않는다. (「국세기본법」 제48조 제1항) 따라서 단순한 법률의 부지나 오해의 범위를 넘어 세법 해석상 견해가 대립하는 등으로 납세의무자가 그 의무를 알지 못한 것에 책임을 귀속시킬 수 없는 합리적인 이유가 있을 때 또는 그 의무의 이행을 당사자에게 기대하기 어려운 사정이 있을 때 등 그 의무를 게을리한 점을 비난할 수 없는 정당한 사유가 있는 경우에는 가산세를 부과할 수 없다.

이러한 사실관계를 앞에서 본 법리에 비추어 보면, 파산관재인의 보수가 사업소득으로 과세될 수 있는지에 관하여 세법 해석상 견해의 대립이 있었고, 과세관청 역시 2018년에 이르러 비로소 부과처분을 하는 등 그에 대한 확실한 견해를 가지지 못하였던 것으로 보이며, 이 사건 종합소득세의 부과경위를 감안할 때 납세자에게 가산세까지 부과하는 것은 지나치게 가혹하다. 따라서 납세자가 이 사건 보수를 사업소득으로 신고·납부하지 않았다고 하더라도 그 의무를 게을리하였다고 비난할 수 없는 정당한 사유가 있다고 봄이 타당하다.

출제위원 채점평

법령내용과 기존의 유사판례를 이용하여 문제에서 주어진 판례사례에 대한 논리적인 의견을 묻는 문제이다. 워낙 중요한 용어이고 유명한 판례사례이다 보니 짧은 시간이었음에도 불구하고 상당히 많은 수험생들이 출제자의 의도에 부합하는 논리적인 답안을 서술한 것으로 보인다. 법령내용과 기존의 유사판례, 문제에서 주어진 판례사례의 내용으로 일관되고도 논리적인 결론에 이를 수 있음에도 불구하고 완전히 다른 결론에 이르게 되는 답안이라면 그 서술에 논리적인 모순이 발생할 수밖에 없으므로 바람직한 답안으로 볼 수 없다.

문제 2

다음 사례를 읽고 물음에 답하시오. (30점)

> 〈사례〉
>
> 거주자 甲과 거주자 乙은 2016년 5월 1일 甲 소유의 X토지를 乙에게 20억원에 매도하기로 하는 계약을 체결하면서, 계약금 2억원은 계약일에, 중도금 17억 9천만원은 2017년 2월 1일에, 잔금 1천만원은 도시개발사업 승인 후 15일 내에 乙이 甲에게 지급하기로 약정하였다. 甲은 계약 체결과 동시에 乙에게 사용승낙서를 작성하여 주었으며, 乙은 2016년 6월 1일 X토지에 대한 사용수익을 개시하였다. (단, 甲과 乙은 특수관계에 있지 않다)

[물음 1] 위 사례에서 甲과 乙은 X토지에 대한 매매계약 체결 당시 계약금 지급 후 甲이 해약할 경우 계약금의 배액을 乙에게 상환하고, 乙이 해약할 경우 甲에게 지급한 계약금을 포기하는 것으로 약정하였다. X토지에 대한 매매계약이 2016년 5월 20일에 甲에 의하여 해약되는 경우와 乙에 의하여 해약되는 경우 소득의 종류, 수입시기, 과세방법, 원천징수의무에 대하여 각각 설명하시오. (9점)

[물음 2] 위 사례에서 X토지에 대한 도시개발사업의 승인을 받지 못한 상태에서 2018년 2월 1일 乙이 잔금 1천만원을 지급하였다고 가정한다. 이에 甲은 2016년 6월 1일을 X토지의 양도시기로 보아야 하고, 이를 양도시기로 보지 않을 경우에는 2017년 2월 1일을 양도시기로 보아야 한다고 주장하였다. 반면, 과세관청은 2018년 2월 1일을 X토지의 양도시기로 보았다. 각 시점을 양도시기로 보는 근거를 설명하고, 이 중 양도소득세 부과처분이 적법하기 위한 양도시기가 언제인지 논하시오. (15점)

[물음 3] 위 사례에서 乙은 계약금과 중도금은 지급하였으나 甲이 허위의 자료를 제출하여 도시개발사업 승인을 받지 못하게 되자 잔금 1천만원을 지급하지 않았고 이에 甲은 매매계약의 해제를 통지하였다고 가정한다. 甲에게 해제권이 인정되는 경우와 인정되지 않는 경우를 구분하여, 각 경우에 있어 양도소득세 과세대상이 될 수 있는지 여부를 논하시오. (6점)

해답

【문제 2】 소득세법

[물음 1] 위약금 또는 해약금

1. 매도인 甲이 해약하는 경우

(1) 소득의 종류

재산권에 관한 계약에 근거한 손해배상금으로서 본래의 계약의 내용이 되는 지급 자체에 대한 손해를 넘는 손해에 대하여 배상하는 금전으로써 위약금 또는 배상금은 '기타소득'으로 과세한다.

乙이 얻은 소득은 매매계약의 해약으로 얻은 위약금이며, 실제 손해를 초과하는 2억원은 '기타소득'에 해당한다.

(2) 수입시기

기타소득의 수입시기는 그 지급받은 날이므로 위약금을 실제로 지급받은 날인 2016년 5월 20일이다.

(3) 과세방법

기타소득은 원칙적으로 종합과세하나 소득금액이 연간 300만원 이하인 경우에는 분리과세할 수 있다. 사안에서 乙이 수령한 위약금은 종합과세한다.

(4) 원천징수의무

계약을 해약하고 위약금을 지급하는 甲은 기타소득금액 2억원에 대해 원천징수하여야 한다.

2. 매수인 乙이 해약하는 경우

(1) 소득의 종류

매수인 乙이 포기한 계약금은 위약금으로 대체되고 반환되지 않는다. 재산권에 관한 계약에 근거하여 얻은 위약금으로써 甲의 실제 손해는 없고 이를 초과하는 배상금인 2억원은 '기타소득'에 해당한다.

(2) 수입시기

기타소득의 수입시기는 그 지급을 받은 날이나, 계약금이 위약금 또는 배상금으로 대체되는 경우에는 위약 또는 해약이 '확정'된 날이다. 사안에서 乙이 계약금을 포기함에 따라 위약이 확정된 날인 2016년 5월 20일이 수입시기이다.

(3) 과세방법

계약금이 위약금으로 대체된 경우에는 그 기타소득이 원천징수된 바 없으므로 매도인은 종합소득신고하여야 한다. 다만, 그 금액이 300만원 미만인 경우에는 분리과세신청할 수 있으나 사안은 이에 해당하지 않는다.

(4) 원천징수의무

계약금이 위약금으로 대체되는 경우에는 원천징수의무를 면제한다.

[물음 2] 양도시기

1. 시점별 양도시기의 주장 근거

2016년 6월 1일은 사용수익일, 2017년 2월 1일은 중도금지급일(사실상 잔금지급일), 2018년 2월 1일은 실제 잔금지급일로 볼 수 있다. 이 중에서 어느 하나를 양도시기로 보는 각각의 근거는 다음과 같다.

(1) 사용수익일(2016년 6월 1일)

장기할부조건의 경우 소유권이전등기 접수일, 인도일, 사용수익일 중 빠른 날이 양도시기이다.

사례에서 계약금 이외 양도대금을 2회 이상 분할하여 지급하며, 사용수익일로부터 최종 잔금지급일(2018년 2월 1일)까지의 기간이 1년 이상이므로 장기할부판매에 해당한다.

(2) 사실상 잔금지급일(2017년 2월 1일)

만일, 위 거래가 장기할부거래에 해당하지 않는다면, 일반원칙에 따라 대금청산일이 양도시기이다.

판례에 따르면 대금청산일은 사실상 대금이 청산된 날을 말하며, 사회통념상 그 대금이 거의 지급되었다고 볼만한 정도라면 대금이 청산되었다고 본다. 위 사례에서 2017년 2월 1일 현재 총 양도대금의 99% 이상이 지급되었으므로 이날을 사실상 잔금지급일로 보아야 한다.

(3) 실제 잔금청산일(2018년 2월 1일)

대금청산과 관련하여 사회통념상 대금이 거의 지급되었다고 볼만한 정도인지 여부는 잔금을 남겨 둔 경위나 미지급된 잔금의 액수 등을 종합적으로 판단하여야 한다. 비록 미지급잔금이 전체 양도대금에 비해 소액이기는 하지만 동 계약 당시 사업승인을 중요한 조건으로 하고 있으므로 그에 대한 최종 결정이 이루어진 후 지급된 잔금을 최종 대금 청산으로 보아야 한다.

2. 부과처분이 적법하기 위한 양도시기
(1) 장기할부판매 해당 여부
'계약 당시' 잔금청산일이 분명하지 않으므로 사용수익일로부터 잔금지급일까지의 기간이 1년 이상이라고 할 수 없다.

(2) 대금청산일
당초 계약에서 개발사업의 승인을 얻은 후 최종 잔금을 지급하기로 한 점 등을 감안해 볼 때 중도금 지급일을 사회통념상 청산이 사실상 완료된 것으로 보기 어렵다. 따라서 실제 최종 잔금이 지급된 때를 대금청산일로 보아야 한다.

(3) 사안의 적용
사안에서 미지급대금을 남겨둔 이유가 사업승인을 전제 조건으로 한 점임에 비추어 볼 때, 비록 그 금액이 소액이라 하더라도 계약을 해제하지 않고 실제로 최종 잔금을 지급한 때인 2018년 2월 1일을 양도시기로 하여야 한다.

[물음 3] 계약의 해제
1. 계약의 해제
(1) 해제권이 인정되는 경우
계약의 해제권 행사에 의해 계약이 해제된 경우에는 매매계약의 효력은 상실되어 자산의 양도가 이루어지지 아니한 것이 된다. 따라서 해제권 행사로 해제된 경우에는 양도소득세를 부과할 수 없다.

(2) 해제권이 인정되지 않는 경우
계약의 해제권이 없음에도 해제하는 것은 합의해제로서 본래 새로운 매매에 해당한다. 그러나 판례는 양도에 있어 합의해제는 부득이한 사유가 있는 것으로 보아 당초부터

양도가 없는 것으로 본다.
따라서 해제권 행사 없이 해제한 경우라도 특별한 사정이 없는 한 양도소득세 과세대상이 아니다.

2. 납세의무성립 전 해제
(1) 해제권이 인정되는 경우
소득세법은 원칙적으로 대금을 청산한 날이 양도시기임을 규정하고 있다. 따라서 해제권 행사에 따라 잔금지급 전 양도계약을 해제한 경우에는 소득세법상 양도 자체가 애초에 있다고 보기 어렵다. 따라서 양도소득세 과세대상으로 볼 수 없다.

(2) 해제권이 인정되지 않는 경우
양도시기가 도래하기 전, 즉 대금이 지급되기 전에 계약이 해제된 때에는 그 해제가 법정해제이든, 약정해제이든, 합의해제이든 여부를 불문하고 양도소득세 납세의무가 발생할 여지가 없다. 따라서 합의해제의 경우에도 양도소득세 과세대상으로 볼 수 없다.

[참고]
출제의도가 [물음 2]와 관련하여 양도시기가 도래하지 않았다는 점을 강조한 것에 있다면 위에 제시된 법리로 답안을 작성하여도 무방하다. 즉, [물음 3] 1.의 답안은 당초 양도시기(사용수익일 기준)가 도래하였다는 전제를 두고 작성한 것이고, [물음 3] 2.의 답안은 당초 양도시기(잔금청산일 기준)가 도래하지 않았다는 전제를 두고 작성한 것이다.

관련 법령

1. 기타소득(「소득세법」 제21조 제1항 제10호)

① 기타소득은 이자소득 · 배당소득 · 사업소득 · 근로소득 · 연금소득 · 퇴직소득 및 양도소득 외의 소득으로서 다음 각 호에서 규정하는 것으로 한다.
  10. 계약의 위약 또는 해약으로 인하여 받는 소득으로서 다음 각 목의 어느 하나에 해당하는 것
    가. 위약금
    나. 배상금
    다. 부당이득 반환 시 지급받는 이자

위약이란, 채무자가 계약을 준수하지 않음에 따라 발생한 채무불이행을 말하고, 해약이란 해지 또는 해제를 말한다.

2. 기타소득의 범위 등(「소득세법 시행령」 제41조 제8항)

법 제21조 제1항 제10호에서 "위약금과 배상금"이란 재산권에 관한 계약의 위약 또는 해약으로 받는 손해배상(보험금을 지급할 사유가 발생하였음에도 불구하고 보험금 지급이 지체됨에 따라 받는 손해배상을 포함한다)으로서 그 명목 여하에 불구하고 본래의 계약의 내용이 되는 지급 자체에 대한 손해를 넘는 손해에 대하여 배상하는 금전 또는 그 밖의 물품의 가액을 말한다. 이 경우 계약의 위약 또는 해약으로 반환받은 금전 등의 가액이 계약에 따라 당초 지급한 총금액을 넘지 아니하는 경우에는 지급 자체에 대한 손해를 넘는 금전 등의 가액으로 보지 아니한다.

3. 양도 또는 취득의 시기(「소득세법」 제98조)

자산의 양도차익을 계산할 때 그 취득시기 및 양도시기는 대금을 청산한 날이 분명하지 아니한 경우 등 대통령령으로 정하는 경우를 제외하고는 해당 자산의 대금을 청산한 날로 한다. 이 경우 자산의 대금에는 해당 자산의 양도에 대한 양도소득세 및 양도소득세의 부가세액을 양수자가 부담하기로 약정한 경우에는 해당 양도소득세 및 양도소득세의 부가세액은 제외한다.

4. 양도 또는 취득의 시기(「소득세법 시행령」 제162조)

① 법 제98조 전단에서 "대금을 청산한 날이 분명하지 아니한 경우 등 대통령령으로 정하는 경우"란 다음 각 호의 경우를 말한다.
  1. 대금을 청산한 날이 분명하지 아니한 경우에는 등기부 · 등록부 또는 명부 등에 기재된 등기 · 등록접수일 또는 명의개서일
  2. 대금을 청산하기 전에 소유권이전등기(등록 및 명의 개서를 포함한다)를 한 경우에는 등기부 · 등록부 또는 명부 등에 기재된 등기접수일
  3. 기획재정부령이 정하는 장기할부조건의 경우에는 소유권이전등기(등록 및 명의개서를 포함한다) 접수일 · 인도일 또는 사용수익일 중 빠른 날

5. 장기할부조건의 범위(「소득세법 시행규칙」 제78조 제3항)

> ③ 영 제162조 제1항 제3호에서 "기획재정부령이 정하는 장기할부조건"이라 함은 법 제94조 제1항 각 호에 규정된 자산의 양도로 인하여 해당 자산의 대금을 월부 · 연부 기타의 부불방법에 따라 수입하는 것 중 다음 각 호의 요건을 갖춘 것을 말한다.
> 1. 계약금을 제외한 해당 자산의 양도대금을 2회 이상으로 분할하여 수입할 것
> 2. 양도하는 자산의 소유권이전등기(등록 및 명의개서를 포함한다) 접수일 · 인도일 또는 사용수익일 중 빠른 날의 다음 날부터 최종 할부금의 지급기일까지의 기간이 1년 이상인 것

관련 판례

1. 장기할부와 양도시기

「소득세법」 제98조, 「소득세법 시행령」 제162조 제1항의 각 규정은 납세자의 자의를 배제하고 과세소득을 획일적으로 파악하여 과세의 공평을 기할 목적으로 소득세법령의 체계 내에서 여러 기준이 되는 자산의 취득시기 및 양도시기를 통일적으로 파악하고 관계 규정들을 모순 없이 해석 · 적용하기 위하여 세무계산상 자산의 취득시기 및 양도시기를 의제한 규정인 점(2000두6282) 등에 비추어 보면, 매매계약의 경우 그 계약 당시에 **최종 할부금의 지급기일이 자산의 소유권이전등기 접수일 · 인도일 또는 사용수익일 중 빠른 날의 다음 날부터 최종 할부금의 지급기일까지의 기간이 1년 이상임이 확정되어 있어야만** 「소득세법 시행규칙」 제78조 제3항 제2호가 규정하는 장기할부조건부 매매의 요건을 갖춘 것으로 볼 수 있고, 단지 최종 할부금의 지급일까지 상당한 기간이 소요될 것으로 예상되었거나 구체적인 계약 이행 과정에서 최종 할부금의 지급이 지연되어 결과적으로 소유권이전등기 접수일 · 인도일 또는 사용수익일 중 빠른 날의 다음 날부터 1년 이상이 경과된 후에 지급되었다고 하여 장기할부조건부 매매라고 할 수는 없다. 그리고 「소득세법」 제88조 제1항, 「소득세법 시행령」 제162조 제1항의 문언과 취지 등을 종합하여 보면, 부동산의 매매 등으로 그 대금이 모두 지급된 경우뿐만 아니라 사회통념상 그 대가적 급부가 거의 전부 이행되었다고 볼 만한 정도에 이른 경우에도 양도소득세의 과세요건을 충족하는 부동산의 양도가 있다고 봄이 타당하다고 할 것이나, 그 대가적 급부가 사회통념상 거의 전부 이행되었다고 볼 만한 정도에 이르는지 여부는 미지급 잔금의 액수와 그것이 전체 대금에서 차지하는 비율, 미지급 잔금이 남게 된 경위 등에 비추어 구체적 사안에서 개별적으로 판단하여야 한다. (2013두2037, 2014. 6. 12.)

2. 양도계약의 해제

부동산에 대한 매매계약을 체결하면서 매수인 앞으로 미리 소유권이전등기를 경료하였는데 매수인이 잔금지급채무를 이행하지 아니하여 매도인이 매매계약을 해제하였다면, **위 매매계약은 그 효력이 소급하여 상실되었다고 할 것이므로** 매도인에게 양도로 인한 소득이 있었음을 전제로 한 양도소득세부과처분은 위법하다 할 것이며, 과세관청의 부과처분이 있은 후에 계약해제 등 후발적 사유가 발생한 경우 이를 원인으로 한 경정청구제도가 있다 하더라도 이와는 별도로 그 처분 자체에 관하여 다툴 수 있다 할 것이다. (2001두5972, 2002. 9. 27.)

3. 계약의 해제 관련 행정해석

> 【제목】양도소득세 과세대상 자산을 양도하고 양도소득세를 신고 · 납부한 후에는 당사자 간의 합의해제로 해당 양도계약을 취소하는 경우에도 양도소득세 과세대상임
> 【질의】양도소득세를 신고 · 납부한 후 합의해제 시 양도소득세 과세 여부
> 【회신】주식 매매계약을 체결하고 양도소득세를 신고 · 납부한 후 해당 매매계약을 합의해제하는 경우 당초의 양도는 양도소득세 과세대상에 해당하는 것임(기획재정부 금융세제과 - 174, 2017. 7. 12.)

계약 이행 전의 것은 물론이고, 이행이 완료된 계약이라도 이를 해제(합의해제 포함)한다면 양도소득세를 부과할 수 없다는 것이 판례이다. 다만, 학설은 조세회피목적으로 이루어진 양도계약의 해제까지 무한정 양도계약의 소급적 소멸을 인정하는 것은 지나치다는 것이 주류이다.

4. 양도시기를 대통령령에 둘 필요성(2013헌바204, 2015. 7. 30.)

(1) 일반론

「소득세법」은 거주자의 소득을 구분하면서 '양도소득'을 '자산의 양도로 인하여 발생하는 소득'으로 규정하고, '양도'를 '자산에 대한 등기 또는 등록에 관계없이 매도, 교환, 법인에 대한 현물출자 등으로 인하여 그 자산이 유상으로 사실상 이전되는 것'으로 정의하고 있다.

「소득세법」상 과세대상인 양도소득에서 **양도는 자산이 '유상으로' 이전하는 것을 의미하므로, 당사자들 사이의 상호교환적 또는 대가적 출연을 전제**로 한다. 그리고 「소득세법」상 양도는 '사실상' 이전하는 것이므로, 양도차익이라는 소득 발생의 관점에서 자산에 대한 권리주체가 사실상 교체되는 것을 의미하고, 「민법」 또는 다른 세법상의 소유권의 득실변경과 반드시 일치하지 않는다.

자산이 유상으로 사실상 이전하는 거래에 있어 일방 당사자에게 '양도'는 타방 당사자에게 '취득'이 될 것이므로, 취득은 양도에 대응하는 개념이라 할 수 있다. 그런데 **자산의 유상거래는 계약체결 시부터 잔금지급 시 또는 소유권이전등기 시까지 여러 단계를 거쳐 상당한 기간에 걸쳐 일어나는 것이 보통**이고, 거래기간 동안 자산의 가액이 유동적이며, 자산의 종류나 당사자들의 의사에 따라 다양한 양상으로 나타날 수 있다. 따라서 납세자 또는 과세관청의 자의를 배제하고 과세소득을 획일적으로 파악하기 위해서는 거래의 각 단계 중 일정한 시점을 기준으로 양도 또는 취득된 것으로 보고 양도소득세를 과세할 필요가 있다.

따라서 「소득세법 시행령」 제162조는 유상거래의 각 단계 중 어느 시점을 기준으로 양도소득세를 과세할 것인지를 정하는 조항으로서, 납세자의 예측가능성을 높임과 동시에 납세자와 과세관청의 자의를 배제하여 과세의 공평을 기하고, 관계 규정들을 모순 없이 해석 · 적용하기 위한 목적을 가지고 있다.

(2) 취득 및 양도시기 규정의 변천

① 구 「소득세법」(1982. 12. 21. 개정되기 전의 것)에서 부동산의 양도로 인한 양도차익에 대하여 양도소득세를 과세하기 시작하면서, 제27조에서 자산의 취득 또는 양도시기를 '계약을 체결하고 그 계약금 이외의 대가의 일부를 영수할 날 또는 영수한 날', 즉 중도금지급 시로 규정하였다.

② 구 「소득세법」(1994. 12. 22. 개정되기 전의 것) 제27조에서는 자산의 취득 및 양도시기를 대통령령으로 정하도록 위임하여 부동산 투기행위 등에 신속하게 대처할 수 있도록 하였다. 그리고 그 위임을 받은 구 「소득세법 시행령」 제53조는 원칙적인 자산의 취득시기 및 양도시기를 '대금청산일'로 정하면서, 대금청산일이 분명하지 않은 경우에는 소유권이

전등기 원인일로 하는 등 자산의 종류 또는 거래별로 달리 정할 필요가 있는 경우의 취득 및 양도시기에 관하여 별도로 규정하였다.

(3) 대금청산일 기준에 대한 해석

양도소득의 과세기준인 대금청산일은 당사자들이 대금을 청산하기로 약정한 날이 아니라 실제로 대금(잔금)을 청산한 날을 의미한다. 그런데 대금청산일을 엄격하게 적용하는 경우 거래 당사자들이 취득 및 양도시기를 조작함으로써 양도소득세 납세의무를 회피하는 등의 폐해가 발생할 수 있다. 대법원 판례는 양도의 정의에 관한 「소득세법」 제88조 제1항 및 관련 조항의 문언과 취지 등을 고려하여, 부동산의 매매 등으로 그 대금이 모두 지급된 경우뿐만 아니라 사회통념상 그 대가적 급부가 거의 전부 이행되었다고 볼 만한 정도에 이르렀다면 양도소득세의 과세요건을 충족하는 부동산의 양도가 있다고 보고, 그 대가적 급부가 사회통념상 거의 전부 이행되었다고 볼 만한 정도에 이르렀는지 여부는 미지급 잔금의 액수와 그것이 전체 대금에서 차지하는 비율, 미지급 잔금이 남게 된 경위 등 제반사정을 종합적으로 고려하여, 구체적 사안에서 개별적으로 판단하고 있다.

(4) 위임의 필요성

자산의 사실상 유상이전이 발생할 수 있는 거래는 당해 자산의 종류 또는 당사자들의 의사에 따라 다양한 양상으로 나타날 수 있고 당시 경제 상황 등에 의해 수시로 변화할 수도 있는 것이어서, 취득 및 양도시기에 관하여 국회가 제정한 형식적 법률로 규율하는 경우 의회의 전문적·기술적 한계로 말미암아 다양한 구체적 사정들이나 경제현실의 변화, 전문적인 기술의 발달 및 관련 법규의 변경 등에 즉시 대응하지 못할 우려가 있다. 따라서 위와 같은 이 사건 법률조항의 입법목적을 달성하면서도 경제현실의 변화나 전문적인 기술의 발달 등에 유연한 대응을 하기 위해서는 자산의 취득시기 및 양도시기에 관하여 하위법령에 위임할 필요성이 인정된다.

출제위원 채점평

부동산 양도에 대한 양도시기, 취소에 따른 세금문제에 대한 사례문제이다. [물음 1]은 「소득세법」의 기본내용을 묻는 문제이고, [물음 2]와 [물음 3]은 사례에 대한 인식 및 해결능력을 묻는 문제이다.

[물음 1]은 세법공부량에 비례하여 답안이 작성되었다. 즉, 공부량이 많은 경우 쉽게 접근하여 점수를 취득하였으나 공부량이 적은 경우에는 답안에 접근조차 못하는 경우가 많았다.

[물음 2]는 양도시기에 대한 사례문제로서 양도소득세를 이해하고 현실에서 발생한 문제에 대하여 관심있게 본 수험생이라면 고민했을 법한 문제이다. 응당 세무사라면 세법이라는 법령을 단순히 암기하여서는 안 되며, 세무문제에 대한 적용 및 문제해결의 도구로 활용하여야 한다. 이에 대해, 사례를 적용함에 취약하여 높은 점수를 획득한 수험생이 많지 않았다.

[물음 3]은 계약 해제권 인정 여부에 따른 양도소득세 납세의무 존재를 논하는 문제로서 계약 해제권과 납세의무의 연관관계를 묻는 것이다. 법률적인 지식과 세법논리를 적용하여 답안을 작성하였다면 점수획득이 가능하나 일반적으로 법률적인 지식만 있는 경우가 있는가 하면, 세법논리로만 치우치게 작성한 경우가 많아 아쉬웠다.

문제 3

다음 사례를 읽고 물음에 답하시오. (30점)

〈사례〉

주식회사 A는 2005년 3월 5일 X고속도로의 건설과 운영을 목적으로 「사회기반시설에 대한 민간투자법」에 의해 설립된 민간투자사업법인이다. A는 건설교통부장관과 2005년 10월 5일 X고속도로의 준공과 동시에 해당 시설의 소유권을 정부에 귀속시키되, 30년간 무상사용권 및 관리운영권을 부여받고 추정통행료 수입의 최소 90%를 보장받는 실시협약을 체결하였다. 이에 따라 A는 X고속도로를 건설하여 2007년 12월 5일 운영을 개시하였다.

주식회사 B는 A의 발행주식 80%를 보유하고 있었고, A는 2007년 12월 23일 B가 보유한 A발행주식 가액 중 50억원을 유상감자하였다. 이후 A는 2008년 1월 1일 유상감자한 금액을 20년 만기, 고정금리 연 20%의 이자를 매년 말 지급하는 조건으로 B로부터 차입하는 후순위차입약정을 체결하였다. A의 자본구조 변경 후 B의 주식 지분율은 60%였으며 이후 변동되지 않았다. 한편, 건설교통부장관은 최소운영수입보장률을 90%에서 80%로 낮추어 A의 자본구조 변경에 따른 법인세 절감 등의 이익을 정부와 공유한다는 조건으로 A와 B의 후순위차입약정을 2007년 12월 20일 승인하였다.

A는 2017년 12월 31일 B에 지급한 차입금 이자비용 10억원을 법인세 각 사업연도 소득에 손금산입하여 2017 사업연도 법인세를 2018년 3월 30일 신고 및 납부하였다. A의 관할 세무서는 2017 사업연도 A의 후순위차입금 이자지급 거래가 경제적 합리성이 없는 특수관계인 간의 거래로 부당행위계산에 해당한다고 판단하여 당좌대출이자율을 초과하는 금액을 손금불산입하여 2018년 8월 10일 법인세를 증액경정처분하였다.

(단, 2017년 기획재정부령이 정하는 당좌대출이자율은 5%, A의 가중평균차입이자율은 12%이고, 해당 차입거래와 유사한 상황에서 A가 B 외의 불특정 다수인과 계속적으로 거래한 이자율 또는 B가 아닌 제3자 간에 일반적으로 거래한 이자율은 확인되지 않는다고 가정한다)

[물음 1] 「법인세법」상 부당행위계산부인 규정의 적용요건과 판례상 '경제적 합리성' 유무의 판단기준에 대하여 설명하시오. (8점)

[물음 2] 「법인세법」상 부당행위계산부인 규정에 적용되는 ① 일반적인 시가의 기준 및 산정방법과 ② 시가 입증책임의 귀속에 대하여 설명하시오. (6점)

[물음 3] 「법인세법 시행령」상 부당행위계산의 유형으로 제시된 금전차용거래의 시가에 있어 원칙적인 경우와 예외적인 경우를 구분하여 설명하고, 금전차용거래의 시가를 적용하기 위한 요건을 제시하시오. (8점)

[물음 4] 위 사례에서 A가 B에게 지급한 이자비용이 「법인세법」상 부당행위계산부인 대상에 해당하는지 여부에 대하여 논하시오. (단, 계산과정은 불필요하다) (8점)

해답

【문제 3】 법인세법

[물음 1] 부당행위계산부인 요건

1. 부당행위계산부인 규정 적용요건

(1) 당사자 요건

거래 당시의 특수관계 있는 자와의 거래일 것을 요한다.

(2) 객관적 요건

경제적 합리성을 결여한 이상한 행위나 형식을 선택하는 등 행위나 계산이 부당하여야 한다. 이때 부당행위의 판단시점은 거래 당시이다.

(3) 결과적 요건

법인의 부당한 행위의 결과로써 조세의 부담이 결과적으로 부당하게 감소되는 사실이 발생되어야 한다. 단, 특정한 거래는 일정 금액(시가의 5% 또는 3억원) 이상의 이익 분여가 있어야 한다.

2. 경제적 합리성의 판단기준

행위·계산이 부당하다는 것은 경제적 합리성을 갖추지 못한 것을 말한다.

판례는 해당 거래행위의 여러 사정을 구체적으로 고려하여 '건전한 사회통념'이나 '상관행'을 기준으로 경제적 합리성이 있는지를 판단한다. 이때 비특수관계자 간의 거래가격, 거래 당시의 특별한 사정 등도 고려하여야 한다.

[물음 2] 시가

1. 시가

(1) 일반적인 시가의 기준

부당행위계산부인 규정에 적용되는 시가는 건전한 사회통념 및 상관행과 특수관계자가 아닌 자 간의 정상적인 거래에서 적용되거나 적용될 것으로 판단되는 가격을 말한다.

(2) 시가의 산정방법

당해 거래와 유사한 상황에서 당해 법인이 특수관계자 외의 불특정 다수인과 계속적으로 거래한 가격 또는 특수관계자가 아닌 제3자 간에 일반적으로 거래된 가격이 있는 경우에는 그 가격에 의한다. 다만, 시가가 불분명한 경우에는 감정가액(주식은 제외), 그 다음으로 상속세 및 증여세법에 따른 평가가액으로 한다.

2. 시가의 입증책임

부당행위계산의 부인에 관하여 적용기준이 되는 '시가'에 대한 주장·증명책임은 원칙적으로 과세관청에 있다.

[물음 3] 이자율

1. 금전차용거래의 시가

(1) 원칙

금전차용거래의 시가(이자율)는 원칙적으로 차입하는 법인의 '가중평균차입이자율'이다.

가중평균차입이자율이란 금전 대여 또는 차용 당시의 각각의 차입금 잔액과 차입 당시의 각각의 이자율의 가중평균이자율을 말한다.

(2) 예외

가중평균차입이자율을 시가로 정할 수 없는 일정한 사유가 있거나 법인 스스로가 당좌대출이자율을 시가로 선택한 경우에는 예외적으로 '당좌대출이자율'을 금전차용거래의 시가로 한다.

2. 적용요건

특별한 사정이 없는 한 가중평균차입이자율이나 당좌대출이자율을 시가로 보아야 하지만, 담보권 유무, 변제의 순서, 대출기간의 장단기 등 특별한 사정은 별도로 고려하여야 한다. 이와 같은 특별한 사정을 납세자가 입증하면 납세의무자가 실제 적용한 이자율이 '특별한 사정'에 따른 적정이자율을 초과하였다는 점에 대한 입증책임은 다시 과세관청이 부담한다.

[물음 4] 부당행위계산에 해당하는지 여부

1. 쟁점

후순위차입금에 대한 고율의 이자지급이 경제적 합리성을 결여한 거래인지 여부

2. 경제적 합리성 유무

(1) 후순위사채 발행의 경위

A법인은 정부와 협의에 따라 최소운영수입보장율을 낮추는 대신, 투자자들의 수익을 보전할 목적으로 유상감자를 통해 자기자본비율을 낮추고 후순위차입금을 조달하였으며, 이에 대해 관련 주무관청의 승인까지 얻었다.

(2) 경제적 합리성 유무

A법인의 투자자들은 최소보장수익을 줄이는 것에 대한 대가로 기존 투자금을 감자하고 이를 후순위사채로 대체한 것이다.

비록 이를 통해 A법인은 배당으로 지급할 것을 이자로 지급하여 법인세 절감효과가 발생하기는 하지만 이는 기존의 투자수익을 보전받기 위한 자연스러운 경제활동으로 볼 수 있다.

3. 사안의 적용

비록 A법인의 후순위사채 발행으로 법인세가 절감되기는 하지만, 이는 투자자들의 투자수익을 보전받기 위한 일련의 행위로서 경제적 합리성을 갖춘 거래에 해당한다. 따라서 부당행위계산부인 대상에 해당하지 아니한다.

관련 법령

1. 부당행위계산의 부인(「법인세법」 제52조)

① 납세지 관할 세무서장 또는 관할 지방국세청장은 내국법인의 행위 또는 소득금액의 계산이 특수관계인과의 거래로 인하여 그 법인의 소득에 대한 조세의 부담을 부당하게 감소시킨 것으로 인정되는 경우에는 그 법인의 행위 또는 소득금액의 계산(이하 "부당행위계산"이라 한다)과 관계없이 그 법인의 각 사업연도의 소득금액을 계산한다.

② 제1항을 적용할 때에는 건전한 사회 통념 및 상거래 관행과 특수관계인이 아닌 자 간의 정상적인 거래에서 적용되거나 적용될 것으로 판단되는 가격(요율·이자율·임대료 및 교환 비율과 그 밖에 이에 준하는 것을 포함하며, 이하 "시가"라 한다)을 기준으로 한다.

④ 제1항부터 제3항까지의 규정을 적용할 때 부당행위계산의 유형 및 시가의 산정 등에 필요한 사항은 대통령령으로 정한다.

2. 시가의 범위 등(「법인세법 시행령」 제89조)

① 법 제52조 제2항을 적용할 때 해당 거래와 유사한 상황에서 해당 법인이 특수관계인 외의 불특정 다수인과 계속적으로 거래한 가격 또는 특수관계인이 아닌 제3자 간에 일반적으로 거래된 가격이 있는 경우에는 그 가격에 따른다. 다만, 주권상장법인이 발행한 주식을 다음 각 호의 어느 하나에 해당하는 방법으로 거래한 경우 해당 주식의 시가는 그 거래일의 「자본시장과 금융투자업에 관한 법률」 제8조의2 제2항에 따른 거래소 최종시세가액 … 으로 하며, 기획재정부령으로 정하는 바에 따라 사실상 경영권의 이전이 수반되는 경우에는 「상속세 및 증여세법」 제63조 제3항을 준용하여 그 가액의 100분의 20을 가산한다.

1. 「자본시장과 금융투자업에 관한 법률」 제8조의2 제4항 제1호에 따른 증권시장 외에서 거래하는 방법
2. 대량매매 등 기획재정부령으로 정하는 방법

② 법 제52조 제2항을 적용할 때 시가가 불분명한 경우에는 다음 각 호를 차례로 적용하여 계산한 금액에 따른다.
   1. 「감정평가 및 감정평가사에 관한 법률」에 따른 감정평가업자가 감정한 가액이 있는 경우 그 가액(감정한 가액이 2 이상인 경우에는 그 감정한 가액의 평균액). 다만, 주식 등 및 가상자산은 제외한다.
   2. 「상속세 및 증여세법」…의 규정 … 평가한 가액

③ … 금전의 대여 또는 차용의 경우에는 제1항 및 제2항에도 불구하고 기획재정부령으로 정하는 **가중평균차입이자율을 시가**로 한다. 다만, 다음 각 호의 경우에는 해당 각 호의 구분에 따라 기획재정부령으로 정하는 **당좌대출이자율을 시가**로 한다.
   1. 가중평균차입이자율의 적용이 불가능한 경우로서 기획재정부령으로 정하는 사유가 있는 경우: 해당 대여금 또는 차입금에 한정하여 당좌대출이자율을 시가로 한다.
   1의2. 대여기간이 5년을 초과하는 대여금이 있는 경우 등 기획재정부령으로 정하는 경우: 해당 대여금 또는 차입금에 한정하여 당좌대출이자율을 시가로 한다.
   2. 해당 법인이 법 제60조에 따른 신고와 함께 기획재정부령으로 정하는 바에 따라 **당좌대출이자율을 시가로 선택하는 경우**: 당좌대출이자율을 시가로 하여 선택한 사업연도와 이후 2개 사업연도는 당좌대출이자율을 시가로 한다.

④ … 자산(금전을 제외한다) 또는 용역의 제공에 있어서 제1항 및 제2항의 규정을 적용할 수 없는 경우에는 다음 각 호의 규정에 의하여 계산한 금액을 시가로 한다.
   1. 유형 또는 무형의 자산을 제공하거나 제공받는 경우에는 당해 자산 시가의 100분의 50에 상당하는 금액에서 그 자산의 제공과 관련하여 받은 전세금 또는 보증금을 차감한 금액에 정기예금이자율을 곱하여 산출한 금액
   2. 건설 기타 용역을 제공하거나 제공받는 경우에는 당해 용역의 제공에 소요된 금액(직접비 및 간접비를 포함하며, 이하 이 호에서 "원가"라 한다)과 원가에 해당 사업연도 중 특수관계인 외의 자에게 제공한 유사한 용역제공거래 또는 특수관계인이 아닌 제3자 간의 일반적인 용역제공거래를 할 때의 수익률(기업회계기준에 따라 계산한 매출액에서 원가를 차감한 금액을 원가로 나눈 율을 말한다)을 곱하여 계산한 금액을 합한 금액

⑤ 제88조의 규정에 의한 부당행위계산에 해당하는 경우에는 법 제52조 제1항의 규정에 의하여 제1항 내지 제4항의 규정에 의한 시가와의 차액 등을 익금에 산입하여 당해 법인의 각 사업연도의 소득금액을 계산한다. 다만, 기획재정부령이 정하는 금전의 대여에 대하여는 이를 적용하지 아니한다.

관련 판례

1. 부당행위계산부인 적용요건

「법인세법」 제52조에 규정한 부당행위계산부인이란 법인이 특수관계에 있는 자와의 거래에서 정상적인 경제인의 합리적인 방법에 의하지 아니하고 「법인세법 시행령」 제88조 제1항 각 호에 열거된 여러 거래형태를 빙자하여 남용함으로써 조세부담을 부당하게 회피하거나 경감시켰다고 하는 경우에 과세권자가 이를 부인하고 법령에 정하는 방법에 의하여 객관적이고 타당하다고 보이는 소득이 있는 것으로 의제하는 제도이다. 이는 경제인의 입장에서 볼 때 부자연스럽고 불합리한 행위계산을 하여 경제적 합리성을 무시하였다고 인정되는 경우에 한하여 적용되는 것이다. 경제적 합리성 유무에 관한 판단은 거래행위의 여러 사정을 구체적으로 고려하여 과연 그 거래행

위가 건전한 사회통념이나 상관행에 비추어 경제적 합리성이 없는 비정상적인 것인지에 따라 판단하되, 비특수관계자 간의 거래가격, 거래 당시의 특별한 사정 등도 고려하여야 한다. (2015두39842, 2018. 7. 20.)

2. 시가의 산정과 입증책임

「법인세법」제52조 제2항은 부당행위계산의 부인을 적용함에 있어서 건전한 사회통념 및 상관행과 특수관계자가 아닌 자 간의 정상적인 거래에서 적용되거나 적용될 것으로 판단되는 가격(요율·이자율·임대료 및 교환 비율 기타 이에 준하는 것을 포함한다)인 시가를 기준으로 한다고 규정하고 있다. 「법인세법」제52조 제4항 등의 위임에 따라 시가의 범위 등에 관하여 정하고 있는 「법인세법 시행령」제89조 제1항은 '법 제52조 제2항의 규정을 적용함에 있어서 당해 거래와 유사한 상황에서 당해 법인이 특수관계자 외의 불특정 다수인과 계속적으로 거래한 가격 또는 특수관계자가 아닌 제3자 간에 일반적으로 거래된 가격이 있는 경우에는 그 가격에 의한다.'고 규정하고 있다. 부당행위계산의 부인에 관하여 적용기준이 되는 이러한 '시가'에 대한 주장·증명책임은 원칙적으로 과세관청에 있다.

그런데 「법인세법 시행령」제89조 제3항은 '금전의 대여 또는 차용의 경우에는 제1항에도 불구하고 가중평균차입이자율이나 당좌대출이자율을 시가로 한다.'고 규정하고 있다. 이자율은 채무액, 채무의 만기, 채무의 보증 여부, 채무자의 신용 정도 등 여러 가지 사정에 따라 달라질 수 있으므로, 실제로 거래한 이자율이 부당행위계산에 해당하여 부인할 수 있는지 판단하기 어렵다는 점을 고려하여 위 규정이 마련된 것이다. 그러나 앞서 본 바와 같은 부당행위계산의 부인을 둔 취지나 「법인세법 시행령」제89조 제3항의 위임근거인 구 「법인세법」제52조 제2항 등에 의하면, 이자율의 시가 역시 일반적이고 정상적인 금전거래에서 형성될 수 있는 객관적이고 합리적인 것이어야 하므로, 「법인세법 시행령」제89조 제3항에서 정한 가중평균차입이자율 등을 시가로 볼 수 없는 사정이 인정된다면 정상적인 거래에서 적용되거나 적용될 것으로 판단되는 이자율의 시가를 과세관청이 증명하여야 한다. (2013두10335, 2018. 7. 26.)

추가 해설

이 문제는 2018년 당시 민자사업과 관련하여 나온 여러 판례를 조합하되, 그 사실관계를 달리하여 출제하였다. 실제 판례들은 대개의 경우 '시가'가 적정한 것인가와 그에 대한 입증책임을 주요 쟁점으로 삼았다. 그러나 이 문제는 시가에 대한 쟁점은 수험생이 쓰기에는 곤란한 점이 있다고 판단하고, 시가 산정의 근거가 되는 사실관계는 삭제하고 당좌대출이자율을 근거로 부과처분한 것으로 삼았다. 이는 부당행위계산부인에 있어 '경제적 합리성 유무'를 쟁점으로 삼아 마지막 물음을 판단하라는 것으로 보인다.

출제위원 채점평

부당행위계산부인의 한 유형을 중심으로 판례 등에서 다루어진 논점을 관련 법조문의 내용과 함께 잘 이해하고 있는지를 평가하고자 했던 문제이다. 설문들에는 부당행위계산부인의 일반론에 해당하는 질문도 있고, 사례에서 주어진 유형에 특유한 내용을 체계적으로 정리하여 답하여야 하는 질문도 있다. 설문이 뜻하는 질문의 논지를 제대로 이해하는 것이 중요하고, 관련 법조문의 내용을 정확히 숙지한 것을 바탕으로 논리적인 답안을 작성하는 것이 중요하다. 법조문에 주어진 사실관계를 적용하여 자신의 논지대로 체계적으로 설명할 줄 아는 공부습관을 들이는 것이 필요하다.

문제 4

다음 각 사례를 읽고 물음에 답하시오. (20점)

〈사례 1〉

거주자 甲이 2016년 5월 30일 유가증권시장에서 상장되어 거래되고 있는 X상장주식을 4억원에 취득한 후 2018년 2월 9일 甲의 아들인 거주자 乙에게 5억원에 양도하였다. X주식의 양도일 현재 거래소의 최종시세가액은 6억원, 양도일 이전·이후 2개월간 최종시세액의 평균은 8억원이다.

〈사례 2〉

거주자 丙은 2015년 9월 25일 Y비상장주식을 4억원에 취득한 후 2018년 2월 2일 丙과 특수관계가 없는 거주자 丁에게 10억원에 양도하였다. 과세관청은 Y주식의 양도일 현재 시가가 불분명하다고 판단하여 「상속세 및 증여세법」상 보충적 평가방법에 따라 Y주식을 6억원으로 평가하고, 고가 양도에 따른 이익의 증여 규정을 적용하여 증여재산가액을 산출한 후 2018년 7월 3일 丙에게 증여세를 부과하였다.

[물음 1] 「상속세 및 증여세법」상 유가증권시장에서 상장되어 거래되고 있는 주식의 증여재산 평가 규정을 설명하시오. (4점)

[물음 2] 〈사례 1〉에서 乙의 「상속세 및 증여세법」상 증여재산가액을 계산하고 근거를 설명하시오. (6점)

[물음 3] 〈사례 2〉에서 과세관청이 보충적 평가방법에 의한 가액을 시가로 보아 증여재산가액을 산출한 것이 적법한지 여부에 대하여 논하시오. (단, Y주식의 고가 양도 거래에 관행상 정당한 사유는 없었다고 가정하며, 증여재산가액 계산은 불필요하다) (10점)

【문제 4】 상속세 및 증여세법

[물음 1] 상장주식의 평가

상장주식의 경우에는 평가기준일 현재 시장에서 형성된 매일의 시세가액이 존재한다. 그러나 상장주식의 가격은 대내외적인 요소에 의해 그 가격이 수시로 변동한다. 따라서 특정시점의 시세가액만으로는 그 안정적인 가치를 파악하기 어렵다. 이러한 점을 고려하여, 주권상장법인의 주식은 '평가기준일 이전·이후 각 2개월간에 공표된 매일의 최종시세가액의 평균액'으로 한다.

[물음 2] 乙의 증여재산가액

1. 저가 양수

특수관계인으로부터 재산을 시가보다 낮은 가액으로 양수한 경우로서 그 대가와 시가의 차액이 법에서 정하고 있는 기준금액 이상인 경우에는 그 대가와 시가의 차액에서 기준금액을 뺀 금액을 그 이익을 얻은 자의 증여재산가액으로 한다.

2. 증여재산가액

(1) 시가와 취득가액의 차액

시가 8억원에서 양수가액 5억원을 차감한 3억원

(2) 기준가액

시가의 30%인 2억 4천만원과 3억원 중 적은 금액

(3) 증여재산가액

(8억원 − 5억원) − 2억 4천만원 = 6천만원

[물음 3] 비상장주식의 보충적 평가방법 적용

1. 쟁점

이해관계가 서로 대립되는 자들 사이에 거래한 가격을 배제하고 보충적 평가방법에 의한 평가액을 시가로 볼 수 있는지 여부

2. 시가의 일반원칙

상속세 및 증여세법상 시가는 불특정 다수인 사이에 자유로이 거래가 이루어지는 경우에 통상 성립된다고 인정되는 가액으로 하고, 수용, 공매가격 및 감정가격 등 대통령령이 정하는 바에 의하여 시가로 인정되는 것을 포함한다.

3. 보충적 평가방법

한편, 시가를 산정하기 어려운 경우에는 당해 재산의 종류·규모·거래상황 등을 감안하여 법률에 규정된 방법에 의하여 평가한 가액에 의한다.
이를 보충적 평가방법이라고 한다.

4. 사안의 적용

본래 시가는 불특정 다수인 간에 자유롭게 형성된 가격이다. 따라서 특수관계가 없는 자인 丙과 丁의 거래가격을 시가로 보는 것이 타당하다.

다만, 상속세 및 증여세법은 특수관계가 없는 자 사이의 거래라도 정당한 사유가 없는 경우에는 증여세를 부과할 수 있도록 하며, 판례는 저가 양수나 고가 양도의 증여세 부과대상 여부를 판단하는 기준이 되는 시가에 '보충적 평가방법'에 따른 시가를 포함한다. 따라서 '보충적 평가방법'에 따른 가액을 시가로 보아 증여재산가액을 산출하는 것은 타당하다.

관련 법령

1. 저가 양수 또는 고가 양도에 따른 이익의 증여(「상속세 및 증여세법」 제35조)

① 특수관계인 간에 재산 …을 시가보다 낮은 가액으로 양수하거나 시가보다 높은 가액으로 양도한 경우로서 그 대가와 시가의 차액이 대통령령으로 정하는 기준금액 이상인 경우에는 해당 재산의 양수일 또는 양도일을 증여일로 하여 그 대가와 시가의 차액에서 기준금액을 뺀 금액을 그 이익을 얻은 자의 증여재산가액으로 한다.

② 특수관계인이 아닌 자 간에 거래의 관행상 정당한 사유 없이 재산을 시가보다 현저히 낮은 가액으로 양수하거나 시가보다 현저히 높은 가액으로 양도한 경우로서 그 대가와 시가의 차액이 대통령령으로 정하는 기준금액(시가의 30%) 이상인 경우에는 해당 재산의 양수일 또는 양도일을 증여일로 하여 그 대가와 시가의 차액에서 대통령령으로 정하는 금액(3억원)을 뺀 금액을 그 이익을 얻은 자의 증여재산가액으로 한다.

③ 재산을 양수하거나 양도하는 경우로서 그 대가가 「법인세법」 제52조 제2항에 따른 시가에 해당하여 그 거래에 대하여 같은 법 제52조 제1항 및 「소득세법」 제101조 제1항이 적용되지 아니하는 경우에는 제1항 및 제2항을 적용하지 아니한다. 다만, 거짓이나 그 밖의 부정한 방법으로 상속세 또는 증여세를 감소시킨 것으로 인정되는 경우에는 그러하지 아니하다.

2. 평가의 원칙 등(「상속세 및 증여세법」 제60조)

① 이 법에 따라 상속세나 증여세가 부과되는 재산의 가액은 상속개시일 또는 증여일(이하 "평가기준일"이라 한다) 현재의 시가(時價)에 따른다. 이 경우 다음 각 호의 경우에 대해서는 각각 다음 각 호의 구분에 따른 금액을 시가로 본다.

  1. 「자본시장과 금융투자업에 관한 법률」에 따른 증권시장으로서 대통령령으로 정하는 증권시장에서 거래되는 주권상장법인의 주식 등 중 대통령령으로 정하는 주식 등(제63조 제2항에 해당하는 주식 등은 제외한다)의 경우: 제63조 제1항 제1호 가목에 규정된 평가방법으로 평가한 가액

  2. 「가상자산 이용자 보호 등에 관한 법률」 제2조 제1호에 따른 가상자산의 경우: 제65조 제2항에 규정된 평가방법으로 평가한 가액

② 제1항에 따른 시가는 불특정 다수인 사이에 자유롭게 거래가 이루어지는 경우에 통상적으로 성립된다고 인정되는 가액으로 하고 수용가격·공매가격 및 감정가격 등 대통령령으로 정하는 바에 따라 시가로 인정되는 것을 포함한다.

③ 제1항을 적용할 때 시가를 산정하기 어려운 경우에는 해당 재산의 종류, 규모, 거래 상황 등을 고려하여 제61조부터 제65조까지에 규정된 방법으로 평가한 가액을 시가로 본다.

  ➔ 보충적 평가방법

④ 제1항을 적용할 때 제13조에 따라 상속재산의 가액에 가산하는 증여재산의 가액은 증여일 현재의 시가에 따른다.

⑤ 제2항에 따른 감정가격을 결정할 때에는 대통령령으로 정하는 바에 따라 둘 이상의 감정기관(대통령령으로 정하는 금액(10억원) 이하의 부동산의 경우에는 하나 이상의 감정기관)에 감정을 의뢰하여야 한다. 이 경우 관할 세무서장 또는 지방국세청장은 감정기관이 평가한 감정가액이 다른 감정기관이 평가한 감정가액의 100분의 80에 미달하는 등 대통령령으로 정하는 사유가 있는 경우에는 대통령령으로 정하는 바에 따라 대통령령으로 정하는 절차를 거쳐 1년의 범위에서 기간을 정하여 해당 감정기관을 시가불인정 감정기관으로 지정할 수 있으며, 시가불인정 감정기관으로 지정된 기간 동안 해당 시가불인정 감정기관이 평가하는 감정가액은 시가로 보지 아니한다.

관련 판례

1. 상장주식의 평가

평가기준일 이전·이후 2월간 공표된 매일의 거래소 최종시세가액의 평균액을 기준으로 코스닥 상장법인의 주식의 시가를 평가하도록 정한 것은 평가의 균형을 도모하고 증여시기 조정을 통한 **조세회피행위를 방지함으로써 조세의 공평을 확보**하기 위한 것으로, 그 기준이 명백하게 불합리하다거나 입법재량의 범위를 현저하게 일탈하였다고 보이지 아니하므로, 심판대상 조항은 청구인들의 재산권을 침해하지 아니한다. (2014헌바363, 2016. 2. 25.)

2. 보충적 평가방법의 적용

「상속세 및 증여세법」 제60조 제2항은 시가의 본질에 부합하는 정의 규정으로 「상속세 및 증여세법」상 시가의 정의에 관한 다른 규정이 없는 점, 「상속세 및 증여세법」 제60조 제3항은 현실적으로 제2항에 의한 **시가를 산정하기 어려운 경우**의 대안으로 「상속세 및 증여세법」 제61조 내지 제65조에 따른 평가액을 들고 있는 점, 「상속세 및 증여세법」 제61조 내지 제65조는 **시가를 합리적으로 추정하는 평가방법**을 규정하고 있는 점 등을 종합하면, 「상속세 및 증여세법」 제60조 제3항에 따라 제61조 내지 제65조에 규정된 방법으로 평가한 가액은 증여세가 부과되는 재산의 가액을 산정하는 기준이 되는 시가에 해당함은 물론이고, 「상속세 및 증여세법」 제35조 제2항(저가 양수 또는 고가 양도에 따른 이익의 증여) 등에 의하여 증여세 부과대상이 되는지 여부를 판단하는 기준이 되는 시가에도 해당한다고 봄이 타당하다. (2012두3200, 2012. 6. 14.)

출제위원 채점평

주식에 대한 「상속세 및 증여세법」상 평가 규정에 법조문을 정확히 이해하여 사례에 적용할 수 있는 지와 관련 판례를 제대로 숙지하고 있는 지를 묻는 문제이다. 상장주식의 평가 규정에 대해서는 대부분의 수험생들이 적절하게 기술하고 있으나, 일부 수험생들은 부동산 등 일반적인 평가 규정에 대해서 답변하는 등 규정에 대한 정확한 이해가 부족하였다. 또한 사례 분석 시 문제의 단서 규정 등 문제를 제대로 파악하지 못하거나 관련 판례에 비추어 적절하게 분석하지 못한 경우가 종종 있었으며, 문제와 관계없이 본인이 암기한 내용만 일방적으로 서술한 수험생도 있어 채점에 아쉬움이 있었다.

2018년(제55회) 세법학 / 2부

문제 1

세무법인 A의 고객 甲과 乙은 「부가가치세법」에서 규정하는 과세사업자이지만 주사업장 총괄납부사업자 및 사업자단위 과세사업자는 아니며, 고객 丙은 甲에게 용역을 공급하는 외국법인이다. 본인이 세무법인 A의 소속세무사라고 가정하고 甲의 부가가치세 납부세액과 관련한 아래 물음에 답하시오. (35점)

[물음 1] 甲이 자기의 사업을 위하여 사용하였거나 사용할 목적으로 공급받은 재화에 대한 부가가치세액은 매입세액으로 공제하지만, 부가가치세법령에서 규정하는 경우에는 공제하지 아니한다. 이 규정의 내용(단, 해당 조문의 단서는 제외함)과 공제하지 아니하는 이유를 각각 설명하시오. (16점)

[물음 2] 甲이 발급받은 세금계산서의 필요적 기재사항이 사실과 다르게 적힌 경우에는 매입세액공제가 허용되지 않지만 부가가치세법령에서 규정하는 경우에는 공제가 가능하다. 이 규정의 취지 및 내용을 설명하시오. (7점)

[물음 3] 乙은 甲에게 재화를 외상으로 공급했으나 대금을 지급받지 못했다. 이 경우 ① 乙이 적용받을 수 있는 부가가치세법령의 '대손세액의 공제 특례' 내용(대손세액공제시점, 외상매출금의 전부 또는 일부를 회수한 경우의 처리, 절차 규정)을 설명하시오. ② 甲이 부가가치세법령에 따라 대손세액의 전부를 매입세액으로 공제받은 경우로서 그가 폐업하기 전에 乙이 대손세액공제를 받았을 경우 甲의 매입세액에 대한 처리 방법을 설명하시오. (7점)

[물음 4] 丙의 甲에 대한 용역제공과 관련하여 ① 해당 용역이 「부가가치세법」에서 규정하는 대리납부대상에 해당되는지에 대한 판단기준을 설명하시오. ② 용역을 제공받은 甲이 해당 용역을 (개) 과세사업에 제공하는 경우, (내) 면세사업에 제공하는 경우, (대) 과세사업과 면세사업에 공통으로 사용하는 경우 각 거래가 대리납부대상에 해당하는지 여부를 설명하시오. ③ 甲이 丙에게 원화를 외화로 매입하여 그 외화로 대가를 지급하는 경우 적용하는 환율은 무엇인지 설명하시오. (5점)

해답

【문제 1】부가가치세법

[물음 1] 매입세액불공제

1. 의의

전단계세액공제법을 적용하는 부가가치세 제하에서는 사업자가 부담한 매입세액은 공제하는 것이 원칙이지만, 부가가치세법은 납세자가 의무를 태만히 하거나 거래의 성질상 매입세액을 공제하지 않는 경우를 '열거'하고 있다.

2. 매입세액이 공제되지 않는 경우

(1) 세금계산서 제도 관련 문제

① 사업자가 '매입처별세금계산서합계표'를 제출하지 않거나 이러한 '합계표'가 올바르게 작성되지 않은 경우, ② 세금계산서를 수수하지 않았거나 기재 내용에 허위 또는 오류가 있으면, 실제로 매입거래가 있었는지 여부에 관계없이 매입세액공제를 받을 수 없다.

이는 매입세액불공제라는 강력한 제재를 통해 세금계산서가 가지는 '상호검증기능'이 제대로 유지될 수 있도록 하기 위함이다.

(2) 사업자등록 전의 매입세액

사업자등록을 하기 전의 매입세액은 공제하지 않는다. 이는 부가가치세 납세의무를 지는 사업자들이 조속히 사업자등록을 하도록 간접적으로 강제하기 위함이다.

(3) 사업과의 관련성 문제

① 사업과 무관한 매입세액, ② 기업업무추진비 관련 매입세액, ③ 비영업용 소형승용차의 구입 및 유지 관련 매입세액은 공제하지 않는다.

사업과 관련 없는 지출은 사업에서 만들어지는 '부가가치'와 무관하며 소비로 볼 수 있기 때문이다. 기업업무추진비나 비영업용 소형승용차 관련 매입세액은 '사적 이용가능성'이 높아 이를 전부 공제하지 않는다. 납세자와 과세관청의 분쟁을 사전에 방지하기 위한 조치이기도 하다.

(4) 면세사업 등에 관련된 매입세액과 토지에 관련된 매입세액

부가가치세법상 매입세액은 과세사업을 위하여 사용·소비되는 재화나 용역에 대한 것만 공제한다. 같은 취지로 토지의 공급도 면세하므로 관련 매입세액을 공제하지 않는다.

[물음 2] 필요적 기재사항의 부실기재

1. 관련 규정의 취지

부가가치세 제도 운영의 기초가 되는 세금계산서의 정확성과 진실성을 확보하기 위하여 필요적 기재사항이 사실과 다른 경우에는 원칙적으로 매입세액을 공제하지 않는다. 그러나 세금계산서의 부실기재 등에도 불구하고 과세자료로서의 기능에 영향이 없거나 미미한 경우 또는 납세자에게 지나치게 가혹하거나 불합리한 결과를 초래할 수 있는 경우에는 굳이 매입세액불공제의 제재를 가할 필요가 없다. 이에 따라 세금계산서의 부실기재에도 불구하고 매입세액공제를 허용하는 단서 규정을 마련해 두었다.

2. 관련 규정의 내용

발급받은 세금계산서의 필요적 기재사항 중 일부가 '착오'로 사실과 다르게 적혔으나 그 세금계산서에 적힌 나머지 필요적 기재사항 또는 임의적 기재사항으로 보아 거래사실이 확인되는 경우에는 매입세액을 공제한다. 그 밖에 세금계산서의 발급시기가 틀렸더라도 법에 정한 기한까지는 매입세액을 공제하고, 공급 전에 발급한 세금계산서도 마찬가지로 매입세액을 공제할 수 있으며, 총괄납부사업자의 사업장 기재 오류도 거래상대방의 부가가치세 납부를 전제로 매입세액을 공제한다.

[물음 3] 대손세액공제

① 공급한 자(乙)

㉠ 대손세액공제시점

대손세액공제는 파산·강제집행 등의 대손이 확정되는 날이 속하는 과세기간에 적용받는다. 다만, 대손세액공제는 확정신고 시에만 적용받을 수 있다.

ⓒ 대손세액의 회수
회수한 대손금액에 관련된 대손세액을 회수한 날이 속하는 과세기간의 '매출세액'에 더한다.

ⓒ 절차
부가가치세 확정신고서에 대손사실을 '증명'하는 서류를 첨부하여 관할 세무서장에게 제출하여야 한다.

② 공급받은 자(甲)의 매입세액에 대한 처리
대손세액에 해당하는 금액을 대손이 확정된 날이 속하는 과세기간에 매입세액에서 뺀다. 다만, 스스로 대손세액에 해당하는 금액을 빼지 아니한 경우에는 관할 세무서장이 빼야 할 매입세액을 결정 또는 경정한다.

[물음 4] 대리납부
① 대리납부대상 용역의 판단기준
외국법인이 제공하는 용역은 부가가치세법상 '과세대상' 용역이어야 하고, 국내에서 소비(제공)되는 것이어야 한다.

② 용역을 공급받는 자
㉠ 과세사업에 제공
용역을 공급받은 자가 과세대상 용역을 과세사업에 제공하는 경우에는 대리납부대상이 아니다.

㉡ 면세사업에 제공
용역을 공급받은 자가 과세대상 용역을 면세사업에 제공하는 경우에는 대리납부대상이다.

㉢ 과세사업과 면세사업에 공통으로 사용
겸영사업자의 경우에는 면세사업에 사용한 부분만큼만 대리납부대상이다.

③ 외화환산
원화를 외화로 매입하여 지급하는 경우의 환율은 지급일 현재의 '대고객외국환매도율'을 적용한다.

관련 법령

1. 공제하지 아니하는 매입세액(「부가가치세법」제39조)

① 제38조에도 불구하고 다음 각 호의 매입세액은 매출세액에서 공제하지 아니한다.
1. … 매입처별 세금계산서합계표를 제출하지 아니한 경우의 매입세액 또는 제출한 매입처별 세금계산서합계표의 기재사항 중 거래처별 등록번호 또는 공급가액의 전부 또는 일부가 적히지 아니하였거나 사실과 다르게 적힌 경우 그 기재사항이 적히지 아니한 부분 또는 사실과 다르게 적힌 부분의 매입세액. 다만, 대통령령으로 정하는 경우의 매입세액은 제외한다.
2. 세금계산서 또는 수입세금계산서를 발급받지 아니한 경우 또는 발급받은 세금계산서 또는 수입세금계산서에 … 필요적 기재사항의 전부 또는 일부가 적히지 아니하였거나 사실과 다르게 적힌 경우의 매입세액(공급가액이 사실과 다르게 적힌 경우에는 실제 공급가액과 사실과 다르게 적힌 금액의 차액에 해당하는 세액을 말한다). 다만, 대통령령으로 정하는 경우의 매입세액은 제외한다.
3. (삭제)
4. 사업과 직접 관련이 없는 지출로서 대통령령으로 정하는 것에 대한 매입세액
5. 「개별소비세법」…에 따른 자동차(운수업, 자동차판매업 등 대통령령으로 정하는 업종에 직접 영업으로 사용되는 것은 제외한다)의 구입과 임차 및 유지에 관한 매입세액
6. 기업업무추진비 및 이와 유사한 비용으로서 대통령령으로 정하는 비용의 지출에 관련된 매입세액
7. 면세사업 등에 관련된 매입세액(면세사업 등을 위한 투자에 관련된 매입세액을 포함한다)과 대통령령으로 정하는 토지에 관련된 매입세액

8. … 사업자등록을 신청하기 전의 매입세액. 다만, 공급시기가 속하는 과세기간이 끝난 후 20
   일 이내에 등록을 신청한 경우 등록신청일부터 공급시기가 속하는 과세기간 기산일(제5조
   제1항에 따른 과세기간의 기산일을 말한다)까지 역산한 기간 내의 것은 제외한다.
② 제1항에 따라 공제되지 아니하는 매입세액의 범위에 관하여 필요한 사항은 대통령령으로 정
   한다.

2. 세금계산서 등의 필요적 기재사항이 사실과 다르게 적힌 경우 등에 대한 매입세액공제 I (「부가가치세법 시행령」 제75조)

법 제39조 제1항 제2호 단서에서 "대통령령으로 정하는 경우"란 다음 각 호의 어느 하나에 해당하
는 경우를 말한다.
1. … 사업자등록을 신청한 사업자가 … 사업자등록증 발급일까지의 거래에 대하여 해당 사업자
   또는 대표자의 주민등록번호를 적어 발급받은 경우
2. … 세금계산서의 필요적 기재사항 중 일부가 착오로 사실과 다르게 적혔으나 그 세금계산서에
   적힌 나머지 필요적 기재사항 또는 임의적 기재사항으로 보아 거래사실이 확인되는 경우
3. 재화 또는 용역의 공급시기 이후에 발급받은 세금계산서로서 해당 공급시기가 속하는 과세기간
   에 대한 확정신고기한까지 발급받은 경우
4. … 발급받은 전자세금계산서로서 국세청장에게 전송되지 아니하였으나 발급한 사실이 확인되
   는 경우
5. … 전자세금계산서 외의 세금계산서로서 재화 또는 용역의 공급시기가 속하는 과세기간에 대
   한 확정신고기한까지 발급받았고, 그 거래사실도 확인되는 경우
6. 실제로 재화 또는 용역을 공급하거나 공급받은 사업장이 아닌 사업장을 적은 세금계산서를
   발급받았더라도 그 사업장이 … 총괄하여 납부하거나 사업자단위 과세사업자에 해당하는 사
   업장인 경우로서 그 재화 또는 용역을 실제로 공급한 사업자가 … 납세지 관할 세무서장에게
   해당 과세기간에 대한 납부세액을 신고하고 납부한 경우

3. 세금계산서 등의 필요적 기재사항이 사실과 다르게 적힌 경우 등에 대한 매입세액공제 II (「부가가치세법 시행령」 제75조, 출제 이후 신설 규정)

7. 재화 또는 용역의 공급시기가 속하는 과세기간에 대한 확정신고기한이 지난 후 세금계산서를
   발급받았더라도 그 세금계산서의 발급일이 확정신고기한 다음 날부터 1년 이내이고 다음 각
   목의 어느 하나에 해당하는 경우
   가. 「국세기본법 시행령」에 따른 과세표준수정신고서와 … 경정청구서를 세금계산서와 함께
      제출하는 경우
   나. 해당 거래사실이 확인되어 … 납세지 관할 세무서장, 납세지 관할 지방국세청장 또는 국세
      청장이 결정 또는 경정하는 경우
8. 재화 또는 용역의 공급시기 전에 세금계산서를 발급받았더라도 재화 또는 용역의 공급시기가
   그 세금계산서의 발급일부터 6개월 이내에 도래하고 해당 거래사실이 확인되어 … 납세지 관
   할 세무서장 등이 결정 또는 경정하는 경우
                                    (이하 생략)

4. 대손세액의 공제 특례(「부가가치세법」 제45조)

① 사업자는 부가가치세가 과세되는 재화 또는 용역을 공급하고 외상매출금이나 그 밖의 매출채권(부가가치세를 포함한 것을 말한다)의 전부 또는 일부가 공급을 받은 자의 파산·강제집행이나 그 밖에 대통령령으로 정하는 사유로 대손되어 회수할 수 없는 경우에는 다음의 계산식에 따라 계산한 금액(이하 "대손세액"이라 한다)을 그 대손이 확정된 날이 속하는 과세기간의 매출세액에서 뺄 수 있다. 다만, 그 사업자가 대손되어 회수할 수 없는 대손금액의 전부 또는 일부를 회수한 경우에는 회수한 대손금액에 관련된 대손세액을 회수한 날이 속하는 과세기간의 매출세액에 더한다.

$$\text{대손세액} = \text{대손금액} \times 110\text{분의 } 10$$

② 제1항을 적용받고자 하는 사업자는 제49조에 따른 신고와 함께 대통령령으로 정하는 바에 따라 대손금액이 발생한 사실을 증명하는 서류를 제출하여야 한다.

③ 제1항 및 제2항을 적용할 때 재화 또는 용역을 공급받은 사업자가 대손세액에 해당하는 금액의 전부 또는 일부를 … 매입세액으로 공제받은 경우로서 그 사업자가 폐업하기 전에 재화 또는 용역을 공급하는 자가 제1항에 따른 대손세액공제를 받은 경우에는 그 재화 또는 용역을 공급받은 사업자는 관련 대손세액에 해당하는 금액을 대손이 확정된 날이 속하는 과세기간에 자신의 매입세액에서 뺀다. 다만, 그 공급을 받은 사업자가 대손세액에 해당하는 금액을 빼지 아니한 경우에는 대통령령으로 정하는 바에 따라 그 사업자의 관할 세무서장이 빼야 할 매입세액을 결정 또는 경정하여야 한다.

5. 대리납부(「부가가치세법」 제52조)

① 다음 각 호의 어느 하나에 해당하는 자로부터 국내에서 용역 또는 권리(이하 "용역 등"이라 한다)를 공급(국내에 반입하는 것으로서 제50조에 따라 관세와 함께 부가가치세를 신고·납부하여야 하는 재화의 수입에 해당하지 아니하는 경우를 포함한다)받는 자(공급받은 그 용역 등을 과세사업에 제공하는 경우는 제외하되, 제39조에 따라 매입세액이 공제되지 아니하는 용역 등을 공급받는 경우는 포함한다)는 그 대가를 지급하는 때에 그 대가를 받은 자로부터 부가가치세를 징수하여야 한다.
1. 「소득세법」 제120조 또는 「법인세법」 제94조에 따른 국내사업장이 없는 비거주자 또는 외국법인
2. 국내사업장이 있는 비거주자 또는 외국법인(비거주자 또는 외국법인의 국내사업장과 관련 없이 용역 등을 공급하는 경우로서 대통령령으로 정하는 경우만 해당한다)

출제위원 채점평

이번 부가가치세 문제에서는 매입세액불공제 대상과 그 이유, 사실과 다른 세금계산서의 예외적 공제사항에 대한 취지와 내용, 대손세액공제 및 대리납부제도에 대해 출제되었다. 한정된 시간에 답안을 구상하여 서술한다는 것이 쉽지 않았을 텐데 아주 훌륭하게 답안을 작성한 수험생도 꽤 많았다. 그러나 시간안배를 잘못한 수험생들이 꽤 많았던 것 같다. 예를 들어 [물음 1]은 16점 배점이고 [물음 4]는 5점 배점인데 [물음 4]에 더 많은 시간과 답안 분량을 할애한 수험생이 다수 있었다. [물음 4]는 아무리 답안을 잘 작성해도 5점이 만점이다.

배점에 맞게 시간과 답안 분량을 할애하기 바란다. 좋은 점수를 받기 위해서는 출제자가 묻는 말에 적합한 답안을 작성하는 것이 중요한데 출제자의 의도와는 상관없이 답안을 작성한 수험생도 꽤 많았다. 모든 수험생 여러분의 합격을 기원하며 시험합격은 전문가로서의 첫걸음이라는 것을 명심하기 바라고 수험생 여러분의 앞날에 좋은 일만 가득하길 소원한다.

문제 2

다음 사례를 읽고 아래 물음에 답하시오. (20점)

〈사례〉
(1) A법인은 2010년 10월부터 국내에 제조공장을 두고 담배를 생산하는 담배회사이다.
(2) 2015년 1월 1일부터 담배에 대하여 개별소비세가 신설되고, 담배소비세 인상으로 인해 담배 가격이 인상되었다.
(3) A법인은 제조공장 근처에 소재한 B회사 소유의 비보세(非保稅) 외부창고(이하 'B회사 외부창고')를 2014년 9월부터 2015년 2월까지 한시적으로 임차한 후, 2014년 9월부터 2014년 12월까지 제조생산한 담배 300만 개비를 동 창고로 입고하고 담배소비세를 신고납부하였다.
(4) A법인은 2015년 1월 1일 이후 구매주문이 들어오면 B회사 외부창고에 축적된 담배 300만 개비를 A법인 소유 보세창고(이하 'A법인 보세창고')에 재입고시킨 후 재조합 또는 재포장하여 도매상 등에 모두 판매하였다.
(5) 과세관청은 2016년 7월부터 A법인에 대한 법인통합조사를 실시하고, A법인이 2014년 9월부터 2014년 12월까지의 기간에 B회사 외부창고를 이용한 가장(假裝)반출로 담배 300만 개비를 부당하게 축적한 다음, 2015년에 실제로 반출·판매함으로써 개별소비세를 탈루한 것으로 보아 A법인에게 개별소비세를 고지하였다.

[물음 1] 「개별소비세법」에서 규정하는 담배에 대한 개별소비세 과세요건 및 과세시기에 대해 설명하시오. (7점)

[물음 2] 「개별소비세법」에서 규정하는 담배에 대한 미납세반출에 관한 특례를 설명하시오. (8점)

[물음 3] 구 「개별소비세법」(2014. 12. 23. 법률 제 12846호) 부칙에 의하면 담배는 2015년 1월 1일부터 개별소비세 과세대상이 되었다. 그럼에도 불구하고 과세관청은 사례 (3)과 (4)의 사실에 대한 세무조사 결과 사례 (5)와 같이 개별소비세 과세대상으로 판단하였다. 해당 과세처분을 정당화시킬 수 있는 근거를 설명하시오. (5점)

해답

【문제 2】 개별소비세법

[물음 1] 담배의 과세요건 및 과세시기

1. 납세의무자

과세대상인 담배를 제조하여 반출하는 자 또는 보세구역에서 반출하는 자이다.

2. 과세대상

담배사업법에 따른 담배이다.

3. 과세표준

담배를 제조장에서 반출할 때의 '수량' 또는 수입신고를 할 때의 '수량'이다. 그 수량은 개비, 그램, 리터 등이다. (종량세)

4. 세율

담배의 종류별로 달리 적용된다.

5. 과세시기

납세의무 성립시기를 말하며, 제조장에서 반출할 때 또는 수입신고할 때이다.

[물음 2] 담배의 미납세반출

1. 과세특례 이유

2015년부터 지방세 과세대상인 담배가 국세인 개별소비세 과세대상이 되면서, 지방세(담배소비세)를 그대로 준용하는 것과 그렇지 않은 것으로 나뉘게 되었다. 이는 담배의 특성을 반영할 필요가 있기 때문이다. 미납세반출사유 이외의 미납세반출의 절차 및 추징 규정 등에 관하여는 개별소비세법에 따른다.

2. 미납세반출 사유

미납세반출 사유는 지방세법상 담배의 미납세반출 사유를 준용한다. 즉, 담배의 미납세반출 사유는 다른 개별소비세 과세대상 물품의 미납세반출 사유와 다르다.

일반적인 과세물품은 개별소비세 보전이나 그 밖에 단속에 지장이 없다고 인정되는 것을 미납세반출 사유로 하지만, 담배는 이동의 편의성, 넓은 유통시장의 특성으로 인해 다른 개별소비세 과세대상 물품의 미납세반출 사유보다 그 사유가 제한적이다.

[물음 3] 가장행위

1. 쟁점

과세요건 중 하나인 '반출'의 시기를 언제로 볼지 여부

2. 과세관청의 주장

2015. 1. 1. 개별소비세법 시행 전에 반출된 담배라고 하더라도, 조세회피목적으로 이루어진 가장반출에 불과하므로 2015. 1. 1. 이전에 제조장에서의 반출이 없는 것으로 보아야 한다.

3. 정당화시킬 수 있는 근거

사안에서 반출 시기를 외부창고로 입고한 때인 2015년 1월 1일 전으로 본다면 과세처분은 소급과세금지 원칙을 위배한 처분이 된다. 따라서 과세처분이 정당하기 위해서는 반출시기가 2015. 1. 1. 이후가 되어야 한다.

A법인이 외부창고를 임차하고 개별소비세법 시행 전에 외부창고에 담배를 입고한 행위는 '가장행위'에 해당하므로, 2015. 1. 1. 전에 입고한 행위는 반출에 해당하지 않는다. A법인의 일련의 행위는 '사기 그 밖의 부정한 행위'에 해당하므로 이를 부정하고, 2015. 1. 1. 이후 외부창고에서 도매상에게 판매된 때를 반출시기로 보는 것이 타당하다.

[참고]

위 사안을 '실질과세원칙'을 적용하여 반출시기를 2015. 1. 1. 이후로 재구성하는 것도 가능하다.

관련 법령

1. 과세대상과 세율(「개별소비세법」 제1조)

① 개별소비세는 특정한 물품, 특정한 장소 입장행위, 특정한 장소에서의 유흥음식행위 및 특정한 장소에서의 영업행위에 대하여 부과한다.

② 개별소비세를 부과할 물품(이하 "과세물품"이라 한다)과 그 세율은 다음과 같다.

6. 담배(「담배사업법」 제2조에 따른 담배를 말한다)에 대한 종류별 세율은 별표와 같다.

2. 납세의무자(「개별소비세법」 제3조)

다음 각 호의 어느 하나에 해당하는 자는 이 법에 따라 개별소비세를 납부할 의무가 있다.

2. 과세물품을 제조하여 반출하는 자

3. 「관세법」에 따라 관세를 납부할 의무가 있는 자로서 과세물품을 「관세법」에 따른 보세구역에서 반출하는 자

3. 과세표준(「개별소비세법」 제8조)

① 개별소비세의 과세표준은 다음 각 호에 따른다. 다만, 제1조 제2항 제2호의 과세물품은 다음 제1호부터 제4호까지의 가격 중 기준가격을 초과하는 부분의 가격을 과세표준으로 한다.

2. 제3조 제2호의 납세의무자가 제조하여 반출하는 물품: 제조장에서 반출할 때의 가격 또는 수량. 다만, … 휘발유 및 이와 유사한 대체유류의 경우에는 …

3. 제3조 제3호의 납세의무자가 보세구역에서 반출하는 물품: 수입신고를 할 때의 관세의 과세가격과 관세를 합한 금액 또는 수량. 다만, 제1조 제2항 제4호 가목의 물품인 휘발유 및 이와 유사한 대체유류의 경우에는 제2호 단서를 준용한다.

4. 담배에 대한 미납세반출, 면제와 세액의 공제 및 환급에 관한 특례(「개별소비세법」 제20조의3)

① 제14조 제1항에도 불구하고 제1조 제2항 제6호에 해당하는 물품(담배)에 대하여 개별소비세를 징수하지 아니하는 사유에 관하여는 「지방세법」 제53조를 준용하며, 그 절차 및 추징 등에 관하여는 제14조 제1항 각 호 외의 부분, 같은 조 제2항부터 제5항까지의 규정에 따른다.

5. 미납세반출(「지방세법」 제53조)

다음 각 호의 어느 하나에 해당하는 담배에 대하여는 담배소비세를 징수하지 아니한다.

1. 담배 공급의 편의를 위하여 제조장 또는 보세구역에서 반출하는 것으로서 다음 각 목의 어느 하나에 해당하는 것

   가. 제54조 제1항에 따른 과세면제 담배를 제조장에서 다른 제조장으로 반출하는 것

   나. 「관세법」 제2조 제4호에 따른 외국물품인 담배를 보세구역에서 다른 보세구역으로 반출하는 것

   다. 제조장 또는 보세구역에서 반출할 때 담배소비세 납세의무가 성립된 담배를 다른 제조장 또는 보세구역에서 반출하는 것

2. 담배를 다른 담배의 원료로 사용하기 위하여 반출하는 것

3. 그 밖에 제조장을 이전하기 위하여 담배를 반출하는 등 대통령령으로 정하는 바에 따라 반출하는 것

① 청구법인은 담배소비세 인상 및 개별소비세 신설로 인해 담뱃값 인상이 확실시되자, 부당이득을 얻을 목적으로 A공장에서 제조한 담배와 B창고 및 C창고에 있던 미납세재고를 반출한 것처럼 가장한 점 등에 비추어 처분청이 쟁점담배가 2015. 1. 1. 이후 실제로 반출된 것으로 보아 개별소비세를 과세한 처분은 잘못이 없다. (조심 2017중1261, 2018. 7. 4.)

② 이 사건은 외국계 담배회사의 개별소비세 탈루와 관련하여 감사원 지적사례를 기반으로 출제된 것이다. 당시 조세심판원에 계류 중인 사건을 출제한 것으로 보인다. (답안은 출제 의도를 추정하여 작성한 것이다) 아래 고등법원 판례까지는 각기 다른 결론을 내렸으나, 대법원에서 모두 납세자 패소로 판결하였다.

③ [국패] 개별소비세 과세물품인 담배의 반출시기는 현실적 이동이 이루어진 때이고 제조장은 제조시설과 인접한 필수 부수시설로 국한하여 판단하여야 한다. (수원고등법원 2020. 9. 23. 선고 2020누10643) 판례의 자세한 내용은 다음과 같다.

---

1. 이 사건 쟁점 담배에 대해서 개정 후 구 「개별소비세법」상 미납세반출 조항이 적용되는지

앞서 본 바와 같이 「개별소비세법」이 2014. 12. 23. 개정되어 담배가 과세대상에 포함되면서 담배에 대한 미납세반출을 규정한 제20조의3이 신설되었고, 이에 따라 비로소 담배에 대해서는 지방세법에 따른 미납세반출 사유를 「개별소비세법」에서 준용하게 되었으므로, 개정 후 「개별소비세법」이 시행되기 이전에 제조공장에서 이미 반출된 이 사건 쟁점 담배에 대해서는 개정 후 「개별소비세법」의 미납세반출 규정이 적용되지 않는다고 보아야 한다. 피고들은 미납세반출 규정이 이미 납세의무가 성립한 조세채권의 '징수 유보' 규정이 아니라 '납세의무의 성립을 유보'시키는 규정이라고 주장하나, 「개별소비세법」의 체계 및 문언, 미납세반출제도의 내용 및 취지에 비추어 보면, 개별소비세의 납세의무는 제조장으로부터 반출 시에 성립하고, 미납세반출은 납세의무의 성립을 유보하는 것이 아니라 위 반출 시에 성립한 납세의무에 대한 '징수 유보'의 성격을 가지고 있다고 판단된다. 그 이유는 다음과 같다.

개정 후 구 「개별소비세법」 제3조 제2호는 '과세물품을 제조하여 반출하는 자'는 개별소비세를 납부할 의무가 있다고 정한다. 미납세반출 시에도 반출이라는 사실행위가 수반되므로 납세의무가 성립한다고 보아야 한다.

개정 후 구 「개별소비세법」에서는 납세의무가 처음부터 성립하지 않는 비과세에 대해서는 '부과하지 아니한다'는 표현을 쓰고 있고(제2조), 납세의무가 성립하였으나 이를 사후에 소멸시키는 경우에는 '면제한다'는 표현을 쓰고 있다(제15조 내지 제19조의3). 이에 반해 「개별소비세법」 제14조 제1항에서는 '징수하지 아니한다'는 표현을 쓰고 있는데, 이를 납세의무가 성립하였으나 '징수'만을 유보한다고 해석하는 것이 다른 규정의 해석과 조화를 이룬다.

「개별소비세법」 제14조에서 규정한 미납세반출 제도는 특정한 과세물품에 대하여 개별소비세의 부담이 유보된 상태로 반출하는 것을 허용하는 과세유보조치로서, 이는 개별소비세가 최종소비자를 담세자로 예정하여 과세되는 조세인 점을 감안하여 과세물품의 단순한 보관장소의 변경이나 제조공정상 필요에 의한 반출 등의 경우에는 개별소비세의 부담이 유보된 상태로 반출을 허용함으로써 반출과세원칙에 따른 문제점을 보완하려는 데 그 취지가 있다. (대법원 2015. 12. 23. 선고 2013두16074 판결 참조)

위와 같이 미납세반출 규정은 징수 유보 규정에 해당하므로, 설령 이 사건 쟁점 담배에 개정 후 구 「개별소비세법」상 미납세반출 규정이 적용된다고 보더라도, 납세의무는 이 사건 제조공장에서 이 사건 물류센터로 옮겨진 2014. 12. 31. 이전에 성립한다고 할 것이어서 이미 완성된 과세요건사실에 대하여 개정법을 적용하여 조세부과처분을 하는 것은 소급과세금지의 원칙에 위반되어 위법하다고 할 것이다.

2. 임시물류센터 이용 등 행위가 「조세범 처벌법」상 '사기 기타 부정한 행위'에 해당하는지
담배는 신설된 「개별소비세법」 조항에 의하여 비로소 개별소비세의 과세물품이 되었고, 이 사건 부칙조항에 따르면 신설된 「개별소비세법」 조항은 개정 후 구 「개별소비세법」의 시행일인 2015. 1. 1. 이후 제조장에서 반출하는 경우부터 적용되므로, 2015. 1. 1. 이전에 반출된 이 사건 쟁점 담배에 대해서는 개별소비세 납세의무가 있었다고 할 수 없다.
담배에 대하여 새로 개별소비세를 부과하거나 기존 담배소비세를 인상하는 입법이 예상되더라도, 입법과정에서 구 「지방세법」(1988. 12. 26. 법률 제4028호로 일부 개정된 것) 부칙 조항과 같이 개정된 법 시행 전에 이미 제조장에서 반출된 담배에 대하여 개정된 법을 적용하도록 경과규정을 둘 수도 있으므로, 원고가 오직 개별소비세 등 담배세 인상의 부담을 회피하기 위해 이 사건 임시물류센터 이용 등의 행위를 하였다고 단정할 수 없다.
담배세의 인상 및 이에 따른 주문의 증가가 예상되는 상황에서 담배제조업자인 원고가 시장의 수요에 대응하여 담배 반출량을 늘리고 추가적인 물류센터를 확보한 것이 합리적인 경영 판단의 범위를 벗어났다고 볼 수 없고, 원고가 반출한 담배의 수량이 이 사건 고시에서 정한 범위를 벗어나지도 않았다.
원고는 2013년경에도 담배세 인상이 예견되는 상황에서 이 사건 임시물류센터와 같이 임시물류센터를 사용한 적이 있다.
서울서부지방검찰청 검사는 2018. 6. 20. 원고와 원고의 대표이사가 「조세범 처벌법」 위반 등으로 고발된 사건에서 모두 '혐의 없음(증거불충분)'의 불기소처분을 하였고, 이에 대한 항고와 재항고는 모두 기각되었다.
위와 같은 사정에 비추어 보면, 이 사건에 제출된 증거들만으로는 원고가 개정 후 구 「개별소비세법」에 의한 개별소비세의 부과와 징수를 불가능하게 하거나 현저히 곤란하게 하기 위해 이 사건 임시물류센터 이용 등의 행위를 하였다고 인정하기 어렵다.

④ [국승] 반출은 제조장 밖으로 이동시키는 것을 뜻하므로, 물류센터 내 이동이나 소유권 이전만으로 반출이라 할 수 없다. (창원지방법원 2020. 6. 4. 선고 2018구합52707) 이 사건에서 해당 담배제조사는 법률 개정 직전에 제조장 안에 창고를 임차한 후 해당 창고로 반출하였다고 주장하였다. 법원은 이를 인정하지 않았다.

⑤ 이 사건 임시창고는 담배 공급의 편의를 위한 통상적인 물류센터로서의 역할과 기능을 수행하였다고 보기 어렵고, 담뱃세의 인상차액을 취하기 위하여 담뱃세가 인상되기 전에 이 사건 제조공장에서 담배를 반출하기 위해 일시적인 방편으로 마련된 장소에 불과하다. 이 사건 제2담배는 2015. 1. 1. 이후에 제조장으로 의제되는 반입장소인 이 사건 각 물류센터에서 반출되었으므로, 그 반출시점에 시행되는 개정 후 「개별소비세법」에 따라 개별소비세를 부과할 수 있다고 보아야 한다. (대법원2020두51341, 2023. 7. 13.)

출제위원
채점평

담배에 대한 개별소비세 문제가 출제되었다. 과세요건 및 과세시기, 미납세반출에 관한 특례, 개별상황에 있어서 과세처분을 정당화할 수 있는 근거를 묻는 문제였다. 과세요건 및 과세시기에 대하여는 과세요건에 속하는 항목을 언급하고 이에 대한 내용을 적시하고 과세시기에 대하여 언급하여야 하는데 담배에 대한 종류별 세율을 암기한 내용만을 많은 부분 할애하여 정작 중요한 과세요건을 빠뜨리는 수험생이 많았다. 개별상황의 과세처분의 정당성문제도 정당화시키는 논리를 묻고 있는데 반대의 논리를 언급하는 수험생도 있었고 상황에 적합한 설명을 하더라도 키워드만 간단하게 적어 논리적 설명이 따르지 않는 답안들은 채점을 하면서 아쉬운 마음이 들었다.

문제 3

다음 사례를 읽고 물음에 답하시오. (20점)

〈사례〉

내국법인 A는 2018년 7월 甲소유의 상가건물 및 그 부속토지를 경락받아 취득하였다. 경락받은 부동산에는 「상가건물 임대차보호법」에 의한 대항력을 갖춘 임차인 乙이 있어서 내국법인 A는 경락대금을 전부 납부한 이후에 乙에게 임차보증금을 지급하였다. 한편, 2016년 시행된 「지방세법」에서는 수용재결로 취득하는 경우 등 과세대상이 이미 존재하는 상태에서 취득하는 경우를 원시취득으로부터 제외한다는 규정을 두고 있지 않았으나, 2017년 개정되어 현재 시행 중인 「지방세법」에서는 이를 규정하고 있다. (단, 내국법인 A의 부동산 취득 시 혹은 취득 전·후에 해당 부동산은 취득세 중과세, 비과세, 과세면제 또는 과세경감의 대상이 아니다)

[물음 1] 내국법인 A가 경락받은 부동산에 대한 취득세를 신고납부하는 경우, 「지방세법」에서 규정하는 과세표준은 어떻게 산정하여야 하는지 그 근거를 들어 설명하시오. (10점)

[물음 2] 부동산 경락취득이 「지방세법」의 원시취득에 해당하는 경우에는 1천분의 28, 승계취득에 해당하는 경우에는 1천분의 40의 취득세 세율이 적용된다. 위 사례에서 내국법인 A의 부동산 취득행위가 「지방세법」의 원시취득인지 승계취득인지에 대하여 논하시오. (10점)

해답

【문제 3】 지방세법

[물음 1] 과세표준

1. 쟁점

경락대금 납부 후 지급한 임차보증금이 취득가액에 포함되는지 여부

2. 취득세 과세표준

취득세의 과세표준은 취득 당시의 가액으로 한다. 부동산등을 유상거래로 승계취득하는 경우 취득 당시 가액은 취득시기 이전에 해당 물건을 취득하기 위하여 지출한 사실상 취득가격으로 한다.

3. 법인이 취득한 경우 등

법인이 취득한 경우 또는 공매방법에 의한 취득의 경우에는 지방세 시가표준액에 관계없이 '사실상 취득가액'을 취득세 과세표준으로 한다.

4. 사실상 취득가액의 범위

사실상 취득가액은 과세대상 물건의 취득시기를 기준으로 그 이전에 당해물건을 취득하기 위하여 거래상대방 또는 제3자에게 지급하였거나 지급하여야 할 직접비용과 간접비용의 합계액으로 한다.

다만, 취득시기 이후에 지급한 금액이라도 취득 당시 지급의무가 확정된 것이라면 여기에 포함하여야 한다.

5. 사안의 적용

내국법인 A는 대항력 있는 임차인에게 지급할 임차보증금에 대한 채무를 인수할 의무가 있으므로, 임차보증금도 '취득 당시'의 취득가액에 포함하여야 한다. 따라서 내국법인 A가 경락받은 부동산의 취득세 과세표준은 경락대금에 임차보증금을 합한 금액이다.

[물음 2] 세율의 적용

1. 쟁점

지방세법 개정 후 원시취득의 세법상 의미

2. 원시취득에 관한 고유개념

세법상 취득의 개념에 관하여 원시취득에 관한 별도의 규정이 없는 경우에는 민사상 원시취득의 정의를 '차용'하여 사용하는 것이 원칙이다.

그러나 입법자가 지방세법상 원시취득에 관하여 그 '고유개념'으로서 '과세대상이 이미 존재하는 상태에서 취득하는 경우를 원시취득에서 제외'한다고 한 경우에는, 지방세법상 세율적용에 있어서는 지방세 규정에 따라 원시취득에 해당하는지를 판단하여야 한다.

3. 사안의 적용

부동산 경락취득은 수용과 마찬가지로 민사법상으로는 법률의 규정에 의한 취득으로서 '원시취득'에 해당한다.

그러나 A법인이 경락취득할 당시 시행되는 지방세법 규정에 따라 '이미 과세대상이 존재하고 있는 상태에서의 취득'은 원시취득에서 제외하여야 한다.

따라서 A법인이 경락취득한 부동산은 지방세법상 세율적용에 있어서는 승계취득으로 보아야 한다.

[참고]

당시 출제자의 의도에 따라 답안을 작성하였다. 출제 이후 나온 판례(대법 2019두54849)에 따르면 지방세법 개정 전에 경락취득한 경우도 '승계취득'에 해당한다는 것이 법원의 입장이다.

추정컨대, 위 문제는 당시 실무적으로 문제가 되었던 '조심 2018지0309, 2018. 5. 16.' 사례를 시험에 변형하여 출제된 것으로 보인다.

1. 용어 정의(「지방세법」 제2조)

이 법에서 사용하는 용어의 뜻은 별도의 규정이 없으면 「지방세기본법」 및 「지방세징수법」에서 정하는 바에 따른다.

2. 취득세의 용어 정의(「지방세법」 제6조)

취득세에서 사용하는 용어의 뜻은 다음 각 호와 같다.
1. "취득"이란 매매, 교환, 상속, 증여, 기부, 법인에 대한 현물출자, 건축, 개수, 공유수면의 매립, 간척에 의한 토지의 조성 등과 그 밖에 이와 유사한 취득으로서 원시취득(수용재결로 취득한 경우 등 과세대상이 이미 존재하는 태에서 취득하는 경우는 제외한다), 승계취득 또는 유상·무상의 모든 취득을 말한다.

3. 과세표준의 기준(「지방세법」 제10조)

취득세의 과세표준은 취득 당시의 가액으로 한다. 다만, 연부로 취득하는 경우 취득세의 과세표준은 연부금액(매회 사실상 지급되는 금액을 말하며, 취득금액에 포함되는 계약보증금을 포함한다. 이하 이 장에서 같다)으로 한다.

4. 유상승계취득의 경우 과세표준(「지방세법」 제10조의3)

① 부동산등을 유상거래(매매 또는 교환 등 취득에 대한 대가를 지급하는 거래를 말한다. 이하 이 장에서 같다)로 승계취득하는 경우 취득 당시 가액은 취득시기 이전에 해당 물건을 취득하기 위하여 다음 각 호의 자가 거래 상대방이나 제3자에게 지급하였거나 지급하여야 할 일체의 비용으로서 대통령령으로 정하는 사실상의 취득가격(이하 "사실상 취득가격"이라 한다)으로 한다.
1. 납세의무자
2. 「신탁법」에 따른 신탁의 방식으로 해당 물건을 취득하는 경우에는 같은 법에 따른 위탁자
3. 그 밖에 해당 물건을 취득하기 위하여 비용을 지급하였거나 지급하여야 할 자로서 대통령령으로 정하는 자
② 지방자치단체의 장은 특수관계인 간의 거래로 그 취득에 대한 조세부담을 부당하게 감소시키는 행위 또는 계산을 한 것으로 인정되는 경우(이하 이 장에서 "부당행위계산"이라 한다)에는 제1항에도 불구하고 시가인정액을 취득 당시 가액으로 결정할 수 있다.
③ 부당행위계산의 유형은 대통령령으로 정한다.

5. 사실상 취득가격의 범위 등(「지방세법 시행령」 제18조)

① 법 제10조의3 제1항에서 "대통령령으로 정하는 사실상의 취득가격"이란 해당 물건을 취득하기 위하여 거래 상대방 또는 제3자에게 지급했거나 지급해야 할 **직접비용**과 다음 각 호의 어느 하나에 해당하는 **간접비용**의 합계액을 말한다. 다만, 취득대금을 일시급 등으로 지급하여 일정액을 할인받은 경우에는 그 할인된 금액으로 하고, 법인이 아닌 자가 취득한 경우에는 제1호, 제2호 또는 제7호의 금액을 제외한 금액으로 한다.
1. 건설자금에 충당한 차입금의 이자 또는 이와 유사한 금융비용
2. 할부 또는 연부 계약에 따른 이자 상당액 및 연체료
3. 「농지법」에 따른 농지보전부담금, 「문화예술진흥법」 제9조 제3항에 따른 미술작품의 설치 또는 문화예술진흥기금에 출연하는 금액, 「산지관리법」에 따른 대체산림자원조성비 등 관계 법령에 따라 의무적으로 부담하는 비용
4. 취득에 필요한 용역을 제공받은 대가로 지급하는 용역비·수수료(건축 및 토지조성공사로 수탁자가 취득하는 경우 위탁자가 수탁자에게 지급하는 신탁수수료를 포함한다)
5. 취득대금 외에 당사자의 약정에 따른 취득자 조건 부담액과 채무인수액
6. 부동산을 취득하는 경우 「주택도시기금법」 제8조에 따라 매입한 국민주택채권을 해당 부동산의 취득 이전에 양도함으로써 발생하는 매각차손. 이 경우 행정안전부령으로 정하는 금융회사 등(이하 이 조에서 "금융회사 등"이라 한다) 외의 자에게 양도한 경우에는 동일한 날에 금융회사 등에 양도하였을 경우 발생하는 매각차손을 한도로 한다.
7. 「공인중개사법」에 따른 공인중개사에게 지급한 중개보수
8. 붙박이 가구·가전제품 등 건축물에 부착되거나 일체를 이루면서 건축물의 효용을 유지 또는 증대시키기 위한 설비·시설 등의 설치비용
9. 정원 또는 부속시설물 등을 조성·설치하는 비용
10. 제1호부터 제9호까지의 비용에 준하는 비용
② 제1항에도 불구하고 다음 각 호의 어느 하나에 해당하는 비용은 사실상 취득가격에 포함하지 않는다.
1. 취득하는 물건의 판매를 위한 광고선전비 등의 판매비용과 그와 관련한 부대비용
2. 「전기사업법」, 「도시가스사업법」, 「집단에너지사업법」, 그 밖의 법률에 따라 전기·가스·열 등을 이용하는 자가 분담하는 비용
3. 이주비, 지장물 보상금 등 취득물건과는 별개의 권리에 관한 보상 성격으로 지급되는 비용
4. 부가가치세
5. 제1호부터 제4호까지의 비용에 준하는 비용

관련 판례

서울행정법원 2019구합53433, 2019. 7. 11.

① 구 「지방세법」은 제11조 제1항에서 부동산 취득의 세율에 관하여 '원시취득'의 경우 '1천분의 28'로, '그 밖의 원인으로 인한 취득'의 경우 농지는 '1천분의 30', 농지 외의 것은 '1천분의 40'으로 규정하고 있으면서, 경매에 의한 부동산 취득에 관하여는 명시적인 세율 규정을 두고 있지 않고, 그 밖에 원시취득 또는 승계취득에 관한 별도의 정의 규정도 두고 있지 않다. 결국 경매로 인한 부동산의 취득에 대하여 구 「지방세법」상 세율을 적용하기 위해서는 그 취득이 원시취득에 해당하는지 아니면 승계취득에 해당하는지 구별하여야 하고, 그 구별은 법적 안정성이나 조세법률주의의 요청에 따라 「민법」, 「민사집행법」과 같은 일반적인 법 조항의 해석과 궤를 같이할 수밖에 없다.

② 소유권과 같은 물권의 '원시취득'이란, 어떤 물권이 타인의 물권에 기함이 없이 특정인에게 새로 발생하는 것을 말하는 것으로 신축건물의 소유권 취득, 무주물 선점, 유실물 습득, 매장물 발견, 선의취득에 의한 물권 취득 등이 이에 해당한다. 한편 물권의 '승계취득'이란 어떤 물권이 타인의 물권에 기하여 특정인에게 승계되는 것을 말하는 것으로, 매매에 의한 소유권 취득, 상속·포괄유증·회사의 합병에 의한 소유권 취득, 제한물권(용익물권, 담보물권)의 설정 등을 예로 들 수 있다.

결국 원시취득과 승계취득의 주요한 차이는, 타인의 물권에 기한 승계취득이 종전 권리의 제한이나 하자를 그대로 따르게 되는 반면 **타인의 물권에 기함이 없는 원시취득은 그러한 제한이 없다**는 데에 있다고 할 수 있다.

③ 그런데 경매는 채무자 재산에 대한 환가절차를 국가가 대행해 주는 것일 뿐 본질적으로 매매의 일종에 해당하고(92다15574), 「민법」 제578조도 경매가 사법상 매매임을 전제로 매도인의 담보책임에 관한 규정을 두고 있다. 또한 부동산 경매 시 당해 부동산에 설정된 선순위 저당권 등에 대항할 수 있는 지상권이나 전세권 등은 매각으로 인해 소멸되지 않은 채 매수인에게 인수되며, 매수인은 유치권자에게 그 유치권의 피담보채권을 변제할 책임이 있는 등, **경매 이전에 설정된 당해 부동산에 대한 제한이 모두 소멸되는 것이 아니라 일부 승계될 수** 있다.

따라서 경매에 의한 부동산 취득은 「민법」상 '원시취득'이 아닌 '승계취득'에 해당한다고 보아야 하고, 대법원도 일관되게 그와 같은 입장을 견지해 오고 있다. (2013도459, 87누476)

④ 한편 원시취득의 경우 상대적으로 낮은 세율을 적용하는 취지는 이미 발생한 권리를 이어받는 승계취득에 비하여 새로운 권리를 발생시킴으로써 사회적 생산과 부에 기여하는 바가 크다는 점에 있다고 할 것인데(「지방세법」이 2016. 12. 27. 법률 제14475호로 개정되면서 '과세대상이 이미 존재하는 상태에서 취득하는 수용재결의 경우'를 원시취득의 세율적용대상에서 제외한 것도 이와 같은 취지에서 비롯된 것으로 판단된다), 경매의 경우 새로운 권리를 발생시켰다고 볼 수 없는 바, 그와 같은 세법상 관점에서 보더라도 이를 원시취득으로 취급할 합리적인 이유가 있다고 볼 수 없다.

출제위원 채점평

경락으로 인한 부동산 취득 시 취득세의 과세표준과 세율에 대한 문제이다.

문제의 취지를 잘 이해하고 잘 쓴 답안도 있었지만, 문제의 취지를 잘못 이해하고, [물음 1]과 [물음 2]를 혼용하여 쓴 답안도 적지 않았다. 단순한 암기보다 법조문이 나오게 된 배경과 그 취지 등을 함께 이해할 수 있도록 학습한다면 사례형 문제도 어렵지 않게 대처할 수 있을 것이다.

문제 4

A는 「조세특례제한법」에서 규정하는 중소기업인 내국법인이고, 甲은 A가 고용한 종업원으로 내국인인 국내거주자이다. 아래 물음에 답하시오. (25점)

[물음 1] A는 상시근로자에 대한 임금을 인상하고, 일부 비정규직 근로자를 정규직으로 전환하여 「조세특례제한법」의 '근로소득을 증대시킨 기업에 대한 세액공제제도'를 적용받고자 한다.
이 제도의 ① 운용취지, ② 상시근로자의 임금 인상 관련 적용요건, ③ 정규직 전환근로자 관련 적용요건을 각각 설명하시오. (단, 3년 평균 초과임금 증가분과 전체 중소기업의 평균임금 증가분을 초과하는 임금증가분의 계산방식 설명은 제외한다) (10점)

[물음 2] 甲이 「조세특례제한법」의 '월세액에 대한 세액공제제도'를 적용받고자 한다. 이 제도의 ① 운용취지, ② 적용대상자, ③ 적용대상자의 소득금액별 공제액, ④ 월세액의 적용요건을 각각 설명하시오. (10점)

[물음 3] A는 「조세특례제한법」의 '상생결제 지급금액에 대한 세액공제'를 적용받고자 한다. 이 제도의 적용요건을 설명하시오. (5점)

【문제 4】 조세특례제한법

[물음 1] 근로소득을 증대시킨 기업에 대한 세액공제

① 운용취지

근로자의 근로소득을 인상한 기업에 대하여 근로소득 인상분의 일정 비율을 세액공제하여 가계소득 증가에 기여하고자 하는 것이 입법취지이다.

② 상시근로자 임금 인상 적용요건

㉠ 중소기업 또는 중견기업에 해당할 것

㉡ 상시근로자의 해당 과세연도의 평균임금 증가율이 직전 3개 과세연도의 평균임금 증가율의 평균보다 클 것(평균임금 증가율 상승)

㉢ 해당 과세연도의 상시근로자 수가 직전 과세연도의 상시근로자 수보다 크거나 같을 것(고용유지조건을 충족할 것)

③ 정규직 전환근로자 적용요건

정규직 전환근로자의 임금 증가분에 대한 추가 세액공제를 적용받기 위해서는 내국인이 다음의 요건을 모두 충족하여야 한다.

㉠ 해당 과세연도에 정규직 전환근로자가 있을 것

㉡ 해당 과세연도의 상시근로자 수가 직전 과세연도의 상시근로자 수보다 크거나 같을 것

[물음 2] 월세액에 대한 세액공제

① 운용취지

무주택자는 주택소유자에 비해 내재소득이 낮다고 볼 수 있다.

그럼에도 불구하고 주택소유자의 차입금이자에 소득공제, 전세차입금의 원리금 소득공제제도는 마련되어 있으나 월세 세입자에 대한 세제혜택은 마련되어 있지 않아 '과세형평'차원에서 월세세액공제제도를 마련하였다.

② 적용대상자

㉠ 과세기간 종료일 현재 주택을 소유하지 않는 세대의 세대주(주택자금 관련 소득공제 등을 받지 않는 세대원을 포함)로서 해당 과세기간의 총급여액이 8천만원 이하인 근로소득자

㉡ 종합소득금액이 7천만원 이하인 성실사업자 또는 소득세법에 따른 성실신고확인대상 사업자가 무주택 세대주인 경우

③ 적용대상자의 소득금액별 공제액

㉠ 총급여액이 5,500만원 이하인 자의 경우에는 월세의 17%

㉡ 총급여액이 5,500만원 초과 또는 종합소득금액이 4,500만원을 초과하는 자의 경우에는 월세액 15%

여기서 월세액은 연간 1천만원을 한도로 한다.

④ 월세액의 적용요건

국민주택규모의 주택이거나 기준시가 4억원 이하의 주택(오피스텔 및 고시원 포함)의 월세액이어야 한다.

[물음 3] 상생결제 지급금액에 대한 세액공제

1. 적용대상 기업

판매기업과 구매기업 모두 중소기업 또는 중견기업이어야 한다.

2. 공제요건

어음 결제 비율이 전년 대비 증가하지 않아야 한다.

[참고]

출제 당시에는 '현금성 결제 비율이 감소하지 않을 것'을 공제요건으로 하였으나 2022년 개정세법에서 삭제되었다.

「조세특례제한법」의 문제는 현재 조세정책의 가장 중요한 세제에 대해 설명을 하는 문제였다. 상당수 수험생들은 해당 주제에 대해 어렴풋이 인지는 하고 있었지만, 정작 그 제도가 도입된 취지에 대해서는 피상적인 답에 그쳤다. 그 원인으로는 수험생들이 「조세특례제한법」과 관련된 시사적 이슈가 무엇인지를 고민하기 보다는 세부적인 계산방법 등에 대해서는 단순암기를 바탕으로 답안을 작성했기 때문이다. 보다 고득점을 하기 위해서는 「조세특례제한법」상 특정 주제에 대해 왜 도입되었는지, 조세특례제도의 내용이 무엇인지, 문제점은 없는지 및 그에 대한 해결방안을 염두에 두고 공부하는 학습이 필요하다고 본다. 단순 암기식 공부 방법으로는 고득점이 어렵다고 본다.

2017년(제54회) 세법학 / 1부

문제 1

다음 각 사례를 읽고 물음에 답하시오. (20점)

〈사례 1〉

A법인의 납세지 관할 세무서장 甲은 2016년 7월 6일 A에게 조사대상 세목을 '법인세 부분조사'로, 조사대상 기간을 '2014년 1월 1일부터 2015년 12월 31일까지'로, 조사범위를 '에너지절약시설 투자에 대한 세액공제와 관련된 사항'으로 한 세무조사결정처분을 한 후 '에너지절약시설 투자에 대한 세액공제와 관련된 사항'에 한정하여 세무조사(이하 '1차 세무조사')를 실시하였다.

甲은 2017년 3월 21일 다시 A에게 조사대상 세목을 '법인제세 통합조사'로, 조사대상 기간을 '2014년 1월 1일부터 2015년 12월 31일까지'로 하는 세무조사결정처분을 하고 세무조사(이하 '2차 세무조사')를 실시한 후 A에게 법인세를 경정·고지하였다. 2차 세무조사에서는 1차 세무조사 당시의 조사범위였던 '에너지절약시설 투자에 대한 세액공제와 관련된 사항'에 대하여는 조사가 이루어지지 않았다.

〈사례 2〉

거주자 乙은 2006년부터 2010년까지 취득가액 합계가 23억원에 달하는 부동산을 취득하였다. 乙의 납세지 관할 세무서장 丙은 2014년 9월경 乙에 대하여 부동산 취득자금의 출처를 파악하기 위한 세무조사(이하 '1차 세무조사')를 실시한 결과 乙이 부동산을 취득할 능력이 있었다고 보아 증여세를 부과하지 아니하였다.

이후 B지방국세청은 乙의 납세지 관할 세무서에 대한 정기 업무종합감사를 실시하면서, 丙이 乙에게 부동산의 취득자금에 관한 증여세를 부과하지 아니한 데 오류가 있다고 보고 부동산 양도인을 상대로 질문·조사(이하 '2차 세무조사')한 후, 乙이 부친으로부터 부동산 취득자금을 증여받은 것으로 추정하여 丙에 대하여 乙에게 증여세를 부과하도록 요구하였고, 丙은 2017년 2월 10일 乙에게 증여세를 부과·고지하였다.

[물음 1] 「국세기본법」상 재조사금지원칙의 의의를 설명하고, 「국세기본법」 및 「국세기본법 시행령」에 규정된 재조사가 허용되는 예외사유 중 4가지를 기술하시오. (단, '각종 과세자료의 처리를 위한 재조사'는 기술하지 마시오) (6점)

[물음 2] 〈사례 1〉에서 2차 세무조사의 위법성 여부에 대하여 설명하시오. (10점)

[물음 3] 〈사례 2〉에서 2차 세무조사가 재조사가 허용되는 예외사유 중 하나인 '각종 과세자료의 처리를 위한 재조사'에 해당하는지 여부에 대하여 설명하시오. (4점)

해답

<table>
<tr><td>

【문제 1】국세기본법
[물음 1] 재조사금지원칙
1. 의의
같은 세목 및 같은 과세기간에 대한 거듭된 세무조사는 납세자의 영업의 자유나 법적 안정성 등을 심각하게 침해할 뿐만 아니라 세무조사권의 남용으로 이어질 우려가 있으므로 재조사는 원칙적으로 금지된다.

2. 예외사유
재조사금지원칙에도 불구하고 다음의 사유가 있는 경우에는 재조사할 수 있다.
① 조세탈루의 혐의를 인정할 만한 명백한 자료가 있는 경우
② 거래상대방에 대한 조사가 필요한 경우
③ 2개 이상의 과세기간과 관련하여 잘못이 있는 경우
④ 납세자가 세무공무원에게 직무와 관련하여 금품을 제공하거나 금품제공을 알선한 경우

</td><td>

[물음 2] 세무조사의 위법성
1. 쟁점
2차 세무조사가 종전 세무조사와의 관계에서 중복 세무조사에 해당하여 위법한지 여부

2. 재조사(중복조사)에 해당하는지 여부
당초 세무조사를 한 특정 항목을 제외한 다른 항목에 대하여만 재조사를 함으로써 세무조사의 내용이 중첩되지 아니하여도, '같은 세목 같은 과세기간'에 대한 세무조사이면 재조사에 해당한다.
따라서 <사례 1>의 2차 세무조사는 1차 세무조사와 세목(법인세)과 과세기간(2014년 내지 2015년)이 동일하므로 재조사에 해당한다.

3. 예외사유가 존재하는지 여부
2차 세무조사에서 조세탈루의 혐의를 인정할 만한 명백한 자료가 있는 경우 등의 예외적 허용사유를 찾기 어렵다.

</td></tr>
<tr><td>

또한 부분조사와 관련하여 당초 세무조사 당시 모든 항목에 걸쳐 세무조사를 하는 것이 무리였다는 등의 특별한 사정이 있는 경우로 보기도 어렵다.

4. 사안의 적용
세무조사의 단위를 구분하는 원칙적인 기준은 과세기간과 세목이므로, 설령 당초 세무조사에서 조사하지 않은 항목만을 조사하였더라도 같은 세목, 같은 과세기간에 대한 세무조사는 재조사에 해당하고, 이는 특별한 예외사유가 없는 한 허용되지 않는다. 따라서 <사례 1>에서의 2차 세무조사는 위법하다.

[참고]
이 문제가 출제될 당시의 법률과 현행 법률은 차이가 있다. 국세기본법 제81조의4 제2항 제6호가 '신설'되었기 때문이다. 위의 해답은 당시의 법령과 판례에 따라 작성하였다.

</td><td>

그것이 출제자의 의도 및 배점을 더 정확하게 반영하는 방법이라고 생각하기 때문이다. 다만, 현재 법률에 따르면 다음과 같은 쟁점이 추가된다.
<사례 1>에서 재조사금지에 대한 예외사유가 있는지를 살펴보면, 특정 세목에 대한 부분조사를 실시한 후 해당 조사에 포함되지 아니한 부분에 대하여 조사하는 경우는 예외적으로 재조사가 허용된다.
그러나 이는 통합조사에 대한 예외로서 법률에 열거된 예외사유에 해당하는 경우에 한하여 이루어진 부분조사에 한한다.
과세관청의 1차 부분 세무조사의 내용을 볼 때, 국세기본법에서 열거하고 있는 통합조사 예외사유로 보기 어려우며, 이에 따른 부분조사는 재조사금지의 예외사유로 인정되기 어렵다.

</td></tr>
</table>

[물음 3] 각종 과세자료의 처리를 위한 재조사

1. 각종 과세자료의 처리를 위한 재조사
'각종 과세자료'란 세무조사권을 남용하거나 자의적으로 행사할 우려가 없는 과세관청 외의 기관이 직무상 목적을 위하여 작성하거나 취득하여 과세관청에 제공한 자료를 말한다.

2. 사안의 적용
2차 세무조사는 지방국세청의 정기감사에 따른 것으로서 종전 세무조사에서 작성하거나 취득한 과세자료를 기초로 이루어진 것에 불과하므로, 2차 세무조사는 '각종 과세자료의 처리를 위한 재조사'에 해당하지 않는다.

관련 법령

1. 세무조사권 남용 금지(「국세기본법」 제81조의4)

① 세무공무원은 적정하고 공평한 과세를 실현하기 위하여 필요한 최소한의 범위에서 세무조사(「조세범 처벌절차법」에 따른 조세범칙조사를 포함한다)를 하여야 하며, 다른 목적 등을 위하여 조사권을 남용해서는 아니 된다.

② 세무공무원은 다음 각 호의 어느 하나에 해당하는 경우가 아니면 같은 세목 및 같은 과세기간에 대하여 재조사를 할 수 없다.
  1. 조세탈루의 혐의를 인정할 만한 명백한 자료가 있는 경우
  2. 거래상대방에 대한 조사가 필요한 경우
  3. 2개 이상의 과세기간과 관련하여 잘못이 있는 경우
  4. 제65조 제1항 제3호 단서(제66조 제6항과 제81조에서 준용하는 경우를 포함한다) 또는 제81조의15 제5항 제2호 단서에 따른 재조사결정에 따라 조사를 하는 경우(결정서 주문에 기재된 범위의 조사에 한정한다)
  5. 납세자가 세무공무원에게 직무와 관련하여 금품을 제공하거나 금품제공을 알선한 경우
  6. **제81조의11 제3항에 따른 부분조사**를 실시한 후 해당 조사에 포함되지 아니한 부분에 대하여 조사하는 경우
  7. 그 밖에 제1호부터 제6호까지와 유사한 경우로서 **대통령령으로 정하는 경우**

③ 세무공무원은 세무조사를 하기 위하여 필요한 최소한의 범위에서 장부 등의 제출을 요구하여야 하며, 조사대상 세목 및 과세기간의 과세표준과 세액의 계산과 관련 없는 장부 등의 제출을 요구해서는 아니 된다.

2. 세무조사를 다시 할 수 있는 경우(「국세기본법 시행령」 제63조의2)

법 제81조의4 제2항 제7호에서 "대통령령으로 정하는 경우"란 다음 각 호의 어느 하나에 해당하는 경우를 말한다.
1. 부동산투기, 매점매석, 무자료거래 등 경제질서 교란 등을 통한 세금탈루 혐의가 있는 자에 대하여 일제조사를 하는 경우
2. 과세관청 외의 기관이 직무상 목적을 위해 작성하거나 취득해 과세관청에 제공한 자료의 처리를 위해 조사하는 경우
3. 국세환급금의 결정을 위한 확인조사를 하는 경우
4. 「조세범 처벌절차법」 제2조 제1호에 따른 조세범칙행위의 혐의를 인정할 만한 명백한 자료가 있는 경우. 다만, 해당 자료에 대하여 「조세범 처벌절차법」 제5조 제1항 제1호에 따라 조세범칙조사심의위원회가 조세범칙조사의 실시에 관한 심의를 한 결과 조세범칙행위의 혐의가 없다고 의결한 경우에는 조세범칙행위의 혐의를 인정할 만한 명백한 자료로 인정하지 아니한다.

3. 통합조사의 원칙(「국세기본법」 제81조의11)

① 세무조사는 납세자의 사업과 관련하여 세법에 따라 신고·납부의무가 있는 세목을 통합하여 실시하는 것을 원칙으로 한다.
② 제1항에도 불구하고 다음 각 호의 어느 하나에 해당하는 경우에는 특정한 세목만을 조사할 수 있다.
  1. 세목의 특성, 납세자의 신고유형, 사업규모 또는 세금탈루 혐의 등을 고려하여 특정 세목만을 조사할 필요가 있는 경우
  2. 조세채권의 확보 등을 위하여 특정 세목만을 긴급히 조사할 필요가 있는 경우
  3. 그 밖에 세무조사의 효율성 및 납세자의 편의 등을 고려하여 특정 세목만을 조사할 필요가 있는 경우로서 대통령령으로 정하는 경우
③ 제1항 및 제2항에도 불구하고 다음 각 호의 어느 하나에 해당하는 경우에는 해당 호의 사항에 대한 확인을 위하여 필요한 부분에 한정한 조사(이하 "부분조사"라 한다)를 실시할 수 있다.
  1. … 경정 등의 청구에 대한 처리 또는 … 국세환급금의 결정을 위하여 확인이 필요한 경우
  2. … 재조사결정에 따라 사실관계의 확인 등이 필요한 경우
  3. 거래상대방에 대한 세무조사 중에 거래 일부의 확인이 필요한 경우
  4. 납세자에 대한 구체적인 탈세 제보가 있는 경우로서 해당 탈세 혐의에 대한 확인이 필요한 경우
  5. 명의위장, 차명계좌의 이용을 통하여 세금을 탈루한 혐의에 대한 확인이 필요한 경우
  6. 그 밖에 세무조사의 효율성 및 납세자의 편의 등을 고려하여 특정 사업장, 특정 항목 또는 특정 거래에 대한 확인이 필요한 경우로서 대통령령으로 정하는 경우
④ 제3항 제3호부터 제6호까지에 해당하는 사유로 인한 부분조사는 같은 세목 및 같은 과세기간에 대하여 2회를 초과하여 실시할 수 없다. ➋ 납세자에게 불리한 세무조사

**관련
판례**

1. 세무조사

재조사가 세무조사에 해당하는 경우에만 재조사금지원칙을 위배한 것이다. 세무공무원의 조사행위가 재조사금지원칙이 적용되는 '세무조사'에 해당하는지는 조사의 목적과 실시경위, 질문조사의 대상과 방법 및 내용, 조사를 통하여 획득한 자료, 조사행위의 규모와 기간 등을 종합적으로 고려하여 구체적 사안에서 개별적으로 판단하며, 납세자 등을 접촉하여 상당한 시일에 걸쳐 질문검사권을 행사하여 과세요건사실을 조사·확인하고 일정한 기간 과세에 필요한 직접·간접의 과세자료를 검사·조사하고 수집하는 일련의 행위를 한 경우에는 특별한 사정이 없는 한 '세무조사'로 보아야 한다. (2015두3805)

2. 부분조사와 재조사

어느 세목의 특정 과세기간에 대하여 통합조사한 경우는 물론 부분조사를 한 경우에도 다시 그 세목의 같은 과세기간에 대하여 재조사할 수 없으며, 당초 세무조사를 한 특정 항목을 제외한 다른 항목에 대하여만 재조사를 함으로써 세무조사의 내용이 중첩되지 아니하여도 마찬가지이다.

당초 세무조사 당시 모든 항목에 걸쳐 세무조사를 하는 것이 무리였다는 등의 특별한 사정이 있는 경우에는 당초 세무조사를 한 항목을 제외한 나머지 항목에 대한 재조사가 예외적으로 허용된다. (2014두12062)

3. 각종 과세자료의 처리

'각종 과세자료의 처리를 위한 재조사'에서의 '각종 과세자료'란 세무조사권을 남용하거나 자의적으로 행사할 우려가 없는 과세관청 외의 기관이 직무상 목적을 위하여 작성하거나 취득하여 과세관청에 제공한 자료로서 국세의 부과·징수와 납세의 관리에 필요한 자료를 의미하고, 이러한 자료에는 과세관청이 종전 세무조사에서 작성하거나 취득한 과세자료는 포함되지 아니한다. (2014두43257)

**출제위원
채점평**

사례 형태의 문제에 있어서는 제시된 사례가 어떤 사항에 해당하느냐 등의 구체적인 물음으로 표현되는 경우가 많다. 이때 수험생들의 답안은 해당 여부에 대한 자신의 판단과 그 판단에 이른 과정을 법령과 판례 등의 근거에 의하여 명료하게 기술하는 것이 바람직하다.

일부 수험생의 경우 제시된 조세제도에 대한 일반적인 설명에 치중하는 경우가 있는데, 사례에 대한 주변적인 설명보다는 사례에 대한 수험생의 판단과 그 근거에 대해 명확하게 기술하는 것이 바람직하다.

문제 2

다음 사례를 읽고 물음에 답하시오. (30점)

> **〈사례〉**
>
> 甲, 乙, 丙, 丁(모두 거주자임)이 공동사업자인 A기업은 2014년 7월 1일 사업자등록증을 발급받아 제조업을 영위하고 있다. 甲과 乙은 부부이고, 丙과 丁은 甲과 乙의 자녀이다. 사업장의 건물과 토지는 甲과 乙의 공동명의(지분율 50 : 50)로 되어 있으나, 乙은 사업장으로 사용하고 있는 건물과 토지의 임대료를 전혀 수령하지 않고 있다. 乙은 실질적으로 경영에 관여하지 않고 전업주부로 일하고 있는 반면, 丙은 실질적으로 경영에 관여하고 있다. 丁은 대학생으로 경영에는 관여하지 않고 수업이 없는 날 가끔씩 사업장에 들러 경리업무를 보고 있다. 甲, 乙, 丁은 사업자등록일로부터 현재까지 동거하고 있으나, 丙은 결혼하여 별도 세대를 구성하고 있다. 사업자등록 당시 세무서에 신고된 공동사업자들의 손익분배비율과 출자비율은 다음과 같다. (단, 丙을 제외한 나머지 공동사업자들의 손익분배비율 및 출자비율은 사실에 의하지 아니하고 임의로 정한 것으로 확인되었다)
>
> | 공동사업자 | 손익분배비율 | 출자비율 |
> |---|---|---|
> | 甲(부) | 30% | 45% |
> | 乙(모) | 20% | 20% |
> | 丙(자) | 25% | 25% |
> | 丁(자) | 25% | 10% |
> | 합계 | 100% | 100% |
>
> 공동사업장을 1거주자로 보아 계산한 2016년의 사업소득금액 내역은 다음과 같다. (단, 총수입금액 및 필요경비에 대하여는 모든 세무조정이 이루어진 후의 금액이다)
> 총수입금액   10,000,000,000원
> 필요경비   6,000,000,000원
> 사업소득금액   4,000,000,000원

[물음 1] 「소득세법」상 공동사업합산과세제도에 있어 과세요건, 특수관계인의 범위, 주된 공동사업자 및 연대납세의무에 대하여 설명하시오. (10점)

[물음 2] 위 사례에서 甲, 丙, 丁의 2016년의 사업소득금액을 계산하고, 그 소득금액이 계산된 이유에 대하여 설명하시오. (6점)

[물음 3] 위 사례에서 乙의 임대료에 대한 「소득세법」상 과세문제에 대하여 설명하시오. (8점)

[물음 4] 위 사례와 관련하여 향후 甲과 乙의 입장에서 고려 가능한 절세방안에 대하여 설명하시오. (6점)

해답

【문제 2】소득세법

[물음 1] 공동사업합산과세제도

1. 과세요건

① 거주자 1인과 생계를 같이하는 특수관계인이 공동사업자에 포함되어 있어야 한다.

② 조세회피를 목적으로 손익분배비율을 거짓으로 정하는 등의 사유가 있어야 한다.

2. 특수관계인의 범위

거주자 1인과 친족관계, 경제적 연관관계, 경영지배관계 등이 있는 자로서 '생계를 같이하는 자'를 말한다.

3. 주된 공동사업자

주된 공동사업자는 손익분배비율이 큰 공동사업자로 하되 손익분배비율이 동일한 경우에는 공동사업소득 외의 종합소득금액이 많은 자 등 법령에서 정하는 순서에 따라 판단한다.

4. 연대납세의무

주된 공동사업자에게 합산과세될 경우 당해 합산과세되는 소득금액에 대해 주된 공동사업자 외의 특수관계인은 자신의 손익분배비율에 해당하는 소득금액을 한도로 주된 공동사업자와 연대하여 소득세 납세의무를 부담한다.

[물음 2] 공동사업자의 사업소득금액

1. 공동사업장의 소득금액

공동사업장을 1거주자로 의제하여 소득금액을 계산한다.

100억원 − 60억원 = 40억원

2. 공동사업 합산과세

공동사업장의 소득금액은 손익분배비율에 따라 각자에게 배분하는 것이 원칙이나, 허위로 손익분배비율을 신고한 경우에는 주된 공동사업자에게 합산과세한다.

따라서 甲과 생계를 같이하는 특수관계인 乙과 丁의 손익분배비율은 甲의 손익분배비율에 합산하여야 한다.

3. 공동사업자의 사업소득금액

甲: 40억원 × (30% + 20% + 25%)
　 = 30억원

丙: 40억원 × 25% = 10억원

丁: 甲의 소득에 합산되므로 사업소득금액은 없다. 단, 丁은 연대납세의무를 진다.

[물음 3] 부당행위계산부인

1. 무상임대에 관한 부당행위계산부인 적용

공동사업장의 구성원인 甲, 丙, 丁은 乙의 특수관계인에 해당한다.

특수관계인이 구성원으로 있는 공동사업장에 부동산을 무상임대하는 것은 부당행위계산부인 적용대상이다. 다만, 乙 스스로에게 임대한 분에 대해서는 부당행위계산 규정을 적용하지 아니한다.

따라서 乙이 포기한 임대료 중 제조업 공동사업장에서 甲, 丙, 丁의 지분에 상당하는 금액은 乙의 부동산임대업 사업소득금액에 가산하여야 한다.

2. 부동산임대업의 손익분배비율

공동사업자 간의 손익분배비율은 사적 자치에 따라 자유롭게 정할 수 있는 것이 원칙이다.

그러나 부동산임대업의 경우에는 출자비율과 달리 손익분배비율을 산정할 만한 정당한 사유가 없으므로 그 손익분배비율을 달리 정하는 것은 '부당행위계산부인' 적용대상이다.

甲과 乙이 공유한 부동산의 출자비율이 5 : 5이므로 그 손익분배비율도 5 : 5인 것이 합리적이다.

따라서 건물임대료 전체가 시가에 상당함에도 불구하고 이를 모두 甲이 수령한 것인 경우에는 그 중 절반은 乙의 임대소득으로 하여야 한다.

[물음 4] 절세방안

1. 대응조정의 불인정 문제 해소

乙이 실제로 임대료를 수령하고 이를 사업소득금액에 포함하여 신고한다.

부당행위계산부인 규정이 적용되더라도 '대

응조정'이 인정되지 않으므로, 실제로 임대료를 수령하여 제조업 공동사업장의 전체 사업소득금액을 감소시킬 수 있다. 2. 丁에게 급여 지급 丁에게 허위로 손익을 분배하는 대신 丁이 실제로 근무한 업무에 대해서는 경비로 처리한다. 3. 실제 손익분배비율로 신고 실제로 손익을 분배하고 있는 경우라면 동업계약서를 작성하고 이를 손익분배비율로 신고한다. 적법하게 신고하여 합산과세로 인한 누진세율적용을 배제하여 세부담을 줄일 수 있다. 다만, 乙과 丁이 경영에는 참여하지 않더라도 제조업 사업장에 실제로 출자한 금액이 있는 경우에 한한다.	[참고] 그 밖에 임대보증금을 수령하는 방안, 법인 설립 방안 등도 제시할 수 있다. 그러나 문제에서 주어진 자료 이외의 절세 방안을 제시하는 것이 출제자의 의도에 부합한 것인지 의문이고, 특히 법인을 설립하는 경우에는 '법인세'와 '소득세'를 모두 부담해야 하므로 절세방안인지도 의문이다. 3번째 절세방안은 실제로 출자한 바가 없다고 볼 경우에는 제시할 필요가 없다.

관련 법령

1. 공동사업에 대한 소득금액 계산의 특례(「소득세법」 제43조)

① 사업소득이 발생하는 사업을 공동으로 경영하고 그 손익을 분배하는 공동사업(경영에 참여하지 아니하고 출자만 하는 대통령령으로 정하는 출자공동사업자가 있는 공동사업을 포함한다)의 경우에는 해당 사업을 경영하는 장소(이하 "공동사업장"이라 한다)를 1거주자로 보아 공동사업장별로 그 소득금액을 계산한다.

② 제1항에 따라 공동사업에서 발생한 소득금액은 해당 공동사업을 경영하는 각 거주자(출자공동사업자를 포함한다. 이하 "공동사업자"라 한다) 간에 약정된 손익분배비율(약정된 손익분배비율이 없는 경우에는 지분 비율을 말한다)에 의하여 분배되었거나 분배될 소득금액에 따라 각 공동사업자별로 분배한다.

③ 거주자 1인과 그의 대통령령으로 정하는 특수관계인이 공동사업자에 포함되어 있는 경우로서 손익분배비율을 거짓으로 정하는 등 대통령령으로 정하는 사유가 있는 경우에는 제2항에도 불구하고 그 특수관계인의 소득금액은 그 손익분배비율이 큰 공동사업자(손익분배비율이 같은 경우에는 대통령령으로 정하는 자로 한다. 이하 "주된 공동사업자"라 한다)의 소득금액으로 본다.

2. 공동사업합산과세 등(「소득세법 시행령」제100조)

> ① 법 제43조 제1항에서 "대통령령으로 정하는 출자공동사업자"란 다음 각 호의 어느 하나에 해당하지 아니하는 자로서 공동사업의 경영에 참여하지 아니하고 출자만 하는 자를 말한다.
>   1. 공동사업에 성명 또는 상호를 사용하게 한 자
>   2. 공동사업에서 발생한 채무에 대하여 무한책임을 부담하기로 약정한 자
> ② 법 제43조 제3항에서 "대통령령으로 정하는 특수관계인"이란 거주자 1인과 「국세기본법 시행령」 제1조의2 제1항부터 제3항까지의 규정에 따른 관계에 있는 자로서 생계를 같이하는 자를 말한다.

**집행
기준**

① 특수관계인 간에 공유하고 있는 부동산을 그 특수관계인 중 1인에게 무상임대하는 경우에는 부당행위계산 대상이 된다. (소득세 집행기준 41-98-10)
  예를 들어, 甲과 乙(특수관계인)이 공유하고 있는 부동산을 甲에게 무상으로 제공한 경우는 부당행위계산부인 대상이다. 임대료의 시가가 100이고, 지분 비율이 5 : 5인 경우 甲의 소득은 증가하지 않고(자기가 스스로에게 부당행위계산부인을 적용할 수는 없음), 乙의 소득은 50(= 100 × 50%) 증가하게 된다.

② 부동산임대업을 경영하는 거주자가 그 임대용부동산의 일부를 해당 거주자가 구성원인 공동사업장에 무상으로 제공하는 경우(구성원 간 특수관계가 없는 경우를 말함) 그 부분에 대해서는 부동산임대업의 총수입금액에 산입하지 아니하며 부당행위계산의 부인 대상에도 해당하지 않는다. (소득세 집행기준 41-98-10)
  구체적으로 甲 소유 부동산을 A사업장(공동사업자 甲, 乙)에 무상임대한 경우에는 부당행위계산을 적용하지 않는다. 단, 甲과 乙은 특수관계인에 해당하지 않는다.

**출제위원
채점평**

공동사업합산과세와 부당행위계산부인에 대해 수험생들이 한 번쯤 모두 다루어 보았을 문제이다. 한정된 시간에 답안을 구상하여 서술한다는 것이 쉽지 않았을 텐데 아주 훌륭하게 답안을 작성한 수험생도 꽤 많았지만, 백지를 제출한 수험생도 가끔 눈에 띄었다. 좋은 점수를 받기 위해서는 출제자가 묻는 말에 적합한 답안을 작성하는 것이 중요하다. 시험합격은 전문가로서의 첫걸음이라는 것을 명심하기 바라며 수험생 여러분의 앞날에 좋은 일만 가득하길 소원한다.

문제 3

법인의 분식결산은 법인의 이익과 재산을 과대계상할 목적으로 허위의 재무제표를 작성하는 유형과 회사의 임직원이 회사의 재산을 횡령하면서 이를 숨기고 재무제표를 작성하는 유형 등이 있다. 다음 각 사례를 읽고 물음에 답하시오. (30점)

〈사례 1〉

주식회사 A는 기업개선작업 과정에서 실시된 회계감사 결과 분식결산 사실이 발견되어 2016년 12월부터 2017년 6월까지 실지조사 등을 통한 재무제표 감리를 받았다. 그 결과, 2014 사업연도에 비용 375억원을, 2015 사업연도에 비용 285억원을, 2013 사업연도까지의 누적된 비용 1,336억원을 각각 과소계상하여 2015년 12월 31일 기준으로 총 1,996억원의 비용이 과소계상되었음이 밝혀졌다. 이후 A의 대표이사 등 분식결산 관련자들은 「주식회사의 외부감사에 관한 법률」 위반으로 유죄판결을 선고받았다. 한편 과세관청은 A의 기업업무추진비한도초과액을 손금불산입하는 등으로 2013, 2014, 2015 사업연도의 법인세를 증액경정처분한 바 있다. 이상의 내용과 관련하여 A는 스스로 장부가 조작되었음을 주장하면서 조작된 부분을 손금산입하여 과세표준과 세액을 다시 계산하여야 한다며 과세관청에 의해 이루어진 부과처분의 취소를 구하였고, 과세관청은 A가 분식결산이 적발되자 비로소 그 취소를 구하는 것은 신의성실의무에 반하는 것으로서 허용될 수 없다고 주장하였다.

〈사례 2〉

주식회사 B의 대주주 겸 대표이사인 甲은 2013년 7월 영국령 케이만군도에 역외펀드를 설립하고, 2013년 8월과 9월 B로 하여금 회사 자금 각 5,000만달러를 송금하게 한 후, 다시 역외펀드로 하여금 그 중 8,000만달러를 바하마에 있는 제3자의 개인계좌에 송금하게 하였다. 이에 대하여 과세관청은 甲이 B의 자금 8,000만달러를 횡령한 것으로 보아 727억원(8,000만달러의 원화환산액)을 해당 사업연도의 익금에 산입하면서 甲에 대한 상여로 소득처분하고, 2017년 6월 9일 B에게 소득금액변동통지를 하였다. 한편 甲과 그 가족들이 보유하고 있는 B의 지분은 45%였으며, 나머지 지분은 B의 임직원들과 계열회사 등에 분산되어 있었다. 금융감독원은 횡령이 있은 후 약 1년 6개월이 지나 甲을 수사기관에 고발하였고, 그 후 B는 甲을 상대로 손해배상청구소송을 제기하여 승소확정 판결을 받았다. 이상의 내용과 관련하여 B는 甲에 대한 손해배상채권을 가지고 있을 뿐만 아니라 횡령금액을 회수하기 위한 정상적인 절차를 취했으므로 과세관청의 소득처분은 부당하다고 주장하였다.

[물음 1] 〈사례 1〉과 관련하여, 과세관청이 A에게 신의성실의무를 적용하여 분식결산으로 과소 계상된 비용을 손금산입하지 아니하고 한 부과처분의 위법성 여부에 대하여 논하시오. (8점)

[물음 2] [물음 1]과는 별개로, 〈사례 1〉과 같은 경우 「법인세법」 제58조의3에서는 분식결산으로 인한 과다납부세액의 환급을 제한하는 특례 규정을 두고 있는 바, 동 규정의 의의 와 적용요건 및 구체적인 환급제한방법에 대하여 설명하시오. (단, 2017년 1월 1일 이후 경정하는 분부터 적용되는 규정을 대상으로 하시오) (12점)

[물음 3] 〈사례 2〉와 관련하여, 甲의 횡령행위를 상여로 사외유출처분할 수 있는지에 대한 판례의 기본적인 입장을 기술한 후 대법원에서 제시한 사외유출에 해당되지 않을 수 있는 판단기준에 대하여 설명하시오. (10점)

해답

【문제 3】법인세법

[물음 1] 신의성실원칙

1. 쟁점

납세자가 과세관청에 대하여 자기의 과거의 언동에 반하는 행위(배신행위)를 하였을 경우에 신의성실의 원칙이 적용되는지 여부

2. 납세자에 대한 신의성실원칙 적용요건

납세의무자에게 신의성실의 원칙을 적용하기 위해서는 다음의 요건을 모두 충족하여야 한다.
① 객관적으로 모순되는 행태가 존재할 것
② 그 행태가 납세의무자의 심한 배신행위에 기인할 것
③ 그에 기하여 야기된 과세관청의 신뢰가 보호받을 가치가 있는 것이어야 할 것

3. 사안의 적용

판례에 따르면 납세자가 분식회계를 한 후 그 세액의 감액을 청구하는 것은 신의성실의 원칙에 위반될 정도로 심한 배신행위를 하였다고 할 수 없고, 과세관청이 분식결산에 따른 법인세 신고만을 보고 이를 그대로 믿었다고 하더라도 이를 보호받을 가치가 있는 신뢰라고 할 수도 없다.

따라서 과세관청이 납세자에 대한 신의성실원칙을 적용하여 과소계상된 비용을 손금산입하지 않고 법인세를 증액처분한 것은 위법하다.

[물음 2] 분식회계에 따른 경정세액의 세액공제

1. 의의

국세기본법에 따르면 법인이 분식회계를 한 후 경정청구하는 경우 그 세액을 즉시 환급하는 것이 원칙이다.

그러나 이를 관철하게 되면 사회적으로 분식결산을 조장할 우려가 있으므로, 법인세법은 국세기본법에 대한 예외로서 경정으로 확정된 세액을 즉시 환급하는 것에 대해 제한을 두고 있다.

2. 적용요건

분식회계에 따른 경정세액에 대한 환급제한은 모든 기업에 적용되는 것이 아니라 다음의 요건을 갖춘 기업에게만 적용된다.
① 사업보고서 및 감사보고서를 제출할 때 수익 또는 자산을 과다계상하거나 손비 또는 부채를 과소계상할 것
② 내국법인, 감사인 또는 그에 소속된 공인회계사가 대통령령으로 정하는 경고·주의 등의 조치를 받을 것

3. 환급제한방법

경정일이 속하는 사업연도부터 각 사업연도의 법인세액에서 과다납부한 세액을 공제한다. 이 경우 각 사업연도별로 공제하는 금액은 과다납부한 세액의 20%를 한도로 하고, 공제 후 남아 있는 과다납부한 세액은 이후 사업연도로 이월하여 공제한다.

다만, 법인이 청산하는 경우에 한하여 청산소득에 대한 법인세 납부세액을 빼고 남은 금액을 즉시 환급한다.

[물음 3] 횡령과 사외유출

1. 횡령금의 사외유출 여부

(1) 대표이사의 횡령

법인의 실질적 경영자인 대표이사 등이 법인의 자금을 유용하는 행위는 특별한 사정이 없는 한 애당초 회수를 전제로 하여 이루어진 것이 아니므로 그 금액에 대한 지출 자체로서 이미 사외유출에 해당한다.

(2) 甲의 횡령금의 사외유출 여부

사안에서 주식회사 B는 횡령 사실이 있은 후 상당한 기간이 경과한 때, 금융감독원의 수사기관 고발 조치가 있은 후에나 타의에 의해서 손해배상청구소송을 제기한 것에 불과하다.

판례의 기본적인 입장에 따르면 甲의 횡령행위에 대하여 주식회사 B의 회수를 전제로 한 특별한 행위가 있다고 보기 어려우므로 甲의 횡령금은 사외유출된 것으로 보아야 한다.

2. 사외유출에 해당되지 않을 수 있는 판단 기준

(1) 횡령한 자의 지위

횡령의 주체인 대표이사 등의 법인 내에서의 실질적인 지위 및 법인에 대한 지배 정도를 살펴야 한다. 법인을 실질적으로 지배하지 않는 자의 횡령에 대해서는 법인이 손해배상을 청구할 개연성이 높기 때문이다.

(2) 경제적 이해관계의 불일치

횡령한 자의 의사와 법인의 의사를 동일시할 수 없어야 한다. 그에 따라 법인이 횡령을 사실상 추인한 것으로 볼 수 없어야 한다. 따라서 횡령한 자에 대한 손해배상청구권을 사실상 행사하는 등의 회수노력이 있어야 한다.

1. 사실과 다른 회계처리로 인한 경정에 따른 세액공제(「법인세법」 제58조의3)

① 내국법인이 다음 각 호의 요건을 모두 충족하는 사실과 다른 회계처리를 하여 과세표준 및 세액을 과다하게 계상함으로써 「국세기본법」 제45조의2에 따라 경정을 청구하여 경정을 받은 경우에는 과다납부한 세액을 환급하지 아니하고 그 경정일이 속하는 사업연도부터 각 사업연도의 법인세액에서 과다납부한 세액을 공제한다. 이 경우 각 사업연도별로 공제하는 금액은 과다납부한 세액의 100분의 20을 한도로 하고, 공제 후 남아 있는 과다납부한 세액은 이후 사업연도에 이월하여 공제한다.
  1. 「자본시장과 금융투자업에 관한 법률」 제159조에 따른 사업보고서 및 「주식회사 등의 외부감사에 관한 법률」 제23조에 따른 감사보고서를 제출할 때 수익 또는 자산을 과다계상하거나 손비 또는 부채를 과소계상할 것
  2. 내국법인, 감사인 또는 그에 소속된 공인회계사가 대통령령으로 정하는 경고·주의 등의 조치를 받을 것
② 제1항을 적용할 때 내국법인이 해당 사실과 다른 회계처리와 관련하여 그 경정일이 속하는 사업연도 이전의 사업연도에 「국세기본법」 제45조에 따른 수정신고를 하여 납부할 세액이 있는 경우에는 그 납부할 세액에서 제1항에 따른 과다납부한 세액을 과다납부한 세액의 100분의 20을 한도로 먼저 공제하여야 한다.
③ 제1항 및 제2항에 따라 과다납부한 세액을 공제받은 내국법인으로서 과다납부한 세액이 남아 있는 내국법인이 해산하는 경우에는 다음 각 호에 따른다.
  1. 합병 또는 분할에 따라 해산하는 경우: 합병법인 또는 분할신설법인(분할합병의 상대방 법인을 포함한다)이 남아 있는 과다납부한 세액을 승계하여 제1항에 따라 세액공제한다.
  2. 제1호 외의 방법에 따라 해산하는 경우: 납세지 관할 세무서장 또는 관할 지방국세청장은 남아 있는 과다납부한 세액에서 제77조에 따른 청산소득에 대한 법인세 납부세액을 빼고 남은 금액을 즉시 환급하여야 한다.

2. 근로소득(「소득세법」 제20조)

① 근로소득은 해당 과세기간에 발생한 다음 각 호의 소득으로 한다.
  1. 근로를 제공함으로써 받는 봉급·급료·보수·세비·임금·상여·수당과 이와 유사한 성질의 급여
  2. 법인의 주주총회·사원총회 또는 이에 준하는 의결기관의 결의에 따라 상여로 받는 소득
  3. 「법인세법」에 따라 상여로 처분된 금액
  4. 퇴직함으로써 받는 소득으로서 퇴직소득에 속하지 아니하는 소득
  5. 종업원 등 또는 대학의 교직원이 지급받는 직무발명보상금(제21조 제1항 제22호의2에 따른 직무발명보상금은 제외한다)

관련 판례	

1. 분식회계와 신의성실의 원칙

납세의무자에게 신의성실의 원칙을 적용하기 위해서는 객관적으로 모순되는 행태가 존재하고, 그 행태가 납세의무자의 심한 배신행위에 기인하였으며, 그에 기하여 야기된 과세관청의 신뢰가 보호받을 가치가 있는 것이어야 할 것인 바(98두17968 등), 조세법률주의에 의하여 합법성이 강하게 작용하는 조세실체법에 대한 신의성실의 원칙 적용은 합법성을 희생하여서라도 구체적 신뢰보호의 필요성이 인정되는 경우에 한하여 허용된다고 할 것이고, 과세관청은 실지조사권을 가지고 있을 뿐만 아니라 경우에 따라서 그 실질을 조사하여 과세하여야 할 의무가 있으며, 과세처분의 적법성에 대한 입증책임도 부담하고 있는 점 등에 비추어 보면 납세의무자가 자산을 과대계상하거나 부채를 과소계상하는 등의 방법으로 분식결산을 하고 이에 따라 과다하게 법인세를 신고·납부하였다가 그 과다납부한 세액에 대하여 취소소송을 제기하여 다툰다는 것만으로 신의성실의 원칙에 위반될 정도로 심한 배신행위를 하였다고 할 수 없고, 과세관청이 분식결산에 따른 법인세 신고만을 보고 이를 그대로 믿었다고 하더라도 이를 보호받을 가치가 있는 신뢰라고 할 수도 없다. (2005두10170, 2006. 4. 14.)

2. 횡령과 사외유출

① 해당 법인이나 그 실질적 경영자 등의 사전 또는 사후의 묵인, 채권회수포기 등 법인이 그에 대한 손해배상채권을 회수하지 않겠다는 의사를 객관적으로 나타낸 것으로 볼 수 있는 등의 사정이 있는 경우에는 사외유출된 것으로 본다. (2007두23323)

② 횡령한 자의 의사를 법인의 의사와 동일시할 수 없거나, 대표자 등과 법인의 경제적 이해관계가 사실상 일치하는 것으로 볼 수 없는 경우에는 법인이 손해배상청구권을 보유하고 있다고 판단하여 상여 처분하지 아니한다. (2002두9254)

③ 법인의 실질적 경영자인 대표이사 등이 법인의 자금을 유용하는 행위는 특별한 사정이 없는 한 애당초 회수를 전제로 하여 이루어진 것이 아니어서 그 금액에 대한 지출 자체로서 이미 사외유출에 해당한다고 할 것이고, 여기서 그 유용 당시부터 회수를 전제하지 않은 것으로 볼 수 없는 특별한 사정에 대하여는 횡령의 주체인 대표이사 등의 법인 내에서의 실질적인 지위 및 법인에 대한 지배 정도, 횡령행위에 이르게 된 경위 및 횡령 이후의 법인의 조치 등을 통하여 그 대표이사 등의 의사를 법인의 의사와 동일시하거나 대표이사 등과 법인의 경제적 이해관계가 사실상 일치하는 것으로 보기 어려운 경우인지 여부 등 제반 사정을 종합하여 개별적·구체적으로 판단하여야 하며, 이러한 특별한 사정은 이를 주장하는 법인이 입증하여야 한다. (2007두23323)

출제위원 채점평	

판례에서 다루어진 사례를 바탕으로 하여 그 논점 및 이와 관련된 법조문의 내용을 확인하는 문제이다. 우선 주어진 사례의 논점이 무엇인지를 정확하게 찾아내고, 이를 바탕으로 관련된 판례의 결론과 그러한 결론에 이르기까지의 논리적인 전개과정에 대한 정확한 이해가 선행되어야 할 것이다. 또한 법조문의 내용은 정확한 숙지와 함께 특정한 주제와 관련이 있는 조항들은 묶어서 정리할 필요가 있으며, 특히 최근에 개정된 사항은 더욱더 주의 깊게 살피는 자세가 요구된다.

다음 각 사례를 읽고 물음에 답하시오. (20점)

〈사례 1〉

법률혼 관계에 있던 남편 甲과 아내 乙은 재판상 이혼을 하였고, 2017년 7월 1일 이혼 및 재산분할 판결에 따라 甲이 乙에게 위자료로 시가 5억원 상당의 상가 소유권을, 재산분할로 시가 15억원 상당의 아파트 소유권을 각각 이전하였다. (단, 甲과 乙은 모두 거주자이고, 상가와 아파트는 모두 국내에 있는 재산이며, 위자료의 지급과 재산분할에 조세포탈의 목적은 없는 것으로 가정한다. 1세대 1주택 비과세요건은 고려하지 마시오)

〈사례 2〉

丙은 1987년 7월 1일 丁과 결혼식을 올렸으나 혼인신고를 하지 않은 채 1989년 8월 1일 자녀 戊를 낳고, 2017년 2월 1일 사망하였는데, 사망 당시까지도 혼인신고는 하지 않았다. 丙의 상속재산에는 20억원 상당의 예금채권과 시가 20억원 상당의 주택이 있었는데, 丁과 戊는 상속재산을 50 : 50의 비율로 나누기로 합의하였다. 이러한 합의에 따라 丁은 20억원 상당의 예금을 인출하여 자신의 은행계좌에 입금하였다. (단, 丙, 丁 및 戊는 모두 거주자이고, 예금채권과 주택 모두 국내에 있는 재산으로 가정한다)

[물음 1] 〈사례 1〉에서 상가와 아파트의 소유권 이전에 대한 증여세 과세 여부에 대하여 설명하시오. (6점)

[물음 2] 〈사례 1〉에서 상가와 아파트의 소유권 이전에 대한 양도소득세 과세 여부에 대하여 설명하시오. (6점)

[물음 3] 〈사례 1〉에서 甲이 재판상 이혼이 아닌 협의이혼에 따라 위자료 지급 및 재산분할을 한 것으로 가정하여, 상가와 아파트의 소유권 이전에 대한 증여세와 양도소득세 과세 여부에 대하여 설명하시오. (4점)

[물음 4] 〈사례 2〉에서 丁이 납부하여야 하는 조세의 세목을 기술하고, 그 이유에 대하여 설명하시오. (4점)

【문제 4】 상속세 및 증여세법

[물음 1] 위자료와 재산분할

1. 상가의 소유권 이전(위자료)

이혼 시 지급하는 위자료는 유책행위에 의하여 이혼하는 경우 그로 인하여 입게 되는 '정신적 손해배상금'의 성질을 지닌다.

증여는 재산의 '무상' 이전에 대해 과세하는 것이므로 위자료 명목의 소유권 이전은 증여세 과세대상이 아니다.

2. 아파트의 소유권 이전(재산분할)

재산분할에 의한 자산 이전은 공유물의 분할 내지 잠재화되어 있던 지분권을 현재화하는 것으로 실질적으로는 공유재산의 청산이다.

따라서 재산분할에 따른 소유권 이전은 '소유권회복'에 불과하므로 실질과세의 원칙상 증여세 부과대상이 아니다.

3. 재산분할

재산분할에 따른 소유권 이전은 소유권의 원상회복에 불과하므로 사실상 '유상'의 양도가 있다고 보기 어렵다. 따라서 재산분할 명목으로 아파트의 소유권을 이전하는 것은 양도소득세 과세대상이 아니다.

[물음 3] 협의이혼

1. 증여세

협의분할 시 재산분할금액을 과다 책정하는 경우에는 증여세를 과세하지만 제시된 사례의 단서의 내용을 감안할 때 증여세 과세대상으로 보기 어렵다.

2. 양도소득세

재산분할은 재판상 청구나 협의이혼 또는 조정에 의한 이혼 시 모두 인정되므로 협의이혼의 경우에도 양도소득세 과세대상이 아니다.

[물음 2] 양도소득세 과세 여부

1. 양도의 개념

양도란 자산에 대한 등기 또는 등록과 관계없이 매도, 교환, 법인에 대한 현물출자 등을 통하여 그 자산을 유상으로 사실상 이전하는 것을 말한다.

2. 상가의 소유권 이전(위자료)

정신적 손해배상금은 금전으로 배상하는 것이 원칙이다. 따라서 위자료를 금전 외의 자산으로 변제하는 것은 대물변제에 해당한다. 위자료를 '대물변제'하면 손해배상채무가 소멸되는 결과를 가져오므로 사실상 '유상'의 양도에 해당한다. 따라서 상가의 소유권 이전에 대해서는 甲에게 양도소득세가 과세된다.

[물음 4] 사실혼 배우자의 재산분할청구권

1. 세목

丁이 상속인과의 합의에 따라 지급받은 금원은 증여세 과세대상이다.

2. 이유

사실혼 배우자에게는 상속권이 인정되지 않으며, 그 배우자의 사망 후에는 재산분할청구권도 인정되지 않는다. 따라서 丁은 법률상 원인 없이 '무상'으로 재산을 수증한 것이다.

1. 양도의 정의(「소득세법」 제88조)

이 장에서 사용하는 용어의 뜻은 다음과 같다.
1. "양도"란 자산에 대한 등기 또는 등록과 관계없이 매도, 교환, 법인에 대한 현물출자 등을 통하여 그 자산을 유상으로 사실상 이전하는 것을 말한다. …

2. 증여의 정의(「상속세 및 증여세법」 제2조)

이 법에서 사용하는 용어의 뜻은 다음과 같다.
6. "증여"란 그 행위 또는 거래의 명칭 · 형식 · 목적 등과 관계없이 직접 또는 간접적인 방법으로 타인에게 무상으로 유형 · 무형의 재산 또는 이익을 이전(移轉)(현저히 낮은 대가를 받고 이전하는 경우를 포함한다)하거나 타인의 재산가치를 증가시키는 것을 말한다. 다만, 유증과 사인 증여는 제외한다.

1. 위자료

부부가 이혼을 하게 되어 남편이 아내에 대한 위자료를 지급하기 위한 방법으로 자신의 소유인 주택의 소유권을 이전하는 것은 아내에 대한 위자료 채무의 이행에 갈음한 것으로서 그 주택을 양도한 대가로 위자료를 지급할 채무가 소멸하는 경제적 이익을 얻게 되는 것이므로, 그 주택의 양도는 양도소득세의 부과대상이 되는 유상양도에 해당한다. (95누4599, 1995. 11. 24.)

2. 재산분할

① 「민법」 제839조의2에 규정된 재산분할제도는 그 법적 성격, 분할대상 및 범위 등에 비추어 볼 때 실질적으로는 공유물분할에 해당하는 것이어서 공유물분할에 관한 법리가 준용되어야 한다. 공유물의 분할은 법률상으로는 공유자 상호 간의 지분의 교환 또는 매매라고 볼 것이나 실질적으로는 공유물에 대하여 관념적으로 그 지분에 상당하는 비율에 따라 제한적으로 행사되던 권리, 즉 지분권을 분할로 인하여 취득하는 특정 부분에 집중시켜 그 특정 부분에만 존속시키는 것으로 소유형태가 변경된 것뿐이어서 이를 자산의 유상양도라고 할 수 없다. 이러한 법리는 이혼 시 재산분할의 방법으로 부부 일방의 소유명의로 되어 있던 부동산을 상대방에게 이전한 경우에도 마찬가지라고 할 것이고, 또한 재산분할로 인하여 이전받은 부동산을 그 후에 양도하는 경우 그 양도차익을 산정함에 있어서는 취득가액은 최초의 취득 시를 기준으로 정할 것이지 재산분할을 원인으로 한 소유권 이전 시를 기준으로 할 것은 아니다. (2002두6422, 2003. 11. 14.)

② 협의분할의 경우 재산분할액이 과다하여 증여세를 포탈하기 위한 경우가 아닌 한 증여세를 과세할 수 없다. 협의이혼이나 조정에 의한 이혼 시에 재산분할로 인해 지급한 금액이 과다할 경우 과세관청이 양도소득세를 부과하기 위해서는 법원에서 위자료와 재산분할의 금액을 구분한 금액이 있어야 한다. (2001두4573)

3. 사실혼 배우자의 지위

사실혼 관계에 있었던 당사자들이 생전에 사실혼 관계를 해소한 경우 재산분할청구권을 인정할 수 있으나, 사실혼 관계가 일방 당사자의 사망으로 인하여 종료된 경우에는 그 상대방에게 재산분할청구권이 인정되지 않는다. 따라서 피상속인의 자녀들이 피상속인의 재산을 피상속인의 사실혼 배우자에게 지급한 것은 상속재산의 분할로 볼 수 없고, 이는 망인의 자녀들이 피상속인의 사실혼 배우자에게 증여한 것에 해당한다. (2005두15595)

출제위원 채점평

사례형 문제에서는 지문에서 주어진 사실관계를 숙지하고 질문에서 무엇을 묻고 있는지를 정확히 파악하는 것이 중요하다. 답안 작성 시 어떠한 결론을 도출하게 된 근거를 기술할 때는 의미 없는 문구의 반복보다는 합리적인 논리의 전개를 통하여 설득력 있는 이유를 제시하는 것이 필요하다. 이를 위해서는 평소 중요한 판례와 법령의 내용을 깊이 음미하며 심도 있게 공부하는 습관을 들이는 것이 좋다.

문제 1

부가가치세 과세대상은 사업자가 행하는 재화 또는 용역의 공급과 재화의 수입이다. 재화와 용역의 구분은 공급의 특례 차이, 공급시기 차이, 영세율 또는 면세 차이 등을 결정하는 데 영향을 미친다. 다음 물음에 답하시오. (35점)

[물음 1] 「부가가치세법」상 재화와 용역의 정의, 재화나 용역을 공급하는 사업의 구분기준에 대하여 서술하고, 수탁가공업자의 업태에 대하여 설명하시오. (9점)

[물음 2] 토지임대용역과 주택(겸용주택 포함)의 부수토지임대용역의 유상공급에 대한 부가가치세 규정에 대하여 서술하고, 임야임대에 따른 부가가치세 과세 여부에 대하여 설명하시오. (9점)

[물음 3] 미가공식료품의 면세 규정에 대하여 서술하고, 음식점업 사업자가 미가공수산물인 생선을 주원료로 가공하여 생선회로 판매하는 경우의 부가가치세 과세 여부에 대하여 설명하시오. (9점)

[물음 4] 「부가가치세법」상 부수재화 및 부수용역의 공급 규정에 대하여 서술하고, 유통업 사업자가 정육상태인 돼지고기와 고기양념소스를 각각 포장 후 전체를 하나의 제품으로 포장판매하는 경우의 부가가치세 과세 여부에 대하여 설명하시오. (8점)

【문제 1】 부가가치세법

[물음 1] 수탁가공업

1. 재화와 용역의 정의

재화는 재산 가치가 있는 물건 및 권리를 말한다.

재화 중 물건에는 상품, 제품 등 모든 유체물과 전기, 가스 등 관리할 수 있는 자연력을 포함하고, 권리는 물건 외에 재산적 가치가 있는 모든 것으로 한다.

용역은 재화 외에 재산 가치가 있는 모든 역무와 그 밖의 행위를 말한다.

2. 사업의 구분기준

재화나 용역을 공급하는 사업의 구분은 부가가치세법 시행령에 특별한 규정이 있는 경우를 제외하고는 통계청장이 고시하는 해당 과세기간 개시일 현재의 '한국표준산업분류'에 따른다.

3. 수탁가공업자의 업태

사업자가 주요자재의 전부 또는 일부를 부담하고 상대방으로부터 인도받은 재화에 공작을 가하여 새로운 재화를 만드는 사업은 제조업에 해당하는 것이나, 인도받은 재화에 주요자재를 부담하지 아니하고 가공만 하는 것은 용역업에 해당된다.

[물음 2] 부동산임대 등

1. 토지임대용역

일반적인 토지임대용역은 부가가치세 과세대상이다.

그러나 주택의 부수토지임대용역은 주택임대용역과 마찬가지로 면세이다.

이때 주택의 부수토지는 건축물의 연면적과 건축물의 정착면적의 5배(10배) 중 큰 면적 이내로 하며, 부수토지면적을 초과하는 부분은 토지의 임대로 보아 과세한다.

2. 겸용주택

① 주택부분의 면적이 사업용 건물부분의 면적보다 큰 경우에는 그 전부를 주택의 임대로 보고 부수토지의 범위를 산정한다.

② 주택부분의 면적이 사업용 건물의 면적과 같거나 작은 때에는 주택부분 이외의 사업용 건물은 주택으로 보지 아니한다. 이 경우 당해 주택의 부수토지는 총토지면적에서 건물 중 주택부분의 면적이 차지하는 비율로 한다.

3. 임야임대

전 · 답 · 과수원 · 목장용지 · 임야 또는 염전의 임대용역은 용역의 범위에서 제외하여 면세되기 이전 단계인 비과세와 실질적으로 동일하게 취급한다.

[물음 3] 미가공식료품

1. 미가공식료품

가공되지 아니하거나 탈곡 · 냉동 · 염장 · 포장이나 그 밖에 원생산물 본래의 성질이 변하지 않는 정도의 1차 가공을 거쳐 식용으로 제공하는 것에 대해 면세한다. 그 구체적 요건은 다음과 같다.

① 농산물 · 축산물 · 수산물 · 임산물 등의 식료품

② 원생산물 혹은 1차 가공 단계까지만을 거칠 것

③ 식용으로 제공되는 것

2. 생선회

음식점업의 경우 음식물이라는 재화를 공급하는 것으로도 볼 수 있으나 음식물을 섭취할 수 있는 장소(접객시설)의 제공과 종업원의 인적용역이 함께 제공되므로 용역의 범위에 포함된다.

생선회는 그 자체로서는 면세재화이지만 음식업에서 생선회를 판매하는 것은 과세되는 용역의 제공으로 본다.

따라서 음식점업에서 생선회를 판매하는 것은 용역의 공급으로서 부가가치세 과세대상이다.

[물음 4] 부수재화 및 부수용역

1. 부수재화 및 부수용역의 공급

(1) 주된 거래에 부수되는 재화 또는 용역

주된 재화 또는 용역의 공급에 부수되어 공급되는 것으로서 ① 해당 대가가 주된 재화 또는 용역의 공급에 대한 대가에 통상적으로 포함되거나, ② 거래의 관행으로 보아 통

상적으로 주된 재화 또는 용역의 공급에 부수하여 공급되는 경우에는 주된 재화 또는 용역의 공급에 포함되는 것으로 본다.

(2) 주된 사업에 부수되는 재화 또는 용역
주된 사업과 관련하여 우연히 또는 일시적으로 공급되는 재화 또는 용역은 주된 사업의 과세 및 면세 여부 등을 따른다.

2. 혼합판매
돼지고기나 양념소스를 별도로 판매하는 경우에는 돼지고기는 미가공식료품으로 면세, 양념소스는 과세이다.
그러나 부가가치세가 과세되는 재화와 면세되는 재화를 각각 본래의 성질을 유지한 상태로 하나의 거래단위로 혼합판매하는 경우에는 주된 재화의 과세 여부에 따라 전체 재화의 과세 또는 면세가 결정된다.
따라서 주된 재화인 돼지고기의 면세이므로 그의 부수되는 양념소스도 함께 면세이다.

관련 법령

1. 정의(「부가가치세법」 제2조)

이 법에서 사용하는 용어의 뜻은 다음과 같다.
1. "재화"란 재산 가치가 있는 물건 및 권리를 말한다. 물건과 권리의 범위에 관하여 필요한 사항은 대통령령으로 정한다.
2. "용역"이란 재화 외에 재산 가치가 있는 모든 역무(役務)와 그 밖의 행위를 말한다. 용역의 범위에 관하여 필요한 사항은 대통령령으로 정한다.
3. "사업자"란 사업 목적이 영리이든 비영리이든 관계없이 사업상 독립적으로 재화 또는 용역을 공급하는 자를 말한다.

2. 재화의 범위(「부가가치세법 시행령」 제2조)

① 「부가가치세법」 제2조 제1호의 물건은 다음 각 호의 것으로 한다.
  1. 상품, 제품, 원료, 기계, 건물 등 모든 유체물
  2. 전기, 가스, 열 등 관리할 수 있는 자연력
② 법 제2조 제1호의 권리는 광업권, 특허권, 저작권 등 제1항에 따른 물건 외에 재산적 가치가 있는 모든 것으로 한다.

3. 사업의 구분(「부가가치세법 시행령」 제4조)

① 재화나 용역을 공급하는 사업의 구분은 이 영에 특별한 규정이 있는 경우를 제외하고는 통계청장이 고시하는 해당 과세기간 개시일 현재의 한국표준산업분류에 따른다.
② 용역을 공급하는 경우 제3조 제1항에 따른 사업과 유사한 사업은 한국표준산업분류에도 불구하고 같은 항의 사업에 포함되는 것으로 본다.

4. 수탁가공하는 사업자의 업태(「부가가치세법」 통칙 2-4-2)

사업자가 주요자재의 전부 또는 일부를 부담하고 상대방으로부터 인도받은 재화에 공작을 가하여 새로운 재화를 만드는 사업은 제조업에 해당하는 것이나, 인도받은 재화에 주요자재를 부담하지 아니하고 가공만 하는 것은 용역업에 해당된다.

참고
업태는 한국표준산업분류상 영업의 종류 중 대분류(제조업, 도소매업 등)에 속하는 것을 말하고, 업종은 업태 중 세분화된 사업을 말한다.
예 음식점업을 업태로 하고 분식 전문점이 업종이다.

5. 주택과 이에 부수되는 토지의 임대용역으로서 면세하는 것의 범위(「부가가치세법 시행령」 제41조)

① 법 제26조 제1항 제12호에 따른 주택과 이에 부수되는 토지의 임대는 상시주거용(사업을 위한 주거용의 경우는 제외)으로 사용하는 건물(이하 "주택"이라 한다)과 이에 부수되는 토지로서 다음 각 호의 면적 중 넓은 면적을 초과하지 아니하는 토지의 임대로 하며, 이를 초과하는 부분은 토지의 임대로 본다.
  1. 주택의 연면적 …
  2. 건물이 정착된 면적에 5배(「국토의 계획 및 이용에 관한 법률」…에 따른 도시지역 밖의 토지의 경우에는 10배)를 곱하여 산정한 면적
② 임대주택에 부가가치세가 과세되는 사업용 건물(이하 "사업용 건물"이라 한다)이 함께 설치되어 있는 경우에는 주택과 이에 부수되는 토지의 임대의 범위는 다음 각 호에 따른다.
  1. 주택 부분의 면적이 사업용 건물 부분의 면적보다 큰 경우에는 그 전부를 주택의 임대로 본다. 이 경우 그 주택에 부수되는 토지임대의 범위는 제1항과 같다.
  2. 주택 부분의 면적이 사업용 건물 부분의 면적과 같거나 그보다 작은 때에는 주택 부분 외의 사업용 건물 부분은 주택의 임대로 보지 아니한다. 이 경우 그 주택에 부수되는 토지의 면적은 총토지면적에 주택 부분의 면적이 총건물면적에서 차지하는 비율을 곱하여 계산하며, 그 범위는 제1항과 같다.

6. 재화 또는 용역의 공급에 대한 면세(「부가가치세법」 제26조)

① 다음 각 호의 재화 또는 용역의 공급에 대하여는 부가가치세를 면제한다.
  1. 가공되지 아니한 식료품(식용으로 제공되는 농산물, 축산물, 수산물과 임산물을 포함한다) 및 우리나라에서 생산되어 식용으로 제공되지 아니하는 농산물, 축산물, 수산물과 임산물로서 대통령령으로 정하는 것
  (이하 생략)

7. 면세하는 미가공식료품 등의 범위(「부가가치세법 시행령」 제34조)

① 법 제26조 제1항 제1호에 따른 가공되지 아니한 식료품(이하 이 조에서 "미가공식료품"이라 한다)은 다음 각 호의 것으로서 가공되지 아니하거나 탈곡 · 정미 · 정맥 · 제분 · 정육 · 건조 · 냉동 · 염장 · 포장이나 그 밖에 원생산물 본래의 성질이 변하지 아니하는 정도의 1차 가공을 거쳐 식용으로 제공하는 것으로 한다. 이 경우 다음 각 호에 따른 미가공식료품의 범위에 관하여 필요한 사항은 기획재정부령으로 정한다.
   1. 곡류

(이하 생략)

② 미가공식료품에는 다음 각 호의 것을 포함한다.
   1. 김치, 두부 등 기획재정부령으로 정하는 단순 가공식료품
   2. 원생산물 본래의 성질이 변하지 아니하는 정도로 1차 가공을 하는 과정에서 필수적으로 발생하는 부산물
   3. 미가공식료품을 단순히 혼합한 것
   4. 쌀에 식품첨가물 등을 첨가 또는 코팅하거나 버섯균 등을 배양한 것으로서 기획재정부령으로 정하는 것

8. 부수재화 및 부수용역의 공급(「부가가치세법」 제14조)

① 주된 재화 또는 용역의 공급에 부수되어 공급되는 것으로서 다음 각 호의 어느 하나에 해당하는 재화 또는 용역의 공급은 주된 재화 또는 용역의 공급에 포함되는 것으로 본다.
   1. 해당 대가가 주된 재화 또는 용역의 공급에 대한 대가에 통상적으로 포함되어 공급되는 재화 또는 용역
   2. 거래의 관행으로 보아 통상적으로 주된 재화 또는 용역의 공급에 부수하여 공급되는 것으로 인정되는 재화 또는 용역
② 주된 사업에 부수되는 다음 각 호의 어느 하나에 해당하는 재화 또는 용역의 공급은 별도의 공급으로 보되, 과세 및 면세 여부 등은 주된 사업의 과세 및 면세 여부 등을 따른다.
   1. 주된 사업과 관련하여 우연히 또는 일시적으로 공급되는 재화 또는 용역
   2. 주된 사업과 관련하여 주된 재화의 생산과정이나 용역의 제공과정에서 필연적으로 생기는 재화

출제위원 채점평

부가가치세 과세대상 판별의 핵심인 재화와 용역, 재화와 용역을 공급하는 사업구분, 면세사업과 과세사업의 구분과 관련된 문제였다. 「부가가치세법」의 가장 핵심적이며 기본적인 문제임에도 제대로 쓴 수험생은 지극히 드물었으며 구체적인 서술범위를 주었음에도 두리뭉실하게 서술하는 경우가 대다수였다. 「부가가치세법」에 대한 기본내용에 충실한 학습이 필요하다고 생각한다.

문제 2

다음 사례를 읽고 물음에 답하시오. (20점)

⟨사례⟩

A회사의 대표이사였던 甲은 2017년 5월 3일 토지를 乙에게 사인증여하는 계약을 체결하고, 2017년 5월 20일 사망하였다. 이에 乙은 위 토지에 대한 취득세를 신고 · 납부하고자 한다. (단, 乙의 토지 취득 시 또는 취득 전 · 후에 그 토지는 토지거래허가나 취득세 중과세, 비과세, 과세면제 또는 과세경감의 대상이 아니다)

[물음 1] 「지방세법」상 취득세 신고 · 납부에 대하여 설명하시오. (단, 「지방세법」 제20조 제1항의 범위로 한정한다) (5점)

[물음 2] 위 사례의 토지 취득에 대한 乙의 취득세 신고 · 납부의 기한에 대하여 설명하시오. (5점)

[물음 3] 「지방세법」상 토지 취득에 대한 취득세 표준세율에 대하여 설명하시오. (6점)

[물음 4] 위 사례의 토지 취득에 대한 乙의 취득세 세율에 대하여 설명하시오. (4점)

해답

【문제 2】 지방세법
[물음 1] 신고 · 납부
취득세는 납세자 스스로의 신고를 통하여 그 세액을 확정하는 세목이다.
취득세 과세물건을 취득한 자는 그 취득한 날부터 60일 이내에 그 세액을 신고하고 납부하되, 상속으로 인한 경우에는 상속개시일이 속하는 달의 말일로부터 6개월 이내에 그 세액을 신고하고 납부하여야 한다.

[물음 2] 사인증여의 취득세 신고 · 납부
1. 쟁점
사인증여의 경우 상속으로 인한 취득에 적용되는 신고 · 납부기한(상속개시일이 속하는 달의 말일로부터 6개월)을 적용할 것인지 여부

2. 사안의 적용
지방세법에서 별도로 사인증여를 상속과 동일하게 취급하지 않는 점을 고려할 때, 민사법상 원칙과 동일하게 '증여'로 취급하여야 한다.

따라서 사인증여의 효력이 발생하는 사망한 날(2017년 5월 20일)이 속하는 달의 말일부터 3개월이 되는 2017년 7월 19일까지 취득세를 신고 · 납부하여야 한다.

[참고]
신고납부기한을 계약일(2017년 5월 3일)이 속하는 달의 말일부터 3개월 이내로 볼 수도 있겠으나, 사인증여에 관한 효력은 사망 시 발생한다는 점을 고려할 때, 상속개시일을 취득일로 보는 것이 타당하다. 판례 또한 이와 같다. 출제 당시에는 무상승계취득의 신고납부기한은 취득일로부터 60일이었다. 2023년부터 무상승계취득의 취득세 신고납부기한이 취득일이 속하는 달의 말일부터 3개월로 개정된 점을 반영하여 답안을 작성한 것이다.

[물음 3] 취득세 표준세율
부동산의 취득세율은 그 취득형태에 따라 달리 적용된다. 즉, 상속, 무상승계취득, 원시취득, 유상승계취득인지에 따라 다른 취득세율이 적용된다.
구체적인 표준세율은 다음과 같다.
① 상속으로 인한 취득 2.8%(농지는 2.3%)
② 무상승계취득의 경우에는 3.5%
③ 원시취득은 2.8%
④ 그 밖의 원인으로 인한 취득 4%(농지는 3%)

[물음 4] 사인증여의 취득세율
상속인 아닌 자가 사인증여로 인하여 부동산의 소유권을 취득하는 경우를 일반적인 증여로 인하여 부동산의 소유권을 취득하는 경우와 달리 취급할 합리적인 이유가 없다. 따라서 乙이 상속인이 아닌 한 '사인증여'로 인한 취득의 경우 적용되는 취득세율은 3.5%이다.

1. 부동산 취득의 세율(「지방세법」 제11조)

① 부동산에 대한 취득세는 제10조의 과세표준에 다음 각 호에 해당하는 표준세율을 적용하여 계산한 금액을 그 세액으로 한다.
1. 상속으로 인한 취득
    가. 농지: 1천분의 23
    나. 농지 외의 것: 1천분의 28
2. 제1호 외의 무상취득: 1천분의 35. 다만, 대통령령으로 정하는 비영리사업자의 취득은 1천분의 28로 한다.
3. 원시취득: 1천분의 28
5. 공유물의 분할 또는 「부동산 실권리자명의 등기에 관한 법률」 제2조 제1호 나목에서 규정하고 있는 부동산의 공유권 해소를 위한 지분이전으로 인한 취득(등기부등본상 본인 지분을 초과하는 부분의 경우에는 제외한다): 1천분의 23
6. 합유물 및 총유물의 분할로 인한 취득: 1천분의 23
7. 그 밖의 원인으로 인한 취득
    가. 농지: 1천분의 30
    나. 농지 외의 것: 1천분의 40

2. 신고 및 납부(「지방세법」 제20조)

① 취득세 과세물건을 취득한 자는 그 취득한 날(「부동산 거래신고 등에 관한 법률」 제10조 제1항에 따른 토지거래계약에 관한 허가구역에 있는 토지를 취득하는 경우로서 같은 법 제11조에 따른 토지거래계약에 관한 허가를 받기 전에 거래대금을 완납한 경우에는 그 허가일이나 허가구역의 지정 해제일 또는 축소일을 말한다)부터 60일[무상취득(상속은 제외한다) 또는 증여자의 채무를 인수하는 부담부 증여로 인한 취득의 경우는 취득일이 속하는 달의 말일부터 3개월, 상속으로 인한 경우는 상속개시일이 속하는 달의 말일부터, 실종으로 인한 경우는 실종선고일이 속하는 달의 말일부터 각각 6개월(외국에 주소를 둔 상속인이 있는 경우에는 각각 9개월)] 이내에 그 과세표준에 제11조부터 제13조까지, 제13조의2, 제13조의3, 제14조 및 제15조의 세율을 적용하여 산출한 세액을 대통령령으로 정하는 바에 따라 신고하고 납부하여야 한다.
④ 제1항부터 제3항까지의 신고·납부기한 이내에 재산권과 그 밖의 권리의 취득·이전에 관한 사항을 공부에 등기하거나 등록[등재를 포함한다.]하려는 경우에는 등기 또는 등록 신청서를 등기·등록관서에 접수하는 날까지 취득세를 신고·납부하여야 한다.

3. 사인증여(「민법」 제562조)

증여자의 사망으로 인하여 효력이 생길 증여에는 유증에 관한 규정을 준용한다.

예 내가 죽으면 너에게 이 부동산을 주겠다.

4. 유언의 효력발생시기(「민법」 제1073조)

① 유언은 유언자가 사망한 때로부터 그 효력이 생긴다.
② 유언에 정지조건이 있는 경우에 그 조건이 유언자의 사망 후에 성취한 때에는 그 조건성취한 때로부터 유언의 효력이 생긴다.

5. 증여의 의의(「민법」 제554조)

> 증여는 당사자 일방이 무상으로 재산을 상대방에 수여하는 의사를 표시하고 상대방이 이를 승낙함으로써 그 효력이 생긴다.

증여는 계약이라는 점에서 단독행위인 유증과 구별된다. 증여자의 사망으로 인하여 효력이 발생하는 증여가 사인증여이다. 사인증여는 증여계약의 일종이라는 점에서 단독행위인 유증과는 다르다.

6. 취득의 시기 등(「지방세법 시행령」 제20조)

> ① **무상취득**의 경우에는 그 **계약일**(상속 또는 유증으로 인한 취득의 경우에는 상속 또는 유증 개시일을 말한다)에 취득한 것으로 본다. 다만, 해당 취득물건을 등기·등록하지 않고 다음 각 호의 어느 하나에 해당하는 서류로 계약이 해제된 사실이 입증되는 경우에는 취득한 것으로 보지 않는다.
> 1. 화해조서·인낙조서(해당 조서에서 취득일부터 60일 이내에 계약이 해제된 사실이 입증되는 경우만 해당한다)
> 2. 공정증서(공증인이 인증한 사서증서를 포함하되, 취득일부터 60일 이내에 공증받은 것만 해당한다)
> 3. 행정안전부령으로 정하는 계약해제신고서(취득일부터 60일 이내에 제출된 것만 해당한다)
> ② **유상승계취득**의 경우에는 다음 각 호에서 정하는 날에 취득한 것으로 본다.
> 1. **사실상의 잔금지급일**
> 2. **사실상의 잔금지급일을 확인할 수 없는 경우**에는 그 계약상의 잔금지급일(계약상 잔금지급일이 명시되지 않은 경우에는 계약일부터 60일이 경과한 날을 말한다). 다만, 해당 취득물건을 등기·등록하지 않고 다음 각 목의 어느 하나에 해당하는 서류로 계약이 해제된 사실이 입증되는 경우에는 취득한 것으로 보지 않는다.

7. 정의(「상속세 및 증여세법」 제2조)

> 이 법에서 사용하는 용어의 뜻은 다음과 같다.
> 1. "상속"이란 「민법」 제5편에 따른 상속을 말하며, 다음 각 목의 것을 **포함**한다.
>   가. 유증
>   나. 「민법」 제562조에 따른 증여자의 사망으로 인하여 효력이 생길 증여(상속개시일 전 10년 이내에 피상속인이 상속인에게 진 증여채무 및 상속개시일 전 5년 이내에 피상속인이 상속인이 아닌 자에게 진 증여채무의 이행 중에 증여자가 사망한 경우의 그 증여를 포함한다. 이하 "**사인증여**"라 한다)
>   다. 「민법」 제1057조의2에 따른 피상속인과 생계를 같이 하고 있던 자, 피상속인의 요양간호를 한 자 및 그 밖에 피상속인과 특별한 연고가 있던 자(이하 "**특별연고자**"라 한다)에 대한 상속재산의 분여
>   라. 「신탁법」 제59조에 따른 유언대용신탁
>   마. 「신탁법」 제60조에 따른 수익자연속신탁
> 4. "**상속인**"이란 「민법」 제1000조, 제1001조, 제1003조 및 제1004조에 따른 상속인을 말하며, 같은 법 제1019조 제1항에 따라 상속을 포기한 사람 및 특별연고자를 포함한다.
> 5. "**수유자**"란 다음 각 목에 해당하는 자를 말한다.
>   가. 유증을 받은 자
>   나. 사인증여에 의하여 재산을 취득한 자
>   다. 유언대용신탁 및 수익자연속신탁에 의하여 신탁의 수익권을 취득한 자

8. 납세의무자 등(「지방세법」 제7조)

> ⑦ 상속(피상속인이 상속인에게 한 **유증 및 포괄유증과 신탁재산의 상속을 포함**한다. 이하 이 장
> 과 제3장에서 같다)으로 인하여 취득하는 경우에는 상속인 각자가 상속받는 취득물건(지분을
> 취득하는 경우에는 그 지분에 해당하는 취득물건을 말한다)을 취득한 것으로 본다. 이 경우
> 상속인의 납부의무에 관하여는 「지방세기본법」 제44조 제1항 및 제5항을 준용한다.

「상속세 및 증여세법」과 달리 「지방세법」은 사인증여가 상속의 범위에 포함된다는 별도의 규정
이 없다. 따라서 「지방세법」은 민사상 효과와 동일하게 사인증여는 상속과는 다른 것으로 본다.

**관련
판례**

① 문언 내용과 관련 규정의 개정 연혁, 상속으로 인한 취득에 대하여 6월의 신고납부기간을 정
한 것은 「민법」 제1019조 제1항이 상속인에게 상속포기 등을 선택할 수 있는 기간을 부여하
고 있음을 고려한 것으로 보이는 점 등을 종합하여 보면, 상속인 아닌 자가 사인증여로 취득
세 과세물건을 취득한 경우 구 「지방세법」에 따른 취득세의 신고·납부는 **증여자의 사망일로
부터 30일 이내**(현행 법률은 3개월)에 하여야 한다고 해석함이 타당하다. (2013두6138)
② 유증이나 사인증여에 의하여 자산을 취득하는 경우 별도의 규정이 없는 한 유증 등의 효력이
발생하여 사실상 소유권을 취득하였다고 볼 수 있는 '상속이 개시된 날'이 자산의 취득시기가
된다. (2010누28108) ➔ 양도소득세 관련 판례

**출제위원
채점평**

지방세와 관련해서는 취득세의 신고납부기한과 세율구조에 대한 질문으로, 단순 암기보다는 취
득세의 전반에 대한 정확한 이해를 바탕으로 하여 서술하는 것이 필요하다고 판단된다. 즉, 사례
에 대한 정확한 이해를 바탕으로 하지 않고, 단순히 암기한 수험생들의 경우에는 이번 시험이
매우 까다로울 수 있었을 것이라고 보인다. 수험생들은 지방세의 경우에는 단순 암기라고 생각하
는 경향이 강한데, 각 세목별로 과세요건에 대한 유기적인 이해를 필요로 하는 과목이라고 생각
한다.

문제 3

다음 사례를 읽고 물음에 답하시오. (20점)

〈사례〉
개별소비세 과세대상인 승용자동차 A를 제조한 甲은 독일에서 개최되는 자동차박람회에 출품하기
위하여 A를 국외로 반출하였다가 박람회가 끝난 후 다시 甲의 제조장으로 환입하였다. 그 이후
甲은 A를 자신의 판매장에 30일 이상 전시하기 위하여 제조장에서 반출하였다.

[물음 1] 「개별소비세법」상 미납세반출의 취지와 절차에 대하여 설명하시오. (10점)

[물음 2] 위 사례에서 A를 독일로 반출한 것에 대한 「개별소비세법」상 과세 여부에 대하여 설
명하시오. (3점)

[물음 3] 위 사례에서 A를 甲의 제조장으로 환입한 것에 대한 「개별소비세법」상 과세 여부에
대하여 설명하시오. (3점)

[물음 4] 위 사례에서 A를 자신의 판매장으로 반출한 것에 대한 「개별소비세법」상 과세 여부에
대하여 설명하시오. (4점)

【문제 3】 개별소비세법

[물음 1] 미납세반출

1. 미납세반출의 취지

개별소비세는 최종소비자를 담세자로 예정하고 부과하는 조세이나, 반출단계에서 과세하는 것이 원칙이다.

미납세반출 제도의 취지는 과세물품의 단순한 보관장소의 변경이나 제조공정상 필요에 의한 반출 등 소비목적의 반출이 아닌 경우에는 개별소비세의 부담이 유보된 상태로 반출을 허용함으로써 '반출과세원칙에 따른 문제점을 보완'하려는 데 있다.

2. 미납세반출의 절차

(1) 반출승인

미납세반출을 하려는 자는 해당 물품을 반출하거나 수입신고를 하는 때에 미납세반출 승인을 신청하여 관할 세무서장 또는 세관장의 승인을 받아야 한다. 단, 과세표준신고서에 반입증명서 또는 용도증명서를 첨부하여 제출하면 사전 승인신청을 받지 아니하여도 된다.

(2) 반입증명

해당 물품을 반출한 날부터 3개월의 범위에서 반출지 관할 세무서장 또는 세관장이 지정하는 날까지 반입된 사실을 증명하는 '반입증명서'를 제출하여야 한다.

[물음 2] 무조건 면세

외국에서 개최되는 박람회 등에 출품하기 위하여 해외로 반출하는 물품은 '무조건 면세'대상이다.

따라서 A를 독일로 반출한 것에 대해서는 개별소비세를 과세하지 않는다.

[참고]

문제의 사안은 수출 및 군납면세대상이 아니다. 내국물품을 국외로 반출한다는 점에서는 수출로 볼 수 있으나, 개별소비세법상 무조건 면세 규정에 별도로 열거되어 있기 때문이다. 수출은 그 용도증명을 별도로 하여야 하나 무조건 면세는 사전 승인만 얻으면 된다.

[물음 3] 미납세반출

국내 또는 국외에서 개최한 박람회 등에 출품한 물품을 제조장에 환입하거나 보세구역에서 반출하는 것은 '미납세반출' 대상이다.

따라서 A를 甲의 제조장으로 환입한 것에 대해서는 개별소비세를 과세하지 않는다.

[물음 4] 미납세반출

제조자의 영업소(판매장)에 30일 이상 전시하기 위해 제조장에서 반출하는 것은 '미납세반출' 대상이다.

따라서 A를 판매장으로 반출한 것에 대해서는 개별소비세를 과세하지 않는다.

관련
판례

1. 미납세반출의 취지 및 절차 관련 판례

「개별소비세법」제14조에서 규정한 미납세반출 제도는 특정한 과세물품에 대하여 개별소비세의 부담이 유보된 상태로 반출하는 것을 허용하는 과세유보조치로서, 개별소비세가 최종소비자를 담세자로 예정하여 과세되는 조세인 점을 감안하여, 과세물품의 단순한 보관장소의 변경이나 제조공정상 필요에 의한 반출 등의 경우에는 개별소비세의 부담이 유보된 상태로 반출을 허용함으로써 반출과세원칙에 따른 문제점을 보완하려는 데 **취지**가 있다.

미납세반출 제도는 반출자 등이 과세물품을 지정된 반입 장소에 반입한 사실이나 정해진 용도로 제공한 사실을 일정한 기한 내에 증명하는 등의 사후관리를 예정하고 있고, 이를 위해서는 **과세 물품의 반출 전에 '반출에 대한 승인'과 반입 후에 '반입사실에 대한 증명' 등의 절차**를 필요로 한다.

따라서 미납세반출 대상 물품에 대한 개별소비세의 징수 유보에 관한 사항이나 물품의 반입 사실 등의 증명에 관한 사항을 대통령령으로 정하도록 한 구「개별소비세법」제14조 제1항 및 제2항의 위임에 따라「개별소비세법 시행령」에서 정하여질 내용은 반출된 물품의 사후관리에 필요한 승인신청이나 승인절차 등과 같은 사항이 될 것임을 충분히 예측할 수 있고, 「개별소비세법 시행령」제19조 제1항(이하 '시행령 조항'이라 한다)도 위임의 범위 내에서 미납세반출 대상 물품의 반출 시에 미납세반출 승인신청서를 관할 세무서장 또는 세관장에게 제출하여 승인을 받도록 규정하고 있으므로, 결국 시행령 조항은 구「개별소비세법」제14조 제1항 등이 예정하고 있는 징수 유보에 필요한 절차 등을 구체화한 것으로서 위임입법의 한계를 벗어난 무효의 규정이라고 할 수 없다.

이와 같은 미납세반출 제도, 승인신청과 승인절차의 내용 및 취지 등에 비추어 보면, 국외에서 개최한 박람회 등에 출품한 물품을 수입하여 보세구역에서 반출하는 경우라도 물품에 관하여 시행령 조항에 따라 수입신고 수리 전까지 세관장에게 미납세반출 승인신청서를 제출하여 승인을 받지 아니한 경우에는 구「개별소비세법」제14조 제1항에서 규정한 개별소비세 징수 유보의 대상에 해당하지 아니한다. (2013두16074, 2015. 12. 23.)

2. 전시용 승용차

제조자 또는 수입업자의 영업소에 30일 이상 전시하기 위하여 반출하는 승용자동차는 미납세반출 대상이다. (기획재정부 환경에너지세제과-0232, 2011. 7. 4.)

출제위원
채점평

「개별소비세법」상 미납세반출의 취지와 절차 및 무조건 면세와의 구분을 묻는 문제였다. 많은 수험생들이 미납세반출 제도에 대해 기본적인 내용을 나열하였으나 제도의 취지를 정확히 이해하고 단계별 절차를 명확하게 구분한 답안지는 많지 않았다. 특히 결론만 이해하기보다는 전체를 이해하는 정교한 학습이 필요하다고 생각한다.

문제 4

다음 사례를 읽고 물음에 답하시오. (25점)

> 〈사례〉
> 도매업을 영위하는 내국법인 A회사는 수도권과밀억제권역 내에 있는 사업에 사용하기 위하여 사업용 자산에 해당하는 유통산업합리화시설을 2017년 8월 현재 새로 취득하는 투자를 하고자 한다. 이에 A회사는 세무사 甲에게 어떠한 조세특례가 있는지를 문의하면서 고용창출투자세액공제를 적용받을 수 있는지에 관하여 자문을 구하였다. (단, 2017년도 상시근로자 수는 2016년도의 상시근로자 수보다 증가할 것으로 가정한다)

[물음 1] 「조세특례제한법」상 조세특례의 정의(定義)에 대하여 설명하시오. (5점)

[물음 2] 「조세특례제한법」상 고용창출투자세액공제의 적용요건을 대상자, 적용대상 업종, 투자대상 자산의 범위 및 고용요건으로 구분하여 설명하시오. (15점)

[물음 3] 위 사례에서 A회사가 「조세특례제한법」상 고용창출투자세액공제를 적용받을 수 있는지에 대하여 설명하시오. (5점)

【문제 4】 조세특례제한법

[물음 1] 조세특례의 정의

조세특례란 일정한 요건에 해당하는 경우의 특례세율적용, 세액감면, 세액공제, 소득공제, 준비금의 손금산입 등의 조세감면과 특정 목적을 위한 익금산입, 손금불산입 등의 중과세를 말한다.

[물음 2] 고용창출투자세액공제(현재는 삭제 조문임)

1. 대상자

소비성서비스업 외의 사업을 영위하는 '내국인'이다.

2. 적용대상 업종

소비성서비스업을 제외한 모든 업종이 투자세액공제 대상 업종이다.

3. 투자대상 자산의 범위

'사업용 자산'에 해당하는 시설을 새로이 취득하여 사업에 사용하기 위한 투자이다. 다만, 중고품 및 금융리스를 제외한 리스에 의한 투자와 수도권과밀억제권역 내에 투자하는 경우는 제외한다.

4. 고용요건

해당 과세연도의 상시근로자 수가 직전 과세연도의 상시근로자 수보다 감소하지 아니하여야 한다.

다만, 중소기업의 경우에는 해당 과세연도의 상시근로자 수가 직전 과세연도의 상시근로자 수보다 감소한 경우에도 투자금액의 3%를 공제한다.

[물음 3] 수도권과밀억제권역 내 투자

A회사는 소비성서비스업 외 사업을 영위하고 있으며, 도매업에서 유통합리화시설은 사업용 자산에 해당하므로 투자세액공제 대상 자산을 취득하였다.

그러나 고용창출투자세액공제는 수도권과밀억제권역에서 투자하는 경우에는 적용하지 아니한다.

따라서 A회사는 투자세액공제를 적용받을 수 없다.

[참고]

해당 규정은 다른 투자세액공제와 달리 해당 세액공제 조문 자체에서 수도권과밀억제권역 내의 투자를 배제하고 있다.

참고

「조세특례제한법」제26조(고용창출투자세액공제)의 일몰기간이 도래함에 따라 이 문제의 [물음 2]와 [물음 3]은 더 이상 유효하지 않다. 그럼에도 불구하고 「조세특례제한법」의 난이도나 출제 범위를 가늠할 수 있다고 판단되어 답을 적어 두었다.

**출제위원
채점평**

「조세특례제한법」상 "고용창출투자세액공제"를 중심으로 조세특례의 정의를 포함하여 설명하는 문제였다. 대부분의 수험생들이 해당 내용을 인지하고는 있었던 반면에 출제자가 의도하는 답안을 제시하는 데에는 다소 어려움이 있었던 것으로 보였다. 해당 세액공제에 대한 세부 물음에 있어서는 일부 핵심적인 내용이 제시되지 않아 많이 아쉬웠다. 특정 내용에 대한 전반적인 이해력과 더불어 세부적인 분석력을 키우는 방향으로 학습이 필요하다고 생각한다.

문제 1

다음 사례를 읽고 물음에 답하시오. (20점)

〈사례〉

A법인은 부동산개발사업을 주목적으로 설립된 아파트 건설시행자로서 2010 사업연도부터 경기도 남양주시 별내 도시개발구역의 아파트단지 3,000세대를 신축·분양하고, 작업진행률과 분양률에 따라 관련 수익·비용 등을 계산하여 각 사업연도 법인세를 신고·납부하여 왔다. 그러나 이중 1,000세대가 잔금을 납부하지 않고 입주를 하지 않음에 따라 A법인에게 자금을 대여한 채권단에 대한 채무변제가 지체되었고, 이에 채권단은 채권자대위권을 행사하여 A법인의 분양계약해제를 추진하였다. A법인은 이를 막기 위하여 민사법원에 분양계약해제금지 가처분신청을 하였으나 법원으로부터 위 1,000세대에 대한 분양계약을 채권자대위권에 의하여 해제할 수 있다는 판결을 받았고, 이에 따라 채권단은 2014년 12월경 위 분양계약을 해제하였다. 그러자 A법인은 분양계약이 해제되었으므로 해제의 소급효에 따라 2010 사업연도부터 2013 사업연도까지의 분양률을 재산정하여 법인세를 다시 계산하고 그 결과 초과납부된 세액에 대해 관할 세무서장 B에게 경정 및 환급을 적법한 기간 내에 청구하였다.

[물음 1] 「국세기본법」상 후발적 경정청구제도의 취지와 위 사례에서의 분양계약해제가 후발적 경정청구사유에 해당하는지 여부에 대하여 설명하시오. (15점)

[물음 2] 위 사례에서 관할 세무서장 B가 분양계약해제에 따른 관련 손익은 계약해제일이 속하는 사업연도에 반영되어야 한다는 사유로 2010 사업연도부터 2013 사업연도에 대한 법인세 경정을 모두 거부한다면 이는 적법한 것인지에 대하여 설명하시오. (5점)

〈관련 조문〉

「법인세법 시행령」 제69조 【용역제공 등에 의한 손익의 귀속사업연도】

① 법 제40조 제1항 및 제2항을 적용함에 있어서 건설·제조 기타 용역(도급공사 및 예약매출을 포함하며, 이하 이 조에서 "건설 등"이라 한다)의 제공으로 인한 익금과 손금은 그 목적물의 건설 등의 착수일이 속하는 사업연도부터 그 목적물의 인도일(용역제공의 경우에는 그 제공을 완료한 날을 말한다. 이하 이 조에서 같다)이 속하는 사업연도까지 기획재정부령으로 정하는 바에 따라 그 목적물의 건설 등을 완료한 정도(이하 이 조에서 "작업진행률"이라 한다)를 기준으로 하여 계산한 수익과 비용을 각각 해당 사업연도의 익금과 손금에 산입한다. 다만, 다음 각 호의 어느 하나에 해당하는 경우에는 그 목적물의 인도일이 속하는 사업연도의 익금과 손금에 산입할 수 있다. (2013. 2. 15. 개정)

1. 중소기업인 법인이 수행하는 계약기간이 1년 미만인 건설 등의 경우 (2012. 2. 2. 신설)

2. 기업회계기준에 따라 그 목적물의 인도일이 속하는 사업연도의 수익과 비용으로 계상한 경우 (2012. 2. 2. 신설)

② 제1항을 적용할 때 다음 각 호의 어느 하나에 해당하는 경우에는 그 목적물의 인도일이 속하는 사업연도의 익금과 손금에 각각 산입한다. (2013. 2. 15. 개정)

1. 작업진행률을 계산할 수 없다고 인정되는 경우로서 기획재정부령으로 정하는 경우
2. 법 제51조의2 제1항 각 호의 어느 하나에 해당하는 법인으로서 국제회계기준을 적용하는 법인이 수행하는 예약매출의 경우

③ 제1항을 적용할 때 작업진행률에 의한 익금 또는 손금이 공사계약의 해약으로 인하여 확정된 금액과 차액이 발생된 경우에는 그 차액을 해약일이 속하는 사업연도의 익금 또는 손금에 산입한다. (2012. 2. 2. 신설)

※ 부칙 제2조 【일반적 적용례】
이 영은 2012년 1월 1일 이후 최초로 개시하는 사업연도분부터 적용한다.

해답

【문제 1】 국세기본법

[물음 1] 후발적 경정청구제도

1. 취지

후발적 경정청구제도는 납세의무 성립 후 일정한 후발적 사유의 발생으로 인해 과세표준 및 세액의 산정기초에 변동이 생긴 경우, 납세자로 하여금 그 사실을 증명하여 감액을 청구할 수 있도록 함으로써 납세자의 권리구제를 확대하려는 데 그 취지가 있다.

2. 후발적 경정청구사유에 해당하는지 여부

(1) 국세기본법상 후발적 경정청구사유

'해제권의 행사나 부득이한 사유로 인한 계약의 해제'는 원칙적으로 후발적 경정청구사유이다.

사안에서 A법인은 입주자의 채무불이행으로 인해 발생한 '해제권'을 행사한 것이다. 따라서 이는 국세기본법상 후발적 경정청구사유에 해당한다.

(2) 후발적 경정청구의 제한

① 개별세법 등에서 해제일이 속하는 사업연도 소득금액에 대한 차감사유로 규정하고 있는 경우나 ② 경상적이고 반복적으로 발생하는 상품판매계약 등의 해제에 대하여 기업회계기준이나 관행에 따라 해제일이 속하는 사업연도의 소득금액에서 차감하는 방식으로 법인세를 신고한 특별한 사정이 있는 경우에는 후발적 경정청구를 제한한다.

3. 사안의 적용

A법인의 분양계약해제는 해제권행사에 따른 해제로서 국세기본법상 후발적 경정청구사유에는 해당하지만, 법인세법 시행령에 별도로 해제권이 발생한 날이 속하는 사업연도에 익금 또는 손금에 산입한다는 규정이 있으므로 후발적 경정청구가 제한된다.

[물음 2] 부칙의 적용

1. 2010, 2011 사업연도분

개정 법인세법은 부칙 규정에 따라 2012년 1월 1일 이후 최초로 개시하는 사업연도분부터 적용한다.

따라서 2010, 2011 사업연도의 소득에 대해서는 비록 해제일이 2012년 1월 1일 이후라고 할지라도 해당 규정이 적용되지 않는다. 따라서 과세관청이 경정청구를 거부하는 것은 적법하지 않다.

2. 2012, 2013 사업연도분

개정 법인세법의 부칙에 따라 2012년 이후 개시하는 사업연도 소득에 대해서는 해제권 행사에 따른 후발적 경정청구가 제한된다. 따라서 과세관청이 경정청구를 거부하는 것은 적법하다.

1. 경정 등의 청구(「국세기본법」제45조의2)

① 과세표준신고서를 법정신고기한까지 제출한 자 및 … 기한후과세표준신고서를 제출한 자는 다음 각 호의 어느 하나에 해당할 때에는 최초신고 및 수정신고한 국세의 과세표준 및 세액의 결정 또는 경정을 **법정신고기한이 지난 후 5년 이내**에 관할 세무서장에게 청구할 수 있다. 다만, 결정 또는 경정으로 인하여 증가된 과세표준 및 세액에 대하여는 해당 처분이 있음을 안 날(처분의 통지를 받은 때에는 그 받은 날)부터 90일 이내(법정신고기한이 지난 후 5년 이내로 한정한다)에 경정을 청구할 수 있다.

1. 과세표준신고서 또는 기한후과세표준신고서에 기재된 과세표준 및 세액(각 세법에 따라 결정 또는 경정이 있는 경우에는 해당 결정 또는 경정 후의 과세표준 및 세액을 말한다)이 세법에 따라 신고하여야 할 과세표준 및 세액을 초과할 때

2. 과세표준신고서 또는 기한후과세표준신고서에 기재된 결손금액 또는 환급세액(각 세법에 따라 결정 또는 경정이 있는 경우에는 해당 결정 또는 경정 후의 결손금액 또는 환급세액을 말한다)이 세법에 따라 신고하여야 할 결손금액 또는 환급세액에 미치지 못할 때

② 과세표준신고서를 법정신고기한까지 제출한 자 또는 국세의 과세표준 및 세액의 결정을 받은 자는 다음 각 호의 어느 하나에 해당하는 사유가 발생하였을 때에는 **제1항에서 규정하는 기간에도 불구하고** 그 사유가 발생한 것을 안 날부터 3개월 이내에 결정 또는 경정을 청구할 수 있다.

1. 최초의 신고·결정 또는 경정에서 과세표준 및 세액의 계산 근거가 된 거래 또는 행위 등이 그에 관한 제7장에 따른 심사청구, 심판청구, 「감사원법」에 따른 심사청구에 대한 결정이나 소송에 대한 판결(판결과 같은 효력을 가지는 화해나 그 밖의 행위를 포함한다)에 의하여 다른 것으로 확정되었을 때

2. 소득이나 그 밖의 과세물건의 귀속을 제3자에게로 변경시키는 결정 또는 경정이 있을 때

3. 조세조약에 따른 상호합의가 최초의 신고·결정 또는 경정의 내용과 다르게 이루어졌을 때

4. 결정 또는 경정으로 인하여 그 결정 또는 경정의 대상이 된 과세표준 및 세액과 연동된 다른 세목(같은 과세기간으로 한정한다)이나 연동된 다른 과세기간(같은 세목으로 한정한다)의 과세표준 또는 세액이 세법에 따라 신고하여야 할 과세표준 또는 세액을 초과할 때

5. 제1호부터 제4호까지와 유사한 사유로서 **대통령령으로 정하는** 사유가 해당 국세의 법정신고기한이 지난 후에 발생하였을 때

2. 후발적 사유(「국세기본법 시행령」제25조의2)

법 제45조의2 제2항 제5호에서 "대통령령으로 정하는 사유"란 다음 각 호의 어느 하나에 해당하는 경우를 말한다.

1. 최초의 신고·결정 또는 경정을 할 때 과세표준 및 세액의 계산근거가 된 거래 또는 행위 등의 효력과 관계되는 관청의 허가나 그 밖의 처분이 취소된 경우

2. 최초의 신고·결정 또는 경정을 할 때 과세표준 및 세액의 계산근거가 된 거래 또는 행위 등의 효력과 관계되는 **계약이 해제권의 행사에 의하여 해제되거나 해당 계약의 성립 후 발생한 부득이한 사유로 해제되거나 취소된 경우**

3. 최초의 신고·결정 또는 경정을 할 때 장부 및 증거서류의 압수, 그 밖의 부득이한 사유로 과세표준 및 세액을 계산할 수 없었으나 그 후 해당 사유가 소멸한 경우

4. 제1호부터 제3호까지의 규정과 유사한 사유에 해당하는 경우 ➡ 예 몰수·추징

1. 후발적 경정청구의 사유(2013두12829, 2014. 3. 13.)

(1) 「국세기본법」상 후발적 경정청구사유

구 「국세기본법」 제45조의2 제2항 제5호의 위임을 받은 구 「국세기본법 시행령」 제25조의2 제2호는 후발적 경정청구사유의 하나로 '최초의 신고·결정 또는 경정에 있어서 과세표준 및 세액의 계산근거가 된 거래 또는 행위 등의 효력에 관계되는 계약이 해제권의 행사에 의하여 해제되거나 당해 계약의 성립 후 발생한 부득이한 사유로 인하여 해제되거나 취소된 때'를 들고 있다.

(2) 후발적 경정청구제도의 취지

이러한 후발적 경정청구제도는 납세의무 성립 후 일정한 후발적 사유의 발생으로 말미암아 과세표준 및 세액의 산정기초에 변동이 생긴 경우 납세자로 하여금 그 사실을 증명하여 감액을 청구할 수 있도록 함으로써 납세자의 권리구제를 확대하려는 데 그 취지가 있다. (대법원 2011. 7. 28. 선고, 2009두22379 판결 등 참조)

(3) 권리의무확정주의

한편 「법인세법」 제40조 제1항에서는 '내국법인의 각 사업연도의 익금과 손금의 귀속 사업연도는 그 익금과 손금이 확정된 날이 속하는 사업연도로 한다.'고 규정함으로써 현실적으로 소득이 없더라도 그 원인이 되는 권리가 확정적으로 발생한 때에는 그 소득이 실현된 것으로 보고 과세소득을 계산하는 이른바 권리확정주의를 채택하고 있다. 이러한 권리확정주의란 소득의 원인이 되는 권리의 확정시기와 소득의 실현시기와의 사이에 시간적 간격이 있는 경우에는 과세상 소득이 실현된 때가 아닌 권리가 확정적으로 발생한 때를 기준으로 하여 그때 소득이 있는 것으로 보고 당해 사업연도의 소득을 산정하는 방식으로, 실질적으로는 불확실한 소득에 대하여 장래 그것이 실현될 것을 전제로 하여 미리 과세하는 것을 허용하는 것이다. 따라서 소득의 원인이 되는 권리가 확정적으로 발생하여 과세요건이 충족됨으로써 일단 납세의무가 성립하였다 하더라도 일정한 후발적 사유의 발생으로 말미암아 소득이 실현되지 아니하는 것으로 확정되었다면, 당초 성립하였던 납세의무는 그 전제를 상실하여 원칙적으로 그에 따른 법인세를 부과할 수 없다고 보아야 한다. (2011두1245 판결 등)

따라서 법인세에서도 구 「국세기본법 시행령」 제25조의2 제2호에서 정한 '해제권의 행사나 부득이한 사유로 인한 계약의 해제'는 원칙적으로 후발적 경정청구사유가 된다고 할 것이다.

(4) 후발적 경정청구의 제한

다만 「법인세법」이나 관련 규정에서 일정한 계약의 해제에 대하여 그로 말미암아 실현되지 아니한 소득금액을 그 해제일이 속하는 사업연도의 소득금액에 대한 차감사유 등으로 별도로 규정하고 있거나 경상적·반복적으로 발생하는 상품판매계약 등의 해제에 대하여 납세의무자가 기업회계의 기준이나 관행에 따라 그 해제일이 속한 사업연도의 소득금액에서 차감하는 방식으로 법인세를 신고해 왔다는 등의 특별한 사정이 있는 경우에는, 그러한 계약의 해제가 당초 성립하였던 납세의무에 영향을 미칠 수 없으므로 후발적 경정청구사유가 될 수 없다.

2. 법인세법 부칙 조항의 해석(2016두60201, 2017. 9. 21.)

개정 시행령 부칙 제1조는 시행일에 관하여 '이 영은 공포한 날부터 시행한다.'고 규정한 다음, 제2조는 일반적 적용례로 이 영은 '2012년 1월 1일 후 최초로 개시하는 사업연도분부터 적용한 다.'고 규정하고 있을 뿐, 이 사건 조항에 관한 개별적 적용례를 별도로 규정하고 있지 아니하다. 이는 개정 시행령과 같은 날인 2012. 2. 2. 개정된 구 「부가가치세법 시행령」에서 계약이 해제 되어 재화 또는 용역이 공급되지 아니한 경우 계약해제일이 속한 과세기간에 부가가치세에서 차 감하여 수정세금계산서를 발급할 수 있도록 규정하면서, 부칙 제7조에서 2012년 7월 1일 이후 최초로 수정세금계산서 발급사유가 생기는 분부터 적용한다는 개별적 적용례를 두고 있는 것과 도 대비된다.

따라서 이 사건 조항은 2012. 1. 1. 이후부터 개시하는 사업연도분의 과세에 대한 후발적 경정청 구에 적용되며, 그 전의 사업연도분의 과세에 대하여는 비록 그 이후에 후발적 경정청구사유가 발생하였다 하더라도 적용되지 아니한다고 해석되며, 결국 2012 사업연도 이전의 법인세에 관 한 이 사건 잔존 경정청구에는 적용되지 아니한다.

출제위원 채점평

사례 형태의 문제에 있어서는 무엇보다 출제자가 평가하고자 하는 요소가 무엇인지를 정확하게 파악하는 것이 중요한데, 일부 수험생들은 질문의 요지를 파악하기보다는 자신이 알고 있는 내용 의 기술에만 치중하는 모습을 보이기도 하였다. 또한 본 사례 문제에 제대로 답하기 위해서는 평소 법령에 규정된 것을 단편적으로 기억하기보다는 그 구체적인 의미와 함께 실제 이뤄진 상황 하에서 관련 규정이 적용되는지를 이해하려는 노력이 필요할 것이며, 아울러 세법학 과목의 특성 상 법령을 주의 깊게 살피려는 태도도 요구된다고 할 것이다.

다음 사례를 읽고 물음에 답하시오. (30점)

〈사례〉

A법인의 대표이사인 거주자 甲은 경영상 어려움을 겪게 되자 2012년 6월 23일 거주자 乙에게 A법인의 주식과 경영권 등을 대금 20억원, 대금지급기일은 2012년 9월 23일로 약정하여 양도함으로써 양도대금채권을 취득하였다. 또한 甲은 같은 날인 2012년 6월 23일 A법인의 운영과 관련하여 동업관계에 있던 거주자 丙에게 동업 정산의 명목으로 10억원을 2012년 9월 23일까지 지급하기로 약정하였다. 甲은 지급기일인 2012년 9월 23일까지 丙에 대한 자신의 채무를 변제하지 못할 경우 연 20%의 지연손해금을 가산하여 지급하기로 하였고, 만약 2013년 9월 23일까지도 이를 변제하지 못할 경우 丙에게 乙에 대한 양도대금채권을 양도하기로 약정하였다.

甲은 2012년 9월 23일까지 자신의 채무를 변제하지 못하자 약정에 따라 丙에게 연 20%의 지연손해금을 지급하였다. 이후 2013년 9월 23일까지도 자신의 채무를 변제하지 못하게 되자 甲은 2014년 10월 15일 乙에 대한 양도대금채권을 丙에게 양도하고 乙에게 채권양도를 통지하였다. 丙은 2015년 6월 1일 乙에 대한 채권에 기하여 20억원을 지급받았다.

[물음 1] 계약의 위약 또는 해약으로 인하여 받는 소득이 「소득세법」상 기타소득이 되기 위한 요건을 설명하시오. (10점)

[물음 2] 위 사례에서 丙이 받은 지연손해금이 「소득세법」상 기타소득에 해당하는지 여부를 설명하시오. (5점)

[물음 3] 위 사례에서 甲이 丙에게 乙에 대한 양도대금채권을 양도함으로써 丙에게 귀속되는 소득의 종류와 그 과세방법 및 수입시기를 설명하시오. (15점)

【문제 2】소득세법

[물음 1] 위약금 또는 배상금

1. 의의

계약의 위약 또는 해약으로 인하여 지급받는 위약금과 배상금은 기타소득으로 과세한다. 부당이득 반환 시 지급받는 이자도 이에 포함한다.

2. 과세요건

(1) 재산권에 관한 계약

기타소득 과세대상인 위약금과 배상금은 재산권에 관한 계약에 한한다. 따라서, 인격권이나 비재산적 이익의 침해로 인하여 받는 손해배상금 또는 위자료는 기타소득에 해당하지 아니하며 소득세 과세대상도 아니다.

(2) 소극적 손해에 대한 배상

본래의 계약의 내용이 되는 지급 자체에 대한 손해(적극적 손해)를 넘는 손해에 대한 손해배상금액이어야 한다. 즉, 채무가 이행되었더라면 얻었을 재산의 증가액을 보전받는 것은 기타소득 과세대상이다.

[물음 2] 지연손해금

1. 이자소득 해당 여부

기타소득으로 열거된 소득이라도 다른 소득에 해당하면 다른 소득이 우선한다.

다만, 丙이 지급받은 연 20%의 지연손해금은 금전사용의 대가로서 지급받은 것이 아니므로 '이자소득'에 해당하지 아니한다.

2. 기타소득 해당 여부

丙이 받은 지연손해금은 원본의 사용대가가 아니라 변제기까지 채무를 이행하지 못한 점에 대한 손해배상금이다.

이는 재산권에 관한 계약을 위약한 것에 대한 대가로 받은 것으로서 지급 자체에 대한 손해(적극적 손해)를 넘는 손해이므로 기타소득에 해당한다.

[물음 3] 기타소득의 수입시기

1. 소득의 종류

사안에서 丙은 양도대금채권으로 10억원을 보유하던 중 그 변제일이 지연됨에 따라 지연손해금을 더하여 총 20억원의 채권을 수령하게 되었다.

丙이 수령한 대금 20억원 중 채권의 원본채권을 초과하는 부분인 10억원은 재산권에 관한 계약의 위약으로 인하여 지급받는 배상금으로서 '기타소득'에 해당한다.

2. 과세방법

(1) 원천징수

위약금을 지급하는 자인 甲은 기타소득금액(10억원)의 20%를 원천징수하여야 한다.

(2) 종합과세

기타소득을 지급받은 자는 연간 기타소득금액이 300만원 이하인 경우를 제외하고는 종합소득에 합산하여 종합소득 과세표준 및 세액을 스스로 신고하여야 한다.

따라서 丙은 위약금을 다른 종합소득과 합산하여 종합소득신고를 하여야 한다.

3. 수입시기

기타소득의 수입시기는 별도의 규정이 없는 한 '대금을 지급받은 날'로 한다.

사안에서 丙이 甲으로부터 양도받은 채권을 '대물변제'로 보아 채권의 양도시기를 수입시기로 볼 수도 있으나, 이처럼 해석하면 추후 실제로 양수받은 채권을 회수하지 못하는 경우까지 과세될 우려가 있다.

따라서 기타소득의 수입시기는 채권양도 시가 아니라 채권자가 실제로 원리금을 초과하는 금액을 현실로 지급받은 때인 2015년 6월 1일이다.

1. 기타소득(「소득세법」제21조)

> ① 기타소득은 이자소득·배당소득·사업소득·근로소득·연금소득·퇴직소득 및 양도소득 외의 소득으로서 다음 각 호에서 규정하는 것으로 한다.
>
>   7. 광업권·어업권·양식업권·산업재산권·산업정보, 산업상 비밀, 상표권·영업권(대통령령으로 정하는 점포 임차권을 포함한다), 토사석(土砂石)의 채취허가에 따른 권리, 지하수의 개발·이용권, 그 밖에 이와 유사한 자산이나 권리를 양도하거나 대여하고 그 대가로 받는 금품
>
>   10. 계약의 위약 또는 해약으로 인하여 받는 소득으로서 다음 각 목의 어느 하나에 해당하는 것
>
>   가. 위약금
>
>   나. 배상금
>
>   다. 부당이득 반환 시 지급받는 이자

2. 기타소득의 범위 등(「소득세법 시행령」제41조 제8항)

> 법 제21조 제1항 제10호에서 "위약금과 배상금"이란 재산권에 관한 계약의 위약 또는 해약으로 받는 손해배상(보험금을 지급할 사유가 발생하였음에도 불구하고 보험금 지급이 지체됨에 따라 받는 손해배상을 포함한다)으로서 그 명목 여하에 불구하고 본래의 계약의 내용이 되는 지급 자체에 대한 손해를 넘는 손해에 대하여 배상하는 금전 또는 그 밖의 물품의 가액을 말한다. 이 경우 계약의 위약 또는 해약으로 반환받은 금전 등의 가액이 계약에 따라 당초 지급한 총금액을 넘지 아니하는 경우에는 지급 자체에 대한 손해를 넘는 금전 등의 가액으로 보지 아니한다.

3. 기타소득 등의 수입시기(「소득세법 시행령」제50조)

> ① 기타소득의 수입시기는 다음 각 호에 따른 날로 한다.
>
>   1. 법 제21조 제1항 제7호에 따른 기타소득(자산 또는 권리를 대여한 경우의 기타소득은 제외한다)
>
>   그 대금을 청산한 날, 자산을 인도한 날 또는 사용·수익일 중 빠른 날. 다만, 대금을 청산하기 전에 자산을 인도 또는 사용·수익하였으나 대금이 확정되지 아니한 경우에는 그 대금 지급일로 한다.
>
>   1의2. 법 제21조 제1항 제10호에 따른 소득 중 계약금이 위약금·배상금으로 대체되는 경우의 기타소득
>
>   계약의 위약 또는 해약이 확정된 날
>
>   2. 법 제21조 제1항 제20호에 따른 기타소득
>
>   그 법인의 해당 사업연도의 결산확정일
>
>   3. 법 제21조 제1항 제21호에 따른 기타소득
>
>   연금외수령한 날
>
>   4. 그 밖의 기타소득
>
>   그 지급을 받은 날
>
> ② 퇴직소득의 수입시기는 퇴직한 날로 한다. 다만, 법 제22조 제1항 제1호 중 「국민연금법」에 따른 일시금과 제42조의2 제4항 제3호에 따른 퇴직공제금의 경우에는 소득을 지급받는 날(분할하여 지급받는 경우에는 최초로 지급받는 날)로 한다.

관련 판례

소득세는 사법상 성질이나 효력에도 불구하고 일정한 **경제적 이익**을 지배·관리·향수하는 경우에 납세자금을 부담할 담세력이 있다고 보아 그에 대하여 부과하는 것이므로, 사법상 어떠한 소득이 생긴 것으로 보이더라도 그것이 계산상·명목상의 것에 불과할 뿐 실제로는 경제적 이익을 지배·관리·향수할 수 없고 담세력을 갖추었다고 볼 수 없다면, 소득세의 과세대상인 소득이 있다고 할 수 없다. 채무자가 양도하는 채권의 가액에서 원래 채권의 원리금을 넘는 금액을 채무불이행으로 인한 위약금 또는 배상금으로서 채권자에게 귀속시키려는 의사로 채무변제에 갈음한 채권양도를 한 경우, 채권자로서는 비록 채무자 및 채권 액면금액 등이 변경되기는 하지만 여전히 채권이라는 형태의 자산을 보유한 채 그 실질적·종국적인 만족을 얻지 못한 상태에 머물게 된다는 점에서 종전과 다름이 없다. 구 「소득세법 시행령」 제50조 제1항도 기타소득의 수입시기를 원칙적으로 '지급을 받은 날'로 규정하고 있다. 이러한 점들에 비추어 보면, 채권자가 채무변제에 갈음한 채권양도로 원래 채권의 원리금을 넘는 새로운 채권을 양수함으로써 원래의 채권이 소멸한 것만으로는 특별한 사정이 없는 한 아직 원래의 채권에 대한 기타소득이 발생하였다고 할 수 없고, 그 양수한 채권에 기하여 채권자가 원래의 채권의 원리금을 초과하는 금액을 현실로 추심한 때에 비로소 원래의 채권에 대한 기타소득이 발생한다고 보아야 할 것이다. (2012두28339, 2016. 6. 23.)

출제위원 채점평

사례형 문제에 적합하지 않은 내용과 체계로 작성된 답안이 상당수 있어 수험자들의 사례형 문제에 대한 대비가 부족하다는 인상을 받았다. 사례형 문제의 경우, 우선 주어진 사실관계에 대한 정확한 이해를 바탕으로 문제에서 묻고 있는 사항을 정확하게 파악하는 것이 중요하다. 그리고 일반적인 설명을 나열하는 것보다는 제시된 사례와 관련지어 답안을 작성하는 것이 바람직하다. 나아가 관련 사항에 대한 충분한 설명과 논리 전개 이후, 결론에 문제에서 요구하는 답을 명확히 제시하는 것이 필요하다. 관련 사항에 대한 설명과 논리 전개에 있어서는 법령 및 판례를 그 주된 근거로 제시하는 것이 좋다.

문제 3

다음 사례를 읽고 물음에 답하시오. (30점)

〈사례〉

1. A협동조합중앙회(이하 'A중앙회')는 지역별 회원조합이 출자하여 설립한 비영리내국법인으로서 사업부문을 신용사업, 상호금융사업, 공제사업으로 구분하여 각 사업별 독립회계로 운영하고 있으며, 정관상 그 목적을 달성하기 위하여 회원의 상환준비금과 여유자금의 운영·관리, 회원과 그 조합원의 사업 및 생활개선을 위한 정보망의 구축, 정보화교육 및 보급 등을 위한 사업을 수행할 수 있도록 정하고 있다. 이 중 상호금융사업은 회원조합이 예치한 상환준비금과 여유자금을 운영·관리하는 업무를 수행하는 수익사업 부문이다.

2. A중앙회는 2008 사업연도부터 2014 사업연도 중 소속 조합원들을 위해 자체적으로 설치비를 조달할 능력이 없는 지역 회원조합들에게 365 현금자동인출기 코너(이하 '365코너')의 설치비(이하 '이 사건 설치비') 50억원을 상호금융사업의 자금을 동원하여 무이자로 대여하면서(이하 '이 사건 대여거래') 전산장비지원대출금으로 회계처리하여 각 사업연도 법인세를 신고·납부하였다. A중앙회의 회계자료에 대한 외부감사인의 검토의견에서는 '상호금융사업에서 보조성격의 무이자 자금을 직접 지원하는 경우 A중앙회의 수익창출에는 기여하나, 그 비용을 자금예치조합의 기대수익에서 충당하게 되므로, 수익사업인 상호금융사업의 수익자부담원칙이 훼손되어 회원조합 간 갈등과 중앙회에 대한 불신요인으로 작용할 소지가 크다'는 문제점이 지적된 바 있다.

3. 그런데 서울지방국세청장은 A중앙회에 대한 법인세 통합조사를 실시하고, 관할 세무서장에게 ① 이 사건 설치비는 특수관계자에게 업무와 관련 없이 지급한 가지급금에 해당하므로, 법인세법령에 따른 업무무관자산 등에 대한 지급이자 손금불산입 규정을 적용하여 이 사건 설치비 상당의 차입금에 관한 지급이자를 손금불산입할 것, ② 이 사건 대여거래는 조세의 부담을 부당히 감소시키는 것으로 인정되는 무상의 금전 대여거래에 해당하므로, 법인세법령에 따른 부당행위계산부인 규정을 적용하여 이 사건 대여거래에 따른 인정이자를 익금산입할 것 등 두가지 경정사항이 포함된 세무조정 결과를 통보하였다. 이에 관할 세무서장은 2016년 5월경 관련 가산세를 포함하여 위 A중앙회의 2008 사업연도부터 2014 사업연도 신고·납부세액 중 부과제척기간 내에 있는 것을 증액하는 경정처분을 A중앙회에 송달하였고, A중앙회는 이에 불복하여 조세쟁송을 제기하였다. (단, A중앙회 및 회원조합은 세법상 당기순이익과세를 적용받는 조합법인이 아니며, 세법상 가산세는 이하에서 논외로 한다)

[물음 1] A중앙회가 영리법인이 아님에도 법인세 납세의무를 부담하는 근거와 범위에 대하여 설명하시오. (8점)

[물음 2] A중앙회에 대하여 법인세법령상 부당행위계산부인 및 업무무관 가지급금의 손금불산입 규정을 적용하기 위한 요건에 대하여 설명하시오. (10점)

[물음 3] 위 사례에서 관할 세무서장이 한 과세처분의 적법성 여부에 대하여 논하시오. (12점)

【문제 3】 법인세법

[물음 1] 비영리법인의 납세의무 범위

1. 과세취지

비영리법인에게 법인세를 과세하지 않는다면 수익사업을 영위하는 비영리법인과 영리법인이 '경쟁관계'에 있는 이상 영리법인과 비영리법인 간에 세부담차이로 인하여 불균형상태가 발생한다.

이는 '조세의 중립성'을 훼손하게 될 수 있다.

2. 과세범위

법인세법상 법인은 ① 각 사업연도 소득에 대한 법인세, ② 청산소득에 대한 법인세, ③ 토지 등 양도소득에 대한 법인세를 납부할 의무를 진다.

이 중 비영리법인은 각 사업연도에 대한 법인세와 토지 등 양도소득에 대한 법인세에 대하여 납세의무를 진다. 다만, 각 사업연도에 대한 법인세는 '수익사업'에서 생긴 소득에 한정한다.

[물음 2] 과세요건

1. 부당행위계산부인 규정 적용요건

부당행위계산부인 규정을 적용하기 위한 요건으로는 ① 특수관계가 있는 자와의 거래일 것, ② 행위·계산이 부당할 것, ③ 법인소득에 대한 조세의 부담을 감소시킬 것 등이 있다. 다만, 납세자의 주관적인 조세회피 의도는 요건에 해당하지 않는다.

그런데 비영리법인은 수익사업에 대해서만 법인세가 부과된다. 따라서 비영리법인에 대한 부당행위계산부인 규정은 특별히 '수익사업' 거래에서 발생한 경우에 한하여 적용된다.

2. 업무무관 가지급금 손금불산입

법인이 업무와 무관하게 특수관계인에게 자금을 대여한 경우에는 그 차입금 관련 이자는 손금에 산입하지 아니한다.

그런데 비영리법인의 경우에는 법인세 납세의무가 있는 '수익사업'에 한하여 업무무관 가지급금 규정이 적용된다.

[물음 3] 과세처분의 적법성

1. 쟁점

A중앙회가 소속 조합원들에게 자금을 대여한 것이 수익사업에서 발생한 거래인지 여부

2. 수익사업에서 발생한 거래인지 여부

A중앙회의 조합원에 대한 자금대여거래는 회원조합의 365코너 설치 지원을 목적으로 한 '고유목적사업'에 해당하는 것을 정관에서 확인할 수 있다.

따라서 비록 A중앙회가 수익사업에 속하는 차입금을 무상으로 대여한 경우라도 이는 조합원의 정보망 구축사업 등 목적사업을 위한 거래에 해당하며, 그 결과 수익사업에서 발생한 거래로 볼 수 없다.

3. 적법성 여부

(1) 부당행위계산부인

비록 A중앙회가 그 특수관계인인 조합원에 자금을 무상으로 대여하였다고 하더라도 이는 수익사업에서 발생한 거래가 아니다.

따라서 비영리법인의 수익사업에서 발생한 거래가 아닌 경우까지 부당행위계산부인 규정을 적용하여 과세처분한 것은 적법하지 않다.

(2) 지급이자 손금불산입

비록 A중앙회가 특수관계에 있는 조합원에게 무상으로 대여하였으나 이는 수익사업의 거래에서 발생한 것이 아니므로 지급이자 손금불산입 규정을 적용하는 것은 그 입법취지(비정상적인 자금대여로 인한 재무구조 악화를 방지)에 비추어 볼 때 타당하지 않다.

따라서 고유목적사업에 사용하기 위하여 수익사업에 속한 자금을 무상대여한 경우에 발생한 이자를 손금불산입한 과세처분은 적법하지 않다.

1. 과세소득의 범위(「법인세법」 제4조)

> ① 내국법인에 법인세가 과세되는 소득은 다음 각 호의 소득으로 한다. 다만, 비영리내국법인의
> 경우에는 제1호와 제3호의 소득으로 한정한다.
> 1. 각 사업연도의 소득
> 2. 청산소득
> 3. 제55조의2에 따른 토지 등 양도소득
> ③ 제1항 제1호를 적용할 때 비영리내국법인의 각 사업연도의 소득은 다음 각 호의 사업 또는 수
> 입(이하 "수익사업"이라 한다)에서 생기는 소득으로 한정한다.
> 1. 제조업, 건설업, 도매 및 소매업 등 「통계법」 제22조에 따라 통계청장이 작성·고시하는
> 한국표준산업분류에 따른 사업으로서 대통령령으로 정하는 것
> 2. 「소득세법」 제16조 제1항에 따른 이자소득
> 3. 「소득세법」 제17조 제1항에 따른 배당소득
> 4. 주식·신주인수권 또는 출자지분의 양도로 인한 수입
> 5. 유형자산 및 무형자산의 처분으로 인한 수입. 다만, 고유목적사업에 직접 사용하는 자산의
> 처분으로 인한 대통령령으로 정하는 수입은 제외한다.
> 6. 「소득세법」 제94조 제1항 제2호 및 제4호에 따른 자산의 양도로 인한 수입
> 7. 그 밖에 대가를 얻는 계속적 행위로 인한 수입으로서 대통령령으로 정하는 것

2. 지급이자의 손금불산입(「법인세법」 제28조 제1항)

> 다음 각 호의 차입금의 이자는 내국법인의 각 사업연도의 소득금액을 계산할 때 손금에 산입하지
> 아니한다.
> 1. 대통령령으로 정하는 채권자가 불분명한 사채의 이자
> 2. 「소득세법」 제16조 제1항 제1호·제2호·제5호 및 제8호에 따른 채권·증권의 이자·할인액
> 또는 차익 중 그 지급받은 자가 불분명한 것으로서 대통령령으로 정하는 것
> 3. 대통령령으로 정하는 건설자금에 충당한 차입금의 이자
> 4. 다음 각 목의 어느 하나에 해당하는 자산을 취득하거나 보유하고 있는 내국법인이 각 사업연
> 도에 지급한 차입금의 이자 중 대통령령으로 정하는 바에 따라 계산한 금액(차입금 중 해당
> 자산가액에 상당하는 금액의 이자를 한도로 한다)
> 가. 제27조 제1호(업무와 관련 없는 자산)에 해당하는 자산
> 나. 특수관계인에게 해당 법인의 업무와 관련 없이 지급한 가지급금 등으로서 대통령령으로 정
> 하는 것

「법인세법」은 비영리내국법인이 '각 사업연도의 소득' 및 '토지 등 양도소득'에 대하여만 법인세
납세의무를 지는 것으로 규정하고, 비영리내국법인의 각 사업연도의 수입은 수익사업에서 생기
는 소득으로 한다고 규정하고 있다.

그리고 「법인세법」 제29조 제1항은 비영리내국법인이 그 법인의 고유목적사업에 지출하기 위하
여 고유목적사업준비금을 손금으로 계상한 경우에는 일정한 범위 안에서만 당해 사업연도의 소
득금액 계산에 있어서 손금에 산입할 수 있도록 규정하며, 「법인세법 시행령」 제56조 제5항은
'법 제29조 제1항에서 고유목적사업이라 함은 당해 비영리내국법인의 법령 또는 정관에 규정된
설립목적을 직접 수행하는 사업으로서 제4조 제3항의 규정에 해당하는 수익사업 외의 사업을 말

한다.'고 규정하고 있다.

한편 「법인세법」 제28조 제1항 제4호 (나)목은 법인이 특수관계자에게 당해 법인의 업무와 관련 없이 지급한 가지급금 등으로서 대통령령이 정하는 차입금의 이자는 각 사업연도의 소득금액 계산에 있어 손금에 산입하지 않도록 규정하고, 그 위임에 의한 「법인세법 시행령」 제53조 제1항, 제61조 제2항 제7호는 A협동조합법에 따른 A협동조합중앙회(신용사업에 한정한다)의 경우 주된 수익사업으로 볼 수 없는 자금의 대여액을 여기에 포함하도록 규정하며, 「법인세법」 제52조, 「법인세법 시행령」 제88조 제1항 제6호는 '금전 기타 자산 또는 용역을 무상 또는 시가보다 낮은 이율·요율이나 임대료로 대부하거나 제공한 경우'에 그것이 건전한 사회통념이나 상관행에 비추어 볼 때 경제적 합리성이 결여되어 조세의 부담을 부당하게 감소시킨 것으로 인정되는 경우에는 부당행위계산부인에 의하여 그에 대한 인정이자를 익금에 가산하도록 규정하고 있다.

비영리내국법인에 대하여는 소득이 있더라도 그 소득이 수익사업으로 인한 것이 아닌 이상 법인세를 부과할 수 없는 점(2003두12455), 비영리법인이 고유목적사업에 지출하기 위하여 고유목적사업준비금을 계상한 경우에 한하여 일정한 범위 안에서만 손금에 산입하도록 하고 있으나, 고유목적사업준비금을 계상하지 않고 고유목적사업에 지출한 경우에는 비영리내국법인의 수익사업에 속하는 잉여금 및 자본원입액에서 상계할 수밖에 없는 점, 「법인세법」 제52조가 정한 부당행위계산부인이란 법인이 특수관계에 있는 자와의 거래에 있어 정상적인 경제인의 합리적인 방법에 의하지 아니하고 부당한 거래형태를 빙자하여 남용함으로써 조세부담을 부당하게 회피하거나 경감시킨 경우에 과세권자가 이를 부인하고 법령에 정한 방법에 의하여 객관적이고 타당하다고 보이는 소득이 있는 것으로 의제하는 제도인 점(2008두15541), 「법인세법」 제28조 제1항 제4호 (나)목이 업무무관 가지급금을 손금에 산입하지 않도록 규정한 입법목적은 차입금을 보유하고 있는 법인이 특수관계자에게 업무와 관련 없이 가지급금 등을 지급한 경우에는 이에 상당하는 차입금의 지급이자를 손금불산입하도록 하는 조세상의 불이익을 주어, 차입금을 생산적인 부분에 사용하지 아니하고 특수관계자에게 대여하는 비정상적인 행위를 제한함으로써 타인자본에 의존한 무리한 기업 확장으로 기업의 재무구조가 악화되는 것을 방지하고, 기업자금의 생산적 운용을 통한 기업의 건전한 경제활동을 유도하는 데에 있는 점(2006두1647) 등을 종합하여 보면, 「법인세법」 제52조 소정의 부당행위계산부인이나 「법인세법」 제28조 제1항 제4호 (나)목 소정의 업무무관 가지급금의 손금불산입 관련 규정은 비영리법인의 경우 법인세의 납세의무가 있는 수익사업에 관한 거래에 대하여만 적용되고, 비영리법인이 고유목적사업에 사용하기 위하여 수익사업에 속하는 차입금을 특수관계자에게 무상으로 대여한 경우에는 그것을 수익사업에 관한 거래로 보기 어려우므로 이에 대하여는 부당행위계산부인이나 업무무관 가지급금의 손금불산입 관련 규정을 적용할 수 없다. (2013두12645, 2013. 11. 28.)

출제위원 채점평

수험생들이 단순히 세법규정을 암기하여 쓸 수 있는 문제보다는 알고 있는 지식을 사실관계에 적용하여 주어진 정보를 바탕으로 구체적 타당성 있는 해결을 잘 도출하고 있는지 여부를 확인하는 데 주안점을 둔 사례형 문제이다. 조문의 내용을 단순 암기하여 답안을 나열하기보다 주어진 사례에 포섭하여 구체적 타당성 있는 해결을 도출하는 연습이 많이 필요하다고 생각된다.

문제 4

다음 사례를 읽고 물음에 답하시오. (20점)

> 〈사례〉
>
> 거주자 甲의 가족으로는 자녀 乙(1982년생)과 丙(1985년생), 그리고 홀어머니 丁이 있으며, 배우자는 10년 전에 사망하였다. 甲·乙·丙은 무주택 상태로 지내다 2003년 3월 1일 부천아파트를 甲의 명의로 취득하였으며, 乙의 군복무기간(2004년 1월 1일부터 2005년 12월 31일)을 제외하고는 부천아파트에서 계속하여 함께 동거하였다. 甲은 2014년 丙에게 강화토지를 증여한 후 2016년 3월 1일 사망하였는데, 甲의 사망 당시 상속재산으로는 부천아파트와 김포토지, 인천상가가 있었다. 甲은 사망 전 인천상가는 丁에게 유증하고, 부천아파트는 乙에게, 김포토지는 丙에게 상속하는 것으로 유언하였다. 상속이 개시되자 乙은 상속을 승인하였으나, 丙은 상속 이전부터 존재하였던 자신의 개인채무과다로 상속을 포기하였다. 상속인들은 2016년 5월 상속세 신고를 하였다. (乙, 丙, 丁은 모두 거주자이며, 상속세 과세가액은 15억원이다)

[물음 1] 동거주택 상속공제의 의의 및 요건을 설명하고, 위 사례에서의 적용 여부를 논하시오. (10점)

[물음 2] 위 사례에서 상속인들의 상속세를 신고함에 있어 상속공제한도 적용에 대하여 설명하시오. (10점)

해답

【문제 4】 상속세 및 증여세법
[물음 1] 동거주택 상속공제
1. 의의
피상속인과 하나의 세대를 구성하여 장기간 동거·봉양한 상속인의 상속세 부담을 완화하기 위하여 상속세 계산 시 피상속인과 직계비속이 동거한 상속주택가액을 상속세 과세가액에서 공제한다. 단, 6억원을 한도로 한다.

2. 동거주택 상속공제 적용요건
다음 요건을 모두 충족하여야 한다.
① 피상속인과 상속인(직계비속 및 그 배우자인 경우로 한정)이 상속개시일부터 소급하여 10년 이상(상속인이 미성년자인 기간은 제외) 계속하여 하나의 주택에서 동거할 것
② 피상속인과 상속인이 상속개시일부터 소급하여 10년 이상 계속하여 1세대였으며, 상속받은 주택이 1세대 1주택에 해당할 것
③ 상속개시일 현재 무주택자이거나 피상속인과 공동으로 1세대 1주택을 보유한 자로서 피상속인과 동거한 상속인이 상속받은 주택일 것

3. 사례 적용
① 부천아파트는 피상속인의 직계비속인 乙이 상속하였으며, 甲과 乙은 2003년부터 2016년까지 계속하여 10년 이상 동거하였다. 징집의 사유로 동거하지 못한 기간은 10년에 합산하지 않으나 계속하여 동거한 것으로 본다.
② 甲과 乙은 상속개시일부터 소급하여 10년간 계속하여 1세대 1주택을 유지하였다.
③ 乙은 상속개시일 현재 무주택자이다.
따라서 동거주택 상속공제를 적용받을 수 있다.

[물음 2] 상속공제한도
1. 상속공제한도
상속공제는 피상속인의 가족상황을 고려하여 상속세 부담을 덜어주는 데 그 취지가 있다.
따라서 상속인 이외의 자에 대한 유증이나 사전증여재산에 대해서는 상속공제한도액에서 이를 차감함으로써 상속공제를 허용하지 않는다.

다만, 상속세 과세가액이 5억원을 초과하는 경우에 한하여 상속공제한도를 적용한다.

2. 사례 적용
(1) 丁에게 유증한 인천상가
甲의 상속인은 자녀 乙과 丙이다. 따라서 丁은 상속인 외의 자가 되고, 丁에게 유증한 상속재산을 상속공제한도액에서 차감한다.

(2) 丙의 상속포기
丙의 상속포기로 그 다음 순위의 상속인이 상속받은 재산이 있는 경우에는 그 재산을 상속공제한도액에서 차감한다. 사안에서는 丙의 상속포기로 인하여 후순위자가 상속받은 재산은 없다.

(3) 사전증여한 강화토지
상속개시일로부터 10년 이내 상속인에게 증여한 사전증여재산은 상속공제한도액에서 차감한다.
이때 상속포기한 자도 상속인에 포함한다.

따라서 丙이 사전증여받은 강화토지는 상속공제한도액에서 차감한다.

1. 동거주택 상속공제(「상속세 및 증여세법」 제23조의2)

① 거주자의 사망으로 상속이 개시되는 경우로서 다음 각 호의 요건을 모두 갖춘 경우에는 상속
주택가액(「소득세법」…에 따른 주택부수토지의 가액을 포함하되, 상속개시일 현재 해당 주택
및 주택부수토지에 담보된 피상속인의 채무액을 뺀 가액을 말한다)의 100분의 100에 상당하
는 금액을 상속세 과세가액에서 공제한다. 다만, 그 공제할 금액은 6억원을 한도로 한다.
  1. 피상속인과 상속인(직계비속 및 「민법」 제1003조 제2항에 따라 상속인이 된 그 직계비속
  의 배우자인 경우로 한정하며, 이하 이 조에서 같다)이 상속개시일부터 소급하여 10년 이상
  (상속인이 미성년자인 기간은 제외한다) 계속하여 하나의 주택에서 동거할 것
  2. 피상속인과 상속인이 상속개시일부터 소급하여 10년 이상 계속하여 1세대를 구성하면서 대
  통령령으로 정하는 1세대 1주택에 해당할 것. 이 경우 무주택인 기간이 있는 경우에는 해당
  기간은 전단에 따른 1세대 1주택에 해당하는 기간에 포함한다.
  3. 상속개시일 현재 무주택자이거나 피상속인과 공동으로 1세대 1주택을 보유한 자로서 피상
  속인과 동거한 상속인이 상속받은 주택일 것
② 제1항을 적용할 때 피상속인과 상속인이 대통령령으로 정하는 사유에 해당하여 동거하지 못한
경우에는 계속하여 동거한 것으로 보되, 그 동거하지 못한 기간은 같은 항에 따른 동거기간에
산입하지 아니한다.

2. 동거주택 인정의 범위(「상속세 및 증여세법 시행령」 제20조의2)

② 법 제23조의2 제2항에서 "대통령령으로 정하는 사유"란 다음 각 호의 어느 하나에 해당하는
경우를 말한다.
  1. 징집
  2. 취학, 근무상 형편 또는 질병 요양의 사유로서 기획재정부령으로 정하는 사유

3. 공제 적용의 한도(「상속세 및 증여세법」 제24조)

제18조부터 제23조까지 및 제23조의2에 따라 공제할 금액은 제13조에 따른 상속세 과세가액에
서 다음 각 호의 어느 하나에 해당하는 가액을 뺀 금액을 한도로 한다. 다만, 제3호는 상속세 과세
가액이 5억원을 초과하는 경우에만 적용한다.
1. 선순위인 상속인이 아닌 자에게 유증 등을 한 재산의 가액
2. 선순위인 상속인의 상속 포기로 그 다음 순위의 상속인이 상속받은 재산의 가액
3. 제13조에 따라 상속세 과세가액에 가산한 증여재산가액(제53조 또는 제54조에 따라 공제받은
  금액이 있으면 그 증여재산가액에서 그 공제받은 금액을 뺀 가액을 말한다)

4. 상속세 과세가액(「상속세 및 증여세법」 제13조)

① 상속세 과세가액은 상속재산의 가액에서 제14조에 따른 것을 뺀 후 다음 각 호의 재산가액을
가산한 금액으로 한다. 이 경우 제14조에 따른 금액이 상속재산의 가액을 초과하는 경우 그
초과액은 없는 것으로 본다.
  1. 상속개시일 전 10년 이내에 피상속인이 상속인에게 증여한 재산가액
  2. 상속개시일 전 5년 이내에 피상속인이 상속인이 아닌 자에게 증여한 재산가액

5. 기타 관련 법령

- 기초공제(「상속세 및 증여세법」 제18조)
- 배우자 상속공제(「상속세 및 증여세법」 제19조)
- 그 밖의 인적공제(「상속세 및 증여세법」 제20조)
- 일괄공제(「상속세 및 증여세법」 제21조)
- 금융재산 상속공제(「상속세 및 증여세법」 제22조)
- 재해손실공제(「상속세 및 증여세법」 제23조)
- 동거주택 상속공제(「상속세 및 증여세법」 제23조의2)

출제위원 채점평

「상속세 및 증여세법」의 동거주택 상속공제와 상속공제한도 문제를 출제하였다. 이 중 첫 번째 문제의 경우에는 상당수 수험생들이 제도의 의의와 요건에 대하여 어느 정도 충분한 답안을 작성하였으며, 사례 적용에서도 대부분 예문을 제대로 파악하여 답안을 작성하였다. 그러나 두 번째 문제의 경우 관련 세법 규정 및 사례에 대한 정확한 답안 작성에 많은 수험생들이 어려워하였다. 수험생들은 관련 주제에 대한 법령과 기본이론 등을 충실히 이해하여야 하며, 답안 작성 시에는 질문에 따라 핵심사항 위주로 답안을 작성하는 것이 무엇보다 필요하다고 여겨진다.

문제 1

「부가가치세법」 제4조는 사업자가 행하는 재화 또는 용역의 공급과 재화의 수입을 과세대상 거래로 규정하고 있다. 「부가가치세법」상 과세대상 거래에 관한 다음 물음에 답하시오. (35점)

[물음 1] 사업자가 대가를 받지 아니하고 용역을 공급하는 경우 부가가치세 과세 여부에 대하여 설명하시오. (5점)

[물음 2] 사업장이 둘 이상인 사업자가 자기의 사업과 관련하여 생산 또는 취득한 재화를 판매할 목적으로 자기의 다른 사업장에 반출하는 경우 부가가치세 과세 여부에 대하여 설명하시오. (5점)

[물음 3] 「부가가치세법」상 계약상 또는 법률상의 모든 원인에 따라 재화를 인도하거나 양도하였음에도 불구하고 재화의 공급으로 보지 않는 경우를 열거하고 그 이유를 각각 설명하시오. (10점)

[물음 4] 「부가가치세법」상 계약상 또는 법률상의 모든 원인에 따라 재화를 인도하거나 양도하지 않았음에도 불구하고 재화의 공급으로 보는 경우(이하 '재화의 간주공급')를 열거하고, 이러한 재화의 간주공급을 당해 재화의 매입 시 매입세액을 공제받은 경우로 한정하는 것이 타당한지 여부를 판단하고 그 논거를 제시하시오. (15점)

해답

【문제 1】부가가치세법

[물음 1] 용역의 무상공급

1. 원칙

(1) 자가공급

사업자가 자기 사업을 위하여 스스로 용역을 공급함으로써 과세형평이 침해되는 경우에 한하여 과세할 수 있으나, 현행법상 과세하지는 않는다.

(2) 타인에게 공급

용역의 무상공급을 현실적으로 파악하기 어려우며, 과세표준을 객관적으로 측정하기도 어렵다.

따라서 사업자가 대가를 받지 않고 타인에게 용역을 공급하는 것은 원칙적으로 용역의 공급으로 보지 않고, 부가가치세를 과세하지 않는다.

2. 예외

사업자가 특수관계인에게 사업용 부동산의 임대용역을 무상으로 공급하는 경우에는 임대용역의 시가 산정이 가능하다. 이에 따라 특수관계인에게 사업용부동산을 무상임대하는 경우에는 용역의 공급으로 보아 부가가치세를 과세한다.

[물음 2] 판매목적 타사업장 반출

1. 원칙

부가가치세법은 사업장단위로 부가가치세를 신고·납부하므로 반출 사업장에서는 매입세액만 발생하고 반입 사업장에서는 매출세액만 발생하여 사업자에게 불필요한 자금부담이 생길 우려가 있다.

이러한 문제를 해결하고자 사업장이 둘 이상인 사업자가 판매목적으로 자기의 사업용 재화를 다른 사업장에 반출한 경우에는 재화의 공급으로 보아 부가가치세를 과세한다.

2. 예외

부가가치세법은 예외적으로 사업장이 아니라 사업자가 과세단위 또는 납부단위가 될 수 있는 경우를 허용하고 있다.

이러한 총괄납부사업자 또는 사업자단위과세사업자의 경우에는 특별한 사정이 없는 한 판매목적의 사업용 재화 반출을 재화의 공급으로 보지 않고 부가가치세를 과세하지 않는다.

[물음 3] 재화의 공급으로 보지 않는 경우

1. 재화를 담보로 제공하는 것

질권·저당권 또는 양도담보의 목적으로 동산·부동산 및 부동산상의 권리를 제공하는 것은 재화의 공급으로 보지 않는다.

비록 재화의 점유 또는 형식적인 소유권이 이전되었다 하더라도 채권자(담보권자)가 이를 사용·소비할 수 없으므로 실질적인 소유권이 이전된 것이라고 할 수 없기 때문이다.

2. 사업양도

사업장별로 그 사업에 관한 모든 권리와 의무를 포괄적으로 승계시키는 사업의 양도는 재화의 공급으로 보지 않는다.

사업양도는 경영주체의 변경에 불과하며 사업자 간의 거래이므로 과세하더라도 부가가치세 세수에 영향이 없다. 오히려 사업양도를 과세하게 될 경우 양수인에게 불필요한 자금압박만을 주게 되므로 조세정책적 배려 차원에서 과세하지 않는다.

3. 조세의 물납

상속세 등의 조세를 물납하는 경우에는 재화의 공급으로 보지 않는다.

이를 과세하면 납세자는 국가로부터 부가가치세를 징수하여 다시 국가에 납부하는 것이므로 국고 측면에서 실익이 전혀 없고 납세자의 불편만 초래하게 된다.

[참고]

신탁설정으로 인한 신탁재산의 소유권 이전은 출제 당시의 법령이 아니므로 제외하였다.

[물음 4] 재화의 간주공급

1. 간주공급

(1) 자가공급

① 사업자가 자기생산·취득재화를 자기의 면세사업을 위하여 직접 사용하거나 소비하는 경우

② 영업용 소형승용차와 관련하여 매입세액을 공제받고 이를 비영업용으로 전용 또는 사용한 경우

③ 둘 이상의 사업장을 가진 과세사업자가 자기의 사업과 관련하여 생산·취득한 재화를 판매목적으로 다른 사업장에 반출하는 경우

(2) 개인적 공급

사업자가 자기생산·취득재화를 사업과 직접적인 관계없이 자기의 개인적인 목적이나 그 밖의 다른 목적을 위하여 사용·소비하거나 그 사용인 또는 그 밖의 자가 사용·소비하는 경우

(3) 사업상 증여

사업자가 자기생산·취득재화를 자기의 고객이나 불특정 다수에게 증여하는 경우(증여하는 재화의 대가가 주된 재화의 공급대가에 포함되는 경우는 제외)

(4) 폐업 시 잔존재화

사업자가 폐업할 때 자기생산·취득재화가 남아 있는 경우

2. 매입세액공제받은 것에 한정하는 이유

사업자의 지위에서 매입한 재화를 과세사업에 직접 사용하지 않는 경우까지 매입공제를 허용하는 것은 '과세형평'에 어긋난다. 이를 방지하기 위한 규정 중 하나가 간주공급에 관한 규정이다.

따라서 매입세액을 공제받은 재화에 한하여 간주공급 규정을 적용하는 것은 '과세형평' 차원에서 타당하다.

다만, 사업자의 자금부담 완화를 목적으로 한 '판매목적 타사업장 반출'의 경우에는 과세형평과는 무관하므로 매입세액을 공제받았는지 여부에 관계없이 재화를 공급한 것으로 본다.

1. 과세대상(「부가가치세법」 제4조)

> 부가가치세는 다음 각 호의 거래에 대하여 과세한다.
> 1. 사업자가 행하는 재화 또는 용역의 공급
> 2. 재화의 수입

2. 용역 공급의 특례(「부가가치세법」 제12조)

> ① 사업자가 자신의 용역을 자기의 사업을 위하여 대가를 받지 아니하고 공급함으로써 다른 사업
>   자와의 과세형평이 침해되는 경우에는 자기에게 용역을 공급하는 것으로 본다. 이 경우 그 용
>   역의 범위는 대통령령으로 정한다.
> ② 사업자가 대가를 받지 아니하고 타인에게 용역을 공급하는 것은 용역의 공급으로 보지 아니한
>   다. 다만, 사업자가 대통령령으로 정하는 특수관계인에게 사업용 부동산의 임대용역 등 대통령
>   령으로 정하는 용역을 공급하는 것은 용역의 공급으로 본다.
> ③ 고용관계에 따라 근로를 제공하는 것은 용역의 공급으로 보지 아니한다.

「부가가치세법」 제12조 제1항은 재화 공급의 특례(「부가가치세법」 제10조 제1항부터 제6항까
지) 규정과 대칭을 이루는 조항이다.

다만 '과세형평이 침해되는 경우'라는 법률요건은 그 자체로 충분한 과세요건이 될 수 없다. 결국
더 구체적인 행정입법(대통령령)이 있어야만 실제로 집행될 수 있다. 하지만 현재 「부가가치세법
시행령」은 여전히 아무런 규정을 두고 있지 않기 때문에, 결국 제1항은 현재로서는 적용될 수
없는 규정이다.

「부가가치세법」 제12조 제1항 및 제2항을 보면 재화의 경우와 달리 용역의 무상공급은 원칙적으
로 '공급'의 범위에서 제외해 두었다. 이는 법논리에서 나오는 필연적인 결과라기보다는, 현실적
으로 용역의 무상공급은 과세관청의 입장에서 그 존재를 확인하기 어려우며 객관적인 과세표준
을 측정하기도 어렵다는 점과 관련이 있다.

3. 재화의 공급(「부가가치세법」 제9조)

> ① 재화의 공급은 계약상 또는 법률상의 모든 원인에 따라 재화를 인도하거나 양도하는 것으로
>   한다.
> ② 제1항에 따른 재화의 공급의 범위에 관하여 필요한 사항은 대통령령으로 정한다.

4. 재화 공급의 범위(「부가가치세법 시행령」 제18조)

> ① 법 제9조 제1항에 따른 재화의 공급은 다음 각 호의 것으로 한다.
>   1. 현금판매, 외상판매, 할부판매, 장기할부판매, 조건부 및 기한부 판매, 위탁판매와 그 밖의
>   매매계약에 따라 재화를 인도하거나 양도하는 것
>   2. 자기가 주요자재의 전부 또는 일부를 부담하고 상대방으로부터 인도받은 재화를 가공하여
>   새로운 재화를 만드는 가공계약에 따라 재화를 인도하는 것
>   3. 재화의 인도 대가로서 다른 재화를 인도받거나 용역을 제공받는 교환계약에 따라 재화를
>   인도하거나 양도하는 것
>   4. 경매, 수용, 현물출자와 그 밖의 계약상 또는 법률상의 원인에 따라 재화를 인도하거나 양도
>   하는 것

5. 국내로부터 보세구역에 있는 창고(제2항 제1호 및 제2호에 따른 창고로 한정한다)에 임치된 임치물을 국내로 다시 반입하는 것

③ 제1항 제4호에도 불구하고 다음 각 호의 어느 하나에 해당하는 것은 재화의 공급으로 보지 아니한다.
1. 「국세징수법」 제66조에 따른 공매(같은 법 제67조에 따른 수의계약에 따라 매각하는 것을 포함함)에 따라 재화를 인도하거나 양도하는 것
2. 「민사집행법」에 따른 경매(같은 법에 따른 강제경매, 담보권 실행을 위한 경매와 「민법」·「상법」 등 그 밖의 법률에 따른 경매를 포함한다)에 따라 재화를 인도하거나 양도하는 것
3. 「도시 및 주거환경정비법」, 「공익사업을 위한 토지 등의 취득 및 보상에 관한 법률」 등에 따른 수용절차에서 수용대상 재화의 소유자가 수용된 재화에 대한 대가를 받는 경우

5. 재화 공급의 특례(「부가가치세법」 제10조)

① 사업자가 자기의 과세사업과 관련하여 생산하거나 취득한 재화로서 다음 각 호의 어느 하나에 해당하는 재화(이하 이 조에서 "자기생산·취득재화"라 한다)를 자기의 면세사업을 위하여 직접 사용하거나 소비하는 것은 재화의 공급으로 본다.
1. 제38조에 따른 매입세액, 그 밖에 이 법 및 다른 법률에 따른 매입세액이 공제된 재화
2. 제9항 제2호에 따른 사업양도로 취득한 재화로서 사업양도자가 제38조에 따른 매입세액, 그 밖에 이 법 및 다른 법률에 따른 매입세액을 공제받은 재화
3. 제21조 제2항 제3호에 따른 수출에 해당하여 영(零) 퍼센트의 세율을 적용받는 재화
② 다음 각 호의 어느 하나에 해당하는 자기생산·취득재화의 사용 또는 소비는 재화의 공급으로 본다.
1. 사업자가 자기생산·취득재화를 제39조 제1항 제5호에 따라 매입세액이 매출세액에서 공제되지 아니하는 「개별소비세법」 제1조 제2항 제3호에 따른 자동차로 사용 또는 소비하거나 그 자동차의 유지를 위하여 사용 또는 소비하는 것
2. 운수업, 자동차 판매업 등 대통령령으로 정하는 업종의 사업을 경영하는 사업자가 자기생산·취득재화 중 「개별소비세법」 제1조 제2항 제3호에 따른 자동차와 그 자동차의 유지를 위한 재화를 해당 업종에 직접 영업으로 사용하지 아니하고 다른 용도로 사용하는 것
③ 사업장이 둘 이상인 사업자가 자기의 사업과 관련하여 생산 또는 취득한 재화를 판매할 목적으로 자기의 다른 사업장에 반출하는 것은 재화의 공급으로 본다. 다만, 다음 각 호의 어느 하나에 해당하는 경우는 재화의 공급으로 보지 아니한다.
1. 사업자가 제8조 제3항 후단에 따른 사업자단위 과세사업자로 적용을 받는 과세기간에 자기의 다른 사업장에 반출하는 경우
2. 사업자가 제51조에 따라 주사업장 총괄 납부의 적용을 받는 과세기간에 자기의 다른 사업장에 반출하는 경우. 다만, 제32조에 따른 세금계산서를 발급하고 제48조 또는 제49조에 따라 관할 세무서장에게 신고한 경우는 제외한다.
④ 사업자가 자기생산·취득재화를 사업과 직접적인 관계없이 자기의 개인적인 목적이나 그 밖의 다른 목적을 위하여 사용·소비하거나 그 사용인 또는 그 밖의 자가 사용·소비하는 것으로서 사업자가 그 대가를 받지 아니하거나 시가보다 낮은 대가를 받는 경우는 재화의 공급으로 본다. 이 경우 사업자가 실비변상적이거나 복리후생적인 목적으로 그 사용인에게 대가를 받지 아니하거나 시가보다 낮은 대가를 받고 제공하는 것으로서 대통령령으로 정하는 경우는 재화의 공급으로 보지 아니한다.

⑤ 사업자가 **자기생산·취득재화**를 자기의 고객이나 불특정 다수에게 증여하는 경우(증여하는 재화의 대가가 주된 거래인 재화의 공급에 대한 대가에 포함되는 경우는 제외한다)는 재화의 공급으로 본다. 다만, 사업자가 사업을 위하여 증여하는 것으로서 대통령령으로 정하는 것은 재화의 공급으로 보지 아니한다.

⑥ 사업자가 **폐업할 때** 자기생산·취득재화 중 남아 있는 재화는 자기에게 공급하는 것으로 본다. 제8조 제1항 단서에 따라 사업 개시일 이전에 사업자등록을 신청한 자가 사실상 사업을 시작하지 아니하게 되는 경우에도 또한 같다.

(중간 생략)

⑧ 「신탁법」 제10조에 따라 위탁자의 지위가 이전되는 경우에는 기존 위탁자가 새로운 위탁자에게 신탁재산을 공급한 것으로 본다. 다만, 신탁재산에 대한 실질적인 소유권의 변동이 있다고 보기 어려운 경우로서 대통령령으로 정하는 경우에는 신탁재산의 공급으로 보지 아니한다.

⑨ 다음 각 호의 어느 하나에 해당하는 것은 재화의 공급으로 보지 아니한다.

1. **재화를 담보**로 제공하는 것으로서 대통령령으로 정하는 것
2. **사업을 양도**하는 것으로서 대통령령으로 정하는 것. 다만, 제52조 제4항에 따라 그 사업을 양수받는 자가 대가를 지급하는 때에 그 대가를 받은 자로부터 부가가치세를 징수하여 납부한 경우는 제외한다.
3. 법률에 따라 **조세를 물납**하는 것으로서 대통령령으로 정하는 것
4. 신탁재산의 소유권 이전으로서 다음 각 목의 어느 하나에 해당하는 것(2017. 12. 19. 신설)
   가. 위탁자로부터 수탁자에게 신탁재산을 이전하는 경우
   나. 신탁의 종료로 인하여 수탁자로부터 위탁자에게 신탁재산을 이전하는 경우
   다. 수탁자가 변경되어 새로운 수탁자에게 신탁재산을 이전하는 경우

**출제위원
채점평**

「부가가치세법」상 과세대상 거래에 대한 일반적인 내용을 포괄적으로 묻는 문제였다. 수험생들이 가장 기본적인 내용이라고 생각하는 내용이 출제되어 비교적 수월하게 답안을 작성한 것으로 생각된다. 하지만 답안 작성 시 그 상황의 예외가 되는 내용을 생략하거나 내용을 나열하고 그 이유를 밝히는 부분에 대하여서는 나열만 하고 그 이유에 대하여는 핵심적인 내용을 기술하지 못하고 앞의 내용을 대강 동의 반복하는 등 출제자의 의도를 파악하지 못하는 수험생들도 많아 안타깝게 생각했다.

문제 2

「개별소비세법」상 장애인이 구입한 승용자동차에 대하여는 개별소비세를 조건부 면세하고 있다. 이와 관련하여 다음 물음에 답하시오. (20점)

[물음 1] 장애인이 구입한 승용자동차에 대한 면세특례의 내용을 장애인의 범위와 장애인 승용자동차의 범위(명의 등 요건), 그리고 면세특례의 적용절차로 구분하여 설명하시오. (15점)

[물음 2] 면세특례를 적용받은 장애인이 구입한 승용자동차에 대하여 관할 세무서장이 개별소비세를 추징할 수 있는 경우를 설명하시오. (5점)

【문제 2】 개별소비세법

[물음 1] 장애인 승용자동차 조건부 면세

1. 장애인의 범위

각 개별세법마다 장애인의 범위는 상이하다. 개별소비세법상 조건부 면세대상 장애인의 범위는 다음과 같다.

① 국가유공자 중 장애인

② 장애인복지법에 따른 장애인(장애의 정도가 심한 장애인으로 한정)

③ 5·18민주화운동부상자로서 등록된 사람

④ 고엽제후유의증환자로서 경도 장애 이상의 장애등급 판정을 받은 사람

2. 장애인 승용자동차의 범위

개별소비세를 면세할 장애인 승용차는 ① 본인 명의로 구입하거나 주민등록표 등에 의하여 세대를 함께하는 것이 확인되는 다음의 자와 ② 공동명의로 구입하는 것에 한한다. 다만, 1인 1대에 한하고 1인 2대가 된 경우에는 취득일로부터 3개월 이내 처분하여야 한다.

㉠ 배우자

㉡ 직계존비속

㉢ 형제자매

㉣ 직계비속의 배우자

3. 면세특례 적용절차

(1) 제조·반출하는 자

일반적인 조건부 면세 절차에도 불구하고, 소형승용차를 제조·반출하는 경우에는 과세표준신고서에 ① 승용자동차 개별소비세 면세반출신고서와 ② 매매계약서 사본을 첨부하여 제출하는 것으로 면세승인 등에 갈음한다.

(2) 장애인

자동차등록을 한 자는 승용차를 제조장에서 반출한 날이 속하는 달의 다음 달 20일까지 자동차등록증 사본을 제조자에게 제출하여야 한다.

[물음 2] 사후관리

면세특례를 적용받은 장애인이 다음 중 하나에 해당하는 경우에는 관할 세무서장은 면세한 개별소비세를 추징할 수 있다.

① 그 취득한 날(반입한 날)부터 5년 이내에 그 용도를 변경하거나 양도한 경우. 다만, 취득한 날부터 5년 이내에 사망한 경우는 예외로 한다.

② 종전 승용자동차를 새로 취득한 장애인전용 승용자동차의 취득일로부터 3개월 이내 처분하지 않는 경우

1. 조건부 면세(「개별소비세법」제18조)

① 다음 각 호의 어느 하나에 해당하는 물품에 대해서는 대통령령으로 정하는 바에 따라 개별소비세를 면제한다. 다만, 제3호 가목의 물품에 대한 개별소비세(장애인을 위한 특수장비 설치비용을 과세표준에서 제외하고 산출한 금액을 말한다)는 500만원을 한도로 하여 면제하고, 같은 호 바목의 물품에 대한 개별소비세는 300만원을 한도로 하여 면제한다.

(중간 생략)

3. 승용자동차로서 다음 각 목의 어느 하나에 해당하는 것

　가. 대통령령으로 정하는 장애인이 구입하는 것(장애인 1명당 1대로 한정한다)

　나. 환자 수송을 전용으로 하는 것

　다. 「여객자동차 운수사업법」에 따른 여객자동차 운송사업에 사용하는 것

　라. 「여객자동차 운수사업법」 제2조 제4호에 따른 자동차대여사업에 사용되는 것. 다만, 구입일부터 3년 이내에 동일인 또는 동일 법인에 대여한 기간의 합이 6개월을 초과하는 것은 제외한다.

　마. 「기초연구진흥 및 기술개발지원에 관한 법률」 제14조의2 제1항에 따라 인정받은 기업부설연구소 및 기업의 연구개발전담부서가 신제품 또는 신기술을 개발하기 위하여 시험·연구용으로 수입하여 사용하는 것

　바. 18세 미만의 자녀(가족관계등록부를 기준으로 하고, 양자 및 배우자의 자녀를 포함하되, 입양된 자녀는 친생부모의 자녀 수에는 포함하지 아니한다) 3명 이상을 양육하는 사람이 구입하는 것

② 제1항의 물품으로서 대통령령으로 정하는 바에 따라 반입지에 반입한 사실을 증명하지 아니한 것에 대해서는 관할 세무서장 또는 세관장이 그 판매자·반출자 또는 수입신고인으로부터 개별소비세를 징수한다.

③ 제1항의 물품으로서 반입지에 반입된 후에 면세를 받은 물품의 용도를 변경하는 등 대통령령으로 정하는 사유가 발생하는 경우에는 반입자는 사유가 발생한 날이 속하는 분기의 다음 달 25일까지 … 제9조에 따른 신고서를 반입지 관할 세무서장 또는 세관장에게 제출하고 개별소비세를 납부하여야 한다.

2. 장애인 등에 대한 승용자동차 면세특례(「개별소비세법 시행령」 제19조의3)

① 법 제18조 제1항 제3호에 따른 용도에 사용하기 위하여 제조장 또는 보세구역에서 반출하는 승용자동차에 대하여 면세를 받으려는 자는 제20조 제4항 및 제30조 제1항에도 불구하고 법 제9조에 따른 과세표준의 신고서에 다음 각 호의 서류를 첨부하여 관할 세무서장 또는 세관장에게 제출하여야 한다. …

1. 승용자동차 개별소비세 면세반출 신고서

2. 자동차매매계약서 사본(같은 용도의 것으로 양도한 경우만 해당한다)

② 법 제18조 제1항 제3호에 따른 용도에 사용하기 위하여 「자동차관리법」에 따른 자동차등록을 한 자는 해당 승용자동차를 제조장 또는 보세구역에서 반출한 날이 속하는 달의 다음 달 20일까지 자동차등록증 사본을 제조장에서 반출한 경우에는 승용자동차 제조자에게, 보세구역에서 반출한 경우에는 관할 세관장에게 제출(국세정보통신망을 통한 제출을 포함한다)하여야 한다.

(3항 이후는 과세관청 내부의 집행절차)

3. 장애인의 범위 등(「개별소비세법 시행령」 제31조)

① 법 제18조 제1항 제3호 가목에서 "대통령령으로 정하는 장애인"이란 다음 각 호의 어느 하나에 해당하는 사람을 말한다.

   1. 「국가유공자 등 예우 및 지원에 관한 법률」에 따른 국가유공자 중 장애인

   2. 「장애인복지법」에 따른 장애인(장애의 정도가 심한 장애인으로 한정한다)

   3. 「5 · 18민주유공자예우에 관한 법률」에 따른 5 · 18민주화운동부상자로서 같은 법 제7조에 따라 등록된 사람

   4. 「고엽제후유의증 등 환자지원 및 단체설립에 관한 법률」에 따른 고엽제후유의증환자로서 경도 장애 이상의 장애등급 판정을 받은 사람

③ 법 제18조 제1항 제3호 가목에 따라 개별소비세를 면세할 승용자동차는 제1항에 해당하는 장애인이 본인 명의로 구입하거나 그 장애인과 주민등록표, 외국인등록표 또는 국내거소신고원부에 의하여 세대를 함께하는 것이 확인되는 배우자, 직계존비속, 형제자매 또는 직계비속의 배우자와 공동명의로 구입하는 것으로 한정한다. 다만, 노후한 장애인 전용 승용차를 교체하거나 폐차하기 위하여 장애인 전용 승용자동차를 취득하여 1인 2대가 된 경우에는 종전의 승용자동차를 새로 취득한 장애인 전용 승용자동차의 취득일부터 3개월 이내에 처분하고, 같은 기간 내에 그 처분 사실을 기획재정부령으로 정하는 신고서로 반입지 관할 세무서장에게 알려야 한다.

4. 조건부 면세물품의 반입자에 의한 용도변경 등(「개별소비세법 시행령」 제33조)

① 법 제18조 제1항의 물품으로서 반입지에 반입된 후에 해당 물품에 대하여 다음 각 호의 어느 하나에 해당하는 사유가 발생하는 경우 반입자는 법 제18조 제3항에 따라 반입지 관할 세무서장(제4호의 경우에는 관할 세관장)에게 개별소비세를 신고 · 납부하여야 한다.

(1호 생략)

   2. 법 제18조 제1항 제3호에 해당하는 물품: 반입자가 반입한 날부터 5년 이내에 그 용도를 변경하거나 양도한 경우. 다만, 다음 각 목의 어느 하나에 해당하는 경우는 제외한다.

      가. 법 제18조 제1항 제3호 가목의 물품: 반입자가 반입한 날부터 5년 이내에 사망한 경우

(중간 생략)

   5. 법 제18조 제1항 제3호 가목의 물품: 제31조 제3항 단서에 따라 종전의 승용자동차를 새로 취득한 장애인 전용 승용자동차의 취득일부터 3개월 이내에 처분하지 않은 경우

출제위원 채점평

개별소비세와 관련해서는 장애인이 구입한 승용자동차에 대한 조건부 면세제도에 대하여 설명하는 내용이었다. 개별소비세의 경우에는 세목의 특성상 특정 주제에 대한 정확한 이해와 더불어, 그 내용을 정리하여 서술하는 것이 필요하다고 할 것이다. 이러한 점에서 좀 더 정교한 학습이 필요하다고 생각된다.

문제 3

다음 사례를 읽고 물음에 답하시오. (20점)

〈사례〉

비상장법인 A는 취득세 과세대상인 소유 부동산을 2015년 10월 20일 「신탁법」에 따라 신탁회사 B에 신탁하고 B의 명의로 해당 부동산의 소유권이전등기를 경료하였으며, B는 신탁재산을 위탁자별로 구분하여 관리하고 있다. 2016년 4월 15일 A의 주주인 甲은 A의 주식을 추가로 취득하여 「지방세기본법」상 과점주주가 되었다.

[물음 1] 「지방세법」상 위 사례의 신탁재산이 甲의 취득세 과세대상인지의 여부를 판단하고 그 판단에 대한 논거를 제시하시오. (10점)

[물음 2] 「지방세법」상 위 사례의 신탁재산에 대한 재산세 납세의무자가 누구인지를 밝히고, 이와 관련된 규정의 취지를 설명하시오. (10점)

해답

【문제 3】 지방세법
[물음 1] 과점주주 간주취득세
1. 쟁점
과점주주 간주취득세 과세대상 부동산 등에 수탁자의 명의로 등기된 부동산이 포함되는지 여부

2. 판례
지방세법 개정 전 판례는 신탁재산은 대내외적으로 소유권이 수탁자에게 완전히 귀속되므로 위탁자인 법인의 재산에 신탁한 부동산을 포함할 수 없다는 입장이었다.

3. 현행 지방세법
'조세회피목적'의 신탁행위를 방지할 필요가 있어, 현행 지방세법은 신탁법에 따라 신탁한 재산으로서 수탁자 명의로 등기되어 있는 부동산은 위탁자의 재산에 포함하도록 개정되었다.

4. 사안의 적용
甲은 A법인의 과점주주가 되었으므로 A법인이 신탁한 부동산을 취득세 과세대상에 포함하여야 한다.

[물음 2] 신탁재산(현행 법률)
1. 재산세 납세의무자
재산세 과세기준일 현재 재산을 사실상 소유하고 있는 자가 재산세 납세의무자이다. 다만, 수탁자의 명의로 등기 또는 등록된 신탁재산의 경우에는 '위탁자'가 재산세 납세의무자이다.

2. 관련 규정의 취지
재산세 납세의무자를 수탁자로 할 경우 재산세 및 종합부동산세의 합산과세 규정을 회피하는 사례가 많았다. 이에 따라 재산세 납세의무자를 위탁자로 하여 조세회피행위를 방지하고자 한다. 다만, 징수편의를 위해 수탁자에게 물적납세의무를 부여하였다.

[물음 2] 신탁재산(개정 전 지방세법)
1. 재산세 납세의무자
재산세는 과세기준일 현재 재산을 사실상 소유하고 있는 자를 납세의무자로 한다. 다만, 신탁법에 따라 수탁자 명의로 등기·등록된 신탁재산의 경우로서 위탁자별로 구분된 재산에 대해서는 그 수탁자를 납세의무자로 한다.
사안에서 재산세 과세기준일(2016년 6월 1일) 현재 신탁회사 B는 신탁재산을 위탁자별로 구분하여 관리하고 있으므로, 신탁재산의 재산세 납세의무자는 수탁자인 신탁회사 B이다.

2. 관련 규정의 취지
신탁재산의 재산세 납세의무자를 위탁자로 할 경우 해당 재산의 대내외적 소유권자인 수탁자에게 신탁재산의 재산에 대해 직접 체납처분을 할 수 없는 문제점이 있었다.

이로 인해 지방세 체납처분 면탈의 목적으로 신탁제도가 악용되는 문제점을 해결하고자 신탁재산에 대한 재산세의 납세의무자를 수탁자로 규정하였다.
그 결과 재산세 체납 등이 있는 경우 신탁재산의 민사상 소유권자인 수탁자에게 직접 체납처분이 가능함에 따라 조세일실을 막을 수 있게 되었다.

1. 납세의무자 등(「지방세법」 제7조 제5항)

법인의 주식 또는 지분을 취득함으로써 「지방세기본법」 제46조 제2호에 따른 과점주주(이하 "과점주주"라 한다)가 되었을 때에는 그 과점주주가 해당 법인의 부동산 등(법인이 「신탁법」에 따라 신탁한 재산으로서 수탁자 명의로 등기·등록이 되어 있는 부동산 등을 포함한다)을 취득(법인설립 시에 발행하는 주식 또는 지분을 취득함으로써 과점주주가 된 경우에는 취득으로 보지 아니한다)한 것으로 본다. 이 경우 과점주주의 연대납세의무에 관하여는 「지방세기본법」 제44조를 준용한다. (2015. 12. 29. 개정)

2. 납세의무자(구 「지방세법」 제107조)

① 재산세 과세기준일 현재 재산을 사실상 소유하고 있는 자는 재산세를 납부할 의무가 있다. 다만, 다음 각 호의 어느 하나에 해당하는 경우에는 해당 각 호의 자를 납세의무자로 본다.
  1. 공유재산인 경우: 그 지분에 해당하는 부분(지분의 표시가 없는 경우에는 지분이 균등한 것으로 본다)에 대해서는 그 지분권자
  2. 주택의 건물과 부속토지의 소유자가 다를 경우: 그 주택에 대한 산출세액을 제4조 제1항 및 제2항에 따른 건축물과 그 부속토지의 시가표준액 비율로 안분계산(按分計算)한 부분에 대해서는 그 소유자
  3. 「신탁법」에 따라 수탁자 명의로 등기·등록된 신탁재산의 경우: 위탁자별로 구분된 재산에 대해서는 그 수탁자. 이 경우 위탁자별로 구분된 재산에 대한 납세의무자는 각각 다른 납세의무자로 본다. ➡ 신법은 조문 삭제함

3. 납세의무자(현행 「지방세법」 제107조)

② 제1항에도 불구하고 재산세 과세기준일 현재 다음 각 호의 어느 하나에 해당하는 자는 재산세를 납부할 의무가 있다.
  1. 공부상의 소유자가 매매 등의 사유로 소유권이 변동되었는데도 신고하지 아니하여 사실상의 소유자를 알 수 없을 때에는 공부상 소유자
  2. 상속이 개시된 재산으로서 상속등기가 이행되지 아니하고 사실상의 소유자를 신고하지 아니하였을 때에는 행정안전부령으로 정하는 주된 상속자
  3. 공부상에 개인 등의 명의로 등재되어 있는 사실상의 종중재산으로서 종중소유임을 신고하지 아니하였을 때에는 공부상 소유자
  4. 국가, 지방자치단체, 지방자치단체조합과 재산세 과세대상 재산을 연부(年賦)로 매매계약을 체결하고 그 재산의 사용권을 무상으로 받은 경우에는 그 매수계약자
  5. 「신탁법」 제2조에 따른 수탁자의 명의로 등기 또는 등록된 신탁재산의 경우에는 제1항에도 불구하고 같은 조에 따른 위탁자(「주택법」 제2조 제11호 가목에 따른 지역주택조합 및 같은 호 나목에 따른 직장주택조합이 조합원이 납부한 금전으로 매수하여 소유하고 있는 신탁재산의 경우에는 해당 지역주택조합 및 직장주택조합). 이 경우 위탁자가 신탁재산을 소유한 것으로 본다. (2020. 12. 29. 신설)

4. 신탁재산 수탁자의 물적납세의무(「지방세법」 제119조의2)

① 신탁재산의 위탁자가 다음 각 호의 어느 하나에 해당하는 재산세 · 가산금 또는 체납처분비(재산세 등)를 체납한 경우로서 그 위탁자의 다른 재산에 대하여 체납처분을 하여도 징수할 금액에 미치지 못할 때에는 해당 신탁재산의 수탁자는 그 신탁재산으로써 위탁자의 재산세 등을 납부할 의무가 있다. (2020. 12. 29. 개정)
1. 신탁 설정일 이후에 「지방세기본법」 제71조 제1항에 따른 법정기일이 도래하는 재산세 또는 가산금(재산세에 대한 가산금으로 한정)으로서 해당 신탁재산과 관련하여 발생한 것. 다만, 제113조 제1항 제1호(종합합산과세대상) 및 제2호(별도합산대상)에 따라 신탁재산과 다른 토지를 합산하여 과세하는 경우에는 신탁재산과 관련하여 발생한 재산세 등을 제4조에 따른 신탁재산과 다른 토지의 시가표준액 비율로 안분계산한 부분 중 신탁재산 부분에 한정한다. (2020. 12. 29. 개정)
2. 제1호의 금액에 대한 체납처분 과정에서 발생한 체납처분비(2020. 12. 29. 개정)

관련 판례

법인의 과점주주에 대하여 그 법인의 재산을 취득한 것으로 보아 취득세를 부과하는 것은 과점주주가 되면 해당 법인의 재산을 사실상 임의처분하거나 관리운용할 수 있는 지위에 서게 되어 실질적으로 그 재산을 직접 소유하는 것과 크게 다를 바 없다는 점에서 담세력이 있다고 보기 때문이다(92누11138). 그런데 「신탁법」상의 신탁은 위탁자가 수탁자에게 특정의 재산권을 이전하거나 기타의 처분을 하여 수탁자로 하여금 신탁 목적을 위하여 그 재산권을 관리 · 처분하게 하는 것이므로, 부동산 신탁에 있어 수탁자 앞으로 소유권이전등기를 마치게 되면 대내외적으로 소유권이 수탁자에게 완전히 이전되고 위탁자와의 내부관계에서 소유권이 위탁자에게 유보되는 것이 아니다. 즉, 신탁의 효력으로서 신탁재산의 소유권이 수탁자에게 이전되는 결과 수탁자는 대내외적으로 신탁재산에 대한 관리권을 갖게 된다. 따라서 신탁계약이나 「신탁법」에 의하여 수탁자가 위탁자와의 관계에서 신탁 부동산에 관한 권한을 행사할 때 일정한 의무를 부담하거나 제한을 받게 되더라도 그것만으로는 위탁자의 과점주주가 신탁 부동산을 사실상 임의처분하거나 관리운용할 수 있는 지위에 있다고 보기도 어렵다.

이와 같은 과점주주에 대한 간주취득세제도의 취지와 신탁의 법률관계 등에 비추어 보면, 어느 법인의 부동산이 「신탁법」에 의한 신탁으로 수탁자에게 소유권이 이전된 후 그 법인의 과점주주가 되거나 그 법인의 주식 또는 지분 비율이 증가된 경우에는 특별한 사정이 없는 한 신탁 부동산을 그 법인이 보유하는 부동산으로 보아 그 법인의 과점주주에게 구 「지방세법」 제105조 제6항 등에서 정한 간주취득세를 부과할 수는 없다. (2014두36266, 2014. 9. 4.) ➲ 「지방세법」 제7조 제5항 개정 전 판례

출제위원 채점평

많은 수험생들이 문제풀이에 잘 접근한 것으로 보였지만, 법리와 논거 또는 입법취지를 제대로 기술하는 데에는 어려움 또한 있었던 것으로 보인다. 법조문의 단순한 암기보다는 해당 법조문과 관련된 판례 등의 전후사정과 그에 따른 입법내용의 제정(또는 개정)배경 및 그 취지 등을 함께 학습하여 이해하는 것이 필요하다고 판단된다.

문제 4

다음 사례를 읽고 물음에 답하시오. (25점)

〈사례〉

「벤처기업육성에 관한 특별조치법」에 따른 벤처기업인 A회사는 회사의 기술혁신에 우수인력인 甲이 반드시 필요하다고 판단하고 甲을 상대로 영입조건을 협상하면서 주식매수선택권 부여를 제안하였다. 이에 甲은 주식매수선택권을 받더라도 그 행사에 따른 소득세가 부담이 된다고 하면서 절세대책에 관하여 문의해왔다.

[물음 1] 위 사례에서 甲에게 적용될 수 있는 「조세특례제한법」상의 벤처기업 주식매수선택권 행사이익에 대한 특례제도와 관련하여, 그 행사이익의 범위와 납부특례의 내용에 대하여 설명하시오. (10점)

[물음 2] 위 사례에서 甲에게 적용될 수 있는 「조세특례제한법」상의 벤처기업 주식매수선택권 행사이익에 대한 과세특례의 요건, 내용 및 사후관리에 대하여 설명하시오. (15점)

해답

【문제 4】 조세특례제한법
[물음 1] 납부특례
1. 행사이익의 범위
특례 적용대상 '행사이익'은 주식매수선택권 행사 당시의 시가와 실제 매수가액과의 차액(비과세대상 행사이익은 제외)을 말하며, 주식에는 신주인수권을 포함한다.

2. 납부특례의 내용
(1) 분할납부
행사이익을 일시에 과세하면 행사일이 속하는 과세기간에 소득세 부담이 집중되어, 납부세액 마련에 어려움을 겪게 될 수 있다. 이에 따라 다음과 같은 분할납부 특례제도를 도입하였다.
벤처기업 주식매수선택권 행사이익에 관련한 종합소득세액을 5년간 분할하여 납부할 수 있다. 다만, 주식매수선택권의 행사가격과 시가와의 차액을 현금으로 교부받는 경우에는 적용하지 않는다.
납부만 분할하므로 종합소득세 확정신고는 행사이익을 포함한 금액으로 한다.

(2) 원천징수면제
벤처기업의 임직원이 원천징수의무자에게 납부특례의 적용을 신청하는 경우 소득세를 원천징수하지 아니한다.

[물음 2] 행사이익 과세특례
1. 과세특례의 내용
(1) 양도소득세 과세
벤처기업의 임직원이 '적격주식매수선택권'을 행사하는 경우 '행사 시' 근로소득 또는 기타소득으로 과세하는 대신 주식을 처분할 때 '양도소득'으로 과세하여 甲의 소득세 부담을 완화한다.
양도소득 계산 시 취득가액은 행사 당시 시가가 아닌 실제 매수가격(행사가격)으로 한다.

(2) 법인세 계산 시 손금불산입
다만, 이 경우 A법인은 그 행사이익 상당액을 법인세 계산 시 손금에 산입할 수 없다.

2. 과세특례의 요건
(1) 벤처기업의 임직원
주식매수선택권을 행사하는 자는 벤처기업의 임직원이어야 하며, 지배주주 또는 주식매수선택권을 행사하여 지분율이 10%를 초과하지 않아야 한다.

(2) 적격주식매수선택권
관련 법률에 따라 발행된 주식매수선택권으로서 ① 부여 당시 행사가격이 시가를 초과하며, ② 타인에게 양도가 불가능하고, ③ 2년 이상 재직 후 행사하여야 하며, ④ 주식매수선택권의 행사일부터 역산하여 2년 동안 전체 행사가액이 5억원 이하이어야 한다.

(3) 전용계좌
주식매수선택권 전용계좌를 개설하고 행사일 전일까지 과세특례 적용을 신청하여야 한다.

3. 사후관리
(1) 증여 또는 처분
벤처기업의 임직원이 적격주식매수선택권 행사로 취득한 주식을 증여하거나 행사일로부터 1년이 지나기 전에 처분하는 경우에는 근로소득 또는 기타소득으로 과세한다.

(2) 행사가액 한도
적격주식매수선택권 행사가액이 5억원을 초과하는 경우에는 전체 행사가액이 5억원을 초과하는 날이 속하는 과세연도의 근로소득 또는 기타소득으로 과세한다.

1. 벤처기업 주식매수선택권 행사이익 비과세특례(「조세특례제한법」 제16조의2)

① 벤처기업의 임원 또는 종업원(이하 이 조 및 제16조의3에서 "벤처기업 임원 등"이라 한다)이 해당 벤처기업으로부터 … 「벤처기업육성에 관한 특별조치법」…에 따라 부여받은 주식매수선택권 및 「상법」…에 따라 부여받은 주식매수선택권 …을 행사(벤처기업 임원 등으로서 부여받은 주식매수선택권을 퇴직 후 행사하는 경우를 포함)함으로써 얻은 이익(주식매수선택권 행사 당시의 시가와 실제 매수가액과의 차액을 말하며, 주식에는 신주인수권을 포함한다. 이하 이 조부터 제16조의4까지 "벤처기업 주식매수선택권 행사이익"이라 한다) 중 연간 2억원 이내의 금액에 대해서는 소득세를 과세하지 아니한다. 다만, 소득세를 과세하지 아니하는 벤처기업 주식매수선택권 행사이익의 벤처기업별 총 누적 금액은 5억원을 초과하지 못한다.

2. 벤처기업 주식매수선택권 행사이익 납부특례(「조세특례제한법」 제16조의3)

① 벤처기업 임원 등이 2024년 12월 31일 이전에 부여받은 주식매수선택권을 행사함으로써 발생한 벤처기업 주식매수선택권 행사이익(제16조의2에 따라 비과세되는 금액은 제외한다)에 대한 소득세는 다음 각 호에 따라 납부할 수 있다. 다만, 주식매수선택권의 행사가격과 시가와의 차액을 현금으로 교부받는 경우에는 그러하지 아니하다.
   1. 벤처기업 주식매수선택권 행사이익에 대하여 벤처기업 임원 등이 원천징수의무자에게 납부 특례의 적용을 신청하는 경우 「소득세법」…에도 불구하고 소득세를 원천징수하지 아니한다.
   2. 제1호에 따라 원천징수를 하지 아니한 경우 벤처기업 임원 등은 주식매수선택권을 행사한 날이 속하는 과세기간의 종합소득금액에 대한 「소득세법」…에 따른 종합소득 과세표준 확정신고 및 확정신고납부 시 벤처기업 주식매수선택권 행사이익을 포함하여 종합소득 과세표준을 신고하되, 벤처기업 주식매수선택권 행사이익에 관련한 소득세액으로서 대통령령으로 정하는 금액의 5분의 4에 해당하는 금액(이하 이 항에서 "분할납부세액"이라 한다)은 제외하고 납부할 수 있다.
   3. 제2호에 따라 소득세를 납부한 경우 벤처기업 임원 등은 주식매수선택권을 행사한 날이 속하는 과세기간의 다음 4개 연도의 「소득세법」…에 따른 종합소득 과세표준 확정신고 및 확정신고납부 시 분할납부세액의 4분의 1에 해당하는 금액을 각각 납부하여야 한다.

3. 벤처기업 주식매수선택권 행사이익에 대한 과세특례(「조세특례제한법」 제16조의4)

① 벤처기업 또는 대통령령으로 정하는 바에 따라 벤처기업이 인수한 기업의 임원 또는 종업원으로서 대통령령으로 정하는 자(이하 이 조에서 "벤처기업 임직원"이라 한다)가 2024년 12월 31일 이전에 해당 벤처기업으로부터 부여받은 주식매수선택권으로서 다음 각 호의 요건을 갖춘 주식매수선택권(이하 이 조에서 "적격주식매수선택권"이라 한다)을 행사함으로써 발생한 벤처기업 주식매수선택권 행사이익에 대해서 벤처기업 임직원이 제2항을 적용받을 것을 대통령령으로 정하는 바에 따라 신청한 경우에는 「소득세법」 제20조 또는 제21조에도 불구하고 주식매수선택권 행사 시에 소득세를 과세하지 아니할 수 있다.
   1. 「벤처기업육성에 관한 특별조치법」 제16조의3에 따른 주식매수선택권으로서 대통령령으로 정하는 요건을 갖출 것
   2. 해당 벤처기업으로부터 부여받은 주식매수선택권의 행사일부터 역산하여 2년이 되는 날이 속하는 과세기간부터 해당 행사일이 속하는 과세기간까지 전체 행사가액의 합계(이하 이 조에서 "전체 행사가액"이라 한다)가 5억원 이하일 것

② 적격주식매수선택권 행사 시 제1항에 따라 소득세를 과세하지 아니한 경우 적격주식매수선택권 행사에 따라 취득한 주식…을 양도하여 발생하는 양도소득(제16조의2에 따라 비과세되는 금액은 제외한다)에 대해서는 「소득세법」 제94조 제1항 제3호 각 목에도 불구하고 주식 등에 해당하는 것으로 보아 양도소득세를 과세한다.

③ 제2항에 따라 양도소득세를 과세하는 경우에는 적격주식매수선택권 행사 당시의 실제 매수가액을 「소득세법」 제97조 제1항 제1호에 따른 취득가액으로 한다.

④ 제1항에 따라 소득세를 과세하지 아니한 경우(주식매수선택권 행사 이후 제5항에 따라 소득세를 과세한 경우를 포함한다)에는 해당 주식매수선택권의 행사에 따라 발생하는 비용으로서 대통령령으로 정하는 금액을 「법인세법」 제19조, 제20조 및 제52조에도 불구하고 해당 벤처기업의 각 사업연도의 소득금액을 계산할 때 손금에 산입하지 아니한다.

⑤ 벤처기업 임직원이 다음 각 호의 어느 하나에 해당하는 경우 **제1항에도 불구하고 「소득세법」** 제20조 또는 제21조에 따라 소득으로 과세하며(제2호의 경우에는 제1항 제2호에 따른 기간 내에 주식매수선택권을 행사함으로써 얻은 모든 이익을 대상으로 한다), 이 경우 소득의 귀속시기는 다음 각 호의 구분에 따른 날이 속하는 과세연도로 한다.

1. 적격주식매수선택권 행사로 취득한 주식을 증여하거나 행사일부터 1년이 지나기 전에 처분하는 경우(해당 벤처기업의 파산 등 대통령령으로 정하는 부득이한 사유가 있는 경우는 제외한다): 증여일 또는 처분일

2. 전체 행사가액이 5억원을 초과하는 경우: 전체 행사가액이 5억원을 초과한 날

출제위원 채점평

「조세특례제한법」상의 '벤처기업 주식매수청구권 행사이익에 대한 특례제도'에 관한 사항을 행사이익의 범위, 납부특례와 과세특례로 나누어 묻는 문제였다. 대부분의 수험생이 이러한 특례제도의 존재를 인지하고는 있었으나, 제대로 답안을 작성한 수험생이 많지는 않았다. 무엇보다도 문제를 집중해서 읽고 묻는 바를 정확하게 파악하는 것이 중요하다. 아울러 조세법 공부를 하면서는 최근에 개정된 사항이 있는지에 유의할 필요가 있다.

문제 1

다음 사례를 읽고 물음에 답하시오. (20점)

〈사례〉

세법상 거주자로서 개인사업자인 甲은 컴퓨터부품 제조·판매업을 영위하고 있다. 甲의 납세지 관할 세무서장 乙은 2014년 6월 9일 甲에게 2009년 제1기분부터 2013년 제1기분까지의 부가 가치세에 대한 과세예고통지를 하고, 2014년 7월 7일 2009년 제1기분 부가가치세 8천만원을 부과처분하였다. 甲은 2014년 7월 9일 위 과세예고통지에 대하여 乙에게 과세전적부심사를 청구하였다.

甲이 2009년 제1기분 부가가치세를 체납하자 乙은 2014년 9월 30일 甲소유 토지를 적법한 절차에 따라 압류하였으며, 이로 인하여 甲에게 「국세징수법」상 납기 전 징수사유가 발생하였다. 그 후 乙은 위 과세전적부심사 청구에 대한 결정·통지가 있기 전인 2015년 1월 5일 2009년 제2기분 부가가치세(가산세 포함) 9천만원을, 2015년 6월 1일 2010년 제1기분 부가가치세(가산세 포함) 5천만원을 각각 부과처분('이 사건 처분'이라 함)하였다.

[물음 1] 「국세기본법」상 과세전적부심사 청구의 요건과 그 효과에 대하여 설명하시오. (10점)

[물음 2] 위 사례에서 乙이 행한 이 사건 처분의 적법성 여부를 논하시오. (8점)

[물음 3] 위 사례에서 이 사건 처분 중 과세전적부심사 결정·통지와 관련된 가산세에 대하여 설명하시오. (단, 가산세 계산은 제외함) (2점)

해답

【문제 1】 국세기본법
[물음 1] 과세전적부심사 청구요건

1. 청구요건
(1) 청구권자
① 세무조사 결과에 대한 서면통지 또는 ②
과세예고통지를 받은 자가 청구하여야 한다.

(2) 청구배제사유
다음에 열거된 과세전적부심사 청구배제사
유가 없어야 한다.
① 국세징수법에 규정된 납기 전 징수의 사
유가 있거나 세법에서 규정하는 수시부과의
사유가 있는 경우
② 조세범 처벌법 위반으로 고발 또는 통고
처분하는 경우
③ 세무조사 결과 통지 및 과세예고통지를
하는 날부터 국세부과제척기간의 만료일까
지의 기간이 3개월 이하인 경우
④ 조세조약을 체결한 상대국이 상호합의
절차의 개시를 요청한 경우
⑤ 재조사결정에 따라 조사를 하는 경우

(3) 청구기간
과세전적부심사는 세무조사결정통지 또는
과세예고통지를 받은 날로부터 30일 이내
에 청구하여야 한다.

2. 청구효과
납세자가 과세전적부심사를 청구하면 그에
대한 결정이 있기 전까지는 과세표준 및 세
액의 결정이나 경정을 유보하여야 한다.

[물음 2] 처분의 적법성

1. 쟁점
과세전적부심사 청구의 결정·통지가 있기
전에 청구배제사유가 발생한 경우 과세처분
이 가능한지 여부

2. 원칙(과세처분의 유보)
과세전적부심사 청구가 제기된 경우에는 과
세처분이 유보되며 그에 관한 결정·통지가
있기 전에 한 과세처분은 위법하다.

3. 예외(청구배제사유가 있는 경우)
판례에 따르면, 과세전적부심사 청구 당시
에는 납기 전 징수의 사유가 발생하지 아니
하여 과세전적부심사가 허용된 경우라도 그
후 납기 전 징수의 사유가 발생하였다면 세
무서장 등은 과세전적부심사의 결과가 있기
전이라도 과세처분을 할 수 있다.

4. 사안의 적용
비록 납세자의 권리구제절차 측면에서 볼
때 다소 미흡하지만, 적어도 판례에 따르면
乙의 과세처분은 적법하다.

[물음 3] 납부지연가산세 감면
관할 세무서장 乙은 과세전적부심사 결정·
통지기간에 그 결과를 통지하지 아니하며
결정·통지가 지연되었으므로 해당 기간에
부과되는 납부지연가산세의 50%를 감면하
여야 한다.

과세전적부심사(「국세기본법」 제81조의15)

① 세무서장 또는 지방국세청장은 다음 각 호의 어느 하나에 해당하는 경우에는 미리 납세자에게 그 내용을 서면으로 통지(이하 이 조에서 "과세예고통지"라 한다)하여야 한다.
1. 세무서 또는 지방국세청에 대한 지방국세청장 또는 국세청장의 업무감사 결과(현지에서 시정조치하는 경우를 포함한다)에 따라 세무서장 또는 지방국세청장이 과세하는 경우
2. 세무조사에서 확인된 것으로 조사 대상자 외의 자에 대한 과세자료 및 현지 확인조사에 따라 세무서장 또는 지방국세청장이 과세하는 경우
3. 납부고지하려는 세액이 100만원 이상인 경우. 다만, 「감사원법」 제33조에 따른 시정요구에 따라 세무서장 또는 지방국세청장이 과세처분하는 경우로서 시정요구 전에 과세처분대상자가 감사원의 지적사항에 대한 소명안내를 받은 경우는 제외한다.
② 다음 각 호의 어느 하나에 해당하는 통지를 받은 자는 통지를 받은 날부터 30일 이내에 통지를 한 세무서장이나 지방국세청장에게 통지 내용의 적법성에 관한 심사(과세전적부심사)를 청구할 수 있다. 다만, 법령과 관련하여 국세청장의 유권해석을 변경하여야 하거나 새로운 해석이 필요한 경우 등 대통령령으로 정하는 사항에 대해서는 국세청장에게 청구할 수 있다.
1. 제81조의12에 따른 세무조사 결과에 대한 서면통지
2. 제1항 각 호에 따른 과세예고통지
③ 다음 각 호의 어느 하나에 해당하는 경우에는 제2항을 적용하지 아니한다.
1. 「국세징수법」 제14조에 규정된 납부기한 전 징수의 사유가 있거나 세법에서 규정하는 수시부과의 사유가 있는 경우
2. 「조세범 처벌법」 위반으로 고발 또는 통고처분하는 경우
3. 세무조사 결과 통지 및 과세예고통지를 하는 날부터 국세부과제척기간의 만료일까지의 기간이 3개월 이하인 경우
4. 그 밖에 대통령령으로 정하는 경우
④ 과세전적부심사 청구를 받은 세무서장, 지방국세청장 또는 국세청장은 각각 국세심사위원회의 심사를 거쳐 결정을 하고 그 결과를 청구를 받은 날부터 30일 이내에 청구인에게 통지하여야 한다.

과세전적부심사제도는 과세처분 이후의 사후적 구제제도와는 별도로 과세처분 이전의 단계에서 납세자의 주장을 반영함으로써 권리구제의 실효성을 높이기 위하여 마련된 사전적 구제제도이기는 하지만, 조세 부과의 제척기간이 임박한 경우에는 이를 생략할 수 있는 등 과세처분의 필수적 전제가 되는 것은 아닐 뿐만 아니라 납세자에게 신용실추, 자력상실 등의 사정이 발생하여 납기 전 징수의 사유가 있는 경우에도 조세징수권의 조기 확보를 위하여 그 대상이나 심사의 범위를 제한할 필요가 있다. 이에 따라 「국세기본법」은 과세전적부심사를 청구할 수 없는 사유 또는 과세전적부심사 청구에 대한 결정이 있을 때까지 과세처분을 유보하지 않아도 되는 사유의 하나로 '납기 전 징수의 사유가 있는 경우'를 규정하고 있는데, 과세전적부심사 청구 당시에는 납기 전 징수의 사유가 발생하지 아니하여 과세전적부심사 청구가 허용된 경우라도 그 후 납기 전 징수의 사유가 발생하였다면 세무서장 등은 과세전적부심사에 대한 결정이 있기 전이라도 과세처분을 할 수 있다고 할 것이고, 세무서장 등이 과세전적부심사 청구에 대한 결정 및 통지의 기한(과세전적부심사 청구를 받은 날부터 30일)을 넘겨 그 결정이나 통지를 하지 않던 중 납기 전 징수의 사유가 발생한 경우라고 하여 달리 볼 것은 아니다. (2010두19713, 2012. 10. 11.)

과세전적부심사제도는 과세처분 이후의 사후적 구제제도와는 별도로 과세처분 이전의 단계에서 납세자의 주장을 반영함으로써 권리구제의 실효성을 높이기 위하여 마련된 사전적 구제제도로서 그 중요성이 날로 커지고 있다. 본 문제는 위와 같은 동 제도에 대한 일반적인 청구의 요건과 그 효과를 묻고, 이를 올바르게 이해하고 있는지를 파악하기 위하여 사례문제로 구성하였다. 과세전적부심사 청구의 요건과 그 효과에 대하여 수험생들이 법령상 내용을 비교적 잘 기술하였지만, 일부 수험생의 경우 청구의 대상에서 제외되는 사항 등에 대해서는 상세히 설명하지 못한 답안지도 적지 않았다. 아울러 본 사례문제의 경우 과세전적부심사에 대한 결정·통지가 있기 전이라도 과세처분을 할 수 있는 일정한 사유에 대한 기본적인 내용을 보다 체계적으로 이해하고자 하는 노력이 문제해결의 지름길이라 생각된다.

문제 2

다음 사례를 읽고 물음에 답하시오. (30점)

> **〈사례〉**
>
> 거주자 甲은 경기도 성남시 분당구에 소재하는 주택 한 채를 2011년 3월 20일 6억원에 구입하고 본인 명의로 등기하였으나 동 주택에서 2013년 6월 25일부터 거주하였다. 甲은 동 주택 이외에 보유하고 있는 주택은 없다. 甲은 2015년 1월 25일 1세대 1주택 비과세요건을 충족하는 주택을 소유하고 있는 거주자 乙과 결혼하였다. 개인 사업을 영위하고 있는 甲은 자금사정이 좋지 못하여 자신이 보유하고 있는 주택을 처분하여 자금난을 해소하려고 본인 명의의 주택을 2015년 6월 10일 15억원에 양도하였다. (단, 양도주택은 감면대상 신축주택이 아님)

[물음 1] 「소득세법」상 ① 양도소득의 개념, ② 1세대 1주택 양도소득에 대한 비과세제도의 취지와 비과세요건 및 ③ 겸용주택의 경우 양도소득세 과세방법에 대하여 설명하시오. (12점)

[물음 2] 「소득세법」상 1세대 2주택 비과세특례제도에 대하여 설명하시오. (8점)

[물음 3] 위 사례의 경우 甲이 양도한 주택에 대한 양도소득세 과세방법에 대하여 설명하시오. (단, 계산과정은 불필요) (10점)

해답

【문제 2】 소득세법

[물음 1] 양도소득의 개념 등

① 양도소득의 개념

양도소득은 재고자산 이외의 자산의 양도로 인해 발생하는 양도차익으로 이루어지는 소득이다.

따라서 계속적·반복적인 자산의 양도는 사업소득으로 과세되며, 우발적·일시적으로 특정 자산을 양도하여 얻은 소득이 양도소득세 과세대상이다.

② 1세대 1주택 비과세

㉠ 취지

국민의 '주거생활 안정'과 '거주이전의 자유'를 보장함에 있다.

㉡ 비과세요건

ⓐ 주택의 양도일 현재 1세대가 1주택을 보유하고 있어야 한다.

ⓑ 보유기간이 2년 이상인 국내주택(양도일 현재 실지거래가액이 12억원 초과인 고가주택은 제외)을 양도하여야 한다.

ⓒ 취득 당시에 조정대상 지역에 있는 주택의 경우에는 보유기간 중 거주기간이 2년 이상이어야 한다.

[참고]

출제 당시에는 거주요건이 없었으므로 2년 미만 거주인 경우라도 적용되는 것으로 가정한다.

③ 겸용주택

겸용주택의 주택부분은 주택으로 보아 1세대 1주택 비과세 및 고율의 장기보유특별공제를 적용할 수 있으나, 주택 이외의 부분은 주택에 관한 세제혜택을 적용하지 않는다.

만일, 주택부분이 주택 외의 부분보다 큰 경우에는 전부를 주택으로 보고 비과세 여부를 판단한다.

[물음 2] 1세대 2주택 비과세

1. 의의

양도일 현재 1세대 2주택인 경우에 해당하더라도 거주자의 의사와 관계없이 다른 주택을 취득하게 되거나, 부동산 거래의 특성상 일시적으로 2주택이 된 경우에는 1세대 1주택으로 취급하여 양도소득세를 비과세한다.

2. 사유

(1) 대체주택 취득

1주택 소유자가 기존주택을 양도하기 전에 신규로 1주택을 취득한 후 기존주택을 양도하는 경우 1세대 1주택 비과세 규정을 적용할 수 있다.

단, 기존주택을 취득한 날부터 1년이 경과한 후에 신규주택을 취득하여야 하며, 신규주택을 취득한 날부터 3년 이내에 기존주택을 양도하여야 한다.

(2) 상속주택

1주택을 보유한 자가 주택을 상속받아 2주택이 된 경우 기존주택(일반주택)을 양도하는 경우에는 1세대 1주택 비과세 규정을 적용한다.

(3) 동거봉양, 혼인

동거봉양의 경우에는 10년 이내, 혼인의 경우에는 5년 이내에 2주택 중 1주택을 처분하면 1세대 1주택 비과세 규정을 적용한다.

[물음 3] 고가주택의 양도

1. 1세대 2주택

甲은 혼인으로 인하여 일시적 2주택이 된 자에 해당하므로 甲이 양도한 주택은 1세대 1주택으로 취급한다.

2. 고가주택

1세대 1주택을 양도하더라도 고가주택(양도 당시 실지거래가액이 12억원을 초과하는 주택)에 해당하면 양도소득세 비과세대상에서 제외한다.

	3. 양도차익의 계산 1세대 1주택인 고가주택의 양도차익은 통상의 계산방법에 의한 양도차익에 총양도가액 중 총양도가액에서 12억원을 초과하는 금액이 차지하는 비율을 곱하여 계산한 금액을 고가주택의 양도차익으로 보고 과세한다. 그리하여 비과세대상에서 제외하기는 하되 고가주택 기준가액(12억원) 범위 내에서는 세부담을 경감해준다. 4. 장기보유특별공제 甲은 해당 주택을 3년 이상 보유하고 양도하였으므로 장기보유특별공제를 적용받게 된다. 1세대 1주택의 양도의 경우에는 일반적인 부동산의 공제율보다 높은 공제율을 적용해준다. [참고] 출제 당시에는 장기보유특별공제와 관련하여 거주요건 등이 없었으므로 검토하지 않았다.

**관련
법령**

1. 양도의 정의(「소득세법」 제88조)

이 장에서 사용하는 용어의 뜻은 다음과 같다.
1. "양도"란 자산에 대한 등기 또는 등록과 관계없이 매도, 교환, 법인에 대한 현물출자 등을 통하여 그 자산을 유상(有償)으로 사실상 이전하는 것을 말한다. 이 경우 대통령령으로 정하는 부담부증여의 채무액에 해당하는 부분은 양도로 보며, 다음 각 목의 어느 하나에 해당하는 경우에는 양도로 보지 아니한다.
   가. 「도시개발법」이나 그 밖의 법률에 따른 환지처분으로 지목 또는 지번이 변경되거나 보류지(保留地)로 충당되는 경우
   나. 토지의 경계를 변경하기 위하여 「공간정보의 구축 및 관리 등에 관한 법률」 제79조에 따른 토지의 분할 등 대통령령으로 정하는 방법과 절차로 하는 토지 교환의 경우
   다. 위탁자와 수탁자 간 신임관계에 기하여 위탁자의 자산에 신탁이 설정되고 그 신탁재산의 소유권이 수탁자에게 이전된 경우로서 위탁자가 신탁 설정을 해지하거나 신탁의 수익자를 변경할 수 있는 등 신탁재산을 실질적으로 지배하고 소유하는 것으로 볼 수 있는 경우

2. 비과세 양도소득(「소득세법」 제89조)

① 다음 각 호의 소득에 대해서는 양도소득에 대한 소득세(이하 "양도소득세"라 한다)를 과세하지 아니한다.
   1. 파산선고에 의한 처분으로 발생하는 소득
   2. 대통령령으로 정하는 경우에 해당하는 농지의 교환 또는 분합(分合)으로 발생하는 소득

3. 다음 각 목의 어느 하나에 해당하는 주택(주택 및 이에 딸린 토지의 양도 당시 실지거래가액의 합계액이 12억원을 초과하는 고가주택은 제외한다)과 이에 딸린 토지로서 건물이 정착된 면적에 지역별로 대통령령으로 정하는 배율을 곱하여 산정한 면적 이내의 토지(이하 이 조에서 "주택부수토지"라 한다)의 양도로 발생하는 소득

가. 1세대가 1주택을 보유하는 경우로서 대통령령으로 정하는 요건을 충족하는 주택

나. 1세대가 1주택을 양도하기 전에 다른 주택을 대체취득하거나 상속, 동거봉양, 혼인 등으로 인하여 2주택 이상을 보유하는 경우로서 대통령령으로 정하는 주택

4. 제2항에 따른 조합원입주권을 1개 보유한 1세대(「도시 및 주거환경정비법」 …에 따른 관리처분계획의 인가일 … 현재 제3호 가목에 해당하는 기존주택을 소유하는 세대)가 다음 각 목의 어느 하나의 요건을 충족하여 양도하는 경우 해당 조합원입주권을 양도하여 발생하는 소득. 다만, 해당 조합원입주권의 가액이 대통령령으로 정하는 기준을 초과하는 경우에는 양도소득세를 과세한다.

가. 양도일 현재 다른 주택을 보유하지 아니할 것

나. 양도일 현재 1조합원입주권 외에 1주택을 소유한 경우로서 해당 1주택을 취득한 날부터 3년 이내에 해당 조합원입주권을 양도할 것(3년 이내에 양도하지 못하는 경우로서 대통령령으로 정하는 사유에 해당하는 경우를 포함한다)

5. 「지적재조사에 관한 특별법」 제18조에 따른 경계의 확정으로 지적공부상의 면적이 감소되어 같은 법 제20조에 따라 지급받는 조정금

관련 판례

부동산의 양도로 인한 소득이 「소득세법」상 사업소득인지 혹은 양도소득인지는 양도인의 부동산 취득 및 보유현황, 조성의 유무, 양도의 규모, 횟수, 태양, 상대방 등에 비추어 그 양도가 수익을 목적으로 하고 있는지 여부와 사업활동으로 볼 수 있을 정도의 계속성과 반복성이 있는지 등을 고려하여 사회통념에 따라 판단하여야 하고, 그 판단을 함에 있어서는 단지 당해 양도 부동산에 대한 것뿐만 아니라, 양도인이 보유하는 부동산 전반에 걸쳐 당해 양도가 행하여진 시기의 전후를 통한 모든 사정을 참작하여야 한다. (94누16021)

출제위원 채점평

이번 세법학 1부 소득세분야는 수험생뿐만 아니라 일반 국민들도 관심이 많은 1세대 1주택 및 1세대 2주택 비과세특례제도에 대하여 출제하였다. 대부분의 수험생이 소득세분야는 어느 정도는 답안을 작성하였다. 물론 답안을 훌륭하게 작성한 수험생도 다수 있었다. 그러나 개정된 세법을 반영하지 못하거나 용어를 혼용하는 수험생도 다수 있었다. 일부이기는 하지만 답안지에 문제만 적어내거나 백지로 답안지를 제출하는 수험생도 눈에 띄었다. 모르는 문제가 나오더라도 당황하지 말고 문제에서 답안을 뽑아내려고 노력하는 자세가 필요하지 않나 생각한다.

문제 3

다음 사례를 읽고 물음에 답하시오. (30점)

〈사례〉

발행주식총수가 100주(주당 액면가액 2억원, 주당 발행가액 3억원, 자본금 200억원)인 영리내국법인 주식회사 A는 2010년에 주식발행액면초과액을 전부 자본전입하여 무상주를 교부하였다. 그러나 자본전입 당시에 「상법」상 자기주식의 취득이 제한되어 A가 보유한 자기주식에 대한 신주를 A에게 무상교부하지 못하였다. 따라서 거주자인 다른 주주들이 자기주식 지분에 대하여 무상으로 교부될 신주에 해당하는 만큼의 주식을 초과 배정받았다.

그 후 A는 주식회사 B로부터 200억원을 대출받았으나 계속된 실적부진으로 재무상황이 악화되었다. 그러던 중 2014년에 B는 A에 대한 채권을 전부 A의 주식(주당 액면가액 2억원, 주당 시가 3억원, 주당 발행가액 5억원)으로 출자전환하였다. A는 이로 인한 출자전환 채무면제이익의 일부를 현재까지 공제되지 않은 2000년 사업연도 발생 이월결손금의 보전에 충당하였다.

[물음 1] 위 사례에서 「법인세법」상 A가 자본전입한 ① 주식발행액면초과액을 계산하고, ② 동 주식발행액면초과액이 익금에 산입되는지 여부 및 ③ 동 주식발행액면초과액을 자본전입함으로 인해 의제배당액이 발생하는지의 여부를 설명하시오. (10점)

[물음 2] 위 사례에서 B의 출자전환으로 A에게 발생한 ① 주식발행액면초과액과 채무면제이익을 계산하고, ② A가 이월결손금의 보전에 충당한 채무면제이익이 익금에 산입되는지 여부 및 ③ 이월결손금의 공제시한이 존재함에도 불구하고 A가 채무면제이익의 일부를 2000년 사업연도 발생 이월결손금의 보전에 충당한 것이 적법한지 여부를 설명하시오. (15점)

[물음 3] 위 사례에서 B는 「금융실명거래 및 비밀보장에 관한 법률」 제2조 제1호의 규정에 의한 금융기관이며, A가 채무를 출자로 전환하는 내용이 포함된 경영정상화계획의 이행을 위한 협약을 B와 체결한 경우에 이월결손금의 보전에 충당되지 않은 출자전환 채무면제이익에 대한 법인세 과세문제를 설명하시오. (5점)

【문제 3】법인세법

[물음 1] 주식발행액면초과액의 자본전입

① 주식발행액면초과액

자기주식으로 인해 발생한 실권주를 기존주주에게 추가배정하였으므로 회사의 주식발행액면초과액을 전부 자본에 전입하였다. 따라서 A법인이 자본전입한 주식발행액면초과액은 100억원이고 증가된 주식 수는 '50주'이다.

계산근거: 50주 × 2억원 = 100억원

② 익금산입 여부

익금은 자본 또는 출자의 납입 및 법인세법에서 규정하는 것은 제외하고 해당 법인의 '순자산을 증가'시키는 거래로 인하여 발생하는 이익 또는 수입의 금액으로 한다. 자본준비금의 자본전입은 준비금과 자본금계정 사이의 장부상 대체일 뿐이므로 순자산에는 아무런 변동이 없다. 따라서 익금에 산입되지 않는다.

③ 의제배당

㉠ 원칙

주식발행액면초과액을 자본에 전입함에 따라 기존 주주가 무상주를 수령하게 되는 경우 의제배당액은 발생하지 않는다.

㉡ 예외

주식발행액면초과액을 자본에 전입할 때 자기주식이 있는 경우, 신주발행 후 다른 주주들의 주식소유비율은 증가하게 된다. 따라서 기존주주들의 증가된 주식소유비율에 상당하는 주식의 가액을 의제배당으로 한다.

[물음 2] 출자전환

① 주식발행액면초과액과 채무면제이익

㉠ 발행주식수

출자전환 시 발행주식수는 채무액을 발행가액으로 나누어 산출한다. 채무액 200억을 발행가액 5억원으로 나누면 총발행주식수는 40주이다.

㉡ 주식발행액면초과액

채무를 채무액보다 낮은 가치의 주식으로 출자전환하여 신주를 발행하는 경우에는 신주의 시가와 액면가액의 차액만이 주식발행액면초과액이다. A법인의 주식발행액면초과액은 '40억원'이다.

계산근거: (3억원 - 2억원) × 40주

㉢ 채무면제이익

면제받은 채무액(주식의 발행가액)과 주식 시가의 차액이 채무면제이익이다. 따라서 A법인의 채무면제이익은 '80억원'이다.

계산근거: (5억원 - 3억원) × 40주

② 익금산입 여부

출자전환으로 발생한 채무면제이익은 '순자산의 증가'에 해당하므로 익금에 산입한다. 다만, 채무면제이익을 이월결손금 보전에 충당하는 경우에는 익금에 산입하지 않는다.

③ 공제시한

각 사업연도 소득에 대한 법인세 계산 시 과세표준에서 공제하는 이월결손금은 15년(10년) 이내 발생한 결손금에 한한다. 그러나 채무면제이익을 이월결손금보전에 충당하는 경우에는 그 발생시기에 관계없이 익금불산입한다. 따라서 A가 채무면제이익의 일부를 공제시한이 경과한 이월결손금 보전에 충당한 것은 적법하다.

[물음 3] 출자전환 시 발행한 채무면제이익

1. 과세문제

출자전환 채무면제이익과 상계할 이월결손금이 없는 경우에는 일시에 익금만 인식하므로 법인세 부담으로 인해 출자전환의 효과가 상쇄될 우려가 있다.

2. 특례

회생계획인가 중인 법인, 경영정상화계획의 이행을 체결한 기업 등은 이월결손금보전에 충당하지 않은 출자전환 채무면제이익을 익금에 산입하지 아니하고 그 이후 각 사업연도에 발생하는 결손금에 보전할 수 있다.

1. 익금의 범위(「법인세법」 제15조)

① 익금은 자본 또는 출자의 납입 및 이 법에서 규정하는 것은 제외하고 해당 **법인의 순자산을 증가시키는 거래로 인하여 발생하는 이익 또는 수입**[이하 "수익"(收益)이라 한다]의 금액으로 한다.

② 다음 각 호의 금액은 익금으로 본다.
   1. 특수관계인인 개인으로부터 유가증권을 제52조 제2항에 따른 시가보다 낮은 가액으로 매입하는 경우 시가와 그 매입가액의 차액에 상당하는 금액
   2. 제57조 제4항에 따른 외국법인세액(세액공제된 경우만 해당한다)에 상당하는 금액
   3. 「조세특례제한법」 제100조의18 제1항에 따라 배분받은 소득금액

2. 수익의 범위(「법인세법 시행령」 제11조)

법 제15조 제1항에 따른 이익 또는 수입[이하 "수익"(收益)이라 한다]은 법 및 이 영에서 달리 정하는 것을 제외하고는 다음 각 호의 것을 포함한다.
1. 「통계법」 제22조에 따라 통계청장이 작성·고시하는 한국표준산업분류에 따른 각 사업에서 생기는 사업수입금액(기업회계기준 …에 따른 매출에누리금액 및 매출할인금액은 제외). …
2. 자산의 양도금액
2의 2. 자기주식(합병법인이 합병에 따라 피합병법인이 보유하던 합병법인의 주식을 취득하게 된 경우를 포함한다)의 양도금액. 이 경우 제19조 제19호의2 각 목 외의 부분 본문에 따른 주식매수선택권의 행사에 따라 주식을 양도하는 경우에는 주식매수선택권 행사 당시의 시가로 계산한 금액으로 한다.
3. 자산의 임대료
4. 자산의 평가차익
5. 무상으로 받은 자산의 가액
6. **채무의 면제 또는 소멸로 인하여 생기는 부채의 감소액**(법 제17조 제1항 제1호 단서의 규정에 따른 금액을 포함한다)
7. 손금에 산입한 금액 중 환입된 금액
8. 제88조 제1항 제8호 각 목의 어느 하나 및 같은 항 제8호의2에 따른 자본거래로 인하여 특수관계인으로부터 분여받은 이익
9. 법 제28조 제1항 제4호 나목에 따른 가지급금 및 그 이자로서 다음 각 목의 어느 하나에 해당하는 금액. 다만, 채권·채무에 대한 쟁송으로 회수가 불가능한 경우 등 기획재정부령으로 정하는 정당한 사유가 있는 경우는 제외한다.
   가. 제2조 제5항의 특수관계가 소멸되는 날까지 회수하지 아니한 가지급금 등(나목에 따라 익금에 산입한 이자는 제외한다)
   나. 제2조 제5항의 특수관계가 소멸되지 아니한 경우로서 법 제28조 제1항 제4호 나목에 따른 가지급금의 이자를 이자발생일이 속하는 사업연도 종료일부터 1년이 되는 날까지 회수하지 아니한 경우 그 이자
10. 그 밖의 수익으로서 그 법인에 귀속되었거나 귀속될 금액

3. 배당금 또는 분배금의 의제(「법인세법」 제16조)

① 다음 각 호의 금액은 다른 법인의 주주 또는 출자자(이하 "주주 등"이라 한다)인 내국법인의 각 사업연도의 소득금액을 계산할 때 그 다른 법인으로부터 이익을 배당받았거나 잉여금을 분배받은 금액으로 본다.

1. 주식의 소각, 자본의 감소, 사원의 퇴사·탈퇴 또는 출자의 감소로 인하여 주주 등인 내국법인이 취득하는 금전과 그 밖의 재산가액의 합계액이 해당 주식 또는 출자지분(이하 "주식 등"이라 한다)을 취득하기 위하여 사용한 금액을 초과하는 금액

2. 법인의 잉여금의 전부 또는 일부를 자본이나 출자에 전입함으로써 주주 등인 내국법인이 취득하는 주식 등의 가액. 다만, 다음 각 목의 어느 하나에 해당하는 금액을 자본에 전입하는 경우는 제외한다.
   가. 「상법」 제459조 제1항에 따른 **자본준비금**으로서 대통령령으로 정하는 것
   나. 「자산재평가법」에 따른 재평가적립금(같은 법 제13조 제1항 제1호에 따른 토지의 재평가차액에 상당하는 금액은 제외한다)

3. 법인이 자기주식 또는 자기출자지분을 보유한 상태에서 제2호 각 목에 따른 자본전입을 함에 따라 그 법인 외의 주주 등인 내국법인의 지분 비율이 증가한 경우 증가한 지분 비율에 **상당하는 주식 등의 가액**

4. 해산한 법인의 주주 등(법인으로 보는 단체의 구성원을 포함한다)인 내국법인이 법인의 해산으로 인한 잔여재산의 분배로서 취득하는 금전과 그 밖의 재산의 가액이 그 주식 등을 취득하기 위하여 사용한 금액을 초과하는 금액

5. 피합병법인의 주주 등인 내국법인이 취득하는 합병대가가 그 피합병법인의 주식 등을 취득하기 위하여 사용한 금액을 초과하는 금액

6. 분할법인 또는 소멸한 분할합병의 상대방 법인의 주주인 내국법인이 취득하는 분할대가가 그 분할법인 또는 소멸한 분할합병의 상대방 법인의 주식(분할법인이 존속하는 경우에는 소각 등에 의하여 감소된 주식만 해당한다)을 취득하기 위하여 사용한 금액을 초과하는 금액

4. 자본거래로 인한 수익의 익금불산입(「법인세법」 제17조)

① 다음 각 호의 금액은 내국법인의 각 사업연도의 소득금액을 계산할 때 익금에 산입(算入)하지 아니한다.

1. 주식발행액면초과액: 액면금액 이상으로 주식을 발행한 경우 그 액면금액을 초과한 금액(무액면주식의 경우에는 발행가액 중 자본금으로 계상한 금액을 초과하는 금액을 말한다). 다만, 채무의 출자전환으로 주식 등을 발행하는 경우에는 그 주식 등의 제52조 제2항에 따른 시가를 초과하여 발행된 금액은 제외한다.

5. 평가이익 등의 익금불산입(「법인세법」 제18조)

다음 각 호의 금액은 내국법인의 각 사업연도의 소득금액을 계산할 때 익금에 산입하지 아니한다.
1. 자산의 평가이익. 다만, 제42조 제1항 각 호에 따른 평가로 인하여 발생하는 평가이익은 제외한다.
2. 각 사업연도의 소득으로 이미 과세된 소득(이 법과 다른 법률에 따라 비과세되거나 면제되는 소득을 포함한다)
3. 제21조 제1호에 따라 손금에 산입하지 아니한 법인세 또는 법인지방소득세를 환급받았거나 환급받을 금액을 다른 세액에 충당한 금액
4. 국세 또는 지방세의 과오납금의 환급금에 대한 이자
5. 부가가치세의 매출세액
6. 무상(無償)으로 받은 자산의 가액(제36조에 따른 국고보조금 등은 제외한다)과 채무의 면제 또는 소멸로 인한 부채(負債)의 감소액 중 **대통령령으로 정하는 이월결손금을 보전하는 데에 충당한 금액**
7. 연결자법인 또는 연결모법인으로부터 제76조의19 제2항 또는 제3항에 따라 지급받았거나 지급받을 금액
8. 「상법」 제461조의2에 따라 **자본준비금을 감액하여 받는 배당금액**(내국법인이 보유한 주식의 장부가액을 한도로 한다). 다만, 다음 각 목의 어느 하나에 해당하는 자본준비금을 감액하여 받는 배당금액은 **제외**한다.
   가. 제16조 제1항 제2호 가목에 해당하지 아니하는 자본준비금
   나. 제44조 제2항 또는 제3항의 적격합병에 따른 제17조 제1항 제5호의 합병차익 중 피합병법인의 제16조 제1항 제2호 나목에 따른 재평가적립금에 상당하는 금액(대통령령으로 정하는 금액을 한도로 한다)
   다. 제46조 제2항의 적격분할에 따른 제17조 제1항 제6호의 분할차익 중 분할법인의 제16조 제1항 제2호 나목에 따른 재평가적립금에 상당하는 금액(대통령령으로 정하는 금액을 한도로 한다)

6. 이월결손금(「법인세법 시행령」 제16조)

① 법 제18조 제6호에서 "대통령령으로 정하는 이월결손금"이란 다음 각 호의 어느 하나에 해당하는 것을 말한다.
   1. 법 제14조 제2항에 따른 결손금(합병 또는 분할 따라 승계받은 결손금은 제외한다)으로서 법 제13조 제1항 제1호에 따라 그 후의 각 사업연도의 과세표준을 계산할 때 공제되지 아니한 금액
   2. 법 제60조에 따라 신고된 각 사업연도의 과세표준에 포함되지 아니하였으나 다음 각 목의 어느 하나에 해당하는 결손금 중 법 제14조 제2항에 따른 결손금에 해당하는 것
      가. 「채무자 회생 및 파산에 관한 법률」에 따른 회생계획인가의 결정을 받은 법인의 결손금으로서 법원이 확인한 것
      나. 「기업구조조정 촉진법」에 의한 기업개선계획의 이행을 위한 약정이 체결된 법인으로서 금융채권자협의회가 의결한 결손금

7. 배당금 또는 분배금의 의제(「법인세법」 제16조)

① 다음 각 호의 금액은 다른 법인의 주주 또는 출자자인 내국법인의 각 사업연도의 소득금액을 계산할 때 그 다른 법인으로부터 이익을 배당받았거나 잉여금을 분배받은 금액으로 본다.

2. 법인의 잉여금의 전부 또는 일부를 자본이나 출자에 전입(轉入)함으로써 주주등인 내국법인이 취득하는 주식등의 가액. 다만, 다음 각 목의 어느 하나에 해당하는 금액을 자본에 전입하는 경우는 **제외**한다.

　가. 「상법」 제459조 제1항에 따른 자본준비금으로서 대통령령으로 정하는 것

　나. 「자산재평가법」에 따른 재평가적립금(같은 법 제13조 제1항 제1호에 따른 토지의 재평가차액에 상당하는 금액은 제외한다)

8. 자본전입 시 과세되지 아니하는 잉여금의 범위 등(「법인세법 시행령」 제12조)

① 법 제16조 제1항 제2호 가목에서 "대통령령으로 정하는 것"이란 법 제17조 제1항 각 호의 금액에 해당하는 금액을 말한다. 다만, 다음 각 호의 어느 하나에 해당하는 금액은 **제외**한다.

1. 법 제17조 제1항 제1호 단서에 따른 초과금액

2. 자기주식 또는 자기출자지분을 소각하여 생긴 이익(소각 당시 법 제52조 제2항에 따른 시가가 취득가액을 초과하지 아니하는 경우로서 소각일부터 2년이 지난 후 자본에 전입하는 금액은 제외한다)

3. 법 제44조 제2항에 따른 적격합병(같은 조 제3항에 따라 적격합병으로 보는 경우를 포함하며, 이하 "적격합병"이라 한다)을 한 경우 다음 각 목의 금액(주식회사 외의 법인인 경우에는 이를 준용하여 계산한 금액을 말한다)의 합계액. 이 경우 법 제17조 제1항 제5호에 따른 금액(이하 이 조에서 "합병차익"이라 한다)을 한도로 한다.

　가. 합병등기일 현재 합병법인이 승계한 재산의 가액이 그 재산의 피합병법인 장부가액(제85조 제1호에 따른 세무조정사항이 있는 경우에는 그 세무조정사항 중 익금불산입액은 더하고 손금불산입액은 뺀 가액으로 한다. 이하 이 항에서 같다)을 초과하는 경우 그 초과하는 금액 (2019. 2. 12. 개정)

　나. 피합병법인의 기획재정부령으로 정하는 자본잉여금 중 법 제16조 제1항 제2호 각 목 외의 부분 본문에 따른 잉여금(이하 이 조 및 제17조에서 "의제배당대상 자본잉여금"이라 한다)에 상당하는 금액

　다. 피합병법인의 이익잉여금에 상당하는 금액

4. 법 제46조 제2항에 따른 적격분할(이하 "적격분할"이라 한다)을 한 경우 다음 각 목의 금액(주식회사 외의 법인인 경우에는 이를 준용하여 계산한 금액을 말한다)의 합계액. 이 경우 법 제17조 제1항 제6호에 따른 금액(이하 이 조에서 "분할차익"이라 한다)을 한도로 한다.

　가. 분할등기일 현재 분할신설법인등(법 제46조 제1항 각 호 외의 부분 전단에 따른 분할신설법인등을 말한다. 이하 같다)이 승계한 재산의 가액이 그 재산의 분할법인 장부가액을 초과하는 경우 그 초과하는 금액

　나. 분할에 따른 분할법인의 자본금 및 기획재정부령으로 정하는 자본잉여금 중 의제배당대상 자본잉여금 외의 잉여금의 감소액이 분할한 사업부문의 분할등기일 현재 순자산 장부가액에 미달하는 경우 그 미달하는 금액. 이 경우 분할법인의 분할등기일 현재의 분할 전 이익잉여금과 의제배당대상 자본잉여금에 상당하는 금액의 합계액을 한도로 한다. (2019. 2. 12. 개정)

5. 「상법」 제345조 제1항에 따른 주식의 상환에 관한 종류주식의 법 제17조 제1항 제1호 본문에 따른 초과금액 중 이익잉여금으로 상환된 금액

출제위원 채점평

법인세 문제는 두 개의 사례를 기반으로 하여 「법인세법」 규정의 내용과 취지를 정확히 이해하고 있는지를 묻고 있다. ① 주식발행액면초과액의 자본전입 시 의제배당에 관한 「법인세법」 규정과 ② 이월결손금의 보전에 충당한 출자전환 채무면제이익에 대한 「법인세법」 규정에 관해 묻고 있는 문제이다. 이 문제에 대한 답안을 작성할 때에는 규정의 내용과 취지를 원칙과 예외로 구분하여 설명하고 사례를 적용한 결과를 보여줄 필요가 있다.

문제 4

다음 사례를 읽고 물음에 답하시오. (20점)

〈사례〉

비상장내국법인 주식회사 A의 대주주인 거주자 甲은 2014년 A의 설립과정에서 2014년 12월 31일 A가 발행한 본인의 소유주식을 거주자 乙에게 명의신탁을 하고 명의개서까지 완료하였다. 乙은 위 명의신탁받은 주식을 甲의 지시에 따라 2015년 3월 16일 거주자 丙명의로 반환하여 명의수탁자가 乙에서 丙으로 변경되었다.

[물음 1] 「상속세 및 증여세법」상 명의신탁재산의 증여의제와 증여재산의 반환·재증여에 대하여 설명하시오. (10점)

[물음 2] 위 사례에서 乙에 대한 증여세 과세문제를 논하시오. (6점)

[물음 3] 만일 위 사례에서 乙이 명의신탁받은 주식을 2015년 3월 16일 甲에게 반환하였다면, 乙에 대한 증여세 과세문제가 어떻게 달라지는지를 설명하시오. (4점)

【문제 4】 상속세 및 증여세법
[물음 1] 명의신탁증여의제, 증여재산의 반환·재증여
1. 명의신탁재산의 증여의제
(1) 과세요건 및 내용
권리 이전이나 행사에 등기·등록이 필요한 재산(토지와 건물은 제외)의 실제소유자와 명의자가 다른 경우에는 실질과세원칙에도 불구하고 그 등기 등을 한 날에 실제소유자가 명의자에게 증여한 것으로 본다.
다만, 조세회피목적이 없는 경우에는 그러하지 않다.

(2) 입증책임
실제소유자와 명의자가 다른 경우에는 조세회피목적이 있는 것으로 '추정'된다. 따라서 납세자가 조세회피목적이 없다는 점을 입증하여야 증여세 부담에서 벗어날 수 있다.

2. 증여재산의 반환·재증여
(1) 증여세 신고기한 이내 반환
수증자가 증여재산(금전은 제외)을 당사자간의 합의에 따라 증여세 과세표준 신고기한 이내에 증여자에게 반환하는 경우에는 '처음부터 증여가 없었던 것'으로 본다.
따라서 당초 증여자와 반환한 수증자 모두 증여세를 부담하지 않는다.

(2) 신고기한이 지난 후 3개월 이내 반환
증여세 과세표준 신고기한이 지난 후 3개월 이내에 증여자에게 반환하거나 다시 증여하는 것에 대해서는 증여세를 부과하지 아니한다.
따라서 당초 수증자는 증여세를 부담하지만 증여재산을 반환받은 증여자는 증여세를 부담하지 않는다.

[물음 2] 乙에 대한 증여세 과세문제
1. 과세문제
증여세 과세표준 신고기한 이내에 명의신탁을 해지한 경우에 명의자에게 증여세를 부과하는 것이 타당한지 여부에 대해 논쟁이 있다.

2. 과세부정설(판례)
판례는 증여세 신고기한 이내 명의신탁관계를 해소한 경우에도 증여재산의 반환과 마찬가지로 처음부터 증여가 없었던 것으로 본다.

3. 과세긍정설
(1) 명의신탁증여의제의 취지
명의신탁증여의제 규정은 실질과세원칙에도 불구하고 증여세를 부과하는 것으로서 이는 '조세회피행위'에 대한 규제에 해당한다. 따라서 단기간 내에 명의신탁관계를 해소하였다는 사실만으로 일단 성립한 증여세를 부과하지 않는 것은 타당하지 않다.

(2) 확장해석의 문제
또한 증여재산반환 규정은 당초 증여자에게 명의신탁된 재산을 '반환'하는 경우 적용하는 규정임에도 불구하고 이를 제3자의 명의로 전환하는 경우까지 적용하게 되면 지나친 확장해석이 될 수 있다.

[물음 3] 과세문제
사안에서 명의신탁증여의제가 적용되는 경우 甲은 증여자, 乙은 수증자가 된다.
따라서 乙이 명의신탁받은 주식을 제3자가 아닌 당초 증여자 甲에게 반환한 경우는 '증여세 신고기한 이내에 증여받은 재산을 당초 증여자에게 반환'한 경우에 해당한다.
따라서 당초 명의신탁자에게 반환한 경우에 처음부터 증여가 없었던 것으로 보는 것은 적어도 유추해석 또는 확장해석의 문제는 발생하지 않게 된다.

1. 증여세 과세대상(「상속세 및 증여세법」 제4조 제4항)

수증자가 증여재산(금전은 제외한다)을 당사자 간의 합의에 따라 제68조에 따른 증여세 과세표준 신고기한 이내에 증여자에게 반환하는 경우(반환하기 전에 제76조에 따라 과세표준과 세액을 결정받은 경우는 제외한다)에는 처음부터 증여가 없었던 것으로 보며, 제68조에 따른 증여세 과세표준 신고기한이 지난 후 3개월 이내에 증여자에게 반환하거나 증여자에게 다시 증여하는 경우에는 그 반환하거나 다시 증여하는 것에 대해서는 증여세를 부과하지 아니한다.

2. 명의신탁재산의 증여의제(「상속세 및 증여세법」 제45조의2)

① 권리의 이전이나 그 행사에 등기 등이 필요한 재산(토지와 건물은 제외한다)의 실제소유자와 명의자가 다른 경우에는 「국세기본법」 제14조에도 불구하고 그 명의자로 등기 등을 한 날(그 재산이 명의개서를 하여야 하는 재산인 경우에는 소유권취득일이 속하는 해의 다음 해 말일의 다음 날을 말한다)에 그 재산의 가액(그 재산이 명의개서를 하여야 하는 재산인 경우에는 소유권취득일을 기준으로 평가한 가액을 말한다)을 실제소유자가 명의자에게 증여한 것으로 본다. 다만, 다음 각 호의 어느 하나에 해당하는 경우에는 그러하지 아니하다.

  1. 조세 회피의 목적 없이 타인의 명의로 재산의 등기 등을 하거나 소유권을 취득한 실제소유자 명의로 명의개서를 하지 아니한 경우

  2. … (삭제) …

  3. 「자본시장과 금융투자업에 관한 법률」에 따른 신탁재산인 사실의 등기 등을 한 경우

  4. 비거주자가 법정대리인 또는 재산관리인의 명의로 등기 등을 한 경우

③ 타인의 명의로 재산의 등기 등을 한 경우 및 실제소유자 명의로 명의개서를 하지 아니한 경우에는 조세 회피 목적이 있는 것으로 추정한다. 다만, 실제소유자 명의로 명의개서를 하지 아니한 경우로서 다음 각 호의 어느 하나에 해당하는 경우에는 조세 회피 목적이 있는 것으로 추정하지 아니한다.

  1. 매매로 소유권을 취득한 경우로서 종전 소유자가 「소득세법」 제105조 및 제110조에 따른 양도소득 과세표준 신고 또는 「증권거래세법」 제10조에 따른 신고와 함께 소유권 변경 내용을 신고하는 경우

  2. 상속으로 소유권을 취득한 경우로서 상속인이 다음 각 목의 어느 하나에 해당하는 신고와 함께 해당 재산을 상속세 과세가액에 포함하여 신고한 경우. 다만, 상속세 과세표준과 세액을 결정 또는 경정할 것을 미리 알고 수정신고하거나 기한후신고를 하는 경우는 제외한다.

    가. 제67조에 따른 상속세 과세표준 신고

    나. 「국세기본법」 제45조에 따른 수정신고

    다. 「국세기본법」 제45조의3에 따른 기한후신고

④ 제1항을 적용할 때 주주명부 또는 사원명부가 작성되지 아니한 경우에는 「법인세법」 제109조 제1항 및 제119조에 따라 납세지 관할 세무서장에게 제출한 주주 등에 관한 서류 및 주식 등 변동상황명세서에 의하여 명의개서 여부를 판정한다. 이 경우 증여일은 증여세 또는 양도소득세 등의 과세표준신고서에 기재된 소유권 이전일 등 대통령령으로 정하는 날로 한다.

⑥ 제1항 제1호 및 제3항에서 "조세"란 「국세기본법」 제2조 제1호 및 제7호에 규정된 국세 및 지방세와 「관세법」에 규정된 관세를 말한다.

3. 증여세 납부의무(「상속세 및 증여세법」 제4조의2)

① 수증자는 다음 각 호의 구분에 따른 증여재산에 대하여 증여세를 납부할 의무가 있다.
    1. 수증자가 거주자(본점이나 주된 사무소의 소재지가 국내에 있는 비영리법인을 포함한다. 이하 이 항에서 같다)인 경우: 제4조에 따라 증여세 과세대상이 되는 모든 증여재산
    2. 수증자가 비거주자(본점이나 주된 사무소의 소재지가 외국에 있는 비영리법인을 포함)인 경우: 제4조에 따라 증여세 과세대상이 되는 국내에 있는 모든 증여재산
② 제1항에도 불구하고 제45조의2에 따라 재산을 증여한 것으로 보는 경우(명의자가 영리법인인 경우를 포함한다)에는 실제소유자가 해당 재산에 대하여 증여세를 납부할 의무가 있다. (2018. 12. 31. 신설)

관련 이론

명의신탁증여의제 규정을 적용할 때 납세의무자는 명의자에서 실제소유자로 세법이 변경되었다. 그러나 개정세법에 맞춰서 이 문제의 물음을 변경([물음 2]와 [물음 3]에서 乙을 甲으로 변경)할 필요는 없다. 그렇게 되면 문제의 본질이 흐려진다. 이 문제는 납세의무자가 누구인지와는 관계없이 '증여'와 '반환'의 법리만을 다루고 있기 때문이다.

또한 개정세법의 납세의무자 변경은 명의신탁을 증여로 간주(의제)함에도 불구하고 그 납세의무자만을 실제소유자로 한다는 뜻일 뿐이기 때문이다. 그 결과 설령 납세의무자를 변경하더라도 그 해답에는 아무런 영향이 없을 것이다.

관련 판례

구 「상속세 및 증여세법」은 '증여를 받은 후 그 증여받은 재산을 당사자 간의 합의에 따라 제68조의 증여세 과세표준 신고기한(3월) 내에 반환하는 경우에는 처음부터 증여가 없었던 것으로 본다. 다만 반환하기 전에 과세표준 과세액의 결정을 받은 경우에는 그러하지 아니하다.'고 규정하면서 같은 법 제45조의2에 의하여 증여로 의제되는 명의신탁에 대하여 위 규정의 적용을 배제하는 규정을 따로 두고 있지 않고, 증여세 과세표준 신고기한 내에 당사자들의 합의에 의하여 증여재산을 반환하는 경우나 명의신탁받은 재산을 반환하는 경우 모두 그 재산을 수증자 또는 명의수탁자가 더 이상 보유하지 않게 된다는 면에서 실질적으로 다르지 아니한 점 등에 비추어 볼 때, 구 「상속세 및 증여세법」 제31조 제4항은 증여로 의제된 명의신탁재산에 대하여 그 명의신탁을 해지하고 반환하는 경우에도 「상속세 및 증여세법」 제4조 제4항이 적용된다고 보아야 하고, 이는 명의수탁자가 명의신탁받은 재산을 명의신탁자 명의로 재산을 반환하는 경우뿐 아니라 명의신탁자의 지시에 따라 제3자 명의로 반환하는 경우라고 하더라도 마찬가지라고 보아야 한다. (2011두8765, 2011. 9. 29.)

출제위원 채점평

세법학 1부의 「상속세 및 증여세법」 문제는 명의신탁재산의 증여의제와 증여재산의 반환·재증여에 대한 내용이었는데, 이에 대한 채점평을 간단히 적어보면 다음과 같다.

사례형 문제의 해결과 관련하여 명의수탁자가 명의신탁받은 주식을 명의신탁자에게 반환하는 경우의 증여세 과세문제에 대하여는 그럭저럭 답안을 작성하였으나, 명의수탁자가 명의신탁받은 주식을 명의신탁자의 지시에 따라 제3자 명의로 변경한 경우의 증여세 과세문제에 대하여는 논점을 제대로 파악하지 못한 답안이 많았다.

전체적으로는 최근 세무사시험의 세법학 과목에서 사례형 문제의 출제가 증가하는 경향을 보이고 있음에도 불구하고 아직도 사례형 문제에 대한 대비가 되어 있지 않은 답안이 많다는 인상을 받았다. 충분한 논리의 전개 없이 성급하게 결론을 내거나 논술식 답안의 체계를 갖추지 못한 답안이 눈에 많이 띄므로 평소에 답안지 작성 연습을 꾸준히 할 필요가 있다는 점을 지적하고 싶다.

문제 1

「부가가치세법」상 재화와 용역의 공급에 관한 다음 물음에 답하시오. (35점)

[물음 1] 부가가치세가 면세되는 재화를 공급하는 사업을 영위하고 있는 영리내국법인 A가 영세율 적용에 대한 상호면세국인 일본에 재화를 수출하려 한다. A가 영세율을 적용받을 수 있는 「부가가치세법」상 제도와 영세율에 대한 상호주의 적용에 관하여 설명하시오. (15점)

[물음 2] 다음 사례를 읽고 답하시오. (20점)

> 〈사례〉
> 스마트폰용 게임을 제작하여 판매하고 있는 B법인은 C법인이 운영하는 인터넷 오픈마켓을 통하여 스마트폰용 게임을 유상으로 공급하고 있으며, 소비자는 이 오픈마켓에서 게임을 다운로드받는 방법으로 구매한다.

(1) B와 C 모두 국내사업장이 없는 외국법인인 경우 전자적 용역의 공급에 적용되는 「부가가치세법」상 특례제도에 관하여 설명하시오.

(2) B와 C 모두 내국법인인 경우 소비자가 국내 또는 국외에서 구매할 때 부가가치세 과세대상 여부 및 적용세율을 설명하시오.

【문제 1】부가가치세법

[물음 1] 면세포기와 상호주의

1. 영세율을 적용받을 수 있는 제도

(1) 면세포기

면세재화를 공급하는 경우에는 국내에서 공급하거나 수출하는지에 관계없이 부가가치세를 과세하지 않는 것이 원칙이다. 그럼에도 불구하고 해당 면세재화의 공급이 면세포기대상으로 열거된 경우에는 면세포기를 신고하고 과세대상으로 할 수 있다.

부가가치세법상 면세대상 중 면세포기가 가능한 것은 ① 영세율 적용대상, ② 학술 연구단체가 그 연구와 관련하여 실비 또는 무상으로 공급하는 재화 또는 용역이 있다.

(2) 면세포기의 효력

면세포기를 신고한 사업자는 지체 없이 사업자등록을 하여야 하며, 매입세액을 공제받을 수 있다. 면세포기를 신고한 사업자는 신고한 날로부터 3년간은 부가가치세의 면제를 받지 못한다.

(3) 사안의 적용

사안에서 A는 재화를 수출하고 있으므로 해당 재화의 공급은 영세율 적용대상이며 이는 면세포기대상에도 해당한다.

따라서 A는 면세포기를 신고하여 과세사업자로 전환한 후 수출하는 재화에 대해 영세율을 적용받을 수 있다.

2. 상호주의

(1) 취지

비거주자나 외국법인이 우리나라에서 재화나 용역을 공급하는 데 대하여 영세율을 적용하여 부가가치세 부담을 지우지 않음에도 불구하고, 우리나라 거주자나 내국법인이 외국에서 동일한 재화나 용역을 공급하는 데 부가가치세 부담을 지게 되면, 우리나라 기업이 가격경쟁에서 불리할 우려가 있다. 이에 부가가치세법은 상호주의 조항을 두었다.

(2) 관련 규정

영세율 적용대상 사업자가 비거주자나 외국

법인인 경우에는 그 거주지국이 우리나라의 거주자나 내국법인에 대하여 동일한 조건으로 면세하는 경우에만 영세율을 적용한다. 한편 외교공관이나 외국공무원에게 재화나 용역의 공급에 대해서 영세율을 적용할 때도 마찬가지이다.

(3) 사안의 적용

사안에서 면세재화를 수출하는 A는 내국법인이므로 일본국이 상호면세국인지 여부에 관계 없이 영세율을 적용받을 수 있다.

[물음 2] 전자적 용역

(1) B와 C가 국내사업장이 없는 경우의 특례제도

① 대리납부의무 배제

국외사업자로부터 과세되는 용역을 공급받는 자가 이를 과세사업에 공하지 않는 경우에는 대리납부의무가 있다. 그러나 게임 등 전자적 용역의 경우 소비자가 현실적으로 대리납부의무를 이행하기 어려운 점을 감안하여 대리납부의무 규정을 배제한다.

② 공급장소

이동통신단말장치 또는 컴퓨터 등으로 국내에 제공하는 게임 등의 '전자적 용역'은 국내에서 공급되는 것으로 본다.

③ 제3자를 공급하는 자로 봄

수탁자를 통하여 용역을 공급하더라도 용역을 공급하는 자는 원칙적으로 외국법인 B이다.

그러나 중간매개자인 C가 국내사업장을 두고 있는 경우에는 C를 공급하는 자로 한다. 전자적 용역의 경우에는 C가 국내사업장이 없더라도 C가 오픈마켓 운영자인 경우에는 C(제3자)를 용역의 공급자로 본다.

④ 간편사업자등록

비거주자나 외국법인이 국내에서 전자적 용역을 공급하는 것으로 인정되는 경우에는 사업개시일로부터 20일 이내 간편한 방법으로 사업자등록을 하고, 전자적 용역의 공급에 따른 부가가치세를 신고·납부하여야 한다. 사안에서는 C가 공급하는 것으로 보

기 때문에 C가 간편사업자등록 및 부가가치
세 신고·납부의무를 진다.

(2) B와 C 모두 내국법인인 경우
① 재화와 용역의 구분
게임을 다운받게 되면 재화를 공급받는 것
인지, 용역을 공급받는 것인지에 대한 문제
가 발생하게 된다.
재산적 가치가 있는 권리는 재화의 일종이
지만, 권리를 완전히 양도하는 것이 아니라
사용하게 하는 것이므로 '용역의 공급'이다.

② 사안의 적용
국내사업자가 국내에서 게임을 제공하는 경
우 '국내제공용역'에 해당하므로 부가가치
세 과세대상이며, 일반세율 10%가 적용된다.
국내사업자가 게임을 국외에서 공급하는 경
우 '국외제공용역'에 해당하므로 영세율 적
용대상이다.

**관련
법령**

1. 재화의 수출(「부가가치세법」 제21조)

① 재화의 공급이 수출에 해당하면 그 재화의 공급에 대하여는 제30조에도 불구하고 영(零) 퍼센
트의 세율(이하 "영세율"이라 한다)을 적용한다.
② 제1항에 따른 수출은 다음 각 호의 것으로 한다.
1. 내국물품(대한민국 선박에 의하여 채집되거나 잡힌 수산물을 포함한다)을 **외국으로 반출하
는 것**
2. 중계무역 방식의 거래 등 대통령령으로 정하는 것으로서 국내사업장에서 계약과 대가 수령
등 거래가 이루어지는 것
3. 기획재정부령으로 정하는 내국신용장 또는 구매확인서에 의하여 재화[금지금(金地金)은 제
외한다]를 공급하는 것 등으로서 대통령령으로 정하는 것

2. 용역의 국외공급(「부가가치세법」 제22조)

국외에서 공급하는 용역에 대하여는 제30조에도 불구하고 영세율을 적용한다.

3. 면세의 포기(「부가가치세법」 제28조)

① 사업자는 제26조 또는 「조세특례제한법」 제106조 등에 따라 부가가치세가 면제되는 재화 또는 용역의 공급으로서 다음 각 호에 해당하는 것에 대하여는 대통령령으로 정하는 바에 따라 면세의 포기를 신고하여 부가가치세의 면제를 받지 아니할 수 있다.
  1. 제21조부터 제24조까지의 규정에 따라 영세율의 적용대상이 되는 것
  2. 제26조 제1항 제12호·제15호 및 제18호에 따른 재화 또는 용역의 공급
② 제1항에 따라 면세의 포기를 신고한 사업자는 신고한 날부터 3년간 부가가치세를 면제받지 못한다.
③ 제1항에 따라 면세의 포기를 신고한 사업자가 제2항의 기간이 지난 뒤 부가가치세를 면제받으려면 대통령령으로 정하는 바에 따라 면세적용신고서를 제출하여야 하며, 면세적용신고서를 제출하지 아니하면 계속하여 면세를 포기한 것으로 본다.

4. 영세율에 대한 상호주의 적용(「부가가치세법」 제25조)

① 제21조부터 제24조까지의 규정을 적용할 때 사업자가 비거주자 또는 외국법인이면 그 해당 국가에서 대한민국의 거주자(「소득세법」 제1조의2 제1항 제1호의 거주자를 말한다) 또는 내국법인(「법인세법」 제2조 제1호에 따른 내국법인을 말한다)에 대하여 동일하게 면세하는 경우에만 영세율을 적용한다.
② 사업자가 제24조 제1항 제2호에 따라 재화 또는 용역을 공급하는 경우에는 해당 외국에서 대한민국의 외교공관 및 영사기관 등의 직원에게 공급하는 재화 또는 용역에 대하여 동일하게 면세하는 경우에만 영세율을 적용한다.
③ 제1항 및 제2항에서 "동일하게 면세하는 경우"는 해당 외국의 조세로서 우리나라의 부가가치세 또는 이와 유사한 성질의 조세를 면세하는 경우와 그 외국에 우리나라의 부가가치세 또는 이와 유사한 성질의 조세가 없는 경우로 한다.

5. 대리납부(「부가가치세법」 제52조)

① 다음 각 호의 어느 하나에 해당하는 자로부터 국내에서 용역 또는 권리(이하 이 조 및 제53조에서 "용역 등"이라 한다)를 공급(국내에 반입하는 것으로서 … 관세와 함께 부가가치세를 신고·납부하여야 하는 재화의 수입에 해당하지 아니하는 경우를 포함)받는 자(공급받은 그 용역 등을 과세사업에 제공하는 경우는 제외하되, 제39조에 따라 매입세액이 공제되지 아니하는 용역 등을 공급받는 경우는 포함한다)는 그 대가를 지급하는 때에 그 대가를 받은 자로부터 부가가치세를 징수하여야 한다.
  1. … 국내사업장 …이 없는 비거주자 또는 외국법인
  2. 국내사업장이 있는 비거주자 또는 외국법인(비거주자 또는 외국법인의 국내사업장과 관련 없이 용역 등을 공급하는 경우로서 대통령령으로 정하는 경우만 해당한다)

6. 국외사업자의 용역 등 공급에 관한 특례(「부가가치세법」 제53조)

① 제52조 제1항 각 호의 어느 하나에 해당하는 자가 제8조에 따른 사업자등록의 대상으로서 다음 각 호의 어느 하나에 해당하는 자(이하 "위탁매매인 등"이라 한다)를 통하여 국내에서 용역 등을 공급하는 경우에는 해당 위탁매매인 등이 해당 용역 등을 공급한 것으로 본다.
  1. 위탁매매인
  2. 준위탁매매인

3. 대리인

4. 중개인(구매자로부터 거래대금을 수취하여 판매자에게 지급하는 경우에 한정한다)

② 제52조 제1항 각 호의 어느 하나에 해당하는 자로부터 권리를 공급받는 경우에는 제19조 제1항에도 불구하고 공급받는 자의 국내에 있는 사업장의 소재지 또는 주소지를 해당 권리가 공급되는 장소로 본다.

7. 재화의 공급장소(「부가가치세법」 제19조)

① 재화가 공급되는 장소는 다음 각 호의 구분에 따른 곳으로 한다.

1. 재화의 이동이 필요한 경우: 재화의 이동이 시작되는 장소
2. 재화의 이동이 필요하지 아니한 경우: 재화가 공급되는 시기에 재화가 있는 장소

재화의 '공급장소'를 정한 「부가가치세법」 제19조에서는 국외에 소재한 사업자로부터 권리를 공급받는 경우를 예상하고 있지 않기 때문에, 제19조를 그대로 적용할 경우에는 공급의 대상이 된 권리가 우리나라에서 공급되는 경우에는 부가가치세를 부과할 수 없는 결과가 된다는 것이다. 「부가가치세법」 제53조 제2항은 이러한 문제에 대처하기 위한 것으로서, 이 경우에는 제19조와 달리 공급받는 자의 사업장 소재지나 주소지를 공급장소로 보아 우리나라 「부가가치세법」을 적용할 수 있도록 한다.

8. 용역의 공급장소(「부가가치세법」 제20조)

① 용역이 공급되는 장소는 다음 각 호의 어느 하나에 해당하는 곳으로 한다.

1. 역무가 제공되거나 시설물, 권리 등 재화가 사용되는 장소
2. 국내 및 국외에 걸쳐 용역이 제공되는 국제운송의 경우 사업자가 비거주자 또는 외국법인이면 여객이 탑승하거나 화물이 적재되는 장소
3. 제53조의2 제1항에 따른 전자적 용역의 경우 용역을 공급받는 자의 사업장 소재지, 주소지 또는 거소지

9. 전자적 용역을 공급하는 국외사업자의 사업자등록 및 납부 등에 관한 특례(「부가가치세법」 제53조의2)

① 국외사업자가 정보통신망(「정보통신망 이용촉진 및 정보보호 등에 관한 법률」 제2조 제1항 제1호에 따른 정보통신망을 말한다)을 통하여 이동통신단말장치 또는 컴퓨터 등으로 공급하는 용역으로서 다음 각 호의 어느 하나에 해당하는 전자적 용역을 국내에 제공하는 경우(제8조, 「소득세법」 제168조 제1항 또는 「법인세법」 제111조 제1항에 따라 사업자등록을 한 자의 과세사업 또는 면세사업에 대하여 용역을 공급하는 경우는 제외)에는 사업의 개시일부터 20일 이내에 대통령령으로 정하는 간편한 방법으로 사업자등록(간편사업자등록)을 하여야 한다.

1. 게임 · 음성 · 동영상 파일 또는 소프트웨어 등 대통령령으로 정하는 용역
2. 광고를 게재하는 용역
3. 「클라우드컴퓨팅 발전 및 이용자 보호에 관한 법률」 제2조 제3호에 따른 클라우드컴퓨팅서비스
4. 재화 또는 용역을 중개하는 용역으로서 대통령령으로 정하는 용역
5. 그 밖에 제1호부터 제4호까지와 유사한 용역으로서 대통령령으로 정하는 용역

② **국외사업자가 다음 각 호의 어느 하나에 해당하는 제3자**(제52조 제1항 각 호의 어느 하나에 해당하는 비거주자 또는 외국법인을 포함)**를 통하여 국내에 전자적 용역을 공급하는 경우**(국외사업자의 용역 등 공급 특례에 관한 제53조가 적용되는 경우는 제외)**에는 그 제3자가 해당 전자적 용역을 공급한 것으로 보며, 그 제3자는 사업의 개시일부터 20일 이내에 간편사업자등록을 하여야 한다.**

   1. 정보통신망 등을 이용하여 전자적 용역의 거래가 가능하도록 오픈마켓이나 그와 유사한 것을 운영하고 관련 서비스를 제공하는 자
   2. 전자적 용역의 거래에서 중개에 관한 행위 등을 하는 자로서 구매자로부터 거래대금을 수취하여 판매자에게 지급하는 자
   3. 그 밖에 제1호 및 제2호와 유사하게 전자적 용역의 거래에 관여하는 자로서 대통령령으로 정하는 자

출제위원 채점평

이번 세법학 2부의 【문제 1】은「부가가치세법」문제였다. [물음 1]에서는 면세포기와 영세율에 대한 상호주의 적용에 대한 물음이 출제되었고, [물음 2]에서는 전자적 용역의 공급과 관련된 물음이 출제되었다.

[물음 1]은 면세사업자가 영세율을 적용받을 수 있는 제도를 물으면서 면세포기 제도와 영세율에 대한 상호주의 적용에 관하여 설명할 것을 요구하였다. 두 개의 주제 모두 기본적인 내용이지만 이를 정확하게 알고 답안을 작성한 응시생은 많지 않았다. 특히 영세율에 대한 상호주의 적용의 의미를 대부분의 수험생들이 오해하고 있다는 것이 안타까울 정도였다. 실무를 할 때에도 기본적인 내용일수록 본인이 이해하고 있는 것이 옳은지 한번 더 확인하는 습관이 반드시 필요하다.

[물음 2]는 최근에 제정되어 시행되고 있는 전자적 용역의 공급에 대한 물음이었다. 이는 최근에 이슈가 되었던 주제이니만큼 기본적인 개념은 많은 응시생들이 알고 있었으나, 기본 개념을 제외한 세법상 취급과 관련된 내용을 정확히 기술한 응시생은 많지 않았다. 아무리 많은 내용을 답안에 쓴다 해도 정확하지 않으면 득점할 수 없다.

「부가가치세법」문제의 두 개의 물음 모두 난이도가 높지 않았으나, 기본적인 문제일수록 오히려 아는 내용이라는 생각으로 등한시하는 경향이 나타난 것으로 보인다. 또한 사례형 문제에서 기본 내용만 기술하고 사례에 적용하지 않는 경우도 많이 있었다.

문제 2

다음 사례를 읽고 물음에 답하시오. (20점)

〈사례〉

내국법인 A는 내국법인 B와 임가공계약을 체결하고 원부자재를 B로부터 공급받아 한 벌당 600만원의 밍크모피의류제품 200벌을 B에 납품하였다.

[물음 1] A가 개별소비세 납세의무를 부담하는 경우 개별소비세의 과세요건, 과세시기 및 신고·납부절차에 관하여 설명하시오. (10점)

[물음 2] A가 B에 밍크모피의류제품 납품 시 개별소비세가 과세되지 않도록 하는 절차를 설명하시오. (5점)

[물음 3] B가 A로부터 납품받은 밍크모피의류제품에 자사의 유명상표를 부착하여 한 벌당 800만원의 가격으로 판매하는 경우 개별소비세의 과세 여부를 설명하시오. (5점)

해답

【문제 2】개별소비세법
[물음 1] 과세요건 등

1. 과세요건

(1) 납세의무자
개별소비세 과세물품을 수탁받아 제조하는 경우 납세의무자는 '수탁자'이다.

(2) 과세대상과 세율
과세대상은 기준가격(500만원)을 초과하는 '고급모피'를 수탁자의 제조장에서 제조하여 반출하는 것이며, 그 세율은 20%로 한다.

(3) 과세표준
수탁자가 납세의무자가 되는 경우의 과세표준은 위탁자가 인도한 날에 실제로 판매하는 가격에 상당하는 금액으로 한다.
다만, 고급모피의 경우 기준가격(500만원)을 초과하는 금액을 과세표준으로 한다.
사안에서 과세표준은 100만원이다.
계산근거: 600만원 – 500만원 = 100만원

2. 과세시기
개별소비세 과세물품을 제조장에서 반출하는 때를 과세시기로 한다.
사안에서 A가 밍크모피의류제품을 B에 반출하는 때이다.

3. 신고 · 납부절차
개별소비세는 납세의무자 스스로 그 세액을 확정하여 신고하는 세목이다.
사안에서 고급모피를 제조 · 반출하는 자인 A는 매 분기별로 분기의 다음 달 25일까지 개별소비세를 신고 · 납부하여야 한다.

[물음 2] 미납세반출절차

1. 미납세반출
수탁가공제조방식에 있어서 수탁자가 위탁자에게 미납세반출 후, 위탁자가 같은 물품을 다시 반출하는 경우에는 '위탁자'가 납세의무자가 된다.

2. 미납세반출의 절차
수탁자인 A는 고급모피 '반출 전'에 관할 세무서장으로부터 반출에 대한 승인을 얻고, '반입 후'에 반입사실에 대한 증명을 하여야 한다.
다만, 과세표준신고서에 반입증명서를 첨부하여 제출하는 것으로 미납세승인에 갈음할 수 있다.

[물음 3] 제조의제 해당 여부

1. 쟁점
상표를 부착하는 것이 '제조의제행위'에 해당하는지 여부

2. 제조의제
제조장 이외의 장소에서 판매목적으로 다음의 행위를 하는 경우에는 제조로 본다.
① 과세물품의 가치를 높이기 위한 장식, 조립, 첨가 등의 가공을 하는 것
② 프로판과 부탄을 혼합하여 부탄으로 판매하는 것

3. 사안의 적용
상표를 부착하는 행위는 '재포장'에 해당하고, 현행 법령상 개별소비세 과세물품에 대한 '재포장'행위는 제조의제로 보지 않는다.
비록 B가 상표부착행위를 통해 그 가치를 증가시켰다고 하더라도 이는 제조행위에 해당하지 않는다.
따라서 B의 상표부착행위는 개별소비세 과세대상이 아니다.

1. 미납세반출(「개별소비세법」 제14조)

① 다음 각 호의 어느 하나에 해당하는 물품에 대해서는 대통령령으로 정하는 바에 따라 개별소비세를 징수하지 아니한다.
  1. 수출할 물품을 다른 장소에 반출하는 것
  (중간 생략)
  3. 원료를 공급받거나 위탁 공임만을 받고 제조한 물품을 제조장에서 위탁자의 제품 저장창고에 반출하는 것
  (중간 생략)
  6. 개별소비세 보전이나 그 밖에 단속에 지장이 없다고 인정되는 것으로서 대통령령으로 정하는 것
② 제1항의 물품으로서 반입 장소에 반입된 사실 또는 정해진 용도로 제공한 사실을 대통령령으로 정하는 바에 따라 증명하지 아니한 것에 대해서는 판매자 · 반출자 또는 수입신고인으로부터 개별소비세를 징수한다.
③ 제1항의 물품이 반입 장소에 반입되기 전에 재해나 그 밖의 부득이한 사유로 멸실된 경우에는 대통령령으로 정하는 바에 따라 개별소비세를 징수하지 아니한다.
④ 제1항의 경우에는 해당 물품의 반입 장소를 판매장 또는 제조장으로 보고, 반입자를 제3조에 따른 판매자 또는 제조자로 본다.

2. 납세의무자(「개별소비세법」 제3조)

다음 각 호의 어느 하나에 해당하는 자는 이 법에 따라 개별소비세를 납부할 의무가 있다.
2. 과세물품을 제조하여 반출하는 자

3. 제조로 보는 경우(「개별소비세법」 제5조)

다음 각 호의 어느 하나에 해당하는 경우에는 해당 물품을 제조하는 것으로 본다.
1. 제조장이 아닌 장소에서 판매 목적으로 다음 각 목의 어느 하나에 해당하는 행위를 하는 것
  가. 대통령령으로 정하는 물품을 용기에 충전(充塡)하거나 재포장하는 것 ➔ 현행 대통령령에 규정된 것 없음
  나. 과세물품에 가치를 높이기 위한 장식, 조립, 첨가 등의 가공을 하는 것
  다. 제1조 제2항 제4호 마목 및 바목의 물품을 혼합하는 것(그 혼합물이 … 석유가스 중 부탄인 경우만 해당한다)
2. 중고품을 신품(新品)과 동등한 정도로 그 가치를 높이기 위하여 대부분의 재료를 대체 또는 보완하거나 중고품의 부분품의 전부 또는 일부를 재료로 하여 새로운 물품으로 가공 또는 개조하는 것

4. 수탁제조물품의 납세의무(「개별소비세법」 통칙 3-0…2)

① 과세물품(법 제1조 제2항 제2호 가목 1) · 2) 물품을 제외한다)을 수탁받아 제조하는 경우에 동 물품에 대한 납세의무자는 수탁자가 되며 이 경우 과세표준 계산은 영 제8조 제10호에 따른다. ➔ 가목 1) · 2) 물품: 보석, 귀금속
② 법 제14조 제1항 제3호에 따라 위탁자에게 미납세반출한 후, 위탁자가 같은 물품을 다시 반출하는 경우에는 위탁자가 납세의무자가 된다.

5. 제조로 보는 경우의 납세의무자(「개별소비세법」 통칙 3-0…3)

> 제조장 이외의 장소에서 과세물품(중고품을 포함한다)의 가치를 증대하는 것이 법 제5조에서 규정하는 "제조로 보는 경우"에 해당하는 경우에는 다음 각 호에서 정하는 자를 납세의무자로 본다.
> 1. 사업자가 주요재료(부분품)를 매입한 후, 제조용역만을 타인에게 의뢰한 경우에는 당해 사업자
> 2. 주요재료(부분품)와 설치용역을 같이 제공하는 경우에는 당해 제조용역 제공자

6. 과세표준(「개별소비세법」 제8조)

> ① 개별소비세의 과세표준은 다음 각 호에 따른다. 다만, 제1조 제2항 제2호의 과세물품은 다음 제1호부터 제4호까지의 가격 중 기준가격을 초과하는 부분의 가격을 과세표준으로 한다.
>   2. 제3조 제2호의 납세의무자가 제조하여 반출하는 물품: 제조장에서 **반출할 때의 가격 또는 수량**. 다만, 제1조 제2항 제4호 가목의 물품인 휘발유 및 이와 유사한 대체유류의 경우에는 제조장에서 반출한 후 소비자에게 판매할 때까지 수송 및 저장 과정에서 증발 등으로 자연 감소되는 정도를 고려하여 대통령령으로 정하는 비율을 제조장에서 반출할 때의 수량에 곱하여 계산한 수량을 반출할 때의 수량에서 뺀 수량으로 한다.
>   3. 제3조 제3호의 납세의무자가 보세구역에서 반출하는 물품: 수입신고를 할 때의 관세의 **과세가격과 관세를 합한 금액 또는 수량**. 다만, 제1조 제2항 제4호 가목의 물품인 휘발유 및 이와 유사한 대체유류의 경우에는 제2호 단서를 준용한다.

7. 제조장에서 반출하는 물품의 가격 계산(「개별소비세법 시행령」 제8조)

> ① 법 제8조 제1항 제2호에 따른 반출할 때의 가격은 제조자가 실제로 반출하는 금액으로 한다. 다만, 다음 각 호의 어느 하나에 해당하는 경우에는 다음 각 호의 구분에 따른 해당 금액으로 한다.
>
> (중간 생략)
>
>   9. 다음 각 목의 어느 하나에 해당하는 경우: 해당 물품의 판매가격(해당 물품에 대한 개별소비세와 부가가치세를 포함하지 않는 금액으로 한다. 이하 이 호에서 같다)에서 제8조의2에 따른 기준판매비율과 판매가격을 곱하여 계산한 금액을 뺀 금액
>   가. 제조장과 특수한 관계에 있는 곳에 판매를 위탁하거나 판매를 전담하게 하는 경우로서 통상적인 거래를 할 때 실제 판매가격이 없거나 실제 판매가격에 상당하는 금액보다 저렴한 가격으로 반출하는 경우
>   나. 제조장에서 별도의 판매장을 거치지 않고 소비자에게 직접 반출하는 경우
>   다. 제조자와 판매자가 동일한 경우
>   10. 수탁가공(위탁자가 물품을 직접 제조하지 아니하고 수탁자에게 의뢰하여 제조하는 경우로서 다음 각 목의 요건을 모두 충족하는 것을 말한다)한 물품[법 제1조 제2항 제2호 가목 1)·2)의 물품은 제외한다]에 대하여 수탁자가 해당 세액을 납부하는 경우: 그 **물품을 인도한 날에 위탁자가 실제로 판매하는 가격에 상당하는 금액**
>   가. 위탁자가 생산할 물품을 직접 기획(고안·디자인 및 견본제작 등을 말한다)할 것
>   나. 해당 물품을 위탁자의 명의로 제조할 것
>   다. 해당 물품을 인수하여 위탁자의 책임하에 직접 판매할 것

① 수탁자가 위탁자에게 모피제품을 납품하는 과정에서 관할 세무서에 미납세반출을 신청하거나 승인받은 사실이 없는 경우에는 수탁자가 개별소비세 납세의무자가 된다. (조심2016서232)

② 의류 판매업자인 B법인이 모피 완제품 납품업자인 A법인으로부터 모피를 구입하되 B법인의 **상표를 부착**한 경우 B법인이 납세의무자에 해당하는지 여부가 쟁점이 된 바 있다. 과세관청은 B법인이 **주요재료(라벨과 안감)를 제공하고 설치용역만 납품업자(A법인)에게 의뢰**하는 경우에 해당하므로 B법인에게 납세의무가 있다고 하였다. 그러나 조세심판원은 모피의류에 B법인의 상표가 부착됨으로써 판매가격이 현저히 증가되었다 하더라도, B법인이 제공한 라벨과 안감을 모피의류의 주요재료로 보기 어려우므로 설치용역만 의뢰한 것으로 보기 어렵기 때문에 **A법인은 모피의류의 판매자일 뿐**이라고 하였다. 따라서 B법인은 제조의제를 한 바 없으므로 개별소비세 납세의무자에 해당하지 않는다. (조심2011서2514)

③ 청구법인과 같이 유명의류브랜드(상표)를 소유하고 있는 법인이 납품업자로부터 모피의류제품을 납품받아 상표를 부착하는 행위는 제조로 보는 '개장'에 해당하지 아니한다 할 것이다. (기획재정부 소비 46016-295, 2000. 9. 27.)

다음 사례를 읽고 물음에 답하시오. (20점)

〈사례〉

모회사 A외국법인이 100% 지분을 소유하고 있는 자회사들인 B외국법인과 C외국법인이 D내국
법인의 지분을 50%씩 취득하였다. 관할 행정청이 「지방세기본법」상 실질과세원칙을 근거로 A를
D의 과점주주에 해당한다고 보아, A에 대하여 D 소유 부동산을 장부가액으로 취득한 것으로 보
고, 이를 과세표준으로 하여 취득세를 부과하였다. (단, B와 C 상호 간 출자관계가 없음)

[물음 1] 「지방세법」상 B 또는 C를 D의 과점주주로 볼 수 있는지 여부를 「지방세기본법」상 과
점주주의 요건을 들어 설명하시오. (15점)

[물음 2] A를 대리하는 세무사의 입장에서 관할 행정청의 취득세 부과처분이 위법 또는 부당한
지 여부를 설명하시오. (5점)

해답

【문제 3】 지방세법(판례 취지에 따라 풀이함)
[물음 1] 과점주주의 범위
1. 과점주주
지방세기본법상 과점주주는 주주 1명과 그의 특수관계인의 소유주식의 합계가 해당 발행법인 총수의 50%를 초과하면서 그에 관한 권리를 실질적으로 행사하는 자들을 말한다.
지방세법은 비상장법인의 과점주주가 직접 법인이 보유한 취득세 과세대상 물건을 취득한 것으로 본다. 따라서 간주취득세 부과에 앞서 과점주주에 해당하는지를 검토하여야 한다.

2. 직접 과점주주가 되는지 여부
B법인 또는 C법인의 D법인에 대한 주식의 형식적 귀속만 놓고 보면, B법인과 C법인은 모두 지분이 50%를 초과하지 않으므로 직접 D법인의 과점주주가 되지 못한다.

3. 특수관계 성립 여부
판례에 따르면, 어느 특정 '주주'를 중심으로 하여 특수관계인에 있는 모든 '주주'들의 주식 수를 종합하여 당해 법인의 발행주식 총액의 50%를 초과하여 보유하고 있는 경우에는 비록 그 중 어느 주주들 사이에는 아무런 관계가 없더라도 그 '주주' 전원이 과점주주가 된다.

4. 사안의 적용
A법인을 중심으로 볼 때 B법인과 C법인은 각각 특수관계가 있으나, B법인과 C법인은 출자관계가 없으므로 서로 특수관계가 없다.
사안에서 A법인이 D법인의 주식을 단 1주라도 보유한 경우에는 A법인도 D법인의 '주주'가 되어 B와 C 모두 과점주주가 될 수 있으나, A법인은 D법인의 주식을 전혀 보유하고 있지 않으므로 B법인과 C법인은 모두 특수관계인의 범위에서 제외된다.
따라서 B법인과 C법인은 지방세기본법상 D법인의 과점주주에 해당하지 않는다.

[물음 2] 실질과세원칙
1. 실질과세원칙
과세의 대상이 되는 소득·수익·행위 또는 거래의 귀속이 명의일 뿐이고 사실상 귀속되는 자가 따로 있을 때에는 사실상 귀속되는 자를 납세의무자로 하여 세법을 적용한다.

2. 사안의 적용
만일 자회사 B와 C가 명목상의 회사일 뿐이고, A법인이 B와 C를 설립한 목적이 조세회피를 위한 수단에 불과한 것이라면 A가 '직접' D법인의 주식을 전부 취득한 것으로 보아 간주취득세를 부과할 수 있다.
그러나 A가 B와 C의 지분을 취득한 것이 조세회피목적을 위한 수단이 아니거나, B와 C가 명목회사가 아닌 경우에는 과세관청의 A에 대한 취득세 부과처분은 납세자의 법적 안정성과 예측가능성을 침해하는 위법 또는 부당한 처분이 될 수 있다.

1. 판례(2008두8499) 사안에 적용된 당시 법률

(1) 「지방세법」 제7조 제5항

> 법인의 주식 또는 지분을 취득함으로써 「지방세기본법」 제46조 제2호에 따른 과점주주(이하 "과점주주"라 한다)가 되었을 때에는 그 과점주주가 해당 법인의 부동산 등(법인이 「신탁법」에 따라 신탁한 재산으로서 수탁자 명의로 등기·등록이 되어 있는 부동산 등을 포함한다)을 취득(법인설립 시에 발행하는 주식 또는 지분을 취득함으로써 과점주주가 된 경우에는 취득으로 보지 아니한다)한 것으로 본다. 이 경우 과점주주의 연대납세의무에 관하여는 「지방세기본법」 제44조를 준용한다.

(2) 「지방세기본법」 제46조 제2호

> 주주 또는 유한책임사원 1명과 그의 특수관계인 중 대통령령으로 정하는 자로서 그들의 소유주식의 합계 또는 출자액의 합계가 해당 법인의 발행주식총수 또는 출자총액의 100분의 50을 초과하면서 그에 관한 권리를 실질적으로 행사하는 자들(이하 "과점주주"라 한다)

(3) 친족 기타 특수관계인의 범위(구 「지방세법 시행령」 제6조)

> ① 법 제22조 제2호에서 "대통령령이 정하는 친족 기타 특수관계에 있는 자"라 함은 다음 각 호의 1에 해당하는 자를 말한다.
> 11. 주주 또는 유한책임사원이 개인인 경우에는 그 주주 또는 유한책임사원과 그와 제1호 내지 제10호의 관계에 있는 자들의 소유주식수 또는 출자액(이하 '소유주식수 등'이라 한다)의 합계가 발행주식총수 또는 출자총액(이하 '발행주식총수 등'이라 한다)의 100분의 50 이상인 법인
> 12. 주주 또는 유한책임사원이 법인인 경우에는 그 법인의 소유주식수 등이 발행주식총수 등의 100분의 50 이상인 법인과 소유주식수 등이 해당 법인의 발행주식총수 등의 100분의 50 이상인 법인 또는 개인

당시 법률[구 「지방세기본법 시행령」]에 따르면 B법인과 C법인은 서로 특수관계인에 해당하지 않는다. 따라서 B와 C는 어느 누구도 50%를 초과하여 지분을 소유하고 있지 않으므로 과점주주에 해당하지 않는다. 설령 실질과세원칙이 적용되더라도, 그러한 경우는 A가 직접 소유하는 것으로 보는 것이기 때문에 B와 C는 지분에 대해서는 논할 것이 없다.

2. 현행 법률(출제 당시 법률)

특수관계인의 범위(「지방세기본법 시행령」 제2조)

> ① 「지방세기본법」(이하 "법"이라 한다) 제2조 제1항 제34호 가목에서 "혈족·인척 등 대통령령으로 정하는 친족관계"란 다음 각 호의 어느 하나에 해당하는 관계(이하 "친족관계"라 한다)를 말한다.
> 1. 6촌 이내의 혈족
> 2. 4촌 이내의 인척
> 3. 배우자(사실상의 혼인관계에 있는 사람을 포함한다)
> 4. 친생자로서 다른 사람에게 친양자로 입양된 사람 및 그 배우자·직계비속

② 법 제2조 제1항 제34호 나목에서 "임원·사용인 등 대통령령으로 정하는 경제적 연관관계"란 다음 각 호의 어느 하나에 해당하는 관계(이하 "경제적 연관관계"라 한다)를 말한다.

1. 임원과 그 밖의 사용인
2. 본인의 금전이나 그 밖의 재산으로 생계를 유지하는 사람
3. 제1호 또는 제2호의 사람과 생계를 함께하는 친족

③ 법 제2조 제1항 제34호 다목에서 "주주·출자자 등 대통령령으로 정하는 경영지배관계"란 다음 각 호의 구분에 따른 관계를 말한다.

1. 본인이 개인인 경우
   가. 본인이 직접 또는 그와 친족관계 또는 경제적 연관관계에 있는 자를 통하여 법인의 경영에 대하여 지배적인 영향력을 행사하고 있는 경우 그 법인
   나. 본인이 직접 또는 그와 친족관계, 경제적 연관관계 또는 가목의 관계에 있는 자를 통하여 법인의 경영에 대하여 지배적인 영향력을 행사하고 있는 경우 그 법인

2. 본인이 법인인 경우
   가. 개인 또는 법인이 직접 또는 그와 친족관계 또는 경제적 연관관계에 있는 자를 통하여 본인인 법인의 경영에 대하여 지배적인 영향력을 행사하고 있는 경우 그 개인 또는 법인
   나. 본인이 직접 또는 그와 경제적 연관관계 또는 가목의 관계에 있는 자를 통하여 어느 법인의 경영에 대하여 지배적인 영향력을 행사하고 있는 경우 그 법인

④ 제3항을 적용할 때 다음 각 호의 구분에 따른 요건에 해당하는 경우 해당 법인의 경영에 대하여 지배적인 영향력을 행사하고 있는 것으로 본다.

1. 영리법인인 경우
   가. 법인의 발행주식총수 또는 출자총액의 100분의 50 이상을 출자한 경우
   나. 임원의 임면권의 행사, 사업방침의 결정 등 법인의 경영에 대하여 사실상 영향력을 행사하고 있다고 인정되는 경우

2. 비영리법인인 경우
   가. 법인의 이사의 과반수를 차지하는 경우
   나. 법인의 출연재산(설립을 위한 출연재산만 해당한다)의 100분의 30 이상을 출연하고 그 중 1명이 설립자인 경우

현행 법령에 따르면 B법인은 「지방세법 시행령」 제2조 제3항 제2호 가목에 따라 A법인이 직접 B법인(본인인 법인)의 경영에 대하여 지배적 영향력을 행사하고 있다. 따라서 A법인과 B법인은 특수관계인에 해당한다.

다시, 「지방세법 시행령」 제2조 제3항 제2호 나목에 따라 B법인(본인)이 A법인(가목 관계에 있는 자)을 통하여 C법인(어느 법인)의 경영에 지배적 영향력을 행사하고 있으므로 B법인과 C법인은 특수관계인에 해당한다. 특수관계인 B법인과 C법인의 D법인의 소유지분 합계가 100%이므로 B법인과 C법인은 D내국법인의 과점주주가 된다.

관련 판례

1. 다수의견

구「국세기본법」제14조 제1항은 '과세의 대상이 되는 소득·수익·재산·행위 또는 거래의 귀속이 명의일 뿐이고 사실상 귀속되는 자가 따로 있는 때에는 사실상 귀속되는 자를 납세의무자로 하여 세법을 적용한다.'고 규정하고, 제2항은 '세법 중 과세표준의 계산에 관한 규정은 소득·수익·재산·행위 또는 거래의 명칭이나 형식에 불구하고 그 실질내용에 따라 적용한다.'고 규정하고 있다.

위 규정이 천명하고 있는 실질과세의 원칙은 헌법상의 기본이념인 평등의 원칙을 조세법률관계에 구현하기 위한 실천적 원리로서, 조세의 부담을 회피할 목적으로 과세요건사실에 관하여 실질과 괴리되는 비합리적인 형식이나 외관을 취하는 경우에 그 형식이나 외관에 불구하고 실질에 따라 담세력이 있는 곳에 과세함으로써 부당한 **조세회피행위를 규제**하고 과세의 형평을 제고하여 조세정의를 실현하고자 하는 데 주된 목적이 있다. 이는 조세법의 기본원리인 조세법률주의와 대립관계에 있는 것이 아니라 조세법규를 다양하게 변화하는 경제생활관계에 적용함에 있어 예측가능성과 법적 안정성이 훼손되지 않는 범위 내에서 합목적적이고 탄력적으로 해석함으로써 조세법률주의의 형해화를 막고 그 실효성을 확보한다는 점에서 조세법률주의와 상호보완적이고 불가분적인 관계에 있다고 할 것이다.

이러한 실질과세의 원칙 중 구「국세기본법」제14조 제1항이 규정하고 있는 실질귀속자 과세의 원칙은 소득이나 수익, 재산, 거래 등의 과세대상에 관하여 그 귀속 명의와 달리 실질적으로 귀속되는 자가 따로 있는 경우에는 형식이나 외관을 이유로 그 귀속 명의자를 납세의무자로 삼을 것이 아니라 실질적으로 귀속되는 자를 납세의무자로 삼겠다는 것이고, **이러한 원칙은 구「지방세법」에 의하여 지방세에 관한 법률관계에도 준용**된다. 따라서 구「지방세법」을 적용함에 있어서도, 당해 주식이나 지분의 귀속 명의자는 이를 지배·관리할 능력이 없고 그 명의자에 대한 지배권 등을 통하여 실질적으로 이를 지배·관리하는 자가 따로 있으며, 그와 같은 명의와 실질의 괴리가 위 규정의 적용을 회피할 목적에서 비롯된 경우에는, 당해 주식이나 지분은 실질적으로 이를 지배·관리하는 자에게 귀속된 것으로 보아 그를 납세의무자로 삼아야 할 것이다. 그리고 그 경우에 해당하는지 여부는 당해 주식이나 지분의 취득 경위와 목적, 취득자금의 출처, 그 관리와 처분과정, 귀속명의자의 능력과 그에 대한 지배관계 등 제반 사정을 종합적으로 고려하여 판단하여야 할 것이다.

위와 같은 여러 사정을 앞서 본 규정과 법리에 비추어 살펴보면, 원고가 이 사건 자회사들에 대한 완전한 지배권을 통하여 이 사건 주식 등을 실질적으로 지배·관리하고 있으므로 원고가 그 실질적 귀속자로서 이 사건 주식 등의 취득에 관하여 간주취득세 납세의무를 부담한다고 볼 여지가 상당하다.

2. 반대의견(소수의견)

다수의견은, 간주취득세의 적용을 회피할 목적으로 이 사건 자회사들을 통하여 이 사건 주식 등을 분산하여 취득한 원고가 이 사건 자회사들에 대한 완전한 지배권을 통하여 이 사건 주식 등을 실질적으로 지배·관리하고 있다면, 실질과세의 원칙에 의하여 이 사건 주식 등이 실질적으로 원고에게 귀속되었다고 보아 원고가 위 규정에 의한 과점주주로서의 취득세 납세의무를 부담한다고 해야 한다는 이유로, 이와 다른 취지의 원심판결을 파기하겠다는 것인데, 이러한 다수의견에는 다음과 같은 이유로 찬성할 수 없다.

실질과세의 원칙은 조세공평의 원칙을 실현하기 위한 조세법의 기본원리로서 과세권의 행사가 실질적인 사실관계에 반하여 이루어지는 경우 이를 배제함으로써 납세자의 권리를 보호하는 긍정적인 측면이 있지만, 반대로 과세권의 남용을 정당화하는 도구가 되어 납세자의 재산권을 침해함으로써 과세요건 법정주의와 명확주의를 핵심으로 하는 조세법률주의와 충돌할 염려가 있다. 이러한 염려 때문에 그동안 대법원은, 납세의무자가 경제활동을 함에 있어서 동일한 경제적 목적을 달성하기 위하여서도 여러 가지 법률관계 중 하나를 선택할 수 있으므로 그것이 가장행위에 해당한다고 볼 특별한 사정이 없는 이상 과세관청으로서는 납세의무자가 선택한 법률관계를 존중하여야 하며, 실질과세의 원칙에 의하여 납세의무자의 거래행위를 그 형식에도 불구하고 조세회피행위라고 하여 그 효력을 부인하려면 조세법률주의 원칙상 법률에 개별적이고 구체적인 부인 규정이 마련되어 있어야 한다는 견해를 거듭 밝혀 왔고, 모회사가 지배권을 행사하고 있는 자회사를 거래에 개입시킨 경우에도 그 예외를 인정하지 아니하였다. (90누3027, 97누18462 판결, 2004두2332, 2007두26629 판결 등 참조) 이러한 법리는 법적 안정성과 예측가능성을 확보하고 이를 통해 납세자의 권리를 보호하며 과세권의 자의적 확장을 막고자 하는 조세법률주의의 권리보장적 기능에서 도출되는 당연한 이치이다.

납세의무자로서는 조세법률주의의 토대 위에서 조세의 부담을 제거하거나 완화하는 거래방법을 선택할 수 있으며, 그것이 가장행위나 위법한 거래로 평가되지 않는 한 납세의무자의 권리로서 존중되어야 한다. 그럼에도 불구하고 본질적으로 불확정개념인 실질과세의 원칙을 내세워 납세의무자가 선택한 거래형식을 함부로 부인하고 법 문언에 표현된 과세요건의 일반적 의미를 일탈하여 그 적용범위를 넓게 되면 조세법률주의가 형해화되어 이를 통해 실현하고자 하는 법적 안정성과 예측가능성이 무너지게 된다. 나아가 조세포탈죄 등의 구성요건해당성이 과세관청의 자의에 의하여 좌우될 수 있어 죄형법정주의의 근간이 흔들릴 수도 있다.

이러한 견지에서 대법원은 부동산 취득세에 관하여, 부동산 소유권의 이전이라는 외형 자체를 포착하여 거기에 담세력을 인정하고 부과하는 유통세일 뿐 부동산의 취득자가 이를 사용 · 수익 · 처분함으로써 얻는 이익을 포착하여 부과하는 것이 아닌 점을 고려하여, 부동산 취득자가 실질적으로 완전한 내용의 소유권을 취득하는지 여부와 관계없이 소유권 이전의 형식에 의한 부동산 취득의 경우를 그 과세대상으로 삼는 것으로 해석함으로써 소유권 이전의 형식을 중시하여 왔으므로(2005두9491, 2009두18325 판결 등 참조), 이러한 부동산 취득세에 의제적 성격까지 보태어 그 납세의무자의 범위를 넓힌 구 「지방세법」 제105조 제6항의 부동산 등 간주취득세에 관하여는 더욱 당사자가 선택하여 취한 거래형식을 존중하여야 하며, 실질과세의 원칙을 이유로 함부로 납세의무자의 범위를 확장하거나 그 거래형식을 부인할 일이 아니다.

| 출제위원
채점평 | '과점주주의 간주취득세'에 관한 문제는 사례형 문제임에도 불구하고 수험생들에게 익숙한 주제 탓인지 제도의 취지를 언급하고 이에 따라 옳은 답을 이끌어 내고자 노력한 우수답안이 적지 않았다. 반면에 시간적 제약 탓인지 문제를 끝까지 읽지 않고 당사자(A ↪ B, C)를 혼동하여 개별 문항에 답한 경우도 적지 않았다. 평소 각 세법별 중요 판례에 대해서는 그 의미를 새겨보는 기회를 가졌으면 한다. |

문제 4

다음 사례와 관련 조문을 읽고 물음에 답하시오. (25점)

〈사례〉

개인사업자 甲은 내국법인 A와 통합하기 위하여 자신이 영위하고 있는 사업에 사용하고 있는 사업용 고정자산인 부동산을 A에게 현물출자하고, A의 출자자가 되었다. 한편 甲은 현물출자로 발생한 양도소득세를 1억원으로 예정신고하고, A와 함께 납세지 관할 세무서장 乙에게 이월과세 적용신청을 하였다. 그 이후 甲은 현물출자한 부동산의 취득가액에 대한 오류를 발견하고 양도소득세를 3억원으로 증액하여 수정신고하였다. 이에 乙은 甲이 당초 예정신고한 양도소득세액 1억원에 한하여 이월과세를 적용하고, 수정신고로 증액된 양도소득세액 2억원에 대하여는 甲에게 양도소득세 부과처분을 하였다. (단, 甲과 A는 「중소기업기본법」상 중소기업자에 해당하고, 甲과 A의 사업은 동일한 제조업종임)

[물음 1] 중소기업 간 통합에 대한 양도소득세 이월과세의 취지에 관하여 설명하시오. (10점)

[물음 2] 위 사례에서 乙이 A에게 이월과세되는 양도소득세액을 甲이 당초 예정신고한 양도소득세액으로 한정하고, 수정신고로 증액된 양도소득세액에 대하여는 이월과세를 부인하여 甲에게 양도소득세 부과처분을 하는 것이 적법한지에 관하여 설명하시오. (15점)

〈관련 조문〉

「조세특례제한법」

제2조 제1항 제6호: "이월과세(移越課稅)"란 개인이 해당 사업에 사용되는 사업용 고정자산 등(이하 "종전 사업용 고정자산 등"이라 함)을 현물출자(現物出資) 등을 통하여 법인에 양도하는 경우 이를 양도하는 개인에 대해서는 「소득세법」 제94조에 따른 양도소득에 대한 소득세를 과세하지 아니하고, 그 대신 이를 양수한 법인이 그 사업용 고정자산 등을 양도하는 경우 개인이 종전 사업용 고정자산 등을 그 법인에 양도한 날이 속하는 과세기간에 다른 양도자산이 없다고 보아 계산한 같은 법 제104조에 따른 양도소득 산출세액 상당액을 법인세로 납부하는 것을 말한다.

제31조 제1항: 대통령령으로 정하는 업종을 경영하는 중소기업 간의 통합으로 인하여 소멸되는 중소기업이 대통령령으로 정하는 사업용 고정자산을 통합에 의하여 설립된 법인 또는 통합 후 존속하는 법인에 양도하는 경우 그 사업용 고정자산에 대해서는 이월과세를 적용받을 수 있다.

해답

【문제 4】 조세특례제한법
[물음 1] 이월과세의 취지
1. 양도소득세 과세문제 발생
중소기업이 통합하는 과정에서 양도소득세가 과세되어 구조조정에 걸림돌이 될 수 있다.
이러한 납세자들의 양도소득세 부담을 완화하기 위해 과세시기를 이연하고 납세의무자까지 변경하여 중소기업 간의 통합을 통한 원활한 구조조정을 지원하는 데 그 취지가 있다.

2. 양도소득세 과세문제에 대한 조세지원책
(1) 과세시기 이연
개인이 중소기업 간의 통합을 위하여 사업용 고정자산을 양도함으로써 발생하는 소득에 대한 과세시기를 통합법인이 이를 양도하는 시점으로 늦춘다.

(2) 납세의무자 변경
개인의 양도차익에 대한 양도소득세 납세의무자도 개인이 아닌 통합법인으로 변경된다.

[물음 2] 수정신고
1. 쟁점
수정신고로 증액된 세액에도 이월과세신청의 효력이 유지되는지 여부

2. 과세긍정설
이월과세의 적용을 받으려는 자는 '통합일이 속하는 과세연도의 과세표준 신고 시까지 이월과세 적용신청서를 제출'하여야 하므로, 통합일이 속하는 과세연도의 과세표준 신고 시까지 신고한 세액에 한하여 이월과세가 적용된다는 입장이다.

3. 과세부정설
조세특례제한법 제2조 제1항 제6호에 따르면 이월과세신청 후 '통합법인(양수한 법인)'이 납부할 세액은 '양도소득세 산출세액'이다.
따라서 이월과세신청을 적법하게 한 이상 수정신고하여 증액된 양도소득세액도 이월과세의 효력은 유지되어야 한다.

---

4. 사안의 적용
(1) 문리해석
이월과세신청이 있는 경우 이월과세되는 양도소득세 산출세액은 '양도한 날이 속하는 과세기간에 다른 양도자산이 없다고 보아 계산한 양도소득세 산출세액'이다.

(2) 축소해석의 문제 발생
조세특례제한법에 이월과세를 신청한 세액에 한하여 이월과세를 적용한다는 문구가 없으므로 이를 당초신고한 세액에 한정하는 것은 지나친 '축소해석'으로 볼 수 있다.

(3) 부과처분의 적법성
따라서 과세관청이 이월과세를 부인하여 甲에게 양도소득세를 부과처분한 것은 적법하지 않다.

| 관련 판례 | 구「조세특례제한법」제31조 제1항은 '대통령령으로 정하는 업종을 경영하는 중소기업 간의 통합으로 인하여 소멸되는 중소기업이 대통령령으로 정하는 사업용 고정자산을 통합에 의하여 설립된 법인 또는 통합 후 존속하는 법인(이하 '통합법인'이라 한다)에 양도하는 경우 그 사업용 고정자산에 대해서는 이월과세를 적용받을 수 있다'고 규정하고, 같은 조 제3항의 위임에 따른 「조세특례제한법 시행령」제28조 제3항은 '양도소득세의 이월과세를 적용받고자 하는 자는 통합일이 속하는 과세연도의 과세표준 신고(예정신고를 포함한다) 시 통합법인과 함께 기획재정부령이 정하는 이월과세 적용신청서를 납세지 관할 세무서장에게 제출하여야 한다.'고 규정하고 있다. 한편 구「조세특례제한법」제2조 제1항 제6호는 '이월과세'를 '개인이 해당 사업에 사용되는 사업용 고정자산 등(이하 '종전 사업용 고정자산 등'이라 한다)을 현물출자 등을 통하여 법인에 양도하는 경우 이를 양도하는 개인에 대해서는 「소득세법」제94조에 따른 양도소득에 대한 소득세(이하 '양도소득세'라 한다)를 과세하지 아니하고, 그 대신 이를 양수한 법인이 그 사업용 고정자산 등을 양도하는 경우 개인이 종전 사업용 고정자산 등을 그 법인에 양도한 날이 속하는 과세기간에 다른 양도자산이 없다고 보아 계산한 같은 법 제104조에 따른 양도소득 산출세액 상당액을 법인세로 납부하는 것'으로 정의하고 있다. |

구「조세특례제한법」제31조 제1항에 정한 **중소기업 간 통합에 대한 양도소득세 이월과세의 취지**는 개인이 중소기업 간의 통합을 위하여 사업용 고정자산을 양도함으로써 발생하는 소득에 대한 과세시기를 통합법인이 이를 양도하는 시점으로 늦추고 아울러 그 납세의무자도 개인이 아닌 통합법인으로 변경함으로써 중소기업 간의 원활한 구조조정을 지원하려는 데 있는 점, 구「조세특례제한법」제2조 제1항 제6호의 문언상 장래에 통합법인이 납부하여야 할 세액은 '「소득세법」제104조에 따른 양도소득 산출세액 전부'로 해석되는 점 등을 종합하여 보면, 사업용 고정자산의 양도인이 구「조세특례제한법」제31조 제1항, 제3항에 따라 통합일이 속하는 과세연도의 과세표준 신고 시까지 이월과세 적용신청을 함으로써 양도소득세 이월과세가 적용되는 경우에는 그 사업용 고정자산의 양도에 따른 양도소득세 전부에 대하여 이월과세가 적용된다고 봄이 타당하고, 양도인이 양도소득 과세표준이나 양도소득세액을 적게 신고하였다고 하여 달리 볼 것은 아니다. (2014두40661, 2014. 12. 24.)

| 출제위원 채점평 | 전반적으로 수험생들이 법조문이 주어졌음에도 불구하고 조문의 내용을 활용하지 못하고 답안을 작성한 느낌을 받았다. [물음 1]의 중소기업 통합의 이월과세 취지에 관하여는 중소기업이 통합하는 이유와 이월과세의 의미를 생각하면 대답할 수 있을 것이라 믿었으나 시험문제로 나올 조문만을 암기하여 시험에 응한 수험생들이 많은지 한두 줄에 그친 답안이 있었고, [물음 2]의 과세당국의 이월과세 부인에 대한 적법 여부를 묻는 것에서도 수험생들이 이월과세의 법문을 활용하지 못하고 답안을 작성하여 득점에 어려움이 있었던 것으로 판단된다. 앞으로 조문이 제시되는 문제의 경우에는 조문의 내용을 파악하고 그 내용에 따라 답안을 작성하는 요령이 필요하다. |

해커스 세무사 세법학 기출문제집

부록

세법학 출제경향
Mapping

✎ 9개년(2023년~2015년) 세무사 2차 시험 세법학에서 어느 해에 어떤 세목의 세부 주제에서 출제되었는지를 한눈에 확인하여 보다 효과적으로 학습할 수 있습니다.

세법학 출제경향 Mapping

세무사 9개년 세법학 기출문제를 각 세목의 세부 주제별로 분류하여 세무사 2차 시험 세법학의 출제경향을 확인할 수 있고, 학습하고 싶은 주제와 관련된 기출문제를 빠르게 확인하여 선택적으로 학습할 수 있습니다.

국세기본법

소득세법

2024 최신개정판 | 제5판

해커스
세무사
세법학
기출문제집

개정 5판 1쇄 발행 2024년 5월 2일

지은이	원재훈
펴낸곳	해커스패스
펴낸이	해커스 경영아카데미 출판팀

주소	서울특별시 강남구 강남대로 428 해커스 경영아카데미
고객센터	02-537-5000
교재 관련 문의	publishing@hackers.com
학원 강의 및 동영상강의	cpa.Hackers.com

ISBN	979-11-6999-989-2 (13320)
Serial Number	05-01-01

세무사 1위,
해커스 경영아카데미 cpa.Hackers.com
ᴛᴛᴛ 해커스 경영아카데미

· **원재훈 교수님의 인강**(교재 내 할인쿠폰 수록)
· **세무사 기출문제, 시험정보/뉴스** 등 추가 학습 콘텐츠
· 선배들의 성공 비법을 확인하는 **시험 합격후기**